ՔՐԻՍՏՈՍԱԿԱՆՈՒԹԵԱՆ ԲԱՆԱՁԵՒԸ

ՀՈՎԻԿ ՆՈՒՊԱՐԵԱՆ

ՔՐԻՍՏՈՍԱԿԱՆՈՒԹԵԱՆ ԲԱՆԱՁԵՒԸ

Մոնթրէալ
2025

Հեղինակային իրաւունք © 2025 Հովիկ Նուպարեան
Ամեն իրաւունք վերապահուած

ISBN 978-1-894002-11-0 (paperback)

Գիրքի բովանդակութեան որեւէ մասի արտատպումը—գրախօսական գործածութենէ դուրս—եւ գիրքի վերահրատարակութիւնը իր ամբողջութեամբ կամ մասնակի, վերարտադրման որեւէ միջոցով եւ առանց հեղինակի գրաւոր արտօնութեան՝ կը նկատուի խախտում հեղինակային իրաւունքի օրէնքին: Որեւէ օգտագործում կարելի է կատարել միայն հեղինակի գրաւոր արտօնութեամբ:

Քրիստոսականութեան բանաձեւը / Յովիկ Նուպարեան
Ուսումնասիրական աշխատութիւն

Մոնթրէալ, Գանատա
2025

ԲՈՎԱՆԴԱԿՈՒԹԻՒՆ

ԸՆԴԱՐՄԱՑԱԾ ՁԵՌՔՍ ՈՒ ԾՈՒՆԿԵՐՍ ◆ 7

ԻՆՁՈ՛Ւ ◆ 9

ՔՐԻՍՏՈՍԱԿԱՆՈՒԹԵԱՆ ԲԱՆԱՁԵՒԸ - 13

ՀԻՆ ԿՏԱԿԱՐԱՆ ◆ 27

ԳՐՈՒԹԻՒՆՆԵՐ ԵՒ ՄԱՐԳԱՐԷՈՒԹԻՒՆՆԵՐ ◆ 59

ՊԱՏՄԱԿԱՆ ԱՆԻՐՈՂՈՒԹԻՒՆՆԵՐ ◆ 65

ՆՈՐ ԿՏԱԿԱՐԱՆ ◆ 79

ՅՈՒԴԱՅՈՒԹԵԱՆ ՌԱԶՄԱՎԱՐՈՒԹԻՒՆԸ ◆ 85

ԽԱՉԵԼՈՒԹԻՒՆ - ՅԱՐՈՒԹԻՒՆ ◆ 99

ՍՕՂՈՍ - ՊՕՂՈՍ ◆ 167

ՀՈԳԻՈՎ ՅՂՈՒԹԻՒՆ ◆ 195

« ՃՇՄԱՐՏՈՒԹԻՒՆԸ » ◆ 207

« ՀՐԱՇՔՆԵՐ » ◆ 239

ԱՅԼ ԱԶԳԱՅԻՆ ԱՍՏՈՒԱԾՆԵՐՈՒ ՍՊԱՆԴԸ ◆ 255

ՎԱԽԻ ԲՌՆԱՏԻՐՈՒԹԻՒՆԸ ◆ 267

ԱՂՔԱՏՈՒԹԵԱՆ ՓԱՌԱԲԱՆՈՒՄԸ ◆ 277

ՍԱՏԱՆԱՅԱՊԱՇՏՈՒԹԻՒՆ ◆ 289

ՆԱՒԱՍԱՐԴԵԱՆ ԱՂՕԹՔ ԱՌ ԴԻՑՈՒՀԻՆ ԱՆԱՀԻՏ ◆ 297

ԲԱՌԵՐ ◆ 298

Ընդարմացած ձեռքս ու ծունկերս
Շիր՚մի հողախառն ձիւնին մխրճած,
Ակունքէն պոկուած՝ զերդ մոլորեալի
Ընդոստ պոռթկացի,
Ահի,
Սպանդի
Ու մղձաւանջային ինն տասնամեակներէդ,
Դառն անցեալէդ,
Սրտիդ կսկիծէն
Թէ երազներէդ՝
Պտղունց մը միայն կրծքիս ցանեցիր...
Ինչո՞ւ վաղաժամ,
Ինչո՞ւ անբարբառ,
Ինչո՞ւ անպատգամ,
Անակնունելի
Հա՛յր
Դուն չուեցիր...

Անմիտ տրտունջէս հիասթափ հօրս,
Գուցէ զայրացկոտ
Բայց միշտ խանդակաթ,
Անյողդողդ ձայնը
Սառցային ջերմով
Ողողեց յանկարծ
Ներաշխարհ'ս համակ,
«Որդի,
Շարաւիղ
Արի պապերուդ արեւով թրծուած՝
Քաղաքակրթութիւն,
Լեզու,
Մշակոյթ,
Արիւնով ներկուած՝
Ազատագրելու
Դաշտեր,
Ծովք,
Բարձունք.
Արդ՝ քեզի պատգամ՝
Անցեալը,
Ներկան,
Աշխարհ մը ամբողջ,
Որ ապագայ էջերն դուն ինքդ գրես,
Իսկ այս աշխարհին,
Աշխարհին դաժան՝
Պատգամ տուր քեզ»:

ԻՆՉՈ՞Ւ

Ճշմարտութիւնը որոնելու համար: Իսկ ճշմարտութիւնը վաւերական իսկութիւն է, որմով չի պայմանաւորուիր կրօնքը. ընդհակառակն՝ ճշմարտութիւնն ու կրօնքը ներհակական են, որովհետեւ կրօնքի գրաւականը կոյր հաւատքն է, իսկ «*Հաւատքը յուսացուած բաներուն հաստատութիւնը ու չերեւցած բաներուն ապացոյցն է*» (Եբրայեցիս ԺԱ). այսինքն՝ «*ապացոյցը*» գոյութիւն չունեցող՝ «*յուսացուած ու չերեւցած*» բաներու, որ սոսկ պատրանք է: Պարզապէս կարելի չէ ապացուցանել գոյութիւն չունեցող բան մը, զոր միայն կը յուսանք: Այլ խօսքով՝ կրօնքը, մեր պարագային քրիստոնէութիւնը, դժբախտաբար նոյն ինքն ոչնչութեան հաւաստիքը հանդիսացող հաւատքն է. ի զուր չէ ըսուած, «*Երանի՜ անոնց որ չեն տեսած ու կը հաւատան*»... Հետեւաբար, անհամար երկիւղածներու «*չերեւցած բաներուն*» կոյր հաւատքը ոչինչ կ՚ապացուցանէ: Հաւատքի այս սահմանումը, կը պարփակէ նաեւ յոյսը, որպէս ըստ էութեան երկու զիրար ամբողջացնող խորհուրդներ: Խորքին մէջ՝ յոյսը ուղղակի ինքնախաբէութիւն է, որուն՝ ինչպէս վերը տեսանք՝ «*հաստա-*

պուծքիւնը չերեւցած բաներուն ապացոյցն է», այսինքն՝ նոյն ինքն ոչնչութիւն ապացուցող հաւատքն է: Իսկ սէրը… «*Սէրը երկայնամիտ է, քաղցր է. սէրը չի նախանձիր, սէրը չի գոռոզանար, չի հպարտանար, անվայել վարմունք չունենար, իրենը չի փնտռեր, բարկութեան չի գրգռուիր, չարութիւն չի խորհիր, անիրաւութեան վրայ չի խնդար, հապա ճշմարտութեան խնդակից կ'ըլլայ: Ամեն բանի կը զիջանի, ամեն բանի կը հաւատայ, ամեն բանի կը յուսայ, ամեն բանի կը համբերէ…*» (Ա. Կորնթացիս ԺԳ. 4-7)… յաւելեալ մեկնաբանութեան չի կարօտիր:

Եթէ գաղափար մը, երեւոյթ մը, կամ որեւէ բան, որուն հաւատացած ենք աւանդաբար, սակայն իմացականօրէն անհաւատալի, կասկածելի, հակասական կամ անտրամաբանական կը թուի, անտարբեր մնալը համահաւասար է ստրկամտութեան: Եթէ Իսրայէլի Տէր Եհովան իր սեփական ժողովուրդին հետ անձեռնմխելի օրէնքներով ուխտ մը հաստատած էր, որուն հանդէպ նուազագոյն սայթաքումն իսկ մահացու մեղանչում էր, առնուազն անտրամաբանական է, որ օր մըն ալ յանկարծ, «օրէնքն ու մարգարէները կատարելու» կոչուած իր որդին՝ «*օրէնքը խափանէր իր տկարութեանը ու անշահութեանը համար*» (Եբրայեցիս Է. 18), եւ ուղղակի հակադրուելով՝ քարոզէր, թէ «*լսեր էք որ ըսուեցաւ, աչքի տեղ աչք, ու ակռայի տեղ ակռայ: Բայց ես ձեզի կ'ըսեմ, չարին հակառակ մի կենաք… ըսուեցաւ քու ընկերդ սիրես ու թշնամիդ ատես. բայց ես ձեզի կ'ըսեմ, սիրեցէք ձեր թշնամիները*» եւ այլն…: Եւ մինչ թունդ ցեղամոլ Եհովան կը սպառնար, թէ «*օտարազգի մը իմ սրբարանս պիտի չմտնէ*», իր որդի աւետարանական Յիսուսը՝ յատկապէս անթլփատ օտարազգիներուն «*մեղքերուն համար զոհուելով՝ իր արիւնովը մեզ ծախու պիտի առնէր*», ու աւանդ թողնէր, օտարազգիներուս յատուկ երեք ցնորային խորհուրդներու փունջ մը՝

Հաւատք, Յոյս եւ Սէր:

Ճշմարտութիւնը որոնելու կամեցողութիւնը ունեցողներուն համար, եթէ չենք սարսափիր կոյր հաւատքի խաւարամած շուրջանին ներքեւ մեր «հանգիստ» կեանքը վերիվայր շրջել ենթադրող՝ հիասթափիչ ճշմարտութենէն, բաւական է ձեռքազատուիլ մտքի թռիչքը կաշկանդող կրօնական կաղապարներէն: Ջարթնուլ, բաց աչքով ու արթուն մտքով դիտել, հետազօտել ու տրամաբանել, որպէսզի տեսնենք իսկական աշխարհը, հասկնանք ճշմարտութիւնն ու ճանչնանք մեր կեանքը տպաւորող հիմնական այս գործօնը՝ իր իսկութեան մէջ:

ՔՐԻՍՏՈՍԱԿԱՆՈՒԹԵԱՆ ԲԱՆԱՁԵՒԸ

Աստուածաշունչը, շատ մը փոփոխութիւններէ ետք, իր վերջնական ձեւին մէջ կազմաւորուած մեզի հասած է վաթսունվեց գիրքերով, որ իբրեւ թէ Աբրամի եւ անոր սերունդ՝ Իսրայէլի որդիներուն հետ Եհովայի կատարած հին ու նոր ուխտերուն համաձայն՝ բաժնուած է երկու մասի, Հին եւ Նոր Կտակարաններու: Հակառակ տիրող ընդհանուր կարծիքին, քրիստոնէութիւնը պիտի սաղմնաւորուէր աւետարանական Յիսուսի պատմութենէն մօտ երկու տասնամեակ ետք, մ.թ. 50-ական թուականներուն՝ Պօղոսով, որ «*հեթանուները խօսքով ու գործով հնազանդեցնելու համար*» (Հռովմայեցիս ԺԵ. 18) պիտի յօրինէր օտարներուս յատուկ՝ արտաքոց քրիստոսականութիւն[1] (messianism) մը: Այս քրիստոսականութեան հիման վրայ, ժամանակի ընթացքին՝ պիտի յօրինուէր ու յաճախակի վերամշակուէր քրիստոնեան ընդարձակ գրականութիւն մը: Իսկ չորրորդ դա-

---

[1] « On a défini le messianisme comme étant « essentiellement la croyance religieuse en la venue d'un rédempteur qui mettra fin à l'ordre actuel des choses soit de manière universelle soit pour un groupe isolé et qui instaurera un ordre nouveau fait de justice et de bonheur » (Hans Kohn, *Messianism*. The Encyclopædia of Social Sciences).

րուն՝ պիտի հաստատուէր Councils of Hippo A.D. 393, and Councils of Carthage: Եւ վերջապէս, Կաթողիկէ եկեղեցին պիտի վաւերացնէր ընտրուած 27 գիրքերու կցումը Հին Կտակարանին, որպէս նոր ուխտի մը վկայարանը՝ Նոր Կտակարան: Ահաւասիկ քրիստոնէութիւնը յղացած, հնարած ու մշակած հիմնադիր հօր՝ Պօղոսի վկայութիւնը Հին ու Նոր ուխտերու մասին.

> **Եբրայեցիս Ը.** [6]Բայց հիմա Յիսուս ա՛լ աւելի գերազանց պաշտօնի մը հասաւ, որչափ որ լաւագոյն խոստմունքներով հաստատուած լաւագոյն ուխտի մը միջնորդ է: [7]Վասն զի եթէ առաջինը անմեղադրելի ըլլար, ուրեմն երկրորդին տեղ չէր փնտռուեր: [8]Քանզի կը յանդիմանէ զանոնք ու կ'ըսէ, Ահա օրեր կու գան, կ'ըսէ Տէրը, որ Իսրայէլի տանը հետ ու Յուդայի տանը հետ նոր ուխտ պիտի ընեմ:

Պօղոս կը վկայէ թէ Իսրայէլի տէր Եհովայի՝ Աբրամին հետ ըրած առաջին ուխտը մեղադրելի էր, եւ որպէս փաստ՝ երկրորդ ուխտը վկայութեան կը կանչէ, պաճառաբանելով՝ թէ այլապէս «*երկրորդին տեղ չէր փնտռուեր*»: Ան կը հաստատէ նաեւ, թէ այդ նոր ուխտն ալ ոչ թէ այլոց՝ այլ նոյնպէս «*Իսրայէլի ու Յուդայի տանը հետ*» եղած էր: Իսկ նոյն նամակի նախորդ գլխուն մէջ՝ Պօղոս «*առաջին պատուէրը*» կը վարկաբեկէր «*իր տկարութեանը ու անշահութեանը*» համար.

> **Եբրայեցիս Է.** [18]Քանզի առաջին պատուէրը կը խափանուի իր տկարութեանը ու անշահութեանը համար, (վասն զի օրէնքը բան մը կատարեալ չըրաւ,) եւ անոր տեղ կը մտնէ լաւագոյն յոյս մը՝ որով Աստուծոյ կը մօտենանք: Եւ որքան որ Յիսուս ոչ թէ առանց երդումի քահանայ եղաւ, այնքան աւելի ուխտի մը երաշխաւոր եղաւ Յիսուս:

Եհովայի առաջին ուխտը «*խափանուած*», իսկ «*Օրէնքը անկատար*» կը յայտարարէ Պօղոս, որովհետեւ «*Օրէնքը բան մը կատարեալ չէր ըրած*»: Հետեւաբար «*առաջին ուխտը տկար ու անշահ*» էր: Սակայն ինք՝ իր քրիստոնեան աւետարանը պիտի յօրինէր որպէս նոյն այդ «*անկատար ու խափանուած*» օրէնքին կատարեալ հպատակը. «*Ուստի մենք հաւատքով օրէնքը կը խափանենք. քա՛ւ լիցի. հապա օրէնքը կը հաստատենք*» (Հռովմայեցիս Գ. 31). եւ բնականաբար, ապագային՝ մեսիական աւետարանիչները նոյնը պիտի հաստատէին աւետարանական Յիսուսով.

Մատթէոսի Ե. [17]Մի կարծէք թէ ես եկայ օրէնքը կամ մարգարէները աւրելու. չեկայ աւրելու, հապա կատարելու: [18]Քանզի ճշմարտապէս կ՚ըսեմ ձեզի, մինչեւ երկինք ու երկիր անցնին, օրէնքէն յովտ մը կամ նշանագիր մը պիտի չանցնի մինչեւ բոլորն ալ կատարուին: [19]Ուստի ով որ այս ամենափոքր պատուիրանքներէն մէկը աւրէ, ու մարդոց այնպէս սորվեցնէ, անիկա ամենափոքր պիտի կոչուի երկինքի թագաւորութեանը մէջ...:

«*Օրէնքն ու մարգարէները կատարելու*», ծառայելու կոչուած աւետարանական Յիսուսը՝ վճռաբար կը մերժէ Յուդայութեան Օրէնքէն չնչին կէտ մը անգամ փոխել, զայն գնահատելով աւելի հաստատ ու բարձր քան նոյնիսկ երկինքը, եւ «*օրէնքէն յովտ մը կամ նշանագիր մը պիտի չանցնի մինչեւ բոլորն ալ կատարուին*»...: Ուղղակի քրիստոնէութեան դէմքին թքնող, արհամարհող, զզւացնող եւ ծայրայեղ Հրէութիւն հոտող աւետարանական Յիսուսի այս երդումով՝ քրիստոնէութիւնը այլեւս կը դառնայ բանսարկութիւն մը: Եւ այս՝ որովհետեւ «*ամենափոքր կոչուողներուն*» առաջինը պիտի ըլլար ինք, ոչ միայն որպէս Օրէնքը փոխող, այլ իբրեւ Օրէնքը ուղղակի հակասելով՝ «*թշնամիդ սիրէ ու միւս երեսդ ալ դարձուր*» քարոզող աւետարանական Յիսուսը, որուն նման զեղծարարները՝ Եհովան մահուան կը դատապարտէր. «*Եթէ մարգարէ մը յանդգնի իմ չպատուիրած խօսքս իմ անունովս զրուցել, կամ օտար աստուածներու անունով բան մը զրուցել, այն մարգարէն պիտի մեռնի*» (Երկրորդ Օրինաց ԺԸ. 20):

Եթէ քրիստոսականութեան ճամբան հարթելու համար հարկ էր Օրէնքը խափանուած յայտարարել, սակայն զայն խափանելու կոչուած քրիստոսը նոյն այդ Օրէնքը կատարեալ բծախնդրութեամբ կատարել կը պարտադրէ, պէտք է քրիստոնեայ ըլլալ չտեսնելու եւ ուրանալու համար այս ակնյայտ դաւադրութիւնը: Պարզապէս անկարելի է հաւատալ, թէ Յուդայութեան անողոք Օրէնքին խիստ նախանձաւոր, երկրպագու եւ ցեղամոլ աւետարանական Յիսուսը կրնար միանգամայն ըլլալ ուղղակի իր հակապատկերը՝ նողկալիօրէն մեղկ քրիստոս մը, որովհետեւ անհնար է: Առողջ տրամաբանութեան համար՝ այսքանով այս հարցը եզրափակուած պիտի համարուէր, սակայն անգէտ քրիստոնեայ աշխարհը մեզ կը դնէ տարբեր իրականութեան մը դէմ յանդիման։ Պարզամտութիւն պիտի ըլլար ակնկալել, որ ուղեղները լուացուած քրիստոնեան այսքանը բաւական համարէր, զէթ անդրազոյն պրպտուքով մը տեսնելու, թէ ի՞նչ կայ թաքնուած այս առեղծուածի ետին։ Այդ իրաւունքը զլացած է մեզի եկեղեցին ու մեզ դաստիարակած՝ որպէս կամազուրկ անմիտներ, «*որպէս զի մարմին մը չպարծի Աստուծոյ առջեւ*» (Ա. Կորնթացիս Ա.)։ Իսկ առաջին սերունդներուն պարտադրուածը «*լաւագոյն յոյսի մը խոստմունք*» խորագրով կնքուած՝ փաթեթային փակ գործարք (package deal) մըն էր, որու պարունակութիւնը պրպտելու կամ հասկնալու ո՛չ իմացականութիւնը, ո՛չ ալ մանաւանդ իրաւունքը ունէին. պէտք է բաւականանային հաւատալով՝ թէ որքա՛ն թշուառ ու բռնաբարուած կեանք մը ապրէին՝ այնքան աւելի լաւ պիտի վարձատրուէին։

Հազիւ թէ պոռոտախօս եւ աճպարար Պօղոսը կարենար այսպիսի դաւանանքային յեղափոխական կատակերգութիւն մը յօրինել։ Ան աւետարանական Յիսուսի «*օրէնքէն յովտ մը կամ նշանագիր մը պիտի չանցնի մինչեւ բոլորն ալ կատարուին*» երդումը դրժելով՝ «*Օրէնքը տկար, անշահ*» եւ «*խափանուած*» յայտարարելէ ետք, կը ժպրհի նաեւ Յիսուսը ամբաստանել, որպէս Օրէնքի խափանման հեղինակը, որպէսզի անոր վերագրէր «*լաւագոյն խոստմունքներով հաստատուած լաւագոյն ուխտի մը միջնորդի*» առաքելութիւնը։ Անշուշտ ան չ'ըսեր թէ այդ «*լաւագոյն ուխտ*» կոչուածը այլեւս անմեղադրելի է, այլ պարզապէս թէ առաջինէն աւելի լաւ «*խոստմունքներով հաստատուած*» պիտի ըլլար, որովհետեւ, ինչպէս ինք կ'ըսէ՝ անոր հաւատացողները, զորս ապազային քրիստոնականներ (*meshichim*) կամ քրիստոնեայ պիտի կոչէր, Իսրայէլի գերազոյն «աստուծոյ՝ Եհովային մօտենալու» խոստմունքը պիտի ստանային, որմէ զրկուած էին Յուդայութեան Օրէնքով։

Բացի աւետարանական Յիսուսին, ինքզինքն ալ հակասելով՝ Պօղոս իր եկեղեցին պիտի հպատակեցնէր նոյն այդ իբրեւ թէ «*խափանուած օրէնքին*», պնդելով՝ թէ Իսրայէլի փրկութեան սիրոյն քրիստոսի զոհուիլը եղած էր նոյն այդ Յուդայութեան օրէնքին հարկաղրանքով. «*գրեթէ ամէն բան արիւնով կը մաքրուի օրէնքին նայելով, ու արիւն չթափուած թողութիւն չըլլար*» (Եբրայեցիս Թ. 22): Անշուշտ այսքանէն ետք, պարտաւորութիւնը կը զգանք «*ուխտերուն*» խորքը թափանցելով տեսնելու՝ թէ ինչ էին առաջինին «*անշահութիւնն ու փկարութիւնները*» եւ որն էր մեսիականներուն առաջարկած Եհովային մօտեցնող այդ «*լաւագոյն յոյսը*»...:

Աբրամին հետ, իբրեւ թէ Եհովայի կնքած Առաջին Ուխտը՝ հետեւեալն է.

> **Ծննդոց ԺԷ.** [4]Ահա իմ ուխտս քեզի հետ է, եւ ազգերու բազմութեան հայր պիտի ըլլաս. ու այսուհետեւ քու անունդ Աբրամ չըսուի, հապա քու անունդ Աբրահամ ըլլայ. Վասն զի քեզ ազգերու բազմութեան հայր ըրի: Եւ քեզ խիստ պիտի աճեցնեմ, ու քեզ ազգեր պիտի ընեմ. ու քեզմէ թագաւորներ պիտի ելլեն: Եւ իմ ու քու մէջտեղ, ու քեզմէ ետք քու սերունդիդ մէջտեղ իրենց ազգերուն մէջ իմ ուխտս պիտի հաստատեմ, յաւիտենական ուխտ մը, որ քեզի ու քեզմէ ետք քու սերունդիդ Աստուած ըլլամ: Եւ պիտի տամ քեզի ու քեզմէ ետք քու սերունդիդ յաւիտենական ժառանգութեան համար այն երկիրը ուր պանդուխտ եղար, բոլոր Քանանու երկիրը. ու անոնց Աստուած պիտի ըլլամ: Եւ Եհովա ըսաւ Աբրահամի, ուստի դուն ու քեզմէ ետք քու սերունդիդ մէջտեղ եղած ուխտս՝ զոր պիտի պահէք. ձեզմէ ամէն արուն թլփատուի. ձեր անթլփատութեան մարմինը թլփատէք, ու ասիկա իմ ու ձեր մէջտեղ եղած ուխտին նշանը ըլլայ: ... Եւ անթլփատ արուն որուն անթլփատութեան մարմինը թլփատուած չէ, այն անձը իր ժողովուրդէն պիտի կորսուի. անիկա իմ ուխտս անարգած է:

Եթէ փորձենք այս ուխտը տարբաղադրել, կը ստանանք հինգ հիմնական տուեալներ.

1. Եհովան պիտի «*խիստ աճեցնէր*» Աբրամը, որ այլեւս Աբրահամ պիտի կոչուէր, ու զայն «*ազգերու բազմութեան հայր*» պիտի ընէր.
2. Աբրամին եւ Աբրամէն նաեւ անոր սերունդներուն աստուած պիտի ըլլար.
3. Անոնց պիտի տար «*յաւիտենական ժառանգութեան համար այն երկիրը*» ուր Աբրամ պանդուխտ եղած էր.
4. Որպէս այդ «*ուխտին նշան*»՝ սերունդները ստիպուած էին թլփատուիլ.

5. Աբրամ ու իր սերունդները ստիպուած էին «*իրենց ազգերուն մէջ պահել այդ ուխտը*»:

Ուրեմն Եհովան որոշած էր ծերունի Աբրամին, որուն 90 տարեկան կինը ամուլ էր, սերունդներ տալ, «խիստ աճեցնելով» զայն եւ «*ազգերու բազմութեան հայր*» ընել, որպէսզի ինք Աբրամին եւ իր սերունդներուն աստուածը ըլլար: Եւ որպէս այդ ուխտին նշան՝ «ամեն արուն թլփատուելով», երկրի միւս ժողովուրդներէն զատորոշուին[2] ու ըլլան իր սեփական ժողովուրդը[3], ինչպէս բազմաթիւ առիթներով ըսուած է: Ուստի՝ ան, որ Եհովա կոչուած կերպարին հաւատար ու թլփատուելով հաւատարիմ մնար այդ ուխտի պայմաններուն, պիտի ընդունուէր որպէս Աբրամի որդի՝ օրինաւոր հրեայ: Ո՛չ կրօնական, սակայն զուտ ռազմավարական տեսանկիւնէ դիտուած, այս «Հին Ուխտ» կոչուած ծրագրին մէջ որեւէ «տկարութիւն» կամ «անշահութիւն» դժուար է գտնել. ընդհակառակն, հոյակապ ռազմավարական ծրագիր մըն էր, որուն համաձայն՝ սեմական խաշնարած ցիրուցան ցեղերուն առիթ կը տրուէր Եհովայի կերպարին շուրջ համախմբուելու, դառնալու միատարր ժողովուրդ, որ երկիրներ ներթափանցելով եւ չափազանց բազմանալով պիտի յաջողէր տիրանալ այդ երկիրներուն, ինչպէս յաճախ կը կրկնուի, թէ «*սերունդդ իր թշնամիներուն քաղաքները պիտի ժառանգէ*»:

Ի զուր չէ, որ մեսիականները ցարդ պինդ կառչած կը մնան այս Ուխտին, զոր Պօղոս «*անշահ, տկար ու մեղադրելի*» կ՚որակէ: Անկասկած որ թաքնուած լուրջ պատճառներ կային Օրէնքին խիստ նախանձաւոր հրեայ Պօղոսի այդ արտայայտութեան ետին, մանաւանդ որ իր հրապարակ նետած Նոր Ուխտ կոչուածն ալ, որուն վրայ հիմնուած է քրիստոսականութիւնն ու եկեղեցին, նոյնպէս առնուած է Հին Կտակարանէն[4], եւ կը միտի աւելի եւս ամրապնդել Իսրայէլի տանը հետ Եհովայի կատարած Հին Ուխտը, որ կրկին յատուկ է Իս-

---

[2] Ամեն անգամ որ հրեայէ մը ինքնութեան փաստ պահանջուէր, առնանդամը ցոյց տալը, նոյնիսկ եթէ օրինական ըլլար, շատ ալ խոհական նշան մը չէր. իսկ իգական սե՛ռը...:

[3] «Քանզի դուն Տէր Եհովայիդ սուրբ ժողովուրդն ես. եւ քու Տէր Եհովադ երկրի երեսին վրայ եղող բոլոր ազգերուն մէջէն քեզ ընտրեց, որպէս զի դուն անոր սեփական ժողովուրդը ըլլաս» (Երկրորդ Օրինաց Է. 6):

[4] Երեմեայ ԼԱ. 31–35:

րայէլի սերունդներուն, եւ ոչ մէկ առնչութիւն ունի այլ ժողովուրդներու հետ.

Երրայեցիս Ը. [10]Քանզի այս է այն ուխտը զոր Իսրայէլի տանը հետ պիտի ընեմ այն օրերէն ետքը, կ՚ըսէ Տէրը. իմ օրէնքներս անոնց մտքին մէջ պիտի դնեմ, եւ անոնց սրտին վրայ պիտի գրեմ զանոնք, ու ես անոնց Աստուած պիտի ըլլամ, եւ անոնք ինծի ժողովուրդ պիտի ըլլան: Ու բնաւ պիտի չսորվեցնեն ամեն մէկը իր ընկերին, եւ ամեն մէկը իր եղբօրը, ըսելով թէ Տէրը ճանչցիր. քանզի անոնց պզտիկէն մինչեւ մեծը ամենը զիս պիտի ճանչնան. Վասն զի ես անոնց անիրաւութիւններուն ներող պիտի ըլլամ եւ անոնց մեղքերը ու անօրէնութիւնները ալ պիտի չյիշեմ:

Պօղոս կը զլանայ յիշելու, թէ Նոր Ուխտ կոչուած այս հրեայ ցեղամոլ յայտարարութիւնը քաղուած է Հին Կտակարանի «Մարգարէութիւն Երեմեայ» գիրքէն, որ կը վկայէ թէ Իսրայէլի տան հետ այս «Նոր Ուխտը» ընող Իսրայէլի Տէրոջ անունը Եհովայ Սաբաւովթ[5] է, ըստ որուն՝

- Եհովան Իսրայէլի «տան աստուած» պիտի ըլլար, եւ «անոնք՝ իր ժողովուրդը».
- Իր օրէնքները Իսրայէլի սերունդներու մտքերուն ու սրտերուն մէջ պիտի գրէր.
- Իսրայէլի որդիներուն այլեւս պիտի «չսորվեցնէին», չքարոզէին «թէ Տէրը ճանչցիր».
- Եհովա Սաբաւովթը՝ այլեւս Իսրայէլի որդիներուն անօրէնութիւնները պիտի չյիշէր, եւ անոնց անիրաւութիւններն ու մեղքերը պիտի ներէր.

Ակնյայտօրէն վերամշակուած նախորդ ուխտն է, որ աճպարար Պօղոսը որպէս «նոր ուխտ» կը ներկայացնէ, ըստ որուն, Եհովա Սաբաւովթը՝ «*Իսրայէլի տան աստուածը, եւ անոնք իրեն ժողովուրդ ըլլալու*» խոստմունքը անխախտելի հիմքերու վրայ կը խարսխէր, իր «*օրէնքները անոնց սրտերուն ու մտքերուն մէջ զետեղելով*» անոնց ակամայ պարտադրելու, որ այլեւս ի ծնէ՝ ինքնաբերաբար ճանչնային ու պաշտէին զինք, եւ «*վախնային իր ահաւոր անունէն*»:

---

[5] Եբր. Yahweh SABAOTH, Lord of hosts is the God of armies. Հին Կտակարանին մէջ մօտաւորապէս 240 անգամ յիշուած այս անունը Նոր Կտակարանին մէջ միայն մէկ անգամ որպէս «զօրութեանց Տէր ներկայացուած է (Թուղթ Յակոբու Ե. 4):

Ուղղակի բռնի հպատակեցում, զոր քողարկելով՝ «*Աստուծոյ մօտենալ*» կը կոչէ Պօղոս: Ասկէ ետք, այլեւս անիմաստ պիտի ըլլար Իսրայէլի որդիներուն «*անօրէնութիւնները յիշել*», որովհետեւ անոնց գործած *անօրէնութիւններն ու անիրաւութիւնները* պիտի անխուսափելիօրէն ըլլային իր իսկ՝ «*անոնց միտքերուն ու սրտերուն մէջ գետեղած օրէնքին*» արգասիքը: Այլապէս պիտի ըսէր, այդպիսով «պիտի չկարենան անօրէնութիւններ ու անիրաւութիւններ գործել»:

Ինչպէս կը տեսնենք՝ Պօղոս չարաչար կը ստէր. այս «Նոր Ուխտ» կոչուածը ո՛չ թէ հինը կը «խափանէ», այլ ընդհակառակն՝ հինը աւելի եւս ցեղապաշտական հիմքերու վրայ կը հաստատէ: Հետեւաբար, այլեւս քարոզելը մէկ անգամ ընդմիշտ կ'արգիլուէր. «*բնաւ պիտի չսորվեցնեն*» կ'ըսէ ան: Այսինքն՝ բացարձակապէս արգիլուած էր քարոզել, որովհետեւ իր «*օրէնքները անոնց միտքին մէջ եւ անոնց սրտին վրայ*» գրելէ ետք քարոզելը ոչ միայն անիմաստ, այլ նաեւ անօրէն կը դառնար: Իսկ օտարին քարոզելը արդէն մահացու մեղք մըն էր, որովհետեւ Եհովա Սաբաովթը պայման դրած էր իր ուխտը «*Աբրամի սերունդներուն մէջ պահել*», որ աւետարանական Յիսուսն ալ կը հաստատէ. «*Սուրբ բանը շուներուն մի տաք, եւ ձեր մարգարիտները խոզերուն առջեւ մի ձգէք...*» (Մատթէոսի Է. 6): Անշուշտ այդ «*շուներն ու խոզերը*» մեզի՝ անթլփատներուս կը վերաբերի:

Փաստօրէն՝ Եհովան յատկապէս «*Իսրայէլի որդիներուն հետ*» է, որ կը կնքէ այդ ուխտը: «Նոր Ուխտ» կոչուածն ալ, հինին նման, շատ յստակ կ'ըսէ. «*այս է այն ուխտը զոր Իսրայէլի տանը հետ պիտի ընեմ*»: Բացի Իսրայէլի ցեղերէն՝ ակնարկ չկայ ոեւէ այլ ժողովուրդի մասին. ո՛չ յոյներու, ո՛չ ասորիներու, ո՛չ հայերու, ո՛չ ալ քրիստոսի կամ քրիստոնէութեան մասին: Հետեւաբար, յատկապէս «*Իսրայէլի տան հետ Եհովայի*» կատարած՝ այս ցեղապաշտ «*ուխտը*», ամենեւին չյիշուած քրիստոսի մը անունով, որպէս համայն մարդկութեան «փրկութիւն» մեկնաբանելը՝ հեզնօրէն կ'արհամարհէ ամեն առողջ տրամաբանութիւն, որ բնականաբար կը մերժէ կուրօրէն հաւատք ընծայել այդպիսի դաւադիր կեղծիքի մը:

Ըստ Պօղոսի, «Նոր Ուխտ»ի կեանքի կոչուիլը անխուսափելի էր, որովհետեւ հինը «մեղադրելի» եւ արդէն «կորուստի մօտ» էր, որուն համար ո՛չ Աբրամը, ո՛չ ալ անոր սերունդները կարելի է այպանել, այլ այդ ուխտը յղացող Իսրայէլի տէր Եհովան, որու պատճառաւ, կ'ըսէ Պօղոս, զոհ պիտի երթար կամ իր «*կեանքը դնէր*» իր քարոզած աւետարանի քրիստոսը: Թէ «*կեանքը դնելու*» ծիսակատարութիւնը ինչպիսո՛վ կրնար Իսրայէլը փրկել, եւ ինչո՛ւ անպայման մահով պիտի ըլլար Իսրայէլի փրկութիւնը՝ իր ժամանակին կը տեսնենք: Բայց մանաւանդ, թէ այդ բոլորը ի՛նչ կապ ունէին ոչ հրեայ ժողովուրդներու հետ... Պօղոս կը «քրիստոսաբանէ» թէ՝

> **Եբրայեցիս Թ.** [15]Ինք նոր ուխտին միջնորդն է, որպէս զի իր մահը առաջին ուխտին ժամանակ գործուած յանցանքներուն քաւութեանը համար եղած ըլլալով, հրաւիրուածները յաւիտենական ժառանգութեան խոստումնքը առնեն: Քանզի ուր կտակ մը ըլլայ, հարկ է որ կտակը ընողին մահը մէջ մտնէ. վասն զի կտակը մեռնելէն ետեւ հաստատ կ'ըլլայ. քանզի բնաւ վաւերականութիւն չունենար քանի որ կտակը ընողը ողջ է: Անոր համար առաջին ուխտն ալ առանց արիւնի չէր հաստատուէր: Վասն զի երբ Մովսէս օրէնքին ամեն պատուէրները բոլոր ժողովուրդին պատմեց, ցուլերուն ու նոխազներուն արիւնը առնելով՝ ջուրով ու կարմիր բուրդով եւ զոպայով բուն գիրքին եւ բոլոր ժողովուրդին վրայ սրսկեց. եւ ըսաւ, ասիկա է այն ուխտին արիւնը, զոր Աստուած ձեզի պատուիրեց: ...Եւ գրեթէ ամեն բան արիւնով կը մաքրուի օրէնքին նայելով, ու արիւն չթափուած թողութիւն չըլլար:

Հին Ուխտի ժամանակ, հրեաներու կողմէ գործուած մեղքերուն համար զոհուիլը ինչպէ՛ս կրնար վերածուիլ այլ ժողովուրդներու համար «յաւիտենական ժառանգութեան խոստումի»...: Ահաւասիկ «աստուածաբանութիւն» կոչուած՝ մեսիական ուղղակի զրաբանութիւն: Ուստի, ըստ Պօղոսի, «առաջին ուխտը մեղադրելի էր», որովհետեւ յանցանքներ գործուած էին այդ ուխտի ժամանակ. կամ՝ այդ ուխտին մեղադրելի ըլլալուն պատճառաւ էր, որ յանցանքներ գործուած էին: Ամեն պարագայի, կարելի է միայն հետեւցնել, թէ այս «Նոր Ուխտ» կոչուածը անմեղադրելի ըլլալու էր, կամ առնուազն՝ «Նոր Ուխտով» յանցանքներ պիտի չգործուէին...: Հակառակ պարագային, անպայմանօրէն «Նոր Ուխտ»ն ալ մեղադրելի պիտի դառնար: Սակայն ահռելի պատերազմներ մղելով, հարստահարելով, ժողովուրդներ ու մշակոյթներ բնաջնջելով եւ բռնաբար մեսիական «ուխտը» օտարներուս պարտադրել ետք՝ երբ պատուիրանքներուն համաձայն մահուան պատիժի արժանի շատ մը մեղքերը հիմա արդէն ընթացիկ երեւոյթ դարձած՝ եւ երբեմն նոյնիսկ օրէնքով պաշտպանուած ու «մարդկային իրաւունքներու» վերածուած են, ա՞րդեօք Եհովայի եկեղեցին տակաւին «անմեղադրելի» կը համարէ երկրորդ ուխտը: Իսկ եթէ ոչ, Եհովան որքա՞ն կը զղջայ իր երկրորդ ձախաւեր «ուխտին» սիրոյն՝ իր սեփական որդին զոհելուն համար: Կամ՝ ինչո՞ւ մե՛նք պիտի ըլլանք երրորդ «ուխտին»[6] զոհերը...:

Չմոռնանք Պօղոսի վկայութիւնը, թէ աւետարանական Յիսուսը մեռած էր իր հօր՝ Իսրայէլի Տէր Եհովա Սաբաւովթի ձախաւերութեան պատճառաւ, որովհետեւ ան չէր յաջողած առաջին անգամէն անթերի ուխտ մը պատրաստել: Հետեւաբար, ստիպուած՝ իր որդին ղրկած էր «որպէս զի առաջին ուխտի ժամանակ գործուած յանցանքներուն քաւութեանը համար մեռնի», եւ որու շնորհիւ, կ՚ըսէ Պօղոս, «*հրաւիրուածները յաւիտենական ժառանգութեան խոստմունքը առնեն*»...: Ի՞նչ «հրաւիրուածներ». իր «նոր ուխտ» կոչած յօրինուածքին մէջ, բացի Իսրայէլի սերունդներէն, բացարձակապէս ոչինչ կարելի է գտնել «հրաւիրեալներու» մասին: Չարաչար կը ստէր ան: Կը ստէ նաեւ այդ աւելի սուտը որպէս սրբութիւն անգէտներուս պարտադրող կեղծաւոր մեսիական եկեղեցին, լրբօրէն ազդարարելով՝ թէ «*կանչուածները շատ են ու ընտրուածները քիչ*» (Մատթէոսի ԻԲ. 14): Այսինքն՝ այդ յերիւրածոյ «հրաւիրուածներէն» ալ տակաւին փոքր տոկոս մը միայն պիտի արժանանար «խոստմունքին»: Իսկ աւելի անարգականը այն է, որ առաջարկուածը պարզապէս «խոստմունք» մըն է. ո՛չ թէ «յաւիտենական ժառանգութիւն», այլ՝ «յաւիտենական ժառանգութեան խոստմունք»ի յոյսը միայն: Թէ այդ խոստմունքը ինչի՞ կը ծառայէ. ըստ երեւոյթի, բացի ժառանգորդները հարստահարելէ ու մեղկացնելով «*Աստուծոյ որքերուն պարուանդան դնել*»՝ ուրիշ ոչինչի...: Սակայն մեսիականները՝ որոնք օտարներս որպէս իրենց քմահաճոյքին հպատակ ստա-

[6] Երրորդ «ուխտը», զոր կը կոչեն «երկրորդ գալուստ», Յայտնութիւն Յովհաննուով նախատեսուած, բացի Եհովա Սբաւովդի կնիքը ունեցող 144000 իրեաներէն, համայն մարդկութեան բնաջնջումն է:

ցուածք կ՚ընդունէին, այդ դաւանանքը նաեւ մեզի պարտադրելու յատուկ միջնորդի մը կարիքը ունէին, որ անշուշտ «Իսրայէլի փրկութեան համար զոհուելով՝ մեզ ծախու առնող քրիստոսը»[7] պիտի ըլլար: Հետեւաբար, հին ուխտին տակ գործուած հրեայի մեղքերու քաւութեան համար զոհուած հրեայ մը պիտի հռչակուէր՝ մեր մեղքերուն համար մեռած Քրիստոս մը...: Իսրայէլի որդիները «աշխարհը պիտի ժառանգէին», իսկ աշխարհը իրենց մեղքերը: Եւ որովհետեւ յատկապէս «*Իսրայէլի տան հետ Աստուծոյ ըրած նոր ուխտը*» կատարուած է, ըստ երկինքէն ալ բարձր՝ Յուդայութեան օրէնքին, վաւերական կը դառնար միայն «կտակը ընողին մահէն ետք»: Այդ պատճառաւ ալ, կ՚ըսէ Պօղոս, «*պէտք էր որ կտակը ընողին մահը մէջ մտնէր*», պատճառաբանելով՝ թէ առաջին ուխտն ալ առանց արիւնի չէր հաստատուէր...: Բայց Մովսէս, երեւի աւելի խելացի գտնուելով՝ ոչ թէ իր կեանքովը, այլ «նոխազներուն արիւնով հաստատած էր առաջին ուխտը»...: Չըլլայ թէ այ՛դ էր այդ ուխտին մեղադրելի ըլլալուն պատճառը:

Որքա՜ն անճարակ պիտի ըլլար «ամենակարող Եհովան», որ Իսրայէլի սերունդներուն մեղքերը ներելու կամ «այլեւս չյիշելով՝ անոնցմէ ճանչցուելու» համար, դիմէր իր որդին զոհելու յուսահատական միջոցին... բայց անոր վրէժը մեզմէ՝ օտարներէս առնէր: Իսկ եթէ «Իսրայէլի տան հետ» այդ կտակը ընողը ո՛չ թէ որդին, այլ Իսրայէլի Տէր Եհովա Սաբաւովթն էր, եւ որդին պարզապէս այդ կտակին «միջնորդը», այդ պարագային այս վերջինին մահը ոչ մէկ ձեւով կրնար «ուխտը» հաստատել: Եհովային ըրած «ուխտի» վաւերականացման ու հաստատման համար ո՛չ թէ միջնորդին, այլ Եհովային մահն էր հարկաւոր: Այստեղ, կտակը ընողին փոխարէն՝ միջնորդն է, որ աղետալի դաւադրութեան մը զոհ կ՚երթայ, որուն հետ նաեւ՝ այդ յոյսով ապրող քրիստոնեաներս: Ինչպէս վերը տեսանք՝ այդ «ուխտը» բնաւ վաւերականութիւն չ՚ունենար մինչեւ որ «կտակը ընողին մահը մէջ մտնէ», այսինքն՝ «ուխտը» ընող Իսրայէլի Տէր Եհովա Սաբաւովթը մեռնի...: Ահաւասիկ պատճառ մը եւս, որ Եհո-

[7] «Դուք ձեր անձին տէրը չէք. քանզի գնով ծախու առնուեցաք. Ուստի փառաւորեցէք Իսրայէլի Տէր Եհովան ձեր մարմիններուն ու հոգիին մէջ, որոնք Իսրայէլի տէր Եհովային են» (Ա. Կորնթացիս Զ. 19–20):

վան սպաննելու մարտահրաւէրին դէմ յանդիման գտնուող մեսիական եկեղեցին, երկար ժամանակ որոճալէ ետք, «երրորդութիւն» կոչուած նոյնքան անհեթեթ խայտառակութիւնը յօրինէր, որուն համաձայն՝ երեք տարբեր էութիւններով «մէկ ու անբաժան միութիւն» մը կարենային հնարել, ուր Աստուած, Որդին ու Հոգին «ինքն իր մէջ երեք եւ մէկ երրորդութեան» մը երեք անձերը ըլլային: Այս՝ աւետարանական Յիսուսն անգամ կ'ուրանայ. «*ինչո՞ւ զիս բարի կ'անուանես. մէկէն զատ բարի չկայ, որ է Աստուած*» (Մարկոսի Ժ. 18)...: Պէտք է խոստովանիլ, որ Եհովան սպաննելէ ետք անտէր մնալէն շատ աւելի հեշտ էր «երրորդութեան» նման յիմարութիւն մը կլլեցընել միամիտ հաւատացեալին:

«Աչքի դէմ աչք» պահանջող Յուդայութեան օրէնքը օտարներուն համար «միւս երեսդ ալ դարձուր» մեղկացուցիչ եւ նուաստացուցիչ օրէնքով փոխարինած կեղծաւոր մեսիականները, երբեք պիտի չհրաժարէին խնդիրները արիւնով լուծելու իրենց ցեղապաշտական հաւատքէն: «Ամեն ինչ արիւնով մաքրելու» Յուդայութեան Օրէնքի հարկադրանքովն էր, որ Եհովան ստիպուած էր իր «միակ որդին» զոհել Իսրայէլի փրկութեան սիրոյն: Մեսիականներուն համար, իրենց իսկ յօրինած սատանայական օրէնքը՝ կը հանդիսանար բացարձակ եւ գերագոյն իշխանութիւնը, որուն կը հպատակէին նոյնիսկ Եհովան ու որդին. «*Մի կարծէք թէ ես եկայ օրէնքը կամ մարգարէները աւրելու. չեկայ աւրելու, հապա կատարելու*»:

Մովսէսի Օրէնքին նախանձայոյզ այդ մեսիական գործիչները բոլորն ալ, անխտիր, ամբողջ էութեամբ կը հաւատային Յուդայութեան օրէնքի բացարձակ իշխանութեան, որուն նաեւ օտարներս հպատակեցնելու համար՝ պիտի յօրինէին Յուդայութեան «*Օրէնքի թագաւորութեան*» ետեւի դռնէն մեզ ապօրինաբար ներս առնող միջնորդ՝ Օրէնքին ծառայելու կոչուած՝ աւետարանական Յիսուս քրիստոսը: Եղածը պարզապէս նենգ դաւադրութիւն մըն էր, ինչպիսին էր աւետարանական Յիսուսի մահը՝ ուխտի մը վաւերականացման վերագրող ստապատիր յօրինուածքը, մինչ զայն մահուան դատապարտող ղեկավարութեան ժողովէն կ'իմանանք, թէ ան «*պիտի մեռնէր ազգին համար*»... (Յովհաննու ԺԱ. 51–52): Հետեւաբար՝ հրեայ ազգին համար կեանքը զոհած՝ օրէնքին նախանձաւոր աւետարանական Յիսուսն ու իր հետեւորդները իրենց ազգային ազատագրական պայքարի խորանին զոհուելով յաւերժանալու գաղափարը կը փայփայէին: Սակայն Պօղոս՝ քրիստոսաբանական նենգ դարձուածքով մը կու գայ իրողութիւնը մեկնաբանելու որպէս «*միայն արիւնով Աստուծոյ կրակը հաստատուելու*» օրինական հարկադրանք:

Յարդ զիս հետաքրքրողը՝ Նոր Ուխտի եւ օտարներուս միջեւ առնչութիւն մը գտնելն էր, եւ պրպտումներուս ի դերեւ ելլելը՝ զարմանք չպատճառեց, որովհետեւ պարզապէս անկարելի է գտնել այն, ինչ որ գոյութիւն չունի: Ընդհակառակն, «Նոր Ուխտ» կոչուածը, «*Օրէնքը Իսրայէլի սերունդներու մտքին ու սրտին մէջ ամրապնդելով*»՝ ոչ իրենց ժողովուրդները վանող, մերժող եւ օտարատեաց ցեղապաշտական իր կեցուածքն է, որ կը շեշտէ, ամենեւին արգիլելով օտարներուն «սորվեցնելը»: Յամենայն դէպս, «*աշխարհը ժառանգելու*» առաքելութեամբ «*մարդու որսորդութեան*» ելած նենգամիտ մեսիականներն ու մանաւանդ Պօղոսը, իրենց մարդելոյզ շնթանքով՝ յաջողեցան համոզել տգէտ եւ ընկճուած բազմութիւնները,– որոնք մխիթարուելու համար կարիքը ունէին որեւէ յոյսի նշոյլի մը կառչելու,– թէ «*սպասուած փրկիչը*» արդէն ժամանած էր, «*յաւիտենական կեանքի խոստմունքը*» ի ձեռին:

Եթէ անտրամաբանական կամ նոյնիսկ հիմնովին անհաւատալի կը համարենք, որ հրէական կազմակերպութիւն մը կրնար այդպիսի վիթխարի սուտ մը հրապարակ նետել, եւ հսկայական աշխատանք տանիլ զայն մարդոց կոկորդը թխելու, որպէսզի «*ամբողջ ժողովուրդները աշակերտեն*», ուրեմն ստիպուած ենք նոյն մօտեցումը ունենալու բոլոր կրօններուն եւ գաղափարախօսութեանց[8] հանդէպ, որովհետեւ բոլորն ալ միտքեր նուաճելու նոյն սկզբունքէն կը մեկնին: Կարելի չէ նոյնիսկ ենթադրե՛լ, թէ մերն է ճշմարիտը ու մնացեալը սուտ կամ սխալ: Պէտք է առնուազն անաչառութիւնն ու անկեղծութիւնը ունենանք նաեւ հարց տալու, թէ ինչո՞ւ այդպէս համոզուած ենք. միթէ այդպիսի եզրակացութեան մը յանգելու ատա՞կ ենք: Արտաքին ազդեցութիւններէ զուրկ՝ ազատ մտածողութեամբ

[8] Ինչպիսին են բոլոր կազմակերպեալ կրօնները, համայնավարութիւնը, դրամատիրութիւնը, ժողովրդավարութիւնը, եւ այլն:

ու բաւական խորը ուսումնասիրա՞ծ ենք մեր հաւատքը: Անշուշտ, ընդհանրապէս կ՚ուզենք հաւատալ՝ թէ այո: Մինչդեռ կուրօրէն հաւատալու դաստիարակուած քրիստոնեաներս այնքա՜ն ենք ընկղմած քրիստոսականութեան կեղծիքի խորը, որ փաստացի եւ անհերքելի իրականութիւնները վանելով՝ կ՚ընտրենք հաւատալ մեզի աւանդուած հեքիաթներուն, որոնց ո՛չ փաստը ունինք, ո՛չ ալ հասկնալու արթնամտութիւնը: Ուստի, որովհետեւ Նոր Կտակարանը կեանքի կոչուած ու յաճախ «վկայակոչուած» է Հին Կտակարանի զանազան գրութիւններով, անկարելի պիտի ըլլար զայն ըմբռնել առանց բաւական յստակ գաղափար մը ունենալու Հինին մասին: Ուրեմն, վերաքաղով մը տեսնենք, թէ արդեօք որեւէ բան վրիպա՞ծ է մեր ուշադրութենէն:

ՀԻՆ ԿՏԱԿԱՐԱՆ

Հին Կտակարանի Մովսէս անուն առասպելական կերպարի մը վերագրուած առաջին հինգ գիրքերը՝ Ծննդոց, Ելից, Ղեւտացւոց, Թուոց եւ Երկրորդ Օրինացը կը կոչուին Հնգամատեան, որուն հեղինակները՝ այլ մշակոյթներէ իրենց արտագրած աւանդութիւնները եւ օրէնքները, առասպելային ծննդաբանական հեքիաթներով շաղախելով՝ յօրինած են «*աշխարհը ժառանգելու*» կոչուած՝ թլփատուած «ընտրեալ ժողովուրդի» մը յատուկ ռազմավարական գաղափարաբանութիւն, որուն հետեւորդ սեմական բազմութիւնները պիտի կոչուէին հրեայ, իսկ հաւատամքը՝ Յուդայութիւն[9].

Ծննդոցով ներկայացուած պատմութիւնները, ինչպէս՝ այսպէս կոչուած արարչագործութիւնը, Եդեմն ու հոն գտնուող պարտէզը, ջրհեղեղը եւ շատ մը այլ աւանդութիւնները՝ միայն որպէս գրագողութիւն կարելի է բնութագրել, որովհետեւ անառարկելիօրէն փա-

[9] "The basic books of the Law—the first five books of the Old Testament (the Pentateuch)—were published by Ezra as a guide to the conduct of life; those who accepted this Law and worshiped at Jerusalem may thenceforth be called Jews and their faith Judaism..." (Chester G. Starr, A History Of The Ancient World, New York, 1965).

տուած իրականութիւն է, թէ այդ բոլոր պատմութեանց նախատիպը՝ սեփականութիւնն է Սումեր ժողովուրդին[10], որու ձեռքով, մօտաւորապէս մ.թ.ա. 4-րդ հազարամեակին, այդ բոլորը փորագրուած են կաւէ սալիկներու վրայ, Յուդայութեան ու Իսրայէլի գաղափարներու յղացումէն հազարամեակներ առաջ: Եթէ Հնգամատեանը դրախտը, Եփրատ եւ Տիգրիս գետերու ակունքին՝ Հայկական Բարձրաւանդակին վրայ տեղադրած է, ու Նոյան տապանը Արարատ Լեռան գագաթին է զետեղած, ապա որովհետեւ այդ աւանդութիւնները՝ հնդեւրոպական ժողովուրդներու հայրենիք Հայկական Բարձրաւանդակէն Միջագետք իջած՝ Սումեր կոչուած ցեղերը այդպէս աւանդած են, հաւանաբար մ.թ.ա. 7-րդ կամ 6-րդ հազարամեակին:

Աւելի ուշ, Սումերի քաղաքակրթութեան վրայ պիտի գար հիմնուելու Բաբելոնեանը, ամբողջութեամբ իւրացնելով նախորդը: Այդպիսով՝ սումերական աւանդութիւնները պիտի շարունակէին վառ մնալ երկար ժամանակ, մինչեւ՝ ըստ ոմանց՝ մ.թ.ա. առաջին հազա-

---

10 "... Grounded almost wholly on the culture of Sumer, Babylonian cultural achievements left a deep impression on the entire ancient world, and particularly on the Hebrews and the Greeks. Even present-day civilization is indebted culturally to Babylonian civilization to some extent. For instance, Babylonian influence is pervasive throughout the Bible and in the works of such Greek poets as Homer and Hesiod, in the geometry of the Greek mathematician Euclid, in astronomy, in astrology, and in heraldry" (Microsoft Encarta Encyclopedia 2002).

"Another significant geographical aspect of Mesopotamia is its openness. To the south and west lie the vast expanses of the Arabian desert, the oases of which nourishes a seminomadic population of Semetic-speaking peoples. These tribes ever tended to seep or pour into the river plains; eventually they became dominant there. To the east and north are first foothills and then the mountains of Iran and Armenia, from which other peoples recurrently rushed down into Mesopotamia. The leaders in the first evolution of Mesopotamian civilization, the Sumerians, seem to have come from this direction. The stypped mounds or ziggurats, such as the Biblical Tower of Babel, were imitation mountains; according to early Mesopotamian thought the mountains were the focus of the powers of earth.

"In explaining the nature of the universe men translated into divine terms their own earthly concepts of personal clash and procreation. Yet in early civilized societies these tales were so satisfying that people all over the Near East accepted them. Mesopotamian stories thus passed into the early chapters of the Book of Genesis, where they continued to answer men's curiosity about the Creation down to the past century.

"Genesis concentrates on one such group, the seed of Abraham, who migrated from Mesopotamia to Palestine and there lived a pastoral life. The religious and legal customs which appear at this stage in the Bible are best illuminated from Hurrian documents of upper Mesopotamia, especially those of the site called Nuzzi. The Biblical story of the Flood localized the Ark on Mt. Ararat in Armenia because the Hurrian version of the Mesopotamian myth did so; the practice that a man married the childless widow of his deceased brother is known in Hurrian law; and the story of Rachel's stealing the gods of her father (Genesis 31:19–35) becomes intelligible against the fact that in Hurrian custom the property of a family group went with its gods" (Chester G. Starr, *A History of the Ancient World*, New York, 1965).

րամեակի կէսերուն, երբ հրեայ հեղինակները իրենց կարգին զանոնք հրէականացնելով իւրացնէին, ու իրենց միջավայրի տնտեսաուազմա-քաղաքական պայմաններուն յարմարցնելէ ետք, ժամանակի ընթացքին, հետզհետէ փոփոխէին, մինչեւ առնուազն մ.թ. 4-րդ դարը: Եւ որովհետեւ որպէս խաշնարածային մշակոյթի սերունդ՝ հրեայ հեղինակները ընդհանրապէս տգէտ էին, մանաւանդ աստղագիտական մարզին մէջ, գողցուած նիւթերը նենգափոխելով՝ անոնց հրէական դիմագիծ մը տալու փորձը համգած է շատ անճոռնի արդիւնքի: Նախ կ'ըսեն թէ, «*լոյսը խաւարէն զատեց: Եւ լոյսին անունը Ցորեկ, եւ խաւարին անունը Գիշեր դրաւ. եւ իրիկուն ու առտու ըլլալով՝ առաջին օրը եղաւ*»: Իսկ երեք օր ետք՝

Ծննդոց Ա. [14]ըսաւ Եհովա, երկինքի հաստատութեանը մէջ լուսատուներ ըլլան, որպէս զի ցորեկը գիշերէն զատեն... եւ երկու մեծ լուսաւորներն ըրաւ. մեծ լուսաւորը ցորեկուան իշխելու համար, ու պզտիկ լուսաւորը գիշերուան...

Արդէն «լոյսը խաւարէն զատած» ու երեք անգամ «իրիկուն ու առտու» ըլլալէ ետք՝ չորրորդ օրուան հասնելով, Եհովան կ'որոշէ «*ցորեկուան ու գիշերուան իշխելու երկու մեծ լուսաւորներ հաստատել*»: Այսինքն, ըստ հեղինակին, արեւը ոչ մէկ առնչութիւն ունէր «ցորեկ-գիշեր» իրականութեան հետ, այլ՝ Եհովան միայն չորրորդ օրը արեւն ու լուսինը «ստեղծած» էր պարզապէս «*ցորեկուան ու գիշերուան իշխելու*» նպատակաւ: Իսկ լուսինը իբրեւ լուսատու մարմին յայտարարելը ակներեւ փաստն է այդ հեղինակի խորը տգիտութեան:

Աւելի ետք, ըստ երեւոյթի իր շրջապատի տմարդի կենցաղավարութեան պատշաճեցնելով՝ հեղինակը իր պատմութեան առաջին էջերն իսկ կը սկսի նենգութեան, նախանձի, ոխակալութեան, անէծքի ու եղբայրասպանութեան դարն ողբերգութեամբ մը[11]: Օձէն իմանալէ ետք՝ թէ Եհովան զիրենք խաբած էր «արգիլուած ծառի» յատկութեան մասին, այր ու կին գիտութեան ծառի արգիլուած պտուղէն կ'ուտեն, որպէսզի գիտութիւնը առող Եհովան՝ զիրենք անիծէ ու դրախտէն վտարէ, եւ երկու որդիներուն միջեւ թշնամութիւն յարուցանելով՝ զանոնք եղբայրասպանութեան մղէ:

[11] Ծննդոց Դ. 2–17:

Հակառակ որ նախաձեռնողը Կայէնն էր, ապերախտ Եհովան բոլորովին կ՚անտեսէ անոր ընծան, կը բարկացնէ ու յանդիմանելով՝ չարիք մը գործելու կը սադրէ զայն, թէ՝ «*մեղքի պատրաստ դրանը քով պառկած է, եւ անիկա քեզի պիտի հնազանդի, ու դուն անոր պիտի իշխես*», այլ խօսքով՝ «չարիքը ստեղծող»[12] Եհովան Կայէնին ըսած էր, եթէ դժգոհ ես՝ քեզի իշխանութիւն կու տամ եղբօրդ հանդէպ գործելու որեւէ չարիք, որ կը փափաքիս[13]: Եւ իր «պատուիրաններով» սպանութիւնը մահացու մեղք յայտարարող Եհովան, եղբայրասպան Կայէնը անպարտ եւ անդատապարտելի կը հռչակէ: Հետաքրքրական է Եհովային ուղղուած Կայէնի խօսքը, թէ «*թափառական պիտի ըլլամ, եւ պիտի ըլլայ որ ով որ զիս գտնէ, զիս պիտի մեռցնէ*». եթէ ինք առաջին զոյգին միակ որդին էր, հապա ովքե՞ր էին այդ անձիքը, որ զինք գտնելու պարագային պիտի մեռցընէին...: Հեղինակը կը խոստովանի, թէ «*Եդեմի արեւելեան կողմը Նայիդ*» կոչուած երկիր մը գոյութիւն ունի եղեր, ինչ որ կը նշանակէ թէ անկախ Յուդայութեան «ստեղծագործութեան» հեքիաթէն, որոշ ժամանակէ մը ի վեր, արդէն գոյութիւն ունէին ժողովուրդներ ու քաղաքակրթութիւն, որոնցմէ կին առած էին Կայէնն ու Ադամի ապազայ որդիները:

Եթէ նկատի ունենանք այս հեքիաթի նաեւ հետագայ ընթացքը, կը յանգինք այն հաստատ եզրակացութեան, թէ «արարչութեան» հրէականացուած տարբերակը չի վերաբերիր ընդհանուր մարդկութեան, այլ կ՚ընթանայ սեմական լուսանցքային ցեղի մը նեղ շրջապատէն ներս, ուրանալով մարդկային եղափոխման բիւր հազարամեակներու պատմութիւնը: Հրէական տարբերակը սկիզբ կ՚առնէ քաղաքակրթութեան երեկոյին՝ խոստովանելով թէ «*Տէր Եհովադ երկրի երեսին վրայ եղող բոլոր ազգերուն մէջէն քեզ ընտրեց, որպէսզի դուն անոր սեփական ժողովուրդը ըլլաս*». յօրինուած է պարզապէս սեմական ցեղերուն տալու, այլոց նման՝ իրայատուկ պատկանելիութեան արժանապատուութիւն մը[14]: Եւ որովհետեւ անապա-

[12] Եսայեայ ԽԵ. 7:

[13] Հետաքրքրական է երկրագործ Կայէնը ոճրագործի, իսկ խաշնարածը զոհի դերերով ներկայացնելու հեղինակին դիտաւորութիւնը:

[14] Բ. Օրինաց ԼԲ. 8–9, *Dead Sea Scrolls*: “When Elyon gave the nations as an inheritance, when he separated the sons of man, he set the boundaries of the peoples according to the

տարնակ խաշնարած այդ ցիրուցան ցեղերը երբեք չեն ունեցած պետութիւն, բազմադարեան հաւաքական կեանք, մշակոյթ, մտատիպար կամ աշխարհա-ընկերա-քաղաքական դարաւոր պատմութիւն, եւ այլն, հեղինակը այդ բոլոր արժէքները շարահիւսած ու ամփոփած է Հին Կտակարանով, որպէս Աբրամի սերունդներու դիւցազնավէպ, որ այդ ցեղերուն հարազատ մշակոյթն ու պատմութիւնը չէր, այլ՝ իրենք է, որ ստիպուած էին պատշաճիլ այդ արուեստակեալ պատմութեան:

Եւ Ադամ, մինչեւ իր 930 տարեկանին մեռնիլը՝ «*ողաքներ ու աղջիկներ ծնաւ*», որոնք «*մարդոց աղջիկներուն կը մտնէին*» ու կը բազմանային: Եւ՝

> **Ծննդոց Զ.** [5]Տէրը երբ տեսաւ որ մարդոց չարութիւնը կը շատնար, եւ անոնց սրտին խորհուրդներուն բոլոր գաղափարները միայն չար էին, Տէրը երկրի վրայ մարդը ստեղծելուն զղջաց, ու իր սրտին մէջ տրտմեցաւ: Եւ Տէրը ըսաւ, երկրի վրայէն ջնջեմ մարդը զոր ստեղծեցի ...Բայց Նոյ Տէրոջը առջեւ շնորհք գտաւ:

Եհովան երկրի վրայ մարդոց չարութեան ահազնութիւնը տեսնելով, որ ուղղակիօրէն իր յանցանքն էր,– վերջապէս ինքն էր չարութեան ատակ մարդը՝ իր չար պատկերով «ստեղծողը»,– զղջացած էր: Պէտք է ընդունիլ, թէ զղջումը՝ յանցանք մը, մեղք մը կամ առնուազն սխալ մը գործելու հետեւանք է: Բայց «*մարդոց խորհուրդներուն գաղափարները չար ըլլալուն*» համար Եհովայի տրտմիլն ու զղջալը բոլորովին անտրամաբանական կը հնչէ, երբ Յուդայութեան գիրքերը կը վկայեն, թէ «*քաղաքին մէջ չարիք մը չըլլար, եթէ Տէրը զանիկա ըրած չէ*», կամ երբ Եհովան ինք կը յոխորտար, թէ «*չարիքը ստեղծողը ես եմ*»: Եւ ինչպէս պիտի տեսնենք՝ ան յաճախ Իսրայէլի որդիներուն պիտի հրահանգէ քաղաքներու անմեղ բնակչութիւնը մինչեւ կիներն ու մանուկները անխնայ բռնաբարել, ջարդել, կոյսերն ու հարստութիւնը աւարել, եւ նոյնիսկ յղի կին հարազատ մայրերն ու զաւակները սպաննել: Այդ գազանաբարոյ Եհովան ինչպէ՞ս կը յաւակնէր մարդը չարութեամբ ամբաստանել, ու զայն ջրհեղեղով ոչնչացնելու չարամիտ որոշումը առնել: Ան գռեհիկ

---

number of the sons of God (bene elohim). For Yahweh's portion was his people; Jacob was the lot of his inheritance" (Mike Day, LDS scripture teachings).

ոճրագործի մը նման կը փորձէր մէկ յանցանքը աւելի մեծ ու ահռելի ոճիրով մը «*արբել*», երկրի ամբողջ բնակչութիւնը՝ մարդ, անասուն, բուսականութիւն, եւ այլն, ոչնչացնել, առանց նոյնիսկ, նախքան այդպիսի քաքնելի քայլ մը առնելը մտածելու՝ թէ արդեօք համայն մարդկութիւնը ոչնչացնելէ ետք պիտի յաջողէ՞ր չարութենէ զուրկ կամ առնուազն նուազ մեղաւոր կեանք մը հաստատել երկրի վրայ...: Փաստօրէն ո՛չ: Եհովան կրկին չարաչար սխալած էր: Ջրհեղեղէն ետք, փոխանակ բարելաւելու՝ աւելի եւս վատթարացած էր կացութիւնը: Յետ-ջրհեղեղեան ապականած եւ բարոյալքուած սերունդները սաստիկ զայրացուցած էին զինք, ու երբ ան Սոդոմի ու Գոմորի բնակչութիւնը կրակով «մաքրագործելու» փոքր ծրագիր մը կը պատրաստէր, Աբրահամ կը փորձէ զայն յանդիմանելով զգաստութեան հրաւիրել, «*Քա՛ւ լիցի քեզ այսպիսի բան մը ընել՝ որ արդարը ամբարիշտին հետ մեռցնես*» (Ծննդոց ԺԸ. 23–33): Աբրահամ սակարկելով՝ արդարներուն թիւը կը հասցնէ տասի, բայց վայրագ Եհովան յամենայն դէպս իր մաղձը կը թափէ այդ քաղաքներուն վրայ:

Իսրայէլի տէր Եհովան՝ ժպիրհ ոճով զգաստութեան հրաւիրելու մահկանացու Աբրահամին յանդգնութիւնը թող չզարմացնէ ընթերցողը. այս տարօրինակ երեւոյթը յաճախ պիտի կրկնուի, ինչպէս նաեւ Մովսէսի ուղեւորութեան ամբողջ ընթացքին: Սակայն Եհովան, որուն համար փաստօրէն «*արդարն ալ ամբարիշտին հետ մեռցնելը*» շատ պարզ ու սովորական երեւոյթ մը կը թուի ըլլալ, ինչո՞ւ յանկարծ պիտի որոշէր խնայել Նոյին ու անոր ընտանիքին կեանքը, կամ ինչո՞ւ միայն Նոյը. միթէ ուրիշ արդար մարդիկ չկայի՞ն երկրի երեսին, կամ արդեօք աւելի ճիշտ պիտի չըլլա՞ր ոչ ոք խնայել եւ կատարեալ արդար էակ մը «ստեղծելու» երկրորդ փորձ մը ընել: Որովհետեւ Եհովան, որ համոզուած էր թէ «*մարդուն սրտին խորհուրդը իր մանկութենէն չար է*», մանաւանդ ինք պէտք էր լաւ գիտնար, թէ արդար կարծուած Նոյի սերունդներն ալ, ուշ կամ կանուխ՝ անպայման պիտի չարանային:

Զարդարար, նախանձոտ ու դաժան Եհովայի նկարագրէն եւ գործերէն դատելով, յոյժ անհաւատալի է Նոյին կեանքը խնայելու պատմութիւնը, որուն համար ամբողջ տասնամեակներ կամ դարեր պիտի սպասէր, որ Նոյը երկրագունդի բոլոր աշխարհամասերէն՝ բազմամիլիոն տեսակի թռչուններ, միջատներ, բուսակեր թէ մսակեր անասուններ մէկտեղէր, զանոնք բեռցնելու չափ աներեւակայելիօրէն վիթխարի տապան մը շինէր, տապանին մէջ ամիսներով, իսկ ջրհեղեղէն ետք ամեն կեանքէ զուրկ երկրի վրայ զանոնք տարիներով կերակրէր, եւ այլն,– հեքիաթային ծիծաղելի մանրամասնութիւններով՝ կատարեա՛լ խեղկատակութիւն մը: Եղեռնագործ Եհովային համար ո՛չ մէկ արժէք կը ներկայացնէր Նոյին կեանքը: Բայց այդ մէկը անգնահատելիօրէն անհրաժեշտ էր պատմութեան հեղինակին համար, որ ստիպուած էր կապ մը հնարել նախաջրհեղեղեան ժամանակաշրջանի իր յօրինած պատմութեան հետ, որ այլապէս անհետ կորստեան դատապարտուած պիտի ըլլար «ջրհեղեղով»...:

Սումերական ջրհեղեղի աւանդութեան այլանդակօրէն հրէացուած այս հեքիաթը՝ մեզ կը հասցնէ Բաբելոն, երբ իբրեւ թէ «*բոլոր երկրի լեզուն ու խօսուածքը մէկ էր*»: Բայց Եհովան վախնալով «*մինչեւ երկինք հասնող*» աշտարակ մը շինելու մարդոց որոշումէն, ըստ սովորականին՝ դաւադրութիւն մը կը ծրագրէ.

> **Ծննդոց ԺԱ.** [7]Եկէք իջնենք եւ անոնց լեզուն հոն խառնակենք, որպէսզի մէկը իր ընկերին լեզուն չհասկնայ: Եւ Տէրը անկէ բոլոր երկրի երեսը ցրուեց զանոնք, ու քաղաքը շինելէն դադրեցան[15]:

Այս ալ վստահաբար հեղինակին՝ աշխարհը սեմականացնելու լեզուաբանական նենգաժէտ դաւն է, թէ ինչպէ՛ս Եբրայերէն լեզուէն ծնունդ առած են աշխարհի բոլոր տարբեր լեզուները: Իսկ աւելի զաւեշտայինը՝ ո՛չ միայն «*աշտարակը մինչեւ երկինք հասցնելը*», այլ «*երկինքի հապարութեանը մէջ նստած Եհովային*» իսկ այդ գաղափարէն սարսափիլն է: Անշուշտ, հեղինակին ստեղծած Իսրայէլի տէր Եհովան բնականաբար տգէտ հեղինակի երեւակայութեան ճըղճիմ սահմաններէն անդին պիտի չանցնէր: (Հոս միջանկեալ յիշեմ, որ Հայաստանեայց խաւարչական դաւադիր եկեղեցին, բռնի ուժով ու անասելի բարբարոսութիւններով երկրին տիրապետելէ ետք, բնիկ Արի ժողովուրդին պատմութիւնը եղծանելով, ազգային հաւաքական յիշողութիւնը ջնջելով ու զայն հրէական աւետարանին զօ-

---

15 «Եկէք իջնենք» ըսելով, յստակ չէ թէ ինքն իր հե՛տ, թէ Յոբի պարագային նման՝ Սատանային հետ կը խօսէր...:

թելով, իր նենգամէտ թոյնը անոր մայր երակին սրսկելու նպատակաւ՝ Բաբելոնէն Հայկական Լեռնաշխարհ գաղթած Հայկ ու Բէլի պատմութիւն մը պիտի յօրինէր, որպէսզի անյիշատակելի ժամանակներէ Հայկական Բարձրաւանդակի բնիկ Արիներս՝ մեր պապենական հայրենիքին մէջ ըլլայինք եկուորներ...):

Այս խառնիճաղանճին պիտի յաջորդէր Հին Կտակարանի հաւանաբար ամենէն յատկանշական շրջանը, որ սկիզբ կ'առնէ ո՛չ միայն հրեայ ժողովուրդի, այլ նաեւ ամբողջ քրիստոնեայ աշխարհի հոգեհայր Աբրահամի ծնունդով, որուն ծննդեան անունը իբրեւ թէ եղած է Ա-բ-րամ, սակայն Իսրայէլի տէր Եհովան անձամբ զայն կոչած է Աբրահամ.

> **Ծննդոց ԺԱ.** [26] Եւ Թարա եօթանասուն տարի ապրեցաւ, ու ծնաւ Աբրամը, Նաքովրը եւ Առանը: ... եւ Աբրամ ու Նաքովր իրենց կիներ առին. Աբրամի կնոջ անունը Սարա էր, ... եւ Սարա ամուլ էր ու չէր ծնաներ: [31]Եւ Թարա իր որդի Աբրամը ու իր թոռը Առանի որդին Ղովտը եւ իր որդւոյն Աբրամի կինը, իր հարսը Սարան, առաւ ու անոնց հետ քաղդէացւոց Ուր քաղաքէն ելաւ դէպի Քանանու երկիրը երթալու համար. ու եկան մինչեւ Խառան, եւ հոն բնակեցան: Ու Թարայի օրերը երկու հարիւր հինգ տարի եղան. եւ Թարա Խառանի մէջ մեռաւ:

> **Ծննդոց ԺԲ.** [4]... ու Աբրամ եօթանասունըհինգ տարեկան էր երբ Խառանէ ելաւ:

Բացի երբեմն նոյնիսկ 900 տարիներէ աւելի ապրողներու եւ խոր ծերութեան օրերուն ծննդաբերող ամուլ կիներու եւ այլ անհեթեթ հեքիաթներէն, պարզ թուաբանական հաշիւներու ընթացքին եւս անմիտ սխալներու տեղի տուած է հեղինակը: Եթէ իսկապէս Թարա՝ Աբրամը ծնած էր 70 տարեկանին եւ Խառանի մէջ մեռած էր 205 տարեկանին, հապա ուրեմն Աբրամը Խառանէն ելած օրը առնուազն 135 տարեկան պիտի ըլլար: Անշուշտ կարելի է առարկել, թէ Աբրամ կրնար Թարայի մահէն առաջ «*Խառանէն ելած*» ըլլար, սակայն բոլոր տուեալները հակառակը կը փաստեն[16]: Եւ հեղինակը

[16] Հեղինակը թուած է բոլոր անոնք որոնք Աբրամի հետ ելած են Խառանէն, իր «կինը, եղբօրորդին» եւ նոյնիսկ «*բոլոր ստացուածքը եւ Խառանի մէջ իրենց ստացած հոգիները*», այսինքն ծառաներն ու աղախինները, բացի Թարայէն, որ խիստ կասկածելի է թէ Աբրամ զայն լքած ըլլար ծերութեան օրերուն, եւ առանց ստացուածքի

մոռնալով՝ նախապէս ըսածը, թէ «*Տէրը ըսաւ, մարդու օրերը հարիւր քսան տարի ըլլան*» (Ծննդոց Զ. 3), Թարան 205, որդի Աբրամը «*Հարիւր եօթանասունըհինգ*» ու Սառան «*հարիւր քսանըեօթը*» տարիներ պիտի ապրէին: Ցամենայն դէպս, Եհովան Աբրամը կը ղրկէ Քանանու երկիր, «*զոր իր սերունդներուն ժառանգութեան համար պիտի տար*», եւ Աբրամ հոն հաստատուելէ ու «*Տէրոջը սեղան շինելէ*» ետք, յանկարծ Եհովան Քանանու երկիրը սովի կը մատնէ, որպէսզի արկածախնդրութիւնը շարունակուի դէպի Եգիպտոս.

Ծննդոց ԺԲ. [10]Ու այն երկրին մէջ սով եղաւ. եւ Աբրամ Եգիպտոս իջաւ հոն պանդխտանալու համար. Վասն զի այն երկրին մէջ սովը սաստիկ էր: [11]Ու եղաւ որ երբ Եգիպտոս մտնելու մօտեցաւ, իր կնոջ Սարայի ըսաւ, ահա գիտեմ որ դուն գեղեցիկ տեսքով կին մըն ես. [12]եւ պիտի ըլլայ որ երբ Եգիպտացիք քեզ տեսնեն, պիտի ըսեն, ասիկա անոր կինն է. ու զիս պիտի մեռցնեն, բայց քեզ ողջ թողուն. [13]Շնորհք ըրէ, ըսէ թէ դուն իմ քոյրս ես. որպէս զի քու պատճառաւդ ինծի աղէկ ըլլայ, ու քու պատճառաւդ իմ անձս ապրի: [14]Եւ եղաւ որ երբ Աբրամ Եգիպտոս մտաւ, եգիպտացիք տեսան կինը, որ շատ գեղեցիկ էր: [15]Փարաւոնի իշխաններն ալ տեսան, ու գովեցին զանիկա Փարաւոնի առջեւ. եւ կինը Փարաւոնի տունը առնուեցաւ: [16]Եւ անոր համար Աբրամի բարիք ըրաւ. ու անիկա ոչխարներ ու արջառներ եւ էշեր ու ծառաներ եւ աղախիններ ու էգ էշեր եւ ուղտեր ունեցաւ: [17]Եւ Տէրը մեծ հարուածներով զարկաւ Փարաւոնը ու անոր տունը՝ Աբրամի կնոջ Սարայի համար ...

Սովէն ճողոպրած անօթի Աբրամը՝ Եգիպտոսի ո՞ր մէկ պալատին շրջակայքը կը բնակէր, որ «*Փարաւոնի իշխանները*» անոր կնոջը հանդիպէին ու գովեստը ընէին: Ցայտնի չէ, թէ Քանանու երկիրը հաստատուելէն քանի՞ տարի ետք, սովին պատճառաւ, Աբրամը Եգիպտոս գաղթած էր: Բայց այդ օրերուն՝ Սարան առնուազն 65–70 տարեկան պէտք է ըլլար: Աւելի ուշ՝ Աբրամ կը հաստատուի «*Կադէսի ու Սուրի մէջտեղ*» գտնուող երկիրը, եւ հակառակ որ իր կինը Սարան այլեւս 90 տարեկան էր, զայն կրկին տեղացւոց քմահաճոյքին յանձնելով՝ «*Գերարայի Աբիմելէք թագաւորէն*» մեծ հարըս-

ու ծառաներու հոգածութեան: Արդարեւ պատմութիւնը շատ յստակ է. ԺԱ. Գլխուն վերջին նախադասութեամբ կ'իմանանք Թարայի մահը Խառանի մէջ, եւ միայն յաջորդ գլխուն ներքեւ է որ «Աբրամ Խառանէ ելաւ»:

տութիւն կը կորզէ[17]: Իրմէ ետք՝ իր որդի Իսահակն ալ նոյն խաղը պիտի խաղար «Փղշտացւոց թագաւորի» գլխուն...:

Եթէ Սարան «*հարիւր քսանըեօթը տարեկանին*» խոր ծերութեան մէջ մեռած էր, հապա 90 կամ նոյնիսկ 70 տարեկանին, երբ վաղուց «*Սարայէ պակսած էր կանանց օրէնքի մէջ ըլլալը*», արտաքինով որքա՞ն հրապուրիչ կին մը կրնար ըլլալ, որ մարդիկ, եւ մանաւանդ մատղաշ՝ դեռատի կիներով լեցուն հարեմներ ունեցող թագաւորներ՝ անոր տիրանալու համար Աբրամը շռայլօրէն վարձատրէին, կամ հակառակ պարագային նոյնիսկ սպաննէին զինք:

Աբրամի ստացած «նուէրները», այս օրերու արժէչափով՝ տասնեակ միլիոններու պիտի հասնէին. «*Եւ Աբրամ շատ հարուստ էր անասուններով, արծաթով ու ոսկիով...*» (Ծննդոց ԺԳ. 2–6): Ան ուրկէ՞ իմացած էր, թէ Եգիպտացիք ու Գերարացիք գեղեցիկ կին ունեցողները կը սպաննէին, եւ ինչո՞ւ պիտի վախնար սպաննուելէ, երբ Իսրայէլի Տէր Եհովան անձամբ զինք կ'առաջնորդէր, կը պաշտպանէր ու խոստացած էր նոյնիսկ զինք «*խիստ աճեցնելով՝ ազգերու բազմութեան հայր ընել*»: Եթէ Աբրամ, որ տակաւին զաւակ չունէր, զինք «*ազգերու բազմութեան հայր*» ընելու Եհովայի խոստումին իսկապէս հաւատար, բնականաբար պիտի հաւատար նաեւ, որ կնոջը պատճառաւ կամ որեւէ այլ պատահական դաւադրութեան մը զոհը պիտի չերթար, առնուազն ոչ նախքան զաւակ ունենալը: Եթէ Աբրամ անհիմն վտանգի մը պարագային իսկ, չվստահելով Եհովային, պատրաստ էր կնոջը կեանքն ու պատիւը գին տալ իր անձի ապահովութեան համար, հապա ան ոչ մէկ հաւատք կ'ընծայէր Իսրայէլի Տէր Եհովայի խոստումնուքին:

Բայց եւ այնպէս, Պօղոս զայն կատարեալ հաւատքի հայր պիտի հռչակէր. թէ *«Ինչպէս Աբրահամ Եհովայի հաւատաց, ու անոր արդարութիւն սեպուեցաւ: Ուրեմն անոնք որ հաւատքէն են՝ անոնք են Աբրահամի որդիները...»* (Գաղատացիս Գ. 6–7): «Աբրահամի որդի» կը նշանակէ երկիւղած՝ օրինաւոր հրեայ, եւ բացարձակապէս ոչ մէկ ուրիշ իմաստ կամ գաղափար կը պարունակէ: Հետեւաբար՝ «*անոնք որ* (Քրիստոսի) *հաւատքէն են*»՝ կ'ըսէ Պօղոս «առաք-

---

[17] Ծննդոց Ի.:

եալ», ապա ուրեմն՝ «*Աբրահամի սերունդ*» են. այլ խօսքով՝ «*հոգիով թլփատուած*» երկիւղած հրեաներ են: Բայց այժմ մեզ հետաքրքրողը ո՛չ թէ Քրիստոսի հաւատք-հրէացում առնչութիւնը, այլ նոյն ինքն այդ «հաւատքի հայր հռչակուած՝ Աբրահամի զզուելի թերահաւատութիւնն է:

Ծննդոց ԺԵ. [1]Այս բաներէն ետքը տեսիլքի մէջ Տէրոջը խօսքը Աբրամի եղաւ՝ ըսելով, Մի վախնար, ով Աբրամ, ես քեզի վահան եմ, ու քու վարձքդ խիստ շատ պիտի ըլլայ: [2]Եւ Աբրամ ըսաւ, ով Տէր Եհովա, ինծի ի՞նչ պիտի տաս, քանի որ առանց զաւակի կը մնամ, եւ իմ տանս տիրողը այս Դամասկացի Եղիազարն է: [3]Նաեւ ըսաւ Աբրամ, որովհետեւ ինծի սերունդ չտուիր, ահա իմ տանս ծառան ինծի ժառանգ կ՚ըլլայ: [4]Եւ ահա Տէրոջը խօսքը անոր եղաւ՝ ըսելով, անիկա քեզի ժառանգ պիտի չըլլայ. բայց այն պիտի ըլլայ քու ժառանգդ՝ որ քու մէջքէդ պիտի ելլէ: [5]Եւ դուրս հանեց զանիկա, ու ըսաւ, հիմա դէպ ի երկինք նայէ, ու աստղերը համրէ, եթէ զանոնք համրելու կարող ես. եւ ըսաւ անոր, քու սերունդդ այսպէս պիտի ըլլայ: [6]Եւ անիկա հաւատաց Տէրոջը, որ անոր արդարութիւն ըլլալ սեպեց:

Ծննդոց ԺԶ. [1]Եւ Աբրամի կինը Սարա չէր ծնաներ անոր. ու եգիպտացի աղախին մը ունէր որուն անունը Հագար էր: [2]Եւ Սարա ըսաւ Աբրամի, ահա հիմա Տէրը արգիլեց զիս ծնանելէն. ուրեմն աղախինիս մտիր, գուցէ անկէ զաւակ ստանամ: Եւ Աբրամ Սարայի խօսքը մտիկ ըրաւ...[4] Ան ալ մտաւ Հագարի, որ յղացաւ...:

Պահ մը առաջ՝ իբրեւ թէ իրեն անհամար սերունդներ տալու Եհովայի խոստումին հաւատացած, սակայն առանց իսկ տատամսելու՝ «*աղախինին մտնելով զաւակ մը ունենալու*» կնոջ առաջարկին ընդառաջող Աբրամը, անկարելի է, որ այդ ենթադրեալ իսկական հաւատացեալը ըլլար: Այլապէս՝ Իսրայէլի տէր Եհովային վստահելով ու մտքի ամենայն խաղաղութեամբ պիտի դիմագրաւէր անորոշութիւնները, նեղութիւններն ու իր կեանքին հանդէպ նոյնիսկ ոեւէ իրաւացի սպառնալիք: Բայց ընդհակառակն, երբ վտանգ թելադրող որեւէ շօշափելի առիթ կամ դրդապատճառ իսկ գոյութիւն չունէր, Աբրամ կը համոզէ իր կինը, որ իր հօր աղջիկն էր, որ վստահ փորձանք մը կը սպառնար իր կեանքին, որուն միակ լուծումը, որպէս ամուրի աղջիկ՝ զայն իրենց հանդիպելիք ժողովուրդի քմահաճոյքին յանձնելը պիտի ըլլար: Իսկ աւելին՝ մանաւանդ այդ օրերու այր մարդուն համար ամենէն նուիրականը՝ իր պատիւն ու արժանապատւութիւնը ներկայացնող կողակիցը պոռնկութեան մղելով՝ իր գործած խայտառակ արարքին փոխարէն նիւթական հսկայ հատուցումներ կը ստանայ: Եւ տակաւին, այս զզուելի արարքը որպէս աւանդութիւն՝ շարունակուած կը տեսնենք նաեւ անոր սերունդներուն մօտ:

Բնականաբար կը հանգինք այն եզրակացութեան, որ այդ վերաքերմունքը լոկ սայթաքում մը չէր, այլ ամենայն արհեստագիտութեամբ ծրագրուած շահաբեր գործելակերպ մը: Այլ կերպ կարելի չէ մեկնաբանել իր կինը պոռնկութեան մղելու Աբրամի այս խայտառակ վարքագիծը: Վստահաբար այդ պատճառաւ է, որ երբ աւետարանական Յիսուսը՝ կ'անարգէ զիրենք ու իրենց հայրերը, իրեանները զայրացած կը պատասխանեն *«Մենք պոռնկութենէ չենք ծընած, մենք մէկ հայր ունինք, որ է Աստուած...»* (Յովհաննու Ը. 41): Հնզամատեանին քաջածանօթ այդ իրեանները, երբ պոռնկութեան մասին ամենեւին խօսք չէր եղած, իրե՛նք են, որ վիրաւորուած՝ պաշտպանողական դիրք բռնելով, կը փորձեն անմիջապէս հերքել, հակառակ որ ոչ ոք պոռնկութեամբ ամբաստանած էր իրենց նախահայրերն ու նախամայրերը...: Հաւանաբար Աբրամի անհաւատութեան հարցը շրջանցելու նպատակաւ է, որ ապագային աւելցուած է նաեւ իր միակ որդին Եհովային զոհելու յօժարակամութեան հեքիաթը:

Յամենայն դէպս, աւելի ուշ, Իսրայէլի տէր Եհովան կ'որոշէ Նաեւ Սարայէն որդի մը տալ Աբրամին: *«Ինիսունինը տարեկանին Տէրը Աբրամին երեւցաւ»* իր որոշումը յայտնելու, եւ *«Աբրամ երեսի վրայ ինկաւ ու խնդաց, եւ իր սրտին մէջ ըսաւ, Սառա, որ իննսուն տարեկան է, պիտի ծնանի՞»*: Հակառակ անհաւատ Աբրամի ծաղրանքին՝ *«Սառա յղացաւ ու որդի մը ծնաւ Աբրամի իր ծերութեան ատենը»* (Ծննդոց ԻԱ. 2), զոր կը կոչեն Իսահակ: Իսկ երբ՝

Ծննդոց ԻԴ. Աբրահամ օրերն անցուցած ու ծերացած էր ... ըսաւ իր տանը երէց ծառային ... քեզ կ'երդմցնեմ Տէրոջմով, որ իմ որդւոյս կին չառնես Քանանացւոց աղջիկներէն, որոնց մէջ ես կը բնակիմ. հապա իմ երկիրս ու իմ ազգականներուս երթաս, ու իմ որդւոյս Իսահակին անկէ կին առնես»:

Ծառան կը գործադրէ անոր օտարատեաց խնդրանքը, կ'երթայ «*Միջագետ՝ Աբրահամի եղբօր Նաքովրի քաղաքը*», որպէսզի անոր թոռան՝ Ռեբեկային ձեռքը խնդրէ Իսահակին համար: Համաձայնելէ ետք, աղջկան ընտանիքը «*օրհնեցին Ռեբեկան ու ըսին, հազարաւոր բիւրերու մայր ըլլաս, եւ քու սերունդդ իր թշնամիներուն քաղաքները ժառանգէ*», ու զայն ճամբայ կը դնեն: Հոս, ինչպէս կը տեսնենք, Ռեբեկային տրուած «օրհնութիւնը», որ յաճախ պիտի կրկնուի նաեւ գալիք սերունդներուն կողմէ, նոյն ինքն Եհովայի Աբրամին հետ կնքած «*բազմանալով թշնամիներուն քաղաքները ժառանգելու ուխտն*» է, որ փաստօրէն ոչ թէ Եհովայէն Աբրամին տրուած, այլ անընդհատ կրկնելով՝ ընթերցողին ուղեղը ըստ այնմ ծրագրաւորելու հեղինակին ռազմավարական յղացումը կը թուի ըլլալ:

Ռեբեկան Իսահակին կու տայ արտաքինով հակապատկեր երկուորեակ որդիներ՝ Եսաւ եւ Յակոբ: Առաջինը տեղացի կիներ առնելով՝ ծնողքին «սրտի ցաւ» կը պատճառէ: Իսկ երբ կրտսեր եղբայրը՝ Յակոբ մօր մեղսակցութեամբ «*նենգաբար անդրանկութեան իրաւունքն ու հօրմէն սպանալիք օրհնութիւնը կը խլէ իրմէ*», զայրացած «*Եսաւը իր սրտին մէջ ըսաւ, իմ հօրս սուգին օրերը մօտ են, այն ատեն իմ եղբայրս Յակոբը կը մեռցնեմ*»: Յստակ չէ թէ ինչպէ՞ս, սրտին մէջ ըսուած խօսքը «*Ռեբեկային պատմուեցաւ*», սակայն Ռեբեկան Յակոբը կը խրատէ փախչիլ «*Միջագետք՝ իր Լաբան եղբօրը քով*».

> **Ծննդոց ԻԸ.** Իսահակ կանչեց Յակոբը ու օրհնեց զանիկա եւ անոր պատուիրեց ու ըսաւ, քանանու աղջիկներէն կին չառնես: [2]Ելիր, դէպի Միջագետք քու մօրդ եղբօրը Լաբանի աղջիկներէն քեզի կին առ. [3]ու ամենակարող Եհովան քեզ օրհնէ, ու քեզ աճեցընէ, եւ քեզ շատցնէ, ու շատ ժողովուրդներու հայր ըլլաս: [4]Եւ քեզի Աբրահամի օրհնութիւնը տայ, քեզի ու քեզի հետ քու սերունդիդ, որպէս զի ժառանգես քու պանդխտացած երկիրդ...:

Պանդխտացած երկիրը ժառանգելու «օրհնութիւնը» շալկած՝ Յակոբ կը ճամբորդէ դէպի միջագետք, ու երբ մօրեղբօր տունը կը հասնի, փոքր դուստրը՝ Ռաքէլը հաւնելով, անոր տիրանալու սիրոյն կը համաձայնի «եօթը տարի ձրի ծառայել»: Այդ առթիւ, մօրեղբայրը խնճոյք մը կը կազմակերպէ, ուր շատ հաւանաբար Յակոբը կը զինովցնէ, ու Ռաքէլի փոխարէն՝ «*իրիկունը իր Լիա աղջիկը առաւ եւ անոր բերաւ. ու անիկա անոր մտաւ*»: Խաբուած Յակոբը Ռաքէլն ալ կը պահանջէ ու կը ստանայ զայն՝ յաւելեալ եօթը տարիներ եւս ծառայելու պայմանով: Բայց «*Տէրը երբ Լիայի ատելի ըլլալը տեսաւ, անոր արգանդը բացաւ. բայց Ռաքէլ ամուլ էր*»:

Իր նենգաւոր նկարագրին բերումով, Եհովան միայն ատելի կընկան արգանդը կը բանայ, որ վեց զաւակներ կու տայ Յակոբին: Եւ բնականաբար Ռաքէլ նախանձելով, ըստ ընտրեալներու այս ընտանիքի աւանդութեան, Յակոբէն կը խնդրէ իր աղախինին հետ պառկիլ, որպէսզի իրեն ալ զաւակներ ըլլան: Անշուշտ Յակոբն ալ իր սերելի կնոջ փափաքը կը կատարէ եւ աղախինէն երկու զաւակ ունենալէ ետք՝ Եհովան կ՛որոշէ Ռաքէլին արգանդը բանալ ու Լիայինը գոցել, որուն պատճառաւ այս վերջինն ալ, հակառակ որ վեց զաւակ ունէր արդէն, նախանձելով՝ նոյնպէս Յակոբէն կը խնդրէ իր աղախինին հետ ալ պառկիլ. Յակոբ անոր ալ փափաքը կատարելով՝ երկու քոյրերէ եւ անոնց աղախիններէն ծնած տասնմէկ զաւակի հայր կ՛ըլլայ: Բայց աւելի ուշ, Եհովան Ռաքէլի արգանդը վերջին անգամ մը եւս պիտի բանար, որպէսզի Յակոբի տասներկրորդ զաւակն ալ տալէ ետք՝ մեռնէր:

Մինչ այդ, սակայն, քանի մը տարի Լաբան մօրեղբօրը ծառայելու ընթացքին, Յակոբ խարդախութեամբ անոր ամբողջ հարստութիւնը կ՛իւրացնէ ու «*խիստ կը հարստանայ*»: Օր մըն ալ «*ան լսեց Լաբանի որդուոց զրուցածները, որոնք կ՛ըսէին, Յակոբ մեր հօրը բոլոր ունեցուածքը առաւ, ու բոլոր այս փառքը մեր հօրը ստացուածքէն ստացաւ*»: Այլեւս փախուստի ժամանակը հասած էր: Ուստի նենգաւոր Յակոբ, Եհովայի պատուէրով՝ գաղտագողի կը հաւաքէ իր ընտանիքն ու Լաբանէն գողցած ամբողջ ստացուածքը, եւ կծիկը կը դնէ դէպի իր ծննդավայրը: Սակայն հօր տունը չհասած, «*Սիւքեմացւոց Սաղէմ քաղաքը եկաւ, որ Քանանու երկրին մէջ է*»:

Ծննդոց ԼԴ. Եւ Լիայի Յակոբի ծնած աղջիկը Դինա այն երկրին աղջիկները տեսնելու ելաւ: [2]Ու այն երկրին իշխանը Սիւքէմ տեսաւ զանիկա, եւ առաւ ու պառկեցաւ անոր հետ ու պղծեց զանիկա: [3]Եւ անոր հոգին Դինային յարեցաւ. ու սիրեց աղջիկը, եւ աղջկան սըրտին խօսեցաւ: [4]Ու Սիւքէմ իր հօրը Եմովրի զրուցեց՝ ըսելով, այս աղջիկը ինծի կնութեան առ: [7]Եւ Յակոբի որդիները լսածնուն պէս դաշտէն եկան. եւ մարդիկը դժուարացան ու խիստ բարկացան. քանզի Յակոբի աղջկանը հետ պառկելով՝ Իսրայէլի մէջ անզգամութիւն ըրաւ ...[8]ու Եմովր խօսեցաւ անոնց հետ՝ ըսելով, իմ Սիւքէմ որդւոյս հոգին ձեր աղջկան սիրահարեցաւ. կ'աղաչեմ ձեզի, զանիկա անոր կնութեան տուէք: Եւ մեզի հետ բնակեցէք ու այս երկիրը ձեր առջեւ պիտի ըլլայ. անոր մէջ բնակեցէք ու առուտուր ըրէք, եւ անոր մէջ կալուածներ ստացէք: ...[12]խնդրեցէք ինծմէ խիստ շատ օժիտ ու ընծայ, ու ինծի ըսածնուդ պէս պիտի տամ. միայն թէ աղջիկը ինծի տուէք՝ կին ըլլալու համար: [13]Եւ Յակոբի որդիները խաբէութեամբ պատասխան տուին ...եւ ըսին անոնց, մենք այս բանը չենք կրնար ընել, որ մեր քոյրը անթլփատ մարդու մը տանք ... միայն ասով կը հաճինք ձեզի, եթէ ձեզմէ ամեն արուն թլփատուելով՝ մեզի պէս ըլլաք... [25]Ու եղաւ որ երրորդ օրը երբ անոնք ցաւի մէջ էին, Յակոբի երկու որդիները, Շմաւոն ու Ղեւի, Դինայի եղբայրները, ամեն մէկը իր սուրը առաւ, եւ համարձակ քաղաքը մտան ու սպաննեցին ամեն արուն. [26]եւ Եմովրը եւ անոր որդին Սիւքէմը սուրի բերնէ անցուցին. եւ Սիւքէմի տունէն առին Դինան ու դուրս ելան: [27]Եւ Յակոբի որդիները սպաննուածներուն վրայ եկան, ու քաղաքը կողոպտեցին իրենց քոյրը պղծելնուն համար. [28]անոնց հօտերը ու անոնց արջառները ու էշերը եւ քաղաքին մէջ եղածը ու դաշտին մէջ եղածը առին. [29]եւ անոնց բոլոր ստացուածքը ու անոնց բոլոր տղաքները ու կիները գերի առին, եւ տուներուն մէջ բոլոր գտնուածը կողոպտեցին:

Այստեղ հեղինակը երկու աւելի սայթաքում թող տուած է, երբ կ'ըսէ «*Յակոբի աղջկանը հետ պառկելով՝ Իսրայէլի մէջ անզգամութիւն ըրաւ*», որովհետեւ, ինչպէս Յակոբի տասներկու որդիներու անուանացանկին մէջ Դինա անունով աղջիկ զաւակ գոյութիւն չունի (Ծննդոց ԼԵ. 22–26), նոյնպէս ալ ցայնժամ որեւէ Իսրայէլ անուն ալ գոյութիւն չունէր: Այդ անունը առաջին անգամ կ'արձանագրուի միայն յաջորդ գլխուն մէջ, այս դէպքէն բաւական ժամանակ ետք, «*երբ Միջագետքէ դարձեր էր*» Յակոբ, երբ իբրեւ թէ, Եհովան նմանաւոր աւազակ Յակոբին անունը կը փոխարինէ Իսրայէլով: Իր սերունդներու կազմաւորման այս պատմութիւնը հարազատօրէն կը նկարագրէ քրիստոսականութեան իսկական խորհուրդը, ուր ժողովուրդներ, կարծելով թէ անոնք «*խաղաղութեամբ կը վարուին հետերնին, թլփատուելով՝ կ'ըլլան անոնց պէս*», սակայն խաբեբայ

Իսրայէլի որդիները, անոնց խոցելի պահուն՝ զանոնք ջարդելով, բռնաբարելով, գերեվարելով ու կողոպտելով կը վարձատրեն զանոնք։ Այդ տմարդի Յակոբը Քանանացւոց ու Փերեզացւոց զայրոյթէն փրկելու համար, Եհովան զինք կը խրատէ փախուստ տալ դէպի Բեթէլ, ուր զայն Իսրայէլ կ՚անուանէ։ Այս է Եհովայի մօտ շնորհք գտած ու անկէ օրհնուած խաբեբայ Իսրայէլի ու անոր տասներկու բռնաբարող ցեղերու հեքիաթին յառաջաբանը, որ մեզ պիտի առաջնորդէ դէպի Եգիպտոս։

Անշուշտ բնական է, որ Իսրայէլի որդիները բոլորն ալ հովիւներ ըլլային, որոնցմէ Յովսէփ կոչեցեալը իր եղբայրներուն *«չար լուրը անոնց հօրը կը բերէր»* (Ծննդոց ԼԷ. 2), այսինքն՝ կը մատնէր ու ինքնահաւանութեամբ կը պատմէր թէ երազներուն մէջ ամբողջ ընտանիքը իրեն կը խոնարհէին, եւ այլն։ Այդպիսով ան ատելի դարձած էր իր եղբայրներուն աչքին, որոնք կ՚ուզէին զինք սպաննել։ Բայց վերջապէս կը համաձայնին զայն *«քսան կտոր արծաթի*[18] *ծախել Իսմայելացիներուն, որոնք Յովսէփը Եգիպտոս կը տանեն»*, ուր՝ իբրեւ թէ, Փարաւոնի ներքինի դահճապետին ծախուելով՝ անոր տունը ծառայութեան կը մտնէ։ Հոն, Իսրայէլի տէր Եհովային օգնութեամբ՝ Յովսէփ կը յաջողի *«շնորհք գտնել դահճապետին առջեւ ու դառնալ վերակացու անոր բոլոր ունեցուածքին ու տանը վրայ»*։ Սակայն տանտիրոջ կնկան հետ պառկելու-չպառկելու հարցով կը բանտարկուի նոյն տան բանտին մէջ, ուր կը բանտարկուին նաեւ *«Եգիպտոսի թագաւորին մատռուակապետն ու հացագործապետը»*, որոնց կը ծառայէր Յովսէփ։ Երբ Յակոբ անոնց երազը կը մեկնաբանէ, լուրը կը հասնի Փարաւոնին, որ իր կարգին մտահոգիչ երազ մը տեսած էր։ Եւ անշուշտ, կրկին Իսրայէլի տէր Եհովայի կամքով՝ Փարաւոնը բանտէն կ՚արձակէ Յովսէփը ու պալատ կը հրաւիրէ, որպէսզի իր միտքը խիստ տանջող երազը մեկնաբանէ։ Յովսէփ կ՚ազդարարէ զայն, թէ Եհովան եօթը տարի տեւողութեամբ սով մը ծրագրած էր Եգիպտոսի համար[19], եւ կը թելադրէ, որ *«Փարաւոնը հանճարեղ ու իմաստուն մարդ մը գտնէ, ու զանիկա Եգիպտոսի երկրին վրայ կեցնէ»*։ Եւ անշուշտ, անոր իմաստութենէն հիա-

[18] Այդ օրերուն արծաթ դրամ գոյութիւն չունէր։

[19] Ծննդոց ԽԱ. 33–45։

ցած՝ Փարաւոնը «*Ըսաւ Յովսէփի, որովհետեւ Եհովան այս ամէնը քեզի գիտցուց, քեզի պէս հանճարեղ ու իմաստուն չկայ: Դուն իմ տանս վրայ կեցիր, եւ իմ բոլոր ժողովուրդս քու բերանդ նային. ես միայն աթոռով քեզմէ մեծ ըլլամ...*»:

Յիշենք, որ իր ամբողջ պատանի օրերը անապատը հովուութեամբ զբաղած անուս, անգրագէտ Յովսէփը Եգիպտոս տարուած էր տասնեօթը տարեկանին, ուր ներքինի դահճապետին տունը ծառայութեան մտած էր մինչեւ բանտարկուիլը: Այսինքն՝ ոչ տնտեսական ոչ ռազմա-քաղաքական գիտութիւն եւ ոչ իսկ որեւէ այլ կեանքի փորձառութիւն ունէր: Իսկ եթէ «*դահճապետին կինը աչք տնկած էր Յովսէփին վրայ ու պահանջած անկէ որ հետը պառկի*», կարելի է ենթադրել թէ երկար չէին տեւած այդ տան մէջ անոր ծառայութեան օրերը: Այսուհանդերձ, իբրեւ թէ Փարաւոնը այդ անփորձ ու տգէտ «*երեսուն տարեկան*» երիտասարդին յանձնած էր Եգիպտոսի նման հզօր երկրի մը բովանդակ ճակատագիրը: Այս հեքիաթը նոյնութեամբ պիտի կրկնուէր Բաբելոնի Նաբուգոդոնոսոր թագաւորի օրով, երբ այս անգամ հրեայ Դանիէլը գերի կը տարուի Բաբելոն, որպէս ներքինի, յետոյ բանտ կը նետուի եւ թագաւորին երազը մեկնաբանելով՝ նոյնպէս կը դառնայ երկրին տէրն ու տիրականը:

Ուրեմն, Յովսէփ նենգութեամբ բովանդակ եգիպտացւոց անասունները, կալուածներն ու ամբողջ ստացուածքը հացի գնով իւրացնելէ ետք, եգիպտացի ժողովուրդը տեղահան կ'ընէ, «*հինգէն մէկը*» տուրք կը պարտադրէ, իսկ իր ընտանիքն ու ազգականները «*Եգիպտոսի ամենէն աղէկ կողմը կը բնակեցնէ ու անոնց կալուածք կու տայ*», եւ այլն.

Ծննդոց խէ. [11]Եւ Յովսէփը Եգիպտոսի ամենէն աղէկ կողմը, Ռամսէսի երկրին մէջ բնակեցուց իր հայրն ու եղբայրները, եւ անոնց կալուածք տուաւ: ...[13]Եւ բոլոր երկրին մէջ հաց չկար, վասն զի սովը խիստ սաստկացաւ. ու Եգիպտոսի երկիրը եւ Քանանու երկիրը սովին պատճառաւ նուաղեցաւ: [15]Եւ երբ Եգիպտոսի ու Քանանու երկրին մէջ ստակը հատաւ, բոլոր եգիպտացիները եկան Յովսէփի ու ըսին, մեզի հաց տուր. քանզի ստակ չըլլալուն համար ինչո՞ւ մեռնինք քու առջեւդ: [16]Եւ Յովսէփ ըսաւ, ձեր անասունները բերէք, եւ եթէ ստակ չկայ, ձեր անասուններուն փոխարէն տամ ձեզի, [17]եւ անոնք իրենց անասունները Յովսէփի բերին, եւ Յովսէփ հաց տուաւ անոնց ... եւ այն տարին զանոնք կերակրեց իրենց բոլոր անասուններուն փոխարէն: [18]Եւ երբ լմնցաւ այն տարին, հետեւեալ տարին եկան անոր ու ըսին, մեր տէրոջմէն չենք պահեր որ ստակը հատաւ, եւ մեր անասուններն ալ մեր տէրոջն եղան. ալ բան մը չմնաց մեր տէրոջը առջեւ, բայց մեր անձերը ու երկիրը. [19]ինչո՞ւ համար քու աչքիդ առջեւ մեռնինք մենք ու մեր երկիրը. մեզ ու մեր երկիրը հացով ծախու առ, եւ մենք մեր երկիրով Փարաւոնի ծառաներ ըլլանք. եւ սերմ տուր մեզի որպէս զի ապրինք ու չմեռնինք, եւ երկիրը ամայի չըլլայ: [20]Եւ Յովսէփ բոլոր Եգիպտոսի երկիրը Փարաւոնի համար ծախու առաւ. քանզի եգիպտացւոց վրայ սովին սաստիկ ըլլալուն համար՝ անոնց ամեն մէկը իր արտը ծախեց...[21]Եւ Եգիպտոսի սահմանին մէկ ծայրէն մինչեւ միւս ծայրը՝ ժողովուրդը քաղաքէ քաղաք փոխադրեց: [22]Միայն քուրմերուն երկիրը ծախու չառաւ ... [23]Եւ Յովսէփ ըսաւ ժողովուրդին, ահա այսօր ծախու առի ձեզ ու ձեր երկիրը Փարաւոնի համար, արդ ձեզի սերմ կու տամ, ու սերմանեցէք երկիրը. [24]եւ երկրի արդիւնքին հինգէն մէկը Փարաւոնի պիտի տաք ... եւ Յովսէփ հարիւր տասը տարեկան ըլլալով մեռաւ:

Ամբողջ ութը տասնամեակներ զիրենք հարստահարած, տեղահանած, խիստ ծանր տուրքերով ընկճած ու ստրկացուցած, իսկ գաղթական հրեայ բազմութիւնները երկրի լաւագոյն շրջանները բնակեցուցած, ցրի կերակրած ու անոնց հսկայական կալուածներ նուիրած արհինառբու օտարազգի Յովսէփը՝ զարմանալիօրէն մոռցած են յիշել եգիպտացիք իրենց արձանագրութիւններուն մէջ...: Իսկ ինչպէ՞ս հաւատալ հեղինակի զրպարտութեանց, թէ Եգիպտոսի հրեաները տաժանակիր աշխատանքի ու հալածանքի ենթակայ էին, երբ փաստօրէն իրենք էին բնիկները հարստահարող ու զանոնք իրենց *«երկիրով ծառաներ»* ընող *«Եգիպտոսի ամենէն աղէկ կողմը»* բնակող կալուածատէրերը: Կարելի չէ մանաւանդ հաւատալ, թէ Ադամ-Եւայէն մինչեւ ջրհեղեղ, Միջագետք, Քանանու երկիր ու Եգիպտոս երկարող հազարամեակներու այս պատմութիւնը, իր բոլոր յետին մանրամասնութիւններով գրի առնողը Մովսէս կոչցեալ մըն է, որ տակաւին քանի մը հարիւր տարիներ ետք պիտի ծնի...:

Ելիցէն կ'իմանանք, թէ Յովսէփի ու անոր բոլոր եղբայրներուն մահէն ետք, անոնց որդիները Եգիպտոսի մէջ չափազանց կը *«բազմանան, կը շատնան ու խիստ կը զօրանան»*, մինչեւ որ օր մըն ալ

«*Յովսէփը չճանչցող*» նոր թագաւոր մը անդրադառնալով, թէ Իսրայէլի որդիները իրենց թիւով ու դիրքով այլեւս երկրի ապահովութեան կը սպառնային, խիստ կը մտահոգուի եւ կը փորձէ վտանգին առաջքը առնել, նախքան կացութեան աւելի բարդանալը: Եւ զարմանալիօրէն՝ հրեաներու չափազանց բազմանալն ու «*Եգիպտոսի երկիրը անոնցմով լեցուիլը*» լուրջ վտանգ մը համարող Փարաւոնը մտահոգ էր մանաւանդ, որ անոնք օր մը կրնային «*պատերազմելով երկրէն ելլել*»: Ո՛ւր լսուած է այդպիսի ճաքռուք, որ ժողովուրդ մը, դարեր շարունակ իր պանդուխտ գացած երկրին մէջ չափազանց բազմանալով եւ նիւթական ու քաղաքական տիրական ուժ դառնալէ ետք, տուեալ երկիրը լքելու համար պատերազմ հռչակէ...: Եւ դեռ՝ իբրեւ թէ Փարաւոնը կատարեալ յիմար մը ըլլալով, ի վիճակի չէր տրամաբանելու, որ այդ վտանգին առաջքը առնելու լաւագոյն միջոցը ո՛չ թէ երկրէն անոնց ելքը արգիլելն էր, այլ ընդհակառակն՝ զանոնք երկրէն արտաքսելը պիտի ըլլար, ինչպէս աւելի ուշ պիտի ընէր Հռոմի Կղոդիոս կայսրը[20]: Ուստի, Եգիպտոսի ապահովութեան սպառնացող հրեաներու երկրէն ելքը ամէն գնով արգիլելու եւ միանգամայն անոնց բազմանալը կասեցնելու համար, Փարաւոնը իբրեւ թէ արտակարգօրէն արագ բազմացող «բազմամիլիոն» հրեաներուն ունեցած զարմանալիօրէն միայն երկու մանկաբարձներուն կը հրամայէ անոնց արու զաւակները սպաննել:

Որքան ալ յիմար ըլլար այդ Փարաւոնը, վստահաբար գիտէր թէ ծննդաբերող ու ժողովուրդ մը բազմացնող տարրը ո՛չ թէ այր մարդը, այլ նոյն այդ աղջիկներն էին, զորս ինք կ'ուզէր ողջ պահել: Փարաւոնը չէր կրնար նոյնիսկ երեւակայել, թէ հրեաներուն արու զաւակները սպաննելով պիտի յաջողէր կանխարգիլել անոնց բազմանալը, որովհետեւ միայն քանի մը հատը պրծելու պարագային, ամէն մէկը կարող էր հրէական ամբողջ գիւղ մը կամ քաղաք մը սաղմնաւորել, նկատի ունենալով այն իրականութիւնը, որ կրնայ այրերը բազմաթիւ կիներ կ'առնէին, եւ հարկ եղած պարագային՝ աղջիկները իրենց հարազատ հօր հետ իսկ պառկելով անոր սերունդը կը բազմացնէին, ինչպիսին էր Ղովտի պարագան: Իսկ եթէ ենթադրենք,

---

20 Գործք Առաքելոց ԺԸ. 2:

թէ ճիշտ են հրեաներու տաժանակիր աշխատանքով ամբողջ քաղաքներ շինելու մասին յօրինուածքները, թէ «*անոնց կեանքը ծանր գործով, կաւով ու աղիւսով եւ դաշտին ամեն գործովը կը դառնացնէին*», հապա ուրեմն անոնց արու զաւակները սպաննելով՝ Փարաւոնը երկրի շինարար ոյժը պիտի փճացնէր: Կեղծաւոր հեղինակին պոչաւոր սուտերէն մէկն ալ Յովսէփի իր եղբայրներն ու ազգականները «*Եգիպտոսի ամենէն աղէկ կողմը* (այդ թուականին՝ գոյութիւն չունեցող)՝ *Ռամսէսի երկրին մէջ բնակեցնելու*» յերիւրանքն է, որովհետեւ նոյն ինքն հեղինակը կը վկայէ, թէ Յովսէփի մահէն քանի մը հարիւր տարի ե՛տք էր միայն, որ իբրեւ թէ հրեաներու տաժանակիր աշխատանքով շինուած էր Ռամսէս քաղաքը...:

Ըստ առասպելին, ճիշտ այդ «հալածանքի» օրերուն է, որ կը զուգադիպի Մովսէսի ծնունդը, երբ «*Փարաւոնը իր բոլոր ժողովուրդին հրամայեց՝ ըսելով, ամեն ծնած տղան գետը նետեցէք, եւ ամեն աղջիկը ողջ պահեցէք*»: Եւ նորածին Մովսէսի հայրը զայն երեք ամիս պահելէ ետք, ստիպուած՝ երեխան «*պրպուեղէն տապանակի մը մէջ զետեղելով՝ գետին եզերքը եղած շամբին մէջ կը ձգէ*»: Կը պատահի, որ նոյն ժամանակ՝ Փարաւոնին աղջիկը գետը իջած էր լուացուելու, ուր կը գտնէ լքուած մանուկը եւ կ՚որդեգրէ զայն: Կողովի մէջ զետեղուած մանուկը գետը ձգելու հնագոյն պատմութիւններէն մէկը կը պատկանի մ.թ.ա. երրորդ հազարամեակին՝ Աքքադական կայսրութեան հիմնադիր՝ մեծն Սարգոնին, որմէ ետք նոյն պատմութիւնը պիտի կրկնուէր հռոմէական Ռոմուլոս-Ռէմոս երկուորեակով: Աքքադականէն մօտ երկու հազարամեակներ ետք՝ հրեայ Մովսէսն ալ պիտի ունենար իր յատուկ կողովը...:

Երեխաները սպաննելու խիստ հրահանգ տուած Փարաւոնի կոյս դուստրի՝ մահուան դատապարտուած երեխայ մը որդեգրելով պալատ տանելու յօրինուածքը չափազանց կեղծ կը հնչէ: Իսկ թէ երեխային քոյրը, որ «*պահուըտած կը դիտէր*» այդ բոլորը, անմիջապէս երթար եւ երեխային ցեղէն ստնտու կին մը ճարելու գաղափարով համոզէր Փարաւոնին աղջիկը, կարծես մտերիմ ընկերուհիներ ըլլային, եւ տակաւին նոյն ինքն երեխային մայրը ներկայացընէր որպէս ստնտու, որու խնամքին պիտի յանձնուէր երեխան մինչեւ մեծնալը՝... ուղղակի խեղկատակութիւն:

Եթէ կաթէ կտրուելէ ետք, մէկ կամ երկու տարեկանին Մովսէս յանձնուած է Փարաւոնի աղջկան, նոյնիսկ եթէ իմացած ըլլար թէ ինք ծնունդով հրեայ էր, Փարաւոնի պալատէն ներս հասակ առած ու ըստ այնմ դաստիարակուած Մովսէսը անհաւանական է, որ ինչպէս հեղինակը կը պնդէ, խիստ ցեղամոլ հրեայ մը եղած ըլլար. այնքան մը՝ որ օր մըն ալ, երբ կը «*տեսնէ եգիպտացի մը, որ իր եբրայեցի եղբայրներէն մէկը կը ծեծէր*»՝ մեռցնէ զայն: Իսկ հակառակ որ այդ պահուն շուրջը «*մէկը չկար*», լուրը զարմանալիօրէն անմիջապէս տարածուած էր, եւ «*հետեւեալ օր*»ն իսկ՝ երկու հրեաներ զինք ճանչցած եւ մարդասպան կոչած էին...: Երբ լուրը կը հասնի նաեւ Փարաւոնին, Մովսէս կծիկը կը դնէ դէպի Մադիամու երկիրը: Հոն կ'ամուսնանայ այդ երկրի քուրմի աղջկան՝ Սեփորայի հետ, զաւակներ կ'ունենայ ու իր աներոջ հօտը արածելով կը զբաղի: Բայց Իսրայէլի տէր Եհովան զայն հանգիստ չի թողուր: Երբ հրեաները մոռացկոտ Եհովային կը «*հառաչեն... անոնց հեծութիւնը լսեց ու Եհովա յիշեց իր ուխտը՝ զոր Աբրահամի, Իսահակի ու Յակոբի հետ ըրեր էր*» եւ «*մորենիին մէջէն Մովսէսը*» համոզել փորձելով՝ կ'ըսէ. «*եկուր հիմա՝ քեզ Փարաւոնին ղրկեմ, եւ իմ ժողովուրդս, Իսրայէլի որդիները Եգիպտոսէն հանես*»[21]:

Մովսէս չի զարմանար երբ յանկարծ Աբրահամի ու Իսրայէլի (որոնց մասին անհաւանական է, որ գաղափար մը ունեցած ըլլար) աստուածը ըլլալ յաւակնող կրակ մը՝ մորենիին մէջէն հետը կը խօսի, Իսրայէլի որդիները Եգիպտոսէն հանելու առաքելութեամբ զինք Եգիպտոս զործուղելու մասին: Միայն կ'առարկէ, որ «*ահա անոնք ինծի պիտի չհաւատան... Քանզի պիտի ըսեն թէ Տէրը քեզի չերեւցաւ*»: Հեղինակը սկիզբէն կը խոստովանի իր հեքիաթին անհաւատալի ըլլալը: Հետեւաբար՝ կը դիմէ «հրաշքներու զօրութեան», ուր Եհովան կը ստիպուի երեք «հրաշք» սորվեցնել Մովսէսին: Բայց «*Փարաւոնի կախարդներն ու մոգերն ալ իրենց կախարդութիւններովը այնպէս ըրին*»...:

Երեք «հրաշք», որովհետեւ Եհովան կասկածամտութեամբ կ'ըսէ Մովսէսին, «*Եւ ըլլայ որ եթէ քեզի չհաւատան ու առաջին նշա-*

---

[21] Ելից Գ. 8–22, Ելից Դ. 1–17, Ելից Է. 1–5:

նին ձայնին մտիկ չընեն, երքի նշանին ձայնին պիտի հաւատան», որմէ ետք, ինքն ալ իր ըսածին վստահ չըլլալով՝ կ՚աւելցնէ. «*Իսկ եթէ այս երկու նշաններուն ալ չհաւատան*»: Այսինքն՝ ամենագէտ Եհովան գաղափար իսկ չունէր եթէ անոնք Մովսէսի խօսքերուն կամ իրմէ սորված կախարդութիւններուն պիտի հաւատային թէ ոչ: Ուստի կը ստիպուի երրորդ եւ այս անգամ զզուանք պատճառող «հրաշք» մըն ալ սորվեցնել. «*Եգիպտոսի ջուրերը արիւնի վերածել*»: Այդ բոլորէն ետք է միայն, որ Մովսէս իր «ծանրախօս» ըլլալու հարցը կ՚արծարծէ, իսկ Եհովան, որ կը յոխորտար թէ «*ո՞վ տուաւ մարդուն բերան, կամ ո՞վ ըրաւ համրը ... Չէ՞ որ ես, Տէրս*», փոխանակ Մովսէսի լեզուն բանալու՝ անոր որպէս խօսնակ կը նշանակէ եղբայրը՝ «ճարտարախօս» Ահարոնը ու կ՚ըսէ. «*անիկա ճարտարախօս է... դուն խօսէ անոր, ու անոր բերանը խօսքեր դիր. եւ ես քու բերնիդ ու անոր բերնին հետ պիտի ըլլամ, ու ձեզի պիտի սորվեցնեմ ինչ որ պիտի ընէք*»:

Ուրեմն Եհովան Մովսէսին պիտի սորվեցնէր, ծանրախօս Մովսէսը Ահարոնին՝ իսկ Ահարոնն ալ հրեայ բազմութեանց ու Փարաւոնին: Եթէ Եհովան անկարող էր անձամբ հրեաները Եգիպտոսէն հանելու, եւ կարիքը ունէր մարդու մը օգնութեան, ինչո՞ւ չէր բաւարարուէր ճարտարախօս Ահարոնով, ու յամառօրէն կը պնդէր, որ անպայման ծանրախօս Մովսէսը ըլլար այդ գործի առաջնակարգ դերակատարը, մանաւանդ որ Մովսէսը Եգիպտոսէն փախած՝ ցեղամոլ մարդասպան մըն էր: Մինչդեռ Եգիպտոսի հրեաներուն մէջ վստահաբար գոյութիւն ունէին իրենց շրջապատին ու երկրի ընկերա-քաղաքական եւ այլ պայմաններուն քաջածանօթ հեղինակաւոր անձիք, որոնք շատ աւելի նպատակայարմար թեկնածուներ կրնային ըլլալ: Սակայն հրեայ ղեկավարի մը կերպարը յօրինող հեղինակին համար՝ իր հերոսի յատկանշական նկարագիրը անպայմանօրէն օտարին հանդէպ անողոք, ցեղամոլ, արիւնարբու ու մոլեռանդ հրեայ մը ըլլալն էր: Արդարեւ, մարդասպան Մովսէսը այդ առաքելութեան պատշաճ ուրիշ ոչ մէկ յատկութիւն ունէր, սակայն եւ այնպէս հեղինակը զայն կ՚աստուածացնէ. «*քեզ Փարաւոնի Աստուած ըրի, ու քու եղբայրդ Ահարոն քու մարգարէդ ըլլայ*», եւ կ՚ուղարկէ Եգիպտոս՝ Իսրայէլի որդիները փրկելու... որոնց պիտի խոստանար «*կաթ ու մեղր բխող*» երկիր մը որպէս «ժառանգութիւն», պայմանաւ որ «*զգուշութեամբ կատարէին*» իր պարտադրած օրէնքները[22].

Երկրորդ Օրինաց ԻԸ. [58]Եթէ դուն այս գիրքին մէջ գրուած օրէնքին ամեն խօսքերը զգուշութեամբ չկատարես, եւ այս, ՔՈՒ ԵՀՈՎԱ ԱՍՏՈՒԱԾԴ, պատուական ու ահաւոր անունէն չվախնաս, [59]Տէրն ալ անսովոր հարուածներով, մեծ ու երկարատեւ հարուածներով, գէշ ու երկայն հիւանդութիւններով պիտի զարնէ քեզ եւ քու սերունդդ.

Թէ իր «ընտրեալ» ժողովուրդին հանդէպ այսքան դաժան վերաբերմունք ցուցաբերող չարամիտ Եհովան, «…*մինչեւ յաջորդ սերունդներն*» անգամ զարնելով ժողովուրդը բնաջնջելէ ետք՝ կը միտի նաեւ «*անոնց վրայ ուրախանալ*», պարզապէս որովհետեւ իր «*օրէնքին ամեն խօսքերը զգուշութեամբ չէին կատարեր*», կամ չէին «*վախնար իր ահաւոր անունէն*»՝ ուղղակի զզուանք կը պատճառէ…: Անունը ինքնին արդէն «ահաւոր»՝ սարսափելի է: Անմշակ եւ տգէտ բազմութիւնները հպատակեցնելու հեղինակին միակ հնարքը ժողովուրդը յարատեւ սարսափի մթնոլորտի մէջ պահելն էր, ինչպէս պիտի ընէին մեսիականները՝ «քրիստոսի» մը միջոցաւ:

Հեղինակը կը գիտակցի նաեւ, որ Փարաւոնը լրջօրէն մտահոգելու չափ «*զօրացած*» Իսրայէլի բարեկեցիկ որդիները պիտի մերժէին «*մեղր ու կաթ բխող*» ենթադրական երկիր մը ժառանգելու յոյսով լքել Եգիպտոսն ու անապատները չուել: Ան արդէն կը խոստովանի, որ «*բոլոր ժողովքը փրփունջ ըրին թէ, երանի՜ Տէրոջը ձեռքով մեռած ըլլայինք Եգիպտոսի երկրին մէջ, երբ մսի կաթսաներուն քով նստած էինք, ու կուշտ հաց կ'ուտէինք*»: Հետեւաբար հեղինակը մեծ խորովութիւն պէտք է հրահրէր Եգիպտացւոց ու հրեաներուն միջեւ, որպէսզի հրեաները ստիպուէին կամայ թէ ակամայ լքել Եգիպտոսը ու հետեւիլ Մովսէսին[23]: Սակայն զանոնք Եգիպտոսէն

[22] Ճիշտ ինչպէս աւելի ուշ՝ մեսիականները քանի մը «հրաշք» գործող «փրկիչ» մը պիտի յօրինէին, եւ որմէ իբրեւ թէ «աշխարհը շինելու եւ քանդելու» իշխանութիւն ստացած՝ պիտի ներկայանային օտար չքաւոր ու տգէտ խաւերուն, որպէս Եհովայի որդի Քրիստոսով՝ «երկնային թագաւորութեան» բանալիները ստացած առաքեալներ:

[23] Ինչպէս որ համաշխարհային երկրորդ պատերազմի օրերուն, եթէ հրեաները հա-

հանելով՝ անմիջապէս «*խոստացած երկիրը*» չ'առաջնորդեր, այլ քառասուն տարի անապատին մէջ այդ «*խարապարանոց*» սերունդը ամբողջութեամբ բնաջնելէ ետք՝ մարդկութենէն բոլորովին անջատուած, անապատի ծնունդ ու իր պարտադրած դաժան օրէնքներով դաստիարակուած նոր սերունդները միայն պիտի դրկէր «*ժառանգուելիք երկիրը*»: Բայց նախ՝ պէտք էր, որ «Եհովան Մովսէսին յանձնէր օրէնքը».

Ելից ԺԹ. [10]Եւ Տէրը ըսաւ Մովսէսի, գնա ժողովուրդին, եւ զանոնք սրբէ այսօր ու վաղը, եւ թող իրենց լաթերը լուան, [11]ու երրորդ օրուան համար պատրաստ ըլլան. Քանզի երրորդ օրը Տէրը բոլոր ժողովուրդին աչքին առջեւ Սինա լեռան վրայ պիտի իջնէ. [12]եւ դուն ժողովուրդին բոլորտիքը սահման դնես՝ ըսելով, ինքզինքնիդ լեռը ելլելէն կամ անոր ծայրին դպչելէն զգուշացէք: Ով որ լեռանը դպչի, անշուշտ պիտի մեռցուի: [13]Քանզի դպչողը անպատճառ պիտի քարկոծուի կամ նետով զարնուի, թէ՛ անասուն ըլլայ եւ թէ՛ մարդ, պիտի չապրի...[16]Եւ երրորդ օրը առտուանց որոտումներ ու կայծակներ կ'ըլլային, եւ թանձր ամպ մը կար լեռան վրայ, ու խիստ սաստիկ փողի ձայն մը, եւ բանակին մէջ եղած բոլոր ժողովուրդը զարհուրեցաւ: [17]Եւ Մովսէս բանակէն Իսրայէլի աստուծոյ առջեւ հանեց ժողովուրդը, եւ անոնք լեռանը տակ կայնեցան: [18]Եւ Սինա լեռը բոլորովին կրակով կը մխար, ու անոր մուխը հնոցի մուխի պէս կ'ելլէր, եւ բոլոր լեռը սաստիկ կը դողար:

«*Կրակով մխացող ու սաստիկ դողացող լեռը*», այսինքն հրաբուխը, հեղինակը կը ներկայացնէ որպէս լեռան վրայ իջած Իսրայէլի տէր Եհովա Սաբաւովթը: Կրակի, պատերազմի, աւարառութեան, վաշխառութեան ու մանաւանդ չարիքի աստուած Եհովան ինչէ՞ն կը վախնար, ի՞նչ ունէր քողարկելիք, որ այդքան խստութեամբ կ'արգիլէր իր ժողովուրդը մօտենալ այն լեռան, որուն վրայ ինք իբրեւ թէ պիտի «իջնէր»[24]. ա՞րդեօք մտահոգ էր, որ իր «փառքի զօրութենէն» մեռնէին անոնք, թէ՝ կը վախնար, որ իր Սատանայի կոտոշները[25]

լածքի չենթարկուէին, առնուազն խիստ կասկածելի է որ Եւրոպայի ամբողջ տարածքին տնտեսա-քաղաքական պատկարելի ոյժ ներկայացնող հրեան՝ Եւրոպան լքելով՝ յօժառակամ երթար Պաղեստին հաստատուելու:

[24] Թուոց ԺԳ. 2–3, Թուոց ԺՁ. 32–35, Թուոց ԻԵ. 16–17, Թուոց ԼԱ. 25–28, Բ. Օրինաց ԺԵ. 3–6, Ժ. 8–9, Սաղմոսաց ՂԷ. 3, Երեմեայ ԽԹ. 28, Յովելեայ Բ. 30–31:

[25] Եհովա-Սատանա առնչութեան պիտի անդրադառնանք աւելի ետք:

տեսնէին: Եթէ պիտի մեռնէին, նախընտրելի չէ՞ր, որ իր «ահռելի» տեսքէն մեռնէին:

Արագ ակնարկ մը բաւարար է հասկնալու, թէ ջարդերու, աւարի, ստրուկներու, կիներու հագուածքի եւ յարդարանքի, վաշխառութեան, ստարատեացութեան ու տասանորդներու եւ այլ այնքան մանրամասնութեամբ շարադրուած «Մովսէսի Օրէնքները», որոնք ժամանակակից այլ մշակոյթներու բաղդատմամբ իսկ չափազանց վայրագ հնութիւններ էին,– միայն բարբարոս մշակոյթի արդիւնք,– եւ կրնային պատկանիլ միայն մահկանացու հեղինակի մը: Վերջապէս անոնք ընդօրինակուած էին հազարաւոր տարիներ առաջ մշակուած՝ Համուրապիի Օրէնքներէն ու պատշաճեցուած՝ վայրագ հեղինակի խառնուածքին: Հնագոյն մշակոյթներէ ընդօրինակուած եւ աղաւաղուած օրէնքները կը ներկայացուին որպէս Եհովա կոչուած բոցեղէն էակի մը «Օրէնքները», եւ իբրեւ թէ Իսրայէլի «*Տէրոջը մատովը գրուած օրէնքներու երկու փախփաղկները*» Տէր Եհովայէն ստանալու համար՝ Մովսէս լեռը բարձրացած էր, ուր մնացած էր «քառասուն օր ու քառասուն գիշեր»: Բայց նախքան անոր լեռնէն իջնելը, Եհովան տեսնելով թէ Իսրայէլի որդիները բռնակալ Մովսէսի երկար բացակայութեան պատճառաւ «իրենց պատուիրուած ճամբայէն խոտորուելով» ժպրհած էին այլ աստուածներու ողջակէզներ մատուցանել, զուարճանալ ու գինովնալ՝ զանոնք փճացնելու արտօնութիւն կը խնդրէ Մովսէսէն. «*թող տուր ինծի, որ իմ բարկութիւնս անոնց վրայ բորբոքի, ու փճացնեմ զանոնք*» (Ելից ԼԲ. 10):

Մեզմէ ո՞վ, որպէս կրքոտ պատանի, չէ գտնուած նոյն այդ զաւեշտային կացութեան մէջ՝ «թող տուր, որ ասոր...»: Ինչո՞ւ Իսրայէլի ամենակարող տէր Եհովան, իր «բարկութիւնը ժողովուրդին վրայ բորբոքելով՝ զանոնք փճացնելու» համար Մովսէսէն արտօնութիւն պիտի խնդրէր, որ ըսաւ հեղինակին, անկէ խաբուած ըլլալով՝ կը հանդարտեցնէ «բարկացած» Եհովան, եւ կը խրատէ, որ իրեանները Եգիպտոսէն հանելէ ետք զանոնք «փճացնելով»՝ Եգիպտացիներու ծիծաղին առարկայ եւ Իսրայէլի սերունդներուն հետ ըրած իր երդումը դրժած պիտի ըլլար: Տղայական զայրոյթի մոլուցքով կուրցած անկարեկիր Եհովան՝ իր գործած չարիքներուն աղետալի հետե-

ւանքներուն ահագնութիւնը ըմբռնելու կարողութիւնն անգամ չու-
նէր... բայց անգամ մը եւս զղջալով՝ տեղի կու տայ: Սակայն Իսրայէ-
լի որդիները տակաւին երկար ժամանակ պիտի շարունակէին յա-
մառօրէն Եհովան փորձութեան ենթարկել[26], եւ Մովսէս կրկին կը յա-
ջողի Եհովան աղւել ու իր ժողովուրդը անգամ մը եւս փրկել անոր
զայրոյթէն: Սակայն չարայուշ Եհովան, Եգիպտոսի զեխ կեանքով
փտտած սերունդները անիծելով՝ կը զրկէ «խոստացուած երկիրը»
տեսնելէ: Հեղինակը այդպիսով կ'արդարացնէ զանոնք անապա-
տին մէջ բնաջնջելէ ետք, միայն օրէնքին հպատակ սերունդները
«խոստացուած երկիրը» տանելու գաղափարը: Մովսէս մէկ կողմէ
ժողովուրդին կը խոստանար Եհովային բարեխօսելով՝ զիրենք փրը-
կել անոր չարիքէն եւ «*կաթ ու մեղր բխող*» երկիր մը ժառանգ տալ
իրենց, իսկ միւս կողմէ՝ Եհովայի դաժան չարչարանքներուն, հիւան-
դութեանց, եւ այլ սպառնալիքներով՝ զանոնք իր կամքին ու օրէնք-
ներուն կը հպատակեցնէր.

Ելից ԼԲ. [25]Եւ երբ Մովսէս ժողովուրդին անառակութիւնը տեսաւ, [26]այն ատեն Մովսէս բանակին դուռը կայնեցաւ, ու ըսաւ, ով որ Տէ-րոջը կողմէն է, թող ինծի գայ. եւ Ղեւիի բոլոր որդիները անոր քով ժողվուեցան: [27]Եւ ըսաւ անոնց, Իսրայէլի տէր Աստուածը այսպէս կ'ըսէ, ամեն մարդ իր սուրը թող իր մէջքը դնէ, ու բանակին մէջ դրը-նէ դուռ անցնին դառնան, եւ ամեն մարդ իր եղբայրը, ու ամեն մարդ իր ընկերը, եւ ամեն մարդ իր դրացին մեռցնէ: [28]Եւ Ղեւիի որ-դիները Մովսէսի խօսքին պէս ըրին. ու այն օրը ժողովուրդէն երեք հազար մարդու չափ ինկան...:

Ելից ԼԴ. [11]...ահա պիտի վռնտեմ քու առջեւէդ Ամորհացին ու Քա-նանացին եւ Քետացին ու Փերեզացին եւ Խեւացին ու Յեբուսացին: [12]Զգուշացիր քու անձիդ, չըլլայ որ քու երթալու երկրիդ բնակիչնե-րուն հետ ուխտ ընես, չըլլայ որ անիկա քու մէջտեղդ որոգայթ ըլ-լայ. [13]հապա անոնց բագինները կործանեցէք, ու անոնց կուռքերը փշրեցէք, եւ անոնց աստարովթները կոտրտեցէք: [14]Վասն զի ուրիշ աս-տուծոյ երկրպագութիւն պիտի չընես. Քանզի Եհովա նախանձոտ Աստուած է: ...[16]Եւ չըլլայ որ անոնց աղջիկներէն քու որդիներուդ կին առնես...: [27]Եւ Տէրը ըսաւ Մովսէսի, գրէ այս խօսքերը. վասն զի այս խօսքերուն համեմատ քեզի հետ ու Իսրայէլի հետ ուխտ ըրի:

---

[26] Թուոց ԺԴ. 11–23:

[28]Եւ անիկա հոն կեցաւ Տէրոջը հետ քառասուն օր ու քառասուն գի-
շեր. ոչ հաց կերաւ, ոչ ալ ջուր խմեց. եւ տախտակներուն վրայ ուխ-
տին խօսքերը գրեց, այսինքն տասը պատուիրանները:

Իսրայէլի որդիներուն կը հրահանգէր, իրենց «*եղբայրները, զաւակները, ընկերները եւ այլն կոտորել*»: Եհովայի անունով՝ երեք հազար մարդ ջարդելէ ու սարսափահար ժողովուրդը կարգի բերելէ ետք, Մովսէս կը ստիպուի անգամ մը եւս «*քառասուն օր ու քառասուն գիշեր*» լեռան վրայ առանձնանալ, որպէսզի «*տասը պատուիրաններու*» երկու նոր տախտակներ փորագրէ: Լեռան վրայ՝ Եհովան իր «ուխտը» կը վերահաստատէ, կրկին անգամ պնդելով, թէ այդ ուխտը միայն իր ժողովուրդին՝ Իսրայէլի հետ կ՚ընէր: Այդպիսով՝ Եհովան ամբողջ ութսուն օր ու ութսուն գիշեր պիտի տրամադրէր տասը պատուիրաններ փորագրելու, որոնք անկարելի է, որ հրեային համար գրուած ըլլային, որովհետեւ փաստօրէն՝ այդ պատուիրաններու խորհուրդին բացարձակ հակառակը կը սադրէր Իսրայէլի սերունդները.

Թւուց ԼԱ. [3]Եւ Մովսէս ժողովուրդին խօսեցաւ ու ըսաւ, ձեզմէ մար-
դիկ պատրաստուին պատերազմի համար, ու Մադիամու վրայ եր-
թան, որ Մադիամէ Տէրոջը վրէժը առնեն: ...[6]Եւ Մովսէս պատերազ-
մի ղրկեց զանոնք...: [7]Եւ Մադիանացւոց դէմ պատերազմեցան, ինչ-
պէս Տէրը Մովսէսի հրամայեր էր. ու անոնց բոլոր այր մարդիկը
մեռցուցին. [8]եւ անոնց սպաննուածներուն հետ Մադիամու թագա-
ւորներն ալ, ...ու Բէովրի որդին Բաղաամը սրով մեռցուցին: [9]Եւ
Իսրայէլի որդիները Մադիանացւոց կիները ու տղաքները գերի
առին, ու անոնց բոլոր անասունները եւ հօտերը ու ստացուածքը
աւար առին: [10]Եւ անոնց բնակած բոլոր քաղաքները ու բոլոր գե-
ղերը կրակով այրեցին: ...[14]Եւ Մովսէս պատերազմէն դարձող զօ-
րաց իշխաններուն, հազարապետներուն ու հարիւրապետներուն
սրդողեցաւ. [15]եւ Մովսէս անոնց ըսաւ, արդեօք բոլոր կիները ո՞ղջ
թողուցիք: [16]Ահա Բաղաամի խրատովը ատոնք պատճառ եղան, որ
Իսրայէլի որդիները Տէրոջը դէմ մեղանչեցին Փոքովրի գործին մէջ,
եւ Տէրոջը ժողովքին վրայ այն հարուածը եկաւ: [17]Ուստի հիմա
տղաքներէն ամեն արու մեռցուցէք, ու բոլոր կիները որոնք այր
մարդ գիտցած են արուի հետ պառկելով մեռցուցէք: [18]Եւ կիներէն
այն բոլոր մանկահասակ աղջիկները որոնք այր մարդ գիտցած չեն
արուի հետ պառկելով՝ ձեզի ողջ թողուցէք:

Թուոց ԼԲ. [20]Եւ Մովսէս ըսաւ անոնց, եթէ այս բանը ընէք, ու Տէրոջը առջեւ պատերազմի համար վրանիդ զէնք առնէք, [21]եւ Տէրոջը առջեւ դուք ամէնդ ալ զէնքով Յորդանանէ անցնիք, մինչեւ անիկա իր թշնամիները իր առջեւէն վռնտէ, [22]եւ այն երկիրը Տէրոջը առջեւ նուաճի, անկէ ետեւ ետ դառնաք, Տէրոջը առջեւ ու Իսրայէլի առջեւ անմեղ պիտի ըլլաք, եւ այս երկիրը Տէրոջը առջեւ ձեզի կալուած պիտի ըլլայ: [23]Բայց եթէ այսպէս չընէք, ահա Տէրոջը դէմ մեղք գործեցիք. Ու գիտցէք որ ձեր մեղքը ձեզ պիտի գտնէ:

Երկրորդ Օրինաց Ի. [13]Ու երբ քու Տէր Եհովադ քու ձեռքդ մատնէ զանիկա, անոր բոլոր արուները սուրի բերնէ անցնես, [14]բայց կիները, տղաքները ու անասունները եւ ինչ որ կայ այն քաղաքին մէջ, անոր բոլոր աւարը, քեզի համար առնես. ու քու Եհովա աստծոյդ քեզ մատնած քու թշնամիներուդ աւարը ուտես: [15]Ահա այսպէս պիտի ընես քեզմէ խիստ հեռու եղող ամէն քաղաքներուն, որոնք այս ազգերուն քաղաքներէն չեն: [16]Սակայն քու Տէր Աստուծոյդ քեզի ժառանգութիւն տուած այս ազգերուն մէջ՝ բնաւ շունչ ունեցող մը ողջ չթողուս:

Իսրայէլի որդիները խաշնարածութենէն ուղղակի զաղութատիրութեան առաջնորդող հեղինակը, իր կերպարած յերիւրածոյ Եհովա աստուծոյ անունով, կը հրահանգէ «*բնաւ շունչ ունեցող մը ողջ չթողուլ*» այն ազգերու քաղաքներուն մէջ, զորս որպէս ժառանգութիւն կը խոստանար անոնց: Իսկ «*խիստ հեռու եղող քաղաքներուն*» միայն այրերը «*սուրի բերնէ անցընելէ ետք*»՝ մնացեալը որպէս աւար առնելով գոհանալ: Որքա՜ն անմիտ պէտք է ըլլալ հաւատալու համար՝ թէ այս նոյն հրէշաբարոյ Եհովան է, որ «*չսպաննելու, չգողնալու, չշնանալու եւ այլն մասին տասը պատուիրաններ փորագրած է իր մատներով*»... Երբեք չմոռնանք, որ այդ «*պատուիրանները*» մեզ՝ ստրկամիտ քրիստոնեաներուս համար են, մինչ Իսրայէլի որդիները ունին իրենց յատուկ պատուիրանները, ուր ամէն ինչ որ մեզի համար մահացու մեղք կը համարուի, անոնց համար օրհնութիւն է: Արդարեւ՝ Իսրայէլի որդիները միայն ջարդելով, այլոց բագինները կործանելով, բռնաբարելով, գողնալով, հարստահարելով ու հազարամեայ սքանչելի մշակոյթներ հիմնայատակ բնաջնջելով է, որ իրենց տէր Եհովային առջեւ շնորհք պիտի գտնէին: Այլապէս, կ'ըսէ հեղինակը, եթէ ձեզմէ պահանջուած չարիքը «*չընէք,ահա Տէրոջը դէմ մեղք գործեցիք. ու գիտցէք, որ ձեր մեղքը ձեզ պիտի գտնէ*»: Ուրեմն նպատակը բազմանալով իրենց պանդուխտ գացած երկիրը «*ժառանգել*» ետք, հիւրընկալ բնիկ ժողովուրդը մինչեւ վերջին շունչը ջարդելով՝ երբեւիցէ գոյութեան յետին փաստերն անգամ անհետացնելն էր, որպէսզի իրենք ըլլային սկիզբը՝ բնիկը[27]...: Իսկ «խիստ հեռու եղող ամեն քաղաքները սուրի բերնէ անցընելն ու աւար առնելը»՝ պարզապէս որովհետեւ գոյութիւն ունէին՝ զուտ սատանայական դաւանանք է: Եհովայի՞ թշնամիներն էին այդ անմեղ ժողովուրդները, թէ՝ հեղինակին: Իսկ Իսրայէլի ամենակարող տէր Եհովան, իր թշնամիները վռնտելու համար, զորս ակնթարթով մը կարող էր փոշիացնել, ինչո՞ւ հրեայ գաղթականներուն զինեալ օգնութեան կարիքը պիտի ունենար. ինչո՞ւ հովիւին ձեռքը զէնք տալով անմեղ ժողովուրդներ ջարդելու պիտի ղրկէր...: Վստահաբար հեղինակը կրօնական բանակ մը կազմել կը նպատակադրէր, «Իսրայէլի տէրոջը սրբազան բանակը»: Արդարեւ, եթէ Եհովային անունով ու հրահանգով զէնք կը կրէին եւ «Եհովայի թշնամիներուն» դէմ պատերազմելով՝ զանոնք, կամայ թէ ակամայ, մինչեւ վերջին շունչը կը ջարդէին, որպէսզի Տէր Եհովան զիրենք այդպիսով անմեղ հոչակէր ու աւարով վարցատրէր, ապա ուրեմն՝ Եհովային զինուորները իր «սրբազան բանակը» կը կազմէին...: Արդէն ինչպէս տեսանք, Եհովա Սաբաւովթ կը նշանակէ՝ բանակներու աստուած: Նոյնպէս ալ՝ «նոր ուխտով» այդ «սրբազան» բանակը այս անգամ Եհովայի «որդի Յիսուս Քրիստոսի» հրամանատարութեամբ՝ պիտի գայ նոյն բարբարոսութիւնները կրկին գլխերնուս թափելու «սրբազան առաքելութեամբ»:

Բայց անապատը ծնած ու հասակ նետած Իսրայէլի որդիները չէին կրնար պատերազմի վարժ՝ մարտունակ բանակ մը կազմել: Անկարելի էր. անոնք ո՛չ արհեստը, ո՛չ արուէստը ո՛չ միջոցները, ո՛չ ալ փորձառութիւնը ունէին.... Հեղինակը չարաչար կը սալ.ր. կրկին ինքզինքը հակասելով՝ ան կը խոստովանէր, թէ «*Զանոնք քու առջեւէդ կամաց կամաց պիտի վռնտեմ, մինչեւ որ դուն բազմնաս ու երկիրը ժառանգես*», ինչ որ սքանչելի հարազատութեամբ կ՛արտա-

---

[27] Նոյն ռազմավարութիւնը որդեգրած են նորելուկ ազերիները, ինչպէս թուրքը ըրած էր Արեւմտեան Հայաստանի տարածքին:

յայտէ երկիր մը «ժառանգելու» Հրէական ռազմավարութիւնը, որ անհամար անգամներ կրկնուելով՝ դարերու ընթացքին Իսրայէլի որդիներուն մօտ վերածուած է հաւատամքի, գաղափարաբանութեան: Անոնք այդպէս կ'օրհնէին իրենց որդիներն ու ապագայ սերունդները. վայրագութիւնները միայն երկիրը «ժառանգելէ» ետք է, որ ի գործ պիտի դրուէին. *«Ու երբ քու Տէր Եհովադ զանոնք քու ձեռքդ տայ, զանոնք զարնես ու բոլորովին կորսնցնես. անոնց հետ ուխտ չընես ու անոնց չողորմիս...»*:

Մովսէս անուն ցեղամոլ, զազանաբարոյ, բռնակալ առաջնորդի մը վերագրուած եւ քրիստոնեաներուս առօրեայ կեանքին հետ ուղղակիօրէն առնչուող այս մղձաւանջային առասպելներու ժողովածոյ Հնգամատեանը՝ իր գրագողութիւններով, հակասութիւններով, ժամանակագրական թէ աշխարհագրական սխալներով, եւ անճոռնի խմբագրութեամբ՝ ակնյայտօրէն վիթխարի կեղծիք մըն է: Իսկ Մովսէս, եթէ երբեք այդպիսի հրեայ մը գոյութիւն ունեցած ըլլար, որ երրորդ դէմքով կը խօսէր նոյնիսկ իր մահուան ու թաղումին մասին, անկարելի է, որ ըլլար այդ գիրքերուն հեղինակը: Ահաւասիկ անկլօամերիկացի իմաստասէր Thomas Paine-ի Հնգամատեանի զնահատումէն հակիրճ հատուածներ.

> It has often been said, that anything may be proved from the Bible, but before anything can be admitted as proved by the Bible, the Bible itself must be proved to be true; for if the Bible be not true, or the truth of it be doubtful, it ceases to have authority, and cannot be admitted as proof of anything.
>
> There are matters in that book, said to be done by the express command of God, that are as shocking to humanity and to every idea we have of moral justice as anything done by Robes Pierre, by Carrier, by Joseph le Bon, in France, by the English government in the East Indies, or by any other assassin in modern times. When we read in the books ascribed to Moses, Joshua, etc., that they (the Israelites) came by stealth upon whole nations of people, who, as history itself shows, had given them no offence; that they put all those nations to the sward; that they spared neither age nor infancy; that they utterly destroyed men, women, and children; that they left not a soul to breathe—expressions that are repeated over and over again in those books, and that, too, with exulting

ferocity—are we sure these things are facts? Are we sure that the books that tell us so were written by his authority? ... The style and manner in which those books are written give no room to believe, or even to suppose, they were written by Moses, for it is altogether the style and manner of another person speaking of Moses ...

The writer, whoever he was (for it is an anonymous work), is obscure, and also in contradiction with himself, in the account he has given of Moses.

After telling that Moses went to the top of Pisgah (and it does not appear from any account that he ever came down again), he tells us that Moses died there in the land of Moab, and that he buried him in a valley in the land of Moab; but as there is no antecedent to the pronoun he, there is no knowing who he was that did bury him. If the writer meant that he (God) buried him, how should he (the writer) know it? Or why should we (the readers) believe him? Since we know not who the writer was that tells us so, for certainly Moses could not himself tell where he was buried.

The writer also tells us, that no man knoweth where the sepulchre of Moses is unto this day, meaning the time in which this writer lived; how then should he know that Moses was buried in a valley in the land of Moab? For as the writer lived long after the time of Moses, as is evident from his using the expression of unto this day, meaning a great length of time after the death of Moses, he certainly was not at his funeral; and on the other hand, it is impossible that Moses himself could say that no man knoweth where the sepulchre is unto this day. To make Moses the speaker, would be an improvement on the play of a child that hides himself and cries nobody can find me; nobody can find Moses.

Besides, the character of Moses, as stated in the Bible, is the most horrid that can be imagined. If those accounts be true, he was the wretch that first began and carried on wars on the score or on the pretence of religion; and under that mask, or that infatuation, committed the most unexampled atrocities that are to be found in the history of any nation.

People in general do not know what wickedness there is in this pretended word of God. Brought up in habits or superstition, they take it for granted that the Bible is true, and that it is good; they permit themselves not to doubt of it, and they carry the ideas they form of the benevolence of the Almighty to the book which they have been taught to believe was written by his authority. Good heavens! It is quite another thing; it is a book of lies, wickedness, and blasphemy; for what can be greater blasphemy than to ascribe the wickedness of man to the orders of the almighty?[28]

---

[28] *The Age of Reason*, by Thomas Paine, secretary to the committee of foreign affairs in the American revolution. January 27, O. S. 1794. Published in 1984 by Prometheus Books. pp. 77–78.

ԳՐՈՒԹԻՒՆՆԵՐ ԵՒ ՄԱՐԳԱՐԷՈՒԹԻՒՆՆԵՐ

Ընդամատեանին յաջորդող տասնեօթը գիրքերը կը կոչուին Գրութիւններ (Եբր. Քեդուպիմ), որոնք կ'ընդգրկեն երգեր, սաղմոսներ, առակներ, որոնցմէ քաղուած են տակաւին եւս պահուած քրիստոնեան եկեղեցիներու կարգ մը շարականները. օրինակ՝ «*Բաբելոնի գետերուն քով՝ հոն կը նստէինք, ու Սիոնը միտքերնիս բերելով կու լայինք… Երանի անոր, որ քու զաւակներդ կը բռնէ ու քարի կը զարնէ*» (Սաղմ. ՃԼԷ.), «...*թշնամիներդ քեզի խոնարհութիւն պիտի ընեն: [4]Բոլոր երկիր երկրպագութիւն պիտի ընեն քեզի. Սաղմոս պիտի երգեն քեզի*...» (Սաղմ. ԿԶ.): Աւելի ուշ բանահիւսուածներն ալ անշուշտ ներշնչուած՝ խորքով թէ իմաստով ոչինչով կը տարբերին նախկիններէն: Դարձեալ քանի մը վայրագութիւններով ու պոռնկութիւններով «*աշխարհը ժառանգելու*» այս բաժնին ներքեւ, «*Իսրայէլի թագաւորներու եւ դատաւորներու*» մասին տրուած յերիւրածոյ պատմութիւնները փաստող վաւերական որեւէ հետք գոյութիւն չունի: Պատմութիւնը հպանցիկ անդրադարձ մը իսկ չէ արձանագրած այդ անասելի բարբարոսութեանց ու զաղութատիրութեան մասին՝ որպէս հազարամեայ պատմութիւն ունեցող թագաւորութիւն:

Ա. Թագաւորաց ԻԲ. [18]Թագաւորը Դովեկի ըսաւ, տուն դարձիր ու քահանաները զարկ: Ու Դովեկը դարձաւ եւ քահանաները զարկաւ, ու այն օրը անիկա ութսունըհինգ մարդ մեռցուց... [19]Եւ քահանաներուն Նոբ քաղաքը սուրի բերնէ անցուց. այր մարդէն մինչեւ կին մարդ, տղայէն մինչեւ կաթնկեր մանուկը...

Բ. Թագաւորաց ԻԴ. [15]Եւ Տէրը այն առաւօտէն մինչեւ որոշուած ժամանակը Իսրայէլի վրայ ժանտախտ ղրկեց. ու Դանէ մինչեւ Բերսաբէ ժողովուրդէն եօթանասուն հազար մարդ մեռաւ: [16]Եւ Տէրոջը հրեշտակը ձեռքը Երուսաղէմի վրայ երկնցուց որպէս զի զանիկա ջնջէ. ու այս չարիքին վրայ տէրոջը սիրտը իջաւ...

Դ. Թագաւորաց Բ. [23]Ու անկէ Բեթել ելաւ, ու երբ ճամբայէն վեր կ'ելլէր, քաղաքէն պզտիկ տղաքներ ելան, եւ զանիկա ծաղր կ'ընէին ու կ'ըսէին ելիր կնտակ, ելիր կնտակ: [24]Ու զանոնք տեսաւ, եւ Տէրոջը անունով զանոնք անիծեց: Ու անտառէն երկու մատակ արջ ելան, ու անոնցմէ քառասուներկու տղայ պատառեցին:

Դ. Թագաւորաց Ժ. [25]Ու երբ ողջակէզը ըրաւ լմնցուց, Յէու սուրհանդակներուն ու զօրապետներուն ըսաւ, Գացէք, ասոնք մեռցուցէք, մարդ մը դուրս չելլէ: Ու զանոնք սուրէ անցուցին, եւ սուրհանդակները ու զօրապետները զանոնք նետեցին, ու եւտքը Բահաղի տանը քաղաքը մտան· [26]եւ Բահաղի տանը արձանները հանեցին, ու զանոնք կրակով այրեցին: [27]Եւ Բահաղի արձանը կործանեցին, ու Բահաղի տունը փլցուցին ու զանիկա արտաքնոց ըրին մինչեւ այսօր: [28]Այսպէս Յէու Իսրայէլէ բնաջինջ ըրաւ Բահաղը:

Եզրասայ Ժ. [10]Ու Եզրաս քահանան ելաւ ու անոնց ըսաւ, Դուք մեղք գործեցիք, եւ օտար կիներ առնելով Իսրայէլի յանցանքը աւելցուցիք: Ու հիմա ձեր հայրերուն Տէր Եհովային առջեւ ձեր մեղքը խոստովանեցէք, եւ անոր հաճոյ եղածը ըրէք, ու երկրիս ժողովուրդներէն ու օտար կիներէն զատուեցէք:

Երգոց Զ.
[6]Որչափ գեղեցիկ եւ որչափ քաղցր ես, իմ փափկալից սիրուհիս:
[7]Քու հասակդ արմաւենիի ու ստինքներդ ողկոյզներու կը նմանին:
[8]Ըսի, արմաւենիին վրայ ելլեմ,
Անոր ոստերուն փակչիմ, եւ քու ստինքներդ խաղողի ողկոյզներու պէս,
Ու ռնգունքներուդ հոտը խնձորներու հոտին պէս ըլլայ:

Իսկ վերջին տասնըվեց գիրքերը կը կոչուին մարգարէութիւններ (Եբր. Նեպիիմ)։ «*Մարգարէութիւն*» արուեստակեալ դարձուածքը ներկայացուած է որպէս ուղղակի Իսրայէլի տէր Եհովայէն հաղորդուած սրբութիւն, իսկ «*մարգարէն*» Եհովային հետ հաղորդակցող ու անոր կամքը արտայայտող սուրբ անձ։ Մինչդեռ, ըստ նոյն ինքն Հին Կտակարանին, մարգարէ կը նշանակէ «*տեսանող*»[29], այսինքն աճպարար բախտագուշակ, որ կեղծաւորութեամբ միամիտ մարդոց «*բախտը կամ ապագան գուշակելով*» հարստութիւն կը դիզէ։ Եթէ քսանմէկերորդ դարուն իսկ անհաւատալիօրէն մեծ է «*տեսանողներուն*» հաւատք ընծայող միամիտներուն թիւը, ապա ուրեմն երկու հազար տարիներ առաջ դժուար պիտի չըլլար այդ խաբեբայ բախտագուշակները որպէս «մարգարէ» ծախելը, որոնք զիրար կեղծաւորութեամբ ու նենգութեամբ կը մեղադրեն, եւ ճիշտ նոյնը իրենք կ'ընեն.

Երեմեայ ԻԳ. [25]Իմ անունովս սուտ մարգարէութիւն ընող մարգարէներուն ըսածները լսեցի, որ կ'ըսեն, երազ տեսայ, երազ տեսայ։ [26]Մինչեւ երբ ասիկա սուտ մարգարէութիւն ընող մարգարէներուն սրտին մէջ պիտի ըլլայ... Որոնք իրենց սրտին նենգութիւնները կը մարգարէանան։... [30]Անոր համար ահա ես այն մարգարէներուն դէմ եմ, կ'ըսէ Տէրը, որոնց ամեն մէկը իր ընկերէն իմ խօսքերս կը գողնան։ [31]Ահա ես այն մարգարէներուն դէմ եմ, կ'ըսէ տէրը, որոնք իրենց լեզուները կը գործածեն ու կ'ըսեն, անիկա ըսաւ։ [32]Ահա ես այն սուտ երազներ մարգարէացողներուն դէմ եմ, կ'ըսէ Տէրը, որ զանոնք պատմելով իմ ժողովուրդս կը մոլորեցնեն իրենց ստութիւններովը ու սնապարծութիւնովը։ Ու ես զանոնք չղրկեցի եւ անոնց չպատուիրեցի. ու անոնք այս ժողովուրդին ամենեւին օգուտ մը պիտի չընեն, կ'ըսէ Տէրը։

Եզեկիելի ԺԳ. [3]Տէր Եհովա այսպէս կ'ըսէ, Վայ անզգամ մարգարէներուն, որոնք իրենց հոգիին ետեւէն կ'երթան, ու բան մը տեսած չեն։ [4]Քու մարգարէներդ ով Իսրայէլ, աւերակներու մէջ եղող աղուէսներու պէս եղան... [6]Անոնք ունայն տեսիլք եւ սուտ գուշակութիւն կը տեսնեն, եւ կ'ըսեն թէ Տէրը ըսաւ, թէեւ Տէրը զանոնք ղրկած չէ. եւ յոյս կու տան թէ իրենց խօսքը պիտի կատարուի։ [7]Միթէ դուք ունայն տեսիլքներ չտեսա՞ք, եւ սուտ գուշակութիւններ չխօսեցա՞ք, ու չըսի՞ք թէ Տէրը խօսեցաւ, երբ ես խօսած չէի։

---

[29] «Առաջ Իսրայէլի մէջ մարդ մը երբ Եհովային հարցնելու կ'երթար, այսպէս կ'ըսէր, եկուր տեսանողին երթանք. Քանզի այսօր մարգարէ ըսուողը առաջ տեսանող կ'ըսուէր» (Ա. Թագաւորաց Թ. 9)։

Հեղինակը «*իրենց սրտին նենգութիւնները մարգարէացող*» այդ աճպարար բախտագուշակներուն բերնով կը փորձէր հաւատացնել, թէ Հին Կտակարանով ընդունուած այս «մարգարէութիւնները» ամբողջութիւն մը կը կազմէին, որմէ դուրս չկար որեւէ ճշմարտութիւն: Եւ որպէս այդպիսին, «Մարգարէութիւն Դանիէլի» գիրքի վերջին գլխուն ներքեւ «մարգարէութեան գիրքը» իր լրումին հասած ու «*մինչեւ վերջին ժամանակը գոցուած ու կնքուած*» ըլլալու Եհովայէն պատգամ մըն ալ զետեղած է: Սակայն հակառակ որ Դանիէլը «մարգարէներու» շարքին չորրորդն ու վերջինն էր, եւ Եհովայէն հրահանգ ստացած էր այդ «*գիրքը կնքել եւ գոցել*», Դանիելէն ետք եւս տասներկու «մարգարէներու» յաւելումը արդարացնելու նպատակաւ՝ առաջին չորսը կոչած են «*աւագ*», իսկ յաւելուածները «*կրտսեր մարգարէներ*»: Բայց մեսիականները «մարգարէութեան» դարը պիտի երկարէին մինչեւ Յովհաննէսը, ուր վերջակէտ մը դնելէ ետք, լրբօրէն իրենք զիրենք հակասելով՝ ժամանակակից հրեայ Zealot-ներն ու պոռնիկներն անգամ, մարգարէ պիտի կոչէին.

Գործք ԻԱ. Փիլիպպոս աւետարանիչին քով կեցանք: [9]Անիկա չորս կոյս աղջիկ ունէր, որոնք մարգարէութիւն կ՚ընէին: [10]Եւ երբ հոն շատ օրեր կեցանք, Հրէաստանէ մարգարէ մը իջաւ Ագաբոս անունով...:

Անշուշտ յստակ է թէ ինչ տեսակի «մարգարէութիւն» կ՚ընէին այդ մեսիական աւետարանիչին չորս «կոյս աղջիկները»...: Իբրեւ թէ Դանիէլով, իսկ ըստ քրիստոսականներուն, քրիստոսով՝ «մարգարէութեան» դարը վերջ պիտի գտնէր: «*Օրէնքը ու մարգարէները մինչեւ Յովհաննէս էին*» խօսքը ինքնին, առնուազն Նոր Կտակարանի բոլոր մարգարէ կոչուածներն ու զանոնք այդպէս կոչող աւետարանիչները խստօրէն կը ստգտանէ որպէս կեղծաւոր ստախօսներ: Անոնք արհինարբու Եհովայի մարգարէ կոչուած տեսանողներու՝ մունետիկներու ահռելիօրէն ցեղամոլ ու անսահմանօրէն վայրագ «մարգարէութիւններուն» պատշաճեցնելով է, որ «*Իսրայէլը իր թշնամիներէն ազատելու*» եկած Մեսիա Յիսուսն ու քրիստոնեան հեքիաթը՝ պիտի յօրինէին...: Եւ անշուշտ պարզամիտ քրիստոնեաներս ալ, որպէս «*Յուդայութեան վրայ պատուաստուած անարժան ու անարգ ցածազգիներ»*, այդ յիմարութիւնները պիտի ժառանգէինք որպէս անառարկելի սրբութիւններ...:

> Ce regard succinct sur l'Ancien Testament pose évidemment la question de la nature et du contenu de l'inspiration. Que peut-elle bien signifier, cette inspiration de l'Eglise-Sainte devant cette prolifération du sacré, avec toutes ces prescriptions auxquelles personne ne croit plus aujourd'hui, et ces valeurs d'extermination des païen, de vengeance, de rétribution de biens pour le juste et de maux pour le méchant, du pessimisme radical de l'Ecclésiaste, de l'amour érotique du Cantique qu'on ne doit pas imiter, mais uniquement admirer comme un miroir des relations de l'âme a Dieu, de la justification du pouvoir affermi dans la violence, de théologies contradictoires, de la polygamie, du racisme de l'époque post-exilique où, pour imposer le judaïsme, les juifs sont sommés de renvoyer épouses et enfants non juifs, ou enfin de la relation péché-mort...? (*L'Église Du XXIe Siècle aura-t-elle dépassé La Culture Médiévale ?*
>
> —Abbé Bruno Dandenault

ՊԱՏՄԱԿԱՆ ԱՆԻՐՈՂՈՒԹԻՒՆՆԵՐ

Հակառակ իրէական թագաւորութեանց բոլոր կեղծ հեքիաթնե-րուն, երբեք պետականութիւն չունեցած իրեայ ցեղերը իրենց պանդուխտ գացած երկիրը «ժառանգելու» երազը կը հետապնդէին: Սակայն Պաղեստինը, որուն կը տենչային անոնք, միշտ ալ եղած էր հզօր կայսրութեանց հպատակ: Մ.թ.ա. 30*ական թուականներուն, հռոմէական ծերակոյտին որոշումով, Արաբ մեծն Հերովդէ-սի թագաւոր նշանակումէն հիասթափուած՝ իրեայ բնակչութեան մէջ պիտի սաստկանար հակապետական քարոզչութիւնն ու ըմբոստութիւնը, որ զանոնք պիտի տանէր մինչեւ կազմակերպեալ ահաբեկչական եւ աղետալի ապստամբական արարքներու: Այդ թոհուբոհի օրերուն կը զուգադիպի յաջորդաբար Zealot-ներու կուսակցութիւնը հիմնած «օրէնքին նախանձաւոր» (Zealot for the Law) Գալիլեացի Յուդայի եւ, ըստ ոմանց, իր որդի Յովհաննէս-Յիսուսի գործունէութիւնը[30], զոր մարդկային զոհաբերութիւնը «չհանդուրժող» Եհովան,

[30] Մանրամասնօրէն պիտի տեսնենք, թէ աւետարանական Յիսուսը նոյն ինքն Յովհաննէս «մկրտիչն» է:

ինքզինք հակասելու գնով՝ Իսրայէլի փրկութեան սեղանին պիտի զոհէր...: Երեւի թէ Եհովայի նկատողութենէն վրիպած էր իրեն վերագրուած խօսքը՝ «*Դուն քու Տէր Եհովայիդ այնպէս չընես... Որովհետեւ անոնք իրենց աստուածներուն պատիւ ընելու համար մինչեւ անգամ իրենց տղաքները ու աղջիկները կրակով կ'այրէին*» (Երկրորդ Օրինաց ԺԲ. 31): Եթէ նոյնիսկ հնագոյն ժամանակներուն այդպիսի անջատ դէպքեր պատահած են, ո՞րն էր «*ափելին*». մահկանացու մը զոհե՞լը աստուածներուն, թէ իր «աստուած որդին» զոհելը Իսրայէլի որդիներուն սիրոյն: Արիւնի ծարաւ Եհովան ինքն էր, որ առինքնող «*ողջակէզի անոյշ հոտէն*»[31] գինովցած, սիրահարուած պատանիի մը մեղկութեամբ երդում ըրած էր՝ «*նորէն պիտի չցարդէ ամեն կենդանի մարմինը*»: Բայց գիտենք, որ այդ երդումն ալ դրժեց եւ բազմիցս մեղանչեց: Ուրկէ՞ սկսինք. Սոդոմ ու Գոմորէ՞ն, Իսրայէլի որդիներուն «*որպէս ժառանգ խոստացած երկրի ու հարեւան քաղաքներու բնակիչներէ՞ն*», թէ՝ «*Եգիպտոսէն հանած*» հրեայ անմեղ բազմութեան բնաջնջումէն...: Տակաւին, ինչպէս գիտենք, կը սպառնայ «վերջին դատաստանի օրը»՝ բացի «ընտրեալներէն» համայն օտարներս կրակի լիճերուն մէջ տապկել, հակառակ որ արդէն մեր անձերը «քրիստոնով» ծախու առած է, որպէս իր «ոտքերուն պատուանդան»:

Մ.թ.ա. առաջին հազարամեակին, երբ Միջագետքը արդէն վաղուց ողողուած էր բարեբեր երկիրներ որոնող սեմական ցեղերով, Սումերի քաղաքակրթութեան[32] վրայ հիմնուած Բաբելոնի ազդեցու-

[31] Ծննդոց Ը. 20–21:

[32] "Sumer was an ancient civilization founded in the Mesopotamia region of the Fertile Crescent situated between the Tigris and Euphrates rivers. Known for their innovations in language, governance, architecture and more, Sumerians are considered the creators of civilization as modern humans understand it. Their control of the region lasted for short of 2,000 years before the Babylonians took charge in 2004 B.C. .

"This early population was notable for strides in the development of civilization such as farming and raising cattle, weaving textiles, working with carpentry and pottery and even enjoying beer. Villages and towns were built around Ubaid farming communities.

"The Sumerian language is the oldest linguistic record. It first appeared in archaeological records around 3100 B.C. and dominated Mesopotamia for the next thousand years. It was mostly replaced by Akkadian around 2000 B.C. but held on as a written language in cuneiform for another 2,000 years. Ziggurats began to ap-

թեամբ Սումերական մշակոյթը սփռուած էր բովանդակ հին աշխարհի տարածքին: Բացի Նինուէի հռչակաւոր գրադարանէն ու այլ գրաւոր աղբիւրներէ, վստահաբար տակաւին շրջագայութեան մէջ էին այդ անհամեմատ բարձր մշակոյթի շատ մը աւանդութեանց արձագանգները: Յստակ է, թէ Հին Կտակարանի հեղինակները ծանօթ էին այդ աւանդութեանց, զորս հրէականացնելով՝ «դիւցազնավէպ» մը պիտի յօրինէին, որպէս Եհովայէն Աբրամի սերունդներուն տրուած օրէնք:

---

pear around 2200 B.C. These impressive pyramid-like, stepped temples, which were either square or rectangular, featured no inner chambers and stood about 170 feet high... Sumerians had a system of medicine that was based in magic and herbalism, but they were also familiar with processes of removing chemical parts from natural substances. They are considered to have had an advanced knowledge of anatomy, and surgical instruments have been found in archeological sites... Their skill at engineering and architecture both point to the sophistication of their understanding of math. The structure of modern time keeping, with sixty seconds in a minute and sixty minutes in an hour, is attributed to the Sumerians... Schools were common in Sumerian culture, marking the world's first mass effort to pass along knowledge in order to keep a society running and building on itself... they are more renowned for their epic poetry, Gilgamesh, which influenced later works in Greece and Rome and sections of the Bible, most notably the story of the Great Flood, the Garden of Eden, and the Tower of Babel.

"The most famous of the early Sumerian rulers is Gilgamesh, king of Uruk, who took control around 2700 B.C. and is still remembered for his fictional adventures in the Epic of Gilgamesh, the first epic poem in history and inspiration for later Roman and Greek Myths and Biblical stories... A devastating flood in the region was used as a pivotal point in the epic poem and later reused in the Old Testament story of Noah."

SOURCES: *The Sumerians.* Samuel Noah Kramer; *Ancient Mesopotamia.* Leo Oppenheim; *Sumer: Cities of Eden.* Denise Dersin, Charles J. Hagner, Darcie Conner Johnston; Historia.com.

"... Grounded almost wholly on the culture of Sumer, Babylonian cultural achievements left a deep impression on the entire ancient world, and particularly on the Hebrews and the Greeks. Even present-day civilization is indebted culturally to Babylonian civilization to some extent. For instance, Babylonian influence is pervasive throughout the Bible and in the works of such Greek poets as Homer and Hesiod, in the geometry of the Greek mathematician Euclid, in astronomy, in astrology, and in heraldry" (Microsoft® Encarta® Encyclopedia 2002. © 1993–2001).

"Genesis concentrates on one such group, the seed of Abraham, who migrated from Meso potamia to Palestine and there lived a pastoral life. The religious and legal customs which appear at this stage in the Bible are best illuminated from Hurrian documents of upper Mesopotamia, especially those of the site called Nuzzi. The Biblical story of the Flood lo calized the Ark on Mt. Ararat in Armenia because the Hurrian version of the Mesopotamian myth did so; the practice that a man married the childless widow of his deceased brother is known in Hurrian law; and the story of Rachel's stealing the gods of her father (Genesis 31:19–35) becomes intelligible against the fact that in Hurrian custom the property of a family group went with its gods" (Chester G. Starr, A History of The Ancient World, New York, 1965).

Նախ պէտք է յիշել, թէ Սեմական ցեղերը բնիկ Միջագետքցիներ չեն, այլ բոլորն ալ դէպի հիւսիս գաղթած են ընդհանրապէս Արաբական թերակղզիէն. իրականութիւն մը՝ որու մասին ամբողջ Յուդայա-քրիստոնեայ աշխարհը տակաւին եւս կը խուսափի անդրադառնալէ, որովհետեւ սումերական քաղաքակրթութենէն ընդօրինակուած Հնգամատեանը բոնաբար տեղաւորուած է նոյն այդ տարածքին վրայ: Անոնք Հայկական Բարձրաւանդակը ջրհեղեղով «ամայացնելէ» ետք՝ պիտի բնակեցնէին Նոյի սերունդներով, որպէս բնիկներ, այդ աշխարհամասի մշակոյթն ու պատմութիւնը իւրացնելու՝ սեմականացնելու դաւադիր նպատակաւ: Սակայն պատմական, ծագումնաբանական, լեզուաբանական եւ շատ մը այլ գիտական անհերքելի փաստեր կու գան վկայելու, թէ Հայկական Բարձրաւանդակը, ուրկէ աւելի կանուխ քան մ.թ.ա. հինգերորդ հազարամեակը՝ դէպի Միջագետք իջած են Սումեր քաղաքակրթութեան հիմնադիր Արիական ցեղերը, բնակեցուած էր շատ հին ժամանակներէ ի վեր, եւ կեանքը շարունակուած է առանց ընդհատումի: Սումերական արձանագրութիւնները կը վկայեն նաեւ Հայկական Լեռնաշխարհի Արատտա Թագաւորութեան հետ իրենց պահած սերտ յարաբերութեանց մասին: Անշուշտ եղած են արիական ցեղերու՝ Հայկական Լեռնաշխարհէն այլ զանգուածային արշաւանքներ. դէպի արեւելք՝ Պարսկաստանով դէպի Հնդկաստան, եւ դէպի արեւմուտք՝ մինչեւ Արեւմտեան Եւրոպա, հիմքը դնելու նաեւ Հնդեւրոպական լեզուներու ընտանիքին:

Վաղուց արդէն հրապարակի վրայ գոյութիւն ունին հանրութեան մատչելի բազմաթիւ հնագիտական, պատմագիտական, լեզուաբանական եւ այլ վաւերական ուսումնասիրութիւններ, որոնք ամէն կասկածէ վեր կը հաստատեն վերեւի տեղեկութիւնները: Բայց այս իրականութենէն հին ու նոր մեսիականներն ու եկեղեցին, ամբողջ երկու հազարամեակներ, անտեղեակ պահած են միամիտ քրիստոնեաներս, մեզ նախապաշարելու համար Հին Կտակարանի յերիւրածոյ սնաբանութիւններով, որպէս մարդու կեանքին անհրաժեշտ միակ ճշմարիտ գիտութիւնը: Սակայն բացի պարզամիտ ու անգէտ՝ կուրօրէն հաւատացող քրիստոնեաներէն, առողջ միտքը՝ բացարձակապէս կը մերժէ ամբողջ հին աշխարհի ժողովուրդներու

պատմութիւնը, մշակոյթը, լեզուներն ու մանաւանդ հաւաքական յիշողութիւնը աղբաման նետել, պարզապէս որովհետեւ երկու հազար տարիներ առաջ գազանաբարոյ ցեղամոլ հրեայ քանի մը գրողբրոցներ որոշած են, որ իրենց ցեղը այդ աշխարհամասի ժողովուրդները ջարդելով, բռնաբարելով, աւարելով ու անհետ բնաջընջելով՝ անոնց երկիրը, արժէքներն ու նոյնիսկ պատմութիւնը «ժառանգելու» իրաւունքը ունէր:

Զուտ ռազմա-քաղաքական նպատակներով յօրինուած Հին Կտակարանը ցիրուցան եղած սեմական ցեղերը կը խրախուսէր, որ Իսրայէլի Տէր Եհովա կոչուած կրակի ու պատերազմի յերիւրածոյ աստուծոյ մը հովանիին ներքեւ համախմբուին, որպէսզի բազմանալով իրենց պանդուխտ գացած երկիրը «ժառանգեն»: Այդ ժամանակի տգէտ ու վայրագ սեմական բազմութեան համար այս խրախուսանքը կը հայթայթէր նաեւ «օրէնքով» հաստատուած պատեհութիւն՝ ընչաքաղց ու բարբարոս կիրքեր բաւարարելու: Ժամանակի ընթացքին դաւանանքի վերածուած յուդայա-քրիստոնէական երկուորեակ կրօնքներու «ոգին» հանդիսացող, ինչպէս եւ այդ դաւանանքի ռազմավարութեան ակունք հանդիսացող Հին Կտակարանը պատմական փաստերով ապացուցանելու ճիգերը բացարձակապէս ապարդիւն դուրս եկած են: Ընդհակառակն. յայտնաբերուած բոլոր փաստերը կը վկայեն, թէ այդ ճիգերը երբե՛ք պիտի չարդարանան, որովհետեւ պեղումները լոկ վաւերական պատմութեան մնացորդն է, որ կը յայտնաբերեն, ուր տեղ չունին Հին թէ Նոր Կտակարան կոչուած յերիւրանքները: Brian Bethune-ի “Faith and History” խորագրով հետաքրքրական յօդուածը, *MACLEAN'S*-ի դեկտեմբեր 9, 2002 թիւին մէջ, տարբեր հոսանքներու հակադրուող տեսակէտներուն ընդմէջէն որոշ գաղափար մը կու տայ Հին Կտակարանի քաղաքական բնոյթին մասին: Ահաւասիկ հատուածներ այդ յօդուածէն.

> The major Christian traditions—Orthodox, Protestant and Catholic—all incorporate the Jewish Bible, known as the Tanakh, within their old Testaments. The Tanakh's opening nine books give the history of the Children of Israel, it takes them from their mythic origins to the Babylonian Captivity that began in 586 BCE...

The opening of the Gospel of John is the perfect expression of the Bible's crucial role in Western civilization. The Hebrew scriptures, known as the Tanakh to Jews and the Old Testament to Christians, are at the heart of both religions. The great Biblical themes—man's relationship with God, atonement and forgiveness, the call to ethical and social responsibility, the absolute worth of the individual—have formed the essential Western way of seeing the human condition, as much for non-believers as for the faithful. In the 16th century, biblical translations became the very engine of national languages, especially in Germany and England. For centuries the King James Bible of 1611 was the English-speaking world's basic text, the book from which people learned to read and think their major source of images, metaphors and collected wisdom.

... We have always been, and still remain, the people of that book.

Nor is the Bible's influence restricted to our cultural DNA—to art and music, law codes and political theory. Prime among its decisive, on-the-ground effects is the survival of Judaism and the Jewish people over 2,000 years of dispersal and persecution—one of the most astounding survival stories in human history. Without the Bible, there could have been no Judaism, and none of its profound influence on Western civilization. No Holocaust. No Zionism. No Israel.

But what if the word is not to be trusted? And not just some parts, the ones that modern Christians and the Jews—fundamentalists and the Orthodox aside—have already repudiated...

No, now it's the *whole thing*, historically speaking. The exodus from Egypt, the conquest of the Promised Land, even the glorious united monarchy of David and Solomon—all are derided as fiction by revisionist academics known as minimalists. Textual scholars for the most part, they have deconstructed the Bible to fragments while casting a baleful outsider's eye on a century of Near Eastern archaeology. Once conducted by religious scholars who examined their discoveries in the light of the Bible, archaeology is now carried out by secular experts who view scripture in the light of their findings. And what they're digging up offers a startlingly new picture of ancient Israel.

They are hotly denounced by more traditional scholars, often known as maximalists. And in the context of the mid-east crisis, where everything to do with land is already violently charged, it was inevitable that a dispute over Biblical history would be thoroughly politicized. Archaeology has "always favoured dominant interests," notes University of Toronto professor Timothy Harrison. In Israel it's been state business

from the start. The Palestinian Authority, hard pressed to deliver even basic services to its people, has set up its own archaeology department. And many devout settlers in the West Bank—the epicenter of the Israeli-Palestinian struggle—assert their right to live in Arab territory on Scripture.

... Settler-Meir Menachem said it was the Arabs who should leave. Hebron, he said, "is more ours then Tel Aviv, this is the land of the Bible." Even in North America, dismissing some of Christianity's and Judaism's dearest religious beliefs can start a firestorm, as Rabbi David Wolpe of Sinai Temple Synagogue in Los Angeles discovered last year, when he told his congregation that new discoveries show the exodus never happened...

Holy Land archaeology began in the 19th century, and long remained the domain of religious scholars. They came to the Near East seeking support for their beliefs. As the French Dominican Roland de Vaux noted, "if the historical faith of Israel is not founded in history, such faith is erroneous, and therefore, our faith is also." Those early archaeologists thought they are able to place Abraham within a period of urban collapse and a migration of pastoral easterners at about 2100 BCE, just when the Bible said he lived. But subsequent excavations showed the eastern influx didn't actually take place. Attempts to move the patriarchs to other eras produced the same unhappy results. Today even maximalists like Dever have given up hope of establishing Abraham, Isaac or Jacob as credible historical figures.

... Decades of searching the Sinai Peninsula for any trace of 40 years of Israelite wandering has turned up nothing, not a skeleton or campsite, from the period in question—even though archeologists have found far older and sketchier remains in the Sinai. Scholars now agree that the exodus—if it happened—had to have occurred in the 13th century BCE, which also turns out to have been an era of strong Egyptian border control, complete with records of who was coming and going. As for the traces of ruined Canaanite cities attributed to the Israelite conquest described in the Book of Joshua, the destruction turns out to have occurred at other times. (*MACLEAN'S*, Dec. 9, 2002)

Եթէ մինչեւ անգամ 19-րդ դարուն՝ եւ ո՛չ թէ անհաւատ, այլ հաւատացեալ ակադեմականները, ինչպէս Roland de Vaux-ն, այդեւ համոզուած էին, որ "if the historical faith of Israel is not founded in history, such faith is erroneous, and therefore, our faith is also," եւ Պաղեստի-

նի ու շրջակայ տարածքի հնախուզական պեղումներով քրիստոնէական հաւատքի հիմքը հանդիսացող Յուդայութեան Հնգամատեանը պատմական փաստերով հաստատելու կարիքը ունէին, ուրեմն՝ կը նշանակէ թէ ճշմարտութեան որոնումի առողջ տրամաբանութիւնը անխուսափելիօրէն ճամբայ ելած էր: Զարմանալի ալ չէ, որ «հաւատքը պատմութեան միջոցաւ հաստատելու» առաջին փորձերը ըլլային այդքան ուշ ժամանակներուն: Տակաւին մինչեւ 19-րդ դար, եկեղեցական դաժան հալածանքի ու նզովքի սարսափելի մթնոլորտ կը տիրէր բովանդակ քրիստոնեայ աշխարհի տարածքին: Ողջ-ողջ կ՚այրուէին եկեղեցիին անհաճոյ թուացող բոլոր հաւատացեալները... ո՛վ կը համարձակէր նոյնիսկ տպագրական վրիպումի մը մասին արտայայտուիլ: Սակայն մինչեւ ե՞րբ կը յուսային պատմութիւնը եղծանել ու բռնաբարել իրենց կեղծուպատիր մարգարէներով, Մովսէսներով ու Քրիստոսներով, զորս կարելի չէ նոյնիսկ առասպելական կոչել, այլ նենգ դաւադրութեան մը յստակ նպատակներով ծրագրուած ու յօրինուած «աշխարհը ժառանգելու» globalist ռազմավարութիւն: Մեսիական աւետարանիչներու Յովհաննէս-Յիսուսի սաղմնաւորումէն մինչեւ մահը, իր ամեն քայլափոխը մարգարէութեանց վերագրելու աճպարարութիւնները պարզապէս սնոտի խաբէութիւններ են: Առանց պատմական փաստերու, դժուար է հրեայ նախահայրեր Աբրամի, Իսահակի, Մովսէսի, Դաւիթի թէ այլոց յերիւրածոյ կերպարներ ըլլալու իրողութիւնը շրջանցել... Եթէ մանաւանդ Մովսէսի կերպարը կեղծ է, Հին Կտակարանի գիրքերը, որոնք փաստօրէն ընդհանրապէս հնագոյն մշակոյթներէ ընդօրինակուած են, բախտաւոր պարագային կը դառնան փանաքի բարբարոսական յօրինուածքներ, նոյնպէս՝ «*Մովսէսը ինծի համար գրեց*» ըսող աւետարանական Յիսուսն ու քրիստոսականութիւնը:

Անբաղձալի հետեւանքներուն քաջածանօթ Thomas Paine-ը,[33]

[33] "All national institutions of churches, whether Jewish, Christian or Turkish, appear to me no other than human inventions, set up to terrify and enslave mankind, and monopolize power and profit" (Thomas Paine. *The Age Of Reason.* p. 8).

"Every national church or religion has established itself by pretending some special mission from God, communicated to certain individuals. The Jews have their Moses; the Christians their Christ, their apostles and saints; and the Turks their Mohamet, as if the way to God was not open to every man alike" (Thomas Paine. *The Age Of Reason.* Thomas Paine. p. 9).

"It is not the antiquity of a tale that is any evidence of its truth; on the contrary, it is a

զոյգ կտակարաններու մասին իր տեսակէտը պահած է, ինչպէս ինք պիտի ըսէր, *«իր կեանքի աւելի յառաջացած հանգրուանին»*: Անշուշտ այդ օրերուն, տակաւին գոյութիւն չունէին սումերական սալիկներուն նման՝ Հին Կտակարանը վարկաբեկող բազմազան պեղածոներ, բայց ի՞նչ պէտքը կայ հնագիտական փաստերու, երբ հարցը կը վերաբերի յօրինուածքի մը, որ իր կեդծիքը մատնող ինքն իր մեծագոյն թշնամին է:

Հին Կտակարանի հետքերով՝ Պաղեստինի, Սինա անապատի ու շրջակայքի մօտ երկու դար կատարուած ապարդիւն պեղումները՝ «maximalists» կոչուած մեռօրեայ մեսիականներու դատին ուժգին հարուած մըն են այլեւս: Բայց որքան ուժգին ըլլայ հարուածը, անոնց կազմակերպուած հակազդեցութիւնը կ'ըլլայ աւելի եւս խորամանկ ու նենգամիտ: Գիտական ու ճարտարարուեստական բազմազան եւ նորագոյն միջոցներով, բայց նոյն վաղեմի կեղծաւորութեամբ, եւ միշտ նորանոր խաբեպատիր «գիտերով եւ ուսումնասիրութիւններով» հանդէս կու գան: Իրենց տպաւորիչ եւ ազդեցիկ ամեն միջոց շահագործող բազմակողմանի արշաւը արդէն հասած է այն աստիճանի, որ երբեմն նոյնիսկ ոչ այնքան միամիտներն իսկ շփոթութեան կը մատնուին: Ելիցի եւ իրեայ նախահայրերուն հարցով անոնք կը պնդեն թէ *«փաստերու չգոյութիւնը չի նշանակեր թէ այդ բոլորը կեղծ են»*. թէ Եգիպտոսի Փարաւոնները իրենց պարտութիւնները կը քողարկէին հետագայ սերունդներէն, եւ որովհետեւ իրեաներուն Եգիպտոսէն ելքը ամօթալի պարտութիւն մըն էր, Եգիպտացիք արձանագրութիւններ չեն պահած «եղելութեան» մասին: Իսկ ո՞վ քողարկած է իբրեւ թէ անապատին մէջ քառասուն տարի ապրած «բազմամիլիոն իրեաներուն» հետքերը, զորս տակաւին ապարդիւն կը փնտռեն անոնք:

---

symptom of its being fabulous; for the more ancient any history pretends to be, the more it has the resemblance of a fable. The origin of every nation is buried in fabulous tradition, and that of the Jews is as much to be suspected as any other. To charge the commission of acts upon the Almighty, which, in their own nature, and by every rule of moral justice, are crimes, as all assassination is, and more especially the assassination of infants, is matter of serious concern. The Bible tells us, that those assassinations were done by the express command of God. To believe, therefore, the Bible to be true, we must unbelieve all our belief in the moral justice of God; for wherein could crying or smiling infants offend? And to read the Bible without horror, we must undo everything that is tender, sympathizing, and benevolent in the heart of man" (Thomas Paine. *The Age Of Reason*. p. 78).

Ելից Ա. [45]Այսպէս Իսրայէլի որդիներուն ամեն իրենց հայրերուն տուներուն համեմատ, Իսրայէլի մէջ քսան տարեկանէն վեր բոլոր պատերազմելու կարող եղողները համրուեցան: [46]Եւ բոլոր համրուածները վեց հարիւր երեք հազար հինգ հարիւր յիսուն հոգի էին: [47]Բայց Ղեւտացիները իրենց հայրերուն ցեղովը ասոնց հետ չհամրուեցան:

Ելից ԺԹ. Եգիպտոսի երկրէն ելլելէն ետքը, նոյն օրը Սինայի անապատը եկան: [2]Քանզի Ռաբիդիմէ չուեցին, ու Սինայի անապատը եկան, ու անապատին մէջ բանակ դրին. եւ Իսրայէլ հոն լեռանը դիմաց բանակ դրաւ:

Իսրայէլի բոլոր արու զաւակները անխնայ սպաննելու Փարաւոնի հրովարտակէն երկու կամ երեք սերունդ ետք, Մովսէս՝ Եգիպտոս վերադարձին՝ տրամաբանականօրէն հազիւ թէ քանի մը զառամած հրեայ այրեր գտնէր Եգիպտոսի տարածքին...: Սակայն հեղինակը կը պնդէ, թէ Եգիպտոսէն ելած Իսրայէլի միայն տասնըմէկ ցեղերու (որովհետեւ Ղեւտացւոց ցեղը չէին համրած) «*քսան տարեկանէն վեր բոլոր պատերազմելու կարող եղողները*» աւելի քան վեց հարիւր հազար մարդ էր, որոնց վրայ եթէ աւելցնենք Ղեւտացիները, առաւել՝ մինչեւ քսան տարեկանները եւ քսանէն վեր պատերազմելու անկարողները, միայն այր մարդոց թիւը պիտի հասնէր առնուազն 1.5–2 միլիոնի...: Պետական կազմակերպեալ այդ սպանդի օրերուն՝ հրեաները կրցած էին միլլիոնաւոր երեխաներու կեանքը փրկել՝ բացի Մովսէսէն...: Նկատի ունենալով Իսրայէլի որդիներուն բազմաթիւ կիներ ու զաւակներ ունենալու հարցը, եւ եթէ ամեն մէկ չափահաս այր մարդուն, նուազագոյն գնահատումով, տանք միայն մէկ կին ու երեք կամ չորս զաւակ, կը ստանանք առնուազն վեց միլլիոն կոկիկ թիւ մը: Եւ, ինչպէս Brian Bethune-ի յօդուածէն իմացանք, քանի մը տարբեր ժամանակամիջոցներու ապարդիւն պեղումներէն ետք, կարգ մը «մասնագէտներ» կ՛ենթադրեն, որ եթէ երբեք Ելիցը պատահած է, այդ պէտք է եղած ըլլար մ.թ.ա. 13-րդ դարուն: Սակայն այդ օրերու Եգիպտոսի ընդհանուր բնակչութեան թիւը կը գնահատուի մօտաւորապէս երեք միլլիոն...: Լիբանանը, որուն տարածքը տասը հազար քառակուսի քիլօմեթր է, 2015 թուականին՝ վեց միլիոն բնակչութիւն ունէր: Արդ, պահ մը փորձենք երեւակայել թէ ի՞նչ ստուար տարածութեան, տարրական պէտքերու, կազմակերպչական ճիգերու, եւ այլն, կը կարօտէր «*լեռանը դիմաց բանակ դրած*»՝ ըստ հեղինակին՝ վեց միլիոն հաշուող հրեաներու բազմութիւնը:

Իսկ ինչո՞ւ չենք հաւատար Josephus-ի յիշած մեծն Աղեքսանդրին դիմաց Պամփիլիոյ ծովու բացուելուն: Սակայն առանց պրպտելու եւ հասկնալու յետին ճիգն անգամ ընելու՝ կուրօրէն կը հաւատանք անյայտ հեղինակի մը Կարմիր Ծովը բացուելու հեքիաթին... Ա՛րդեօք որովհետեւ եկեղեցին ամբողջ երկու հազարամեակ, սարսափի մըթնոլորտի մէջ, մեր ուղեղները լուացած ու խարած է Հին Կտակարանի հեքիաթային կաղապարներով, որոնցմէ ձեռբազատուիլը կարծուածէն շատ աւելի դժուար է: Հետեւաբար՝ նոյնիսկ երբ անձամբ կը կարդանք Ելիցը, զայն կ'ըմբռնենք այն «ուրախ» գիծերով, որոնցմով տպաւորուած է մեր ուղեղը, որովհետեւ բանականութեամբ չէ՛, որ կը կարդանք, այլ հաւատքով՝ առանց մտային որեւէ աշխատանքի: Թմրած ուղեղը անկարող է տեսնել վերոյիշեալ մանրամասնութիւնները եւ տրամաբանել, թէ արդեօք ինչո՞ւ Եհովան փոխանակ «*Փարաւոնին սիրտը խստացնելու*» չփափուկցուց, որպէսզի հարցը լուծուէր առանց աղետալի հետեւանքներու: Կամ՝ արու երեխաներու սպանդի օրերուն, հրեաները ինչպէ՞ս յաջողած էին միլիոնաւոր երեխաները փրկել ու մեծցնել: Կամ՝ արդեօք տրամաբանական կը թուի՞ Եգիպտացիներէն իրենց կողոպտած ոսկիով, արծաթով, անասուններով ու իրենց բոլոր ունեցուածքով եւ, ըստ երեւոյթի՝ «հրաշքով» մը ճարուած միլիոնաւոր վրաններով՝ հարիւրաւոր մղոններ ու «Կարմիր Ծովի» ժեռուտ յատակով անցնող Իսրայէլի որդիներուն համրանքն ու արկածալից ուղեւորութիւնը: Կամ՝ որքա՞ն արատ սնունդ եւ ջուր կար անապատի այդ հատուածը, որ Իսրայէլի բազմամիլիոն որդիները ուտէին, խմէին, լոգնային ու իրենց հագուստները լուային, իսկ Մովսէս այդ անծայրածիր բնակչութեան հետ հաղորդակցութեան ի՞նչ միջոցներ կ՛օգտագործէր, եւ շատ մը այլ հարցեր...:

Անապատը բնակալած վրանաբնակ Իսրայէլի բազմամիլիոն որդիներու բազմութիւնը անսահման տարածութիւն մը պիտի համակէր. եւ բնականաբար ամբողջ քառասուն տարի իր առօրեայ զբաղումներով, անասուններու թէ ժողովուրդի արտադրած աղբերով եւ մանաւանդ՝ այդ քանի մը սերունդներու աճիւններով, եւ այլն, արտակարգ քանակութեամբ հետքեր պիտի ձգեր իր ետին, զորս ի հեճուկս բոլոր պեղումներուն՝ անգտանելի կը մնան: Ելիցին հետքերը կարելի չէ գտնել, պարզապէս որովհետեւ հեքիաթները շօշափելի հետքեր չեն ձգեր: Իսկ այն ինչ որ միամիտ հաւատացեալին կը հրամցուին որպէս «հետքեր», անհեթեթութեան գլուխ գործոցներ են: Աստնցմէ մէկը՝ Սինա լեռան ստորոտին՝ 6-րդ դարուն հիմնուած Saint Catherine կոչուող վանք մըն է, ուր իբրեւ թէ տակաւին պահուած կը մնայ այն թուփը կամ «*մորենին*»[34], որուն մէջէն Եհովան «կրակի կերպարանքով խօսած» է Մովսէսին հետ: Եւ ուխտաւորներու ամբոխները տակաւին zombie-ներու նման՝ շարան-շարան կ'երթան թուփին հպելով օրհնութիւն՝ «հոգեւոր սնունդ» ստանալու: Ինչպէս տեսանք, ենթադրեալ Ելիցն ու Մովսէսը կը վերագրուին մ.թ.ա. 13-րդ դարուն, իսկ «թուփը պարունակող» վանքը հիմնուած է այդ թուականէն երկու հազար տարիներ ետք՝ 6-րդ դարուն: Այդ երկու թուականներուն միջեւ, երբ մորենիին առասպելը կը յօրինուէր, ո՛չ ոք, ո՛չ իսկ կեղծաւոր հեղինակը կրնար այդ թուփի աշխարհագրական դիրքին մասին մանրամասն տեղեկութիւն տալ, բացի «*անապատի ետին Տէրոջը Քորեբ լեռը*» պղտոր ակնարկէ մը: Բայց եւ այնպէս, կեղծաւոր քրիստոնեաները՝ երկու հազար տարի ետք իսկ, անապատի տարածքին ամէն օր մեռնող ու նորը բուսնող անհամար թուփերուն մէջէն՝ գտած են նոյն այդ մորենին ու շուրջը վանք մը շինած: Յստակ չէ թէ քանի հազար տարի կ'ապրին այդ անապատային թուփերը, սակայն շատ յստակ գիտենք՝ թէ այդպիսի դրամաշորթութեան «մասունքներով» հարուստ է քրիստոնեայ «մշակոյթը», «որոնցմէ հաւանաբար ամենէն նշանաւորը», կ'ըսէ Bruno Dandenault-ն, Յովհաննէս-Յիսուսի «*թլփատութեան ժամանակ պահուած «սուրբ թլիփն» էր, զոր որպէս սուրբ մասունք պահուած ունէին նուազագոյնը երկուտասնեակ մը տարբեր եկեղեցիներ Եւրոպայի տարածքին...*». իսկ Անգլիոյ Canterbury-ն կը յաւակնի եղեր ունենալ «Եհովայի՝ կաւով Ադամը շինելէն» ետք աւելցած կաւը...: Ի զուր չէ, որ մատչելի գիներով «յաւիտենական կեանք» վա-

---

[34] «Մորենի»ին պատմութիւնը իբրեւ թէ պատահած էր Քորեբ լեռան վրայ (Ելից Գ.):

ճառող Pope Leo X-ը անկեղծօրէն պիտի յայտարարէր, թէ "*It has served us well, this myth of Christ. What profit has not that fable of Christ brought us*"...:

Պեղումներու հետեւանքով ոմանց խախտած հաւատքը՝ պատմական փաստերով վերականգնել չէ, որ կը փորձեն Globalist մեսիականները կամ ուրիշներ, այլ՝ քաղաքական արտակարգօրէն կենսական անհրաժեշտութիւն մը՝ «*Իսրայէլի փէր Եհովայի խոստումներով իրենց տրուած աշխարհը ժառանգելու*» դաւադրութիւնը «պատմական փաստերու» վրայ հիմնելը:

ՆՈՐ ԿՏԱԿԱՐԱՆ

Տարբեր շպարով ներկայացուած՝ սակայն իր Եհովայով, Նոյով, Աբրամով, Մովսէսով ու մարգարէներով Նոր Կտակարան կոչուած կեղծիքը՝ նոյն կեղեքիչ, բռնատիրական ու նողկալիօրէն ցեղամոլ Հին Կտակարանն է, որ կը շարունակուի մինչեւ Յովհաննէսի աճիւններէն Յիսուս կոչուած չարագուշակ մեսիայի մը յարութիւն առնելու որոգայթով կատարումը: Չկան հին թէ նոր ուխտեր. կայ միայն «Աբրամի սերունդներուն աշխարհը ժառանգելու» համար յօրինուած «ուխտ» մը: Այն ինչ որ նոր ուխտ կոչուած է, ինչպէս տեսանք, փաստօրէն նոյն այդ ցեղապաշտ հին ուխտին վերահաստատումն է: Բայց նախքան այս նիւթին աւելի խորը թափանցելը, ստիպուած ենք շատ կարեւոր հիմնական հարց մը յստակացնել: Աստուած (Astu-aş) դիցանունը՝ հնագոյն ժամանակներէ եղած է Հայկական Լեռնաշխարհի բնիկ աստուածութեան մը անունը, որ մեսիական Հայաստանեան եկեղեցին պիտի շնորհէր իրենց Եհովա Սաբաւովթին: Այս՝ նորութիւն մը չէր. ինչպէս Ալեքսանդր Վարպետեան կը մատնանշէ, հայկական շատ մը դիցանուններ բառացիօրէն շրջուած են, երբ փոխ առնուած ու հեռացուած են իրենց հայրենիք՝ Հայկական Բարձրաւանդակէն: Հայկական Dešop-ը շրջուելով՝ եղած է յունական Poseid-on, ինչպէս Անահիտը եղած է Դիանա, Արդնին եղած է Ինտրա, Արամն ու Արաման՝ Աբրամ, Ռամ ու Ռամա իսկ ԱՐ-ը կամ ԱՐԱՆ՝ խեթերուն մօտ նոյնպէս կոչուած է Արա, Պամփիլիայի մէջ եղած է ԷՐ, Թրակիայի, Սպարտայի ու Յունաստանի մէջ՝ Արէս, Մակեդոնեայի մէջ՝ Արաս, Գերմանիոյ մէջ՝ Էրտագ, Իռլանտայի մէջ՝ ԻՐ, Եգիպտոսի մէջ՝ ՌԱ... եւ մեսիական հայաստանեայց եկեղեցին նենգաբար մեզ համոզած է, թէ մենք ենք փոխառուն:

Կրօնքի միջոցաւ ժողովուրդները մեղկացնելով նուաճելու ելած կեղծաւոր մեսիականները շատ լաւ գիտակցելով, թէ բարկ հրէութիւն հոտող Իսրայէլի Տէր Եհովայի Սաբաւովթ կոչումը՝ բարեացակամ ընդունելութիւն պիտի չգտնէր, որոշեցին զայն փոխարինել այլոց աւելի դիւրամարսելի անուններով: Զանազան լեզուներու մէջ որդեգրուեցան տուեալ ժողովուրդներուն համակրելի եզրեր, ինչպէս՝ Deus, աւելի ուշ՝ Lord, God եւ այլն, իսկ հայերէն՝ Աստուած: Հայաստանեայց եկեղեցի կոչուած մեսիական հաստատութիւնը, որ ջանք չէր խնայեր եբրայերէն բառերով ողողել լեզուն, եւ ամբողջ ժողովուրդը հրէական անուններով օծել, ինչո՞ւ չանուանեց *«Ես Եհովա եմ. իմ անունս այս է...»* (Եսայեայ Բ. 8) յոխորտացող քրիստոսի հայրը գէթ Elo կամ Elohi[35], ինչպէս «իր որդին» զայն կոչած էր:

Ի տարբերութիւն այլ նուաճուած մշակոյթներէ, մեսիականները արմատախիլ ընելով անհետ կորուստի մատնեցին հայկական չքնաղ մշակոյթը, եւ յատկապէս հայկականը, ո՛չ այն պատճառաւ, որ անոնք կ՚ատէին ու պիղծ կը համարէին ամեն ինչ որ հրէական չէր[36], այլ որովհետեւ Արի հայոց միհրական մշակոյթը, որու աւիւնով կը սնանէր տզրուկ քրիստոսաբանութիւնը[37], զայն ստգտանող կենդանի ապացոյցն էր: Եւ քղանցքին՝ Գաղատիաներն ու Միւսեաները

---

[35] «Էլօի, Էլօի, լա՛մա սաբաքթանի» (Մարկոսի ԺԵ. 24):

[36] Այլապէս Հռոմի կրկէսը (Colosseum), ուր ենթադրաբար իրենց քրիստոսեան եղբայրները գազաններէ յօշոտուած էին, առաջինը պիտի ըլլար քանդուելիքներու ցանկին վրայ: Փաստօրէն՝ եթէ բացառաբար Գառնիի տաճարը չեն կործանած, այդ որովհետեւ չէին գիտեր որ Գառնին հայկական է:

[37] Բացի քրիստոսական ծէսերէն, նոյնիսկ դեկտեմբեր 25*ին քրիստոսի ծնունդն ու քարայրի մը մէջ թաղուիլն ու վերադարձը՝ բառացիօրէն ընդօրինակուած են զտարիւն հայ Միհրի (Փոքր Մհեր) դիցաբանութենէն:

դեգերող մեսիականները, իբրեւ թէ *«քրիստոսի հոգիէն արգիլուելով»* (Գործք ԺԶ. 6–7), երկար ժամանակ չհամարձակեցան Հայկական Լեռնաշխարհէն ներս սողոսկիլ, որովհետեւ *«քրիստոնեան քարոզութիւնը յիմարութիւն»*, իսկ անոնց ծախած «յաւիտենական կեանքի խոստմունքը»՝ յոռեգոյն անէծք մըն էր մեր «անառակ» որդիները անմահութեամբ անիծող Արայի որդիներուն մօտ... ո՞ր յիմարը պիտի ուզէր «յաւիտեանս» ապրիլ[38]...: Սակայն դաւադիր մեսիականները, պարսկական ազդեցութեան տակ գտնուող Հայկական Լեռնաշխարհին ալ տիրանալու հռոմէական ռազմավարութենէն օգտուելով, Հռոմի Դիոկղետիանոս կայսրի մեղսակցութեամբ, մ.թ. 287 թուականին՝ Հռոմայեցի Տրդատ Գ. եւ Գրիգոր խաւարիչ մեսիական գործակալները պիտի ղրկէին Հայկական Լեռնաշխարհ, ուր տասնամեայ պատերազմներով պարսկական բանակները ետ մղելէ ետք, Արորդի՝ Արամա[39] բնիկներս հալածելով, բռնադատելով, բռնաբարելով, ջարդելով, բռնի ուժով հրէացնելով՝ քրիստոնէութիւնը միահեծան պետական կրօնք պիտի հռչակէին: Աշխարհին քաղաքակրթութիւն, գիր, գիտութիւն ու լոյս սփռած ժողովուրդին մշա- կոյթը, սրբարանները, դպրոցները, գրականութիւնն ու սրբութիւնները որպէս պղծութիւն հիմնայատակ բնաջնջելէ ետք, իր անունով այնքա՜ն հպարտ հրեայ Yahweh-ն, նոյն այդ պիղծ համարուած հայկական Աստուածութեան անունով՝ Աստուած պիտի կոչէին: Իսկ անոր «ընտրեալ» հրեայ ժողովուրդին մէջ մեզ «-հաստատելու» կո- չուած են անոր բոլոր աղանդներն ու եկեղեցիները անխտիր. «...*դուք ձեր անձին տէրը չէք. քանզի գնով ծախու առնուեցաք. ուստի փառաւորեցէք զԱստուած ձեր մարմիններուն ու հոգիին մէջ, որոնք Աստուծոյ են*» (Ա. Կորնթացիս Զ. 19–

[38] Մենք կը հաւատայինք, եւ անառարկելի իրականութիւն է, որ յաւիտենական կեանքը սերունդներու (Gens) յարատեւութիւնը՝ յաւերժութիւնն է:

[39] "If the constants that govern nuclear physics were changed even slightly, then nucleosynthesis and the creation of the heavy elements in the stars and supernovae might become impossible. Then atoms might become unstable or impossible to create in supernovae. Life depends on the heavy elements (elements beyond iron) for the creation of DNA and protein molecules. Thus the smallest change in nuclear physics would make the heavy elements of the universe impossible to manufacture in the stars. We are children of the stars...and that our minds are capable of understanding the universal laws that they obey. The atoms within our bodies were forged on the anvil of nucleosynthesis within an exploding star aeons before the birth of the solar system. Our atoms are older than the mountains. We are literally made of star dust"(Michio Kaku. *Hyperspace*).

20)։

Երեմեայ ԺԲ. [16]Եւ եթէ անոնք իմ ժողովուրդիս ճամբաները սորվին, ու իմ անունովս երդում ընեն՝ ըսելով, կենդանի է Տէրը, այն ատեն իմ ժողովուրդիս մէջ պիտի հաստատուին։

Այո, «*քրիստոսի անձեռագործ թլփատութիւնով*» թլփատուեցանք ու «*պատուաստուեցանք Իսրայէլի մէջ*», որպէս Աբրահամի որդի հրեաներ։ Նորածինին ճակատը Սատանային նշանովը կը կնքենք, մահանալէ ետք զայն «*ի վերին Երուսաղէմ*»[40] կը ղրկենք, եւ ցնորական հետ մահու հանգիստ կեանքի մը սնոտի «խոստմունքը ժառանգելու» սիրոյն, չենք վարանիր մեր «*մարմինները ու հոգիները ծախել*» Իսրայէլի Տէր Սատանային։ Սակայն «ազգային եկեղեցի» պատրանքով հրապուրուած՝ կը հաւատանք ըլլալ քրիստոնեայ հայեր։ Արդ՝ սրբապղծութիւն մը չ՚ըլլար Yahweh-ն ուղղակի իր անունովը, երբեմն ալ գիրքերուն օրինակով՝ զայն պարզապէս Իսրայէլի Տէր, եւ այլն կոչել։ Ընդհակառակն, արդարութիւն կ՚ըլլայ թէ՛ ամբողջ երկու հազար տարի պատրանքներու ետին արգելափակուած Եհովա Սաբաւովթին, եւ թէ՛ զինքը դաւանող բոլոր ատրկամիտ քրիստոնեաներուն, քանզի «*Դուք անոր երկրպագութիւն կ՚ընէք զոր չէք ճանչնար…*» (Յովհաննու Դ. 22)։ Վերջապէս՝ մեր պարտականութիւնն է ճանչնալ այն հրէշային էակը, որուն կը ծնկադրենք ու կը կոչենք Տէր կամ Հայր։

* * *

Նոր Կտակարանի քսանեօթը գիրքերէն առաջին չորսը կը կոչուին «աւետարաններ»։ Աւետարան Ըստ Մատթէոսի, Ըստ Մարկոսի, Ըստ Ղուկասու եւ Ըստ Յովհաննու, որոնք՝ հակառակ քրիստոնեայ անգէտ բազմութեանց մէջ տիրող ընդհանուր հաւատքին, ոչ մէկ ներդրում ունին՝ ամբողջութեամբ Պօղոս առաքեալ կոչեցեալի մը պատկանող «քրիստոսաբանութեան» մէջ։ Գրուած են իբրեւ «կոյս կնոջմէ մը ծնած», Իսրայէլը թշնամիներէն փրկելու կոչուած՝ հրեայ «մեսիայի» մը կենսագրականը…։ Եթէ հոն վերջակէտ մը դրուէր, կը մնար հրէական անշուք հեքիաթ մը, մեզի ալ կը խնայուէր քրիստո-

[40] Գաղատացիս Դ. 26, Յայտնութիւն Յովհաննու ԻԱ. 2–3։

սականութեան քստմնելի չարիքը: Սակայն դժբախտաբար այդ բոլորը՝ դաւադրութեան արտաքին երեւոյթն էր միայն. էականը՝ այդ մեսիայէն խորհուրդներ քաղելու *իշխանութիւն* ստանալն էր, եւ այդ *իշխանութեան հանգամանքով*՝ ամենէն մարտունակ ժողովուրդներն իսկ մեղկացնելով ու հարստահարելով՝ հասնիլն էր «*աշխարհը ժառանգելու*» իրենց տնտեսա-քաղաքական բացարձակ ոյժ դառնալու գերագոյն նպատակին: Արդարեւ, կանոնական աւետարաններուն կեդրոնական հերոսը ոչ թէ աւետարանական Յիսուսն է, այլ նոյն ինքն առաքեալ կոչուածներն են, որոնք զայն պիտի աստուածացնէին՝ հրաշքներու թէ գերբնական անհեթեթ պատմութիւններով, որպէս իրենց «գերբնական իշխանութիւն» փոխանցող միջոց, գործիք: Իսկ անոր վերագրուած առակներու թէ քարոզներու ընդմէջէն՝ պիտի սփռէին իրենց դաւադիր նպատակներուն ծառայող մեղկացման, ստրկացման, հարստահարման, տգիտութեան ու սարսափի քաղաքականութիւնը[41]:

---

[41] "Your knowledge of the gospel which we wrote will allow you to order the Negroes in any way you want, and it will encourage them to love poverty. Convince the Negro that the poor are happier and will inherit the heaven, and it is very difficult for the rich to enter the kingdom of God. You have to detach yourself from them and make them disrespect everything witch they revere as sacred and gives them courage to confront us. I make reference to their Mystic (spirituality) system which is a treat to our conquest. You must do everything in your power to make it disappear. By all means the Negro must be made Christian, by only this way will they let go of their rich culture and everything they respect about themselves" (Excerpt from letter of King Leopold II of Belgium to colonial missionaries. 1883).

ՅՈՒՂԱՅՈՒԹԵԱՆ ՌԱԶՄԱՎԱՐՈՒԹԻՒՆԸ

Հազարամեակներու փորձառութիւնը ցոյց տուած է, թէ ժողովուրդ մը ֆիզիքապէս տիրապետելու համար՝ պատերազմը համեմատաբար աւելի հեշտ հանգրուանն է: Էականը՝ հակառակորդը յաղթահարելէ, զինազրաւելէ ետք՝ զայն մտովին նուաճելն է, որ կ'իրականացուի անոր ազգային հաւատամքը, սրբութիւնները, մշակոյթն ու հաւաքական յիշողութիւնը ջնջելով եւ իրեններովը փոխարինելով:

Նոյնն է պարագան նաեւ ներկայիս, ուր կործանարար պատերազմին կը յաջորդէ սով, համաճարակ, պարակտում, հակամարտութիւն, հարստահարում ու տնտեսա-քաղաքական թէ այլ ճնշումներ, բայց մանաւանդ՝ այսպէս կոչուած «արեւմտեան ժողովրդավարութիւն» մը, որ կը պարտադրուի կրօնքներու, կիներու, խօսքի թէ սեռային արտայայտութեան ազատութեան նման անհեթեթ պատրուակներով, ինչ որ բացի վիթխարի կեղծիք մը ըլլալէ, տուեալ մշակոյթներու սրտին մէջ իր փտախտի թոյնը սրսկելով, զանոնք նուաճելու միջոց մըն է պարզապէս:

Սակայն ժամանակին՝ «ժողովրդավարական», «մարդասիրական» թէ այլ կեղծ դիմակներ գոյութիւն չունէին: Ո՛չ ինքնապաշտպանութեան դիմող, ո՛չ իսկ նախայարձակ երկիրներու ժողովուրդները ներկայ հիւսիսային ամերիկացիին թէ եւրոպացիին չափ յիմար էին, որ հաւատային թէ երկիրներ քանդող ջարդարար ու հարստահարիչ պատերազմները՝ մարդասիրական ու ժողովրդավարական ազնիւ նպատակներ կը հետապնդէին, այլ էին միայն բռնատիրական ու նուաճողական: Հետեւաբար իրենց մշակոյթը, հաւատամքն ու աստուածները ծանր տուրքերով ու զանազան ճնշումի միջոցներով տուեալ ժողովուրդներուն կը պարտադրէին: Գաղութատիրական ընթացիկ քաղաքականութիւն մըն էր այս, որ զէթ հրեայ ժողովուրդի պարագային, իր մանրամասն կատաղի արտայայտութիւնը գտած է յուդայա-քրիստոնէութեան սրբազոյն գիրքերուն մէջ.

Ղեւտացւոց ԻԶ. [30]Եւ ձեր բարձր տեղերը պիտի աւրեմ, ու ձեր արեգական կուռքերը կոտրտեմ, եւ ձեր դիերը ձեր կուռքերուն դիերուն վրայ պիտի դնեմ, եւ իմ հոգիս ձեզմէ պիտի զզուի: [31]Եւ ձեր քաղաքները աւերակ՝ ու ձեր սուրբ տեղերը ամայի պիտի ընեմ... :

Երկրորդ Օրինաց Է. [5]Սակայն անոնց այսպէս ըրէք. անոնց սեղանները կործանեցէք, անոնց արձանները խորտակեցէք, անոնց աստարովթները կտրեցէք, ու անոնց քանդակուած կուռքերը կրակով այրեցէք:

Երկրորդ Օրինաց ԺԲ. [1]Ասոնք են այն կանոններն ու դատաստանները, զորոնք դուք պահելու եւ ընելու էք այն երկրին վրայ զոր ձեր հայրերուն Տէր Եհովան ձեզի պիտի տայ ժառանգելու համար, որչափ ժամանակ, որ երկրի վրայ ապրիք: [2]Այն բոլոր տեղերը, ուր ձեր յաղթելու ազգերը բարձր լեռներու վրայ, բլուրներու վրայ ու ամեն տերեւալից ծառերու տակ իրենց աստուածները պաշտեր են, բոլորովին կործանէք. [3]նաեւ անոնց սեղանները փլցնէք, եւ անոնց արձանները կոտրտէք, անոնց աստրովթները կրակով այրէք, ու անոնց աստուածներուն կուռքերը կտոր կտոր ընէք, եւ անոնց անունները այն տեղէն ոչնչացնէք: ... [29]Երբ քու Եհովա աստուածդ քու առջեւէդ ջարդէ այն ազգերը որոնց երկիրը դուն ժառանգելու պիտի երթաս, ու երբ զանոնք ժառանգես ու անոնց երկրին մէջ բնակիս, [30]Զգուշ կեցիր չըլլայ որ անոնց քու առջեւէդ բնաջինջ ըլլալէն ետքը անոնց հետեւելով որոգայթի մէջ իյնաս, եւ չըլլայ որ անոնց աստուածներուն վրայով հարցուփորձ ընես... :

Իսրայէլի տէր Եհովան՝ հրեայ ժողովուրդէն կը պահանջէ որոշուած «*երկրի ազգերը ջարդելով երկիրին փիրանալէ ետք*», ո՛չ միայն անոնց սրբավայրերն ու սրբութիւնները «*կտոր կտոր ընել ու այրելով*» զանոնք անխնայ հիմնովին անհետացնել, այլ նաեւ՝ «*անոնց աստուածներուն անունները այն տեղէն ոչնչացնել*», ինչպէս ըրին գէթ Հայկական Բարձրաւանդակի պարագային: Ազգային Աստուածները՝ ժողովուրդի մը աշխարհընկալումները, բարքերը, հայեցողութիւնը, հաւատամքն ու հաւաքական նկարագիրը ցոլացընող ներշնչման առաքինի աղբիւրներն էին: «*Անոնց անունները այն տեղէն ոչնչացնելով*»՝ Յուդայութիւնը կը միտէր ժողովուրդները մանահատել ու խզել իրենց արմատներէն, պատմութենէն եւ մանաւանդ ազգային պատկանելիութեան ամեն զգացումէ ու յիշողութենէ: Որմէ ետք, կ'ըսէ Իսրայէլի տէր Եհովան, «*չըլլայ որ անոնց աստուածներուն վրայով հարց ու փորձ ընես*», որպէսզի չըլլայ որ «*անոնց հետեւելով որոգայթի մէջ իյնաս*».

Ելից ԼԴ. [12]Զգուշացիր քու անձիդ, չըլլայ որ քու երթալու երկրիդ բնակիչներուն հետ ուխտ ընես, չըլլայ որ անիկա քու մէջտեղդ որոգայթ ըլլայ. [13]հապա անոնց բագինները կործանէք, ու անոնց կուռքերը փշրէք, եւ անոնց աստարովթները կոտրտէք: [14]վասն զի ուրիշ աստուծոյ երկրպագութիւն պիտի չընես. Քանզի Եհովա նախանձոտ կը կոչուի, եւ նախանձոտ աստուած է: [15]Չըլլայ որ այն երկրին բնակիչներուն հետ ուխտ ընես, ...: [16]Եւ չըլլայ որ անոնց աղջիկներէն քու որդիներուդ կին առնես ...:

Թուոց ԻԵ. Եւ Իսրայէլ Սատիմի մէջ բնակեցաւ, ու ժողովուրդը Մովաբի աղջիկներուն հետ սկսաւ պոռնկութիւն ընել: [2]Ու անոնք ժողովուրդը հրաւիրեցին իրենց աստուածներուն զոհերուն. ու ժողովուրդը զոհերէն ուտելով անոնց աստուածներուն երկրպագութիւն ըրին: [3]Եւ Իսրայէլ Բէլփեգովրի յարեցաւ. ուստի Տէրոջը բարկութիւնը Իսրայէլի վրայ բորբոքեցաւ: [4]Եւ Տէրը Մովսէսի ըսաւ, ժողովուրդին բոլոր իշխանները առ, ու զանոնք Տէրոջը առջեւ արեւին դէմ կախէ...:

Երկրորդ Օրինաց Է. [2]Ու երբ քու Տէր Եհովադ զանոնք քու ձեռքդ տայ, զանոնք զարնես ու բոլորովին կորսնցնես, անոնց հետ ուխտ չընես ու անոնց չողորմիս. [3]Ոչ ալ անոնց հետ խնամութիւն ընես. քու աղջիկդ անոր տղուն չտաս, ու անոր աղջիկը քու տղուդ չառնես. [4]Վասն զի քու տղաքներդ իմ ծառայութենէս պիտի դարձնեն օտար աստուածներ պաշտելու...:

Երկրորդ Օրինաց ԺԳ. [6]Եթէ քու մօրդ տղան, քու եղբայրդ, կամ տղադ, կամ աղջիկդ, կամ ծոցիդ կինը, եւ կամ քու բարեկամդ զոր քու անձիդ պէս կը սիրես, քեզ մոլորեցնել ուզելով ծածկաբար ըսէ, երթանք եւ օտար աստուածներ պաշտենք, զորոնք ոչ դուն ճանչցար, ոչ ալ քու հայրերդ, [7]ձեր բոլորտիքը եղած ազգերուն աստուածներէն, թէ՛ ձեզի մօտ ըլլան, եւ թէ՛ ձեզմէ հեռու, երկրի մէկ ծայրէն մինչեւ միւս ծայրը, [8]անոր հաւանութիւն չտաս, ոչ ալ անոր մտիկ ընես. քու աչքդ անոր չխնայէ, ոչ ալ անոր վրայ գութ ունենալով պահես զանիկա. [9]այլ անշուշտ մեռցնես...:

Հակառակ որ Յուդայա-քրիստոնէական այսօրինակ նողկալիօրէն վայրագ օրէնքները հիմքը կը կազմեն քրիստոնեայ աշխարհի օրէնսդրական, կենցաղավարական, եւ այլ կառոյցներուն ու «բարոյական» ըմբռնումին, միամիտ քրիստոնեայ հասարակութեանց համար տակաւին եւս ունին զուտ կրօնական նշանակութիւն: Իսկ մեսիականներուն համար՝ սկիզբէն ի վեր անոնք եղած են իրենց *«պանդուխտ գացած երկիրը»* եւ շարունակաբար *«ամբողջ աշխարհը ժառանգելու»* ռազմա-քաղաքական ուղեցոյց՝ Օրէնք: Ինչպէս Պօղոս պիտի «քրիստոսաբանէր», թէ «*Աբրահամի եւ անոր սերունդին՝ աշխարհը ժառանգելու համար տրուած խոստումնքը ոչ թէ օրէնքով եղաւ, հապա հաւատքին արդարութիւնովը*» (Հռովմայեցիս Դ. 13): Այլ խօսքով, Իսրայէլի սերունդներուն աշխարհը «*ժառանգելու*» ռազմավարութիւնը պարզապէս իրենց հաւատքը աշխահով մէկ տարածելն էր... իրեայ ժողովուրդը ինքնին, ինչպէս տեսանք, արդիւնքն էր սեմական ցիրուցան ցեղերը միացնող այդ նոյն շարահիւսուած կրօնքին, որուն հաւատացողը կ՚ըլլար յուդայական եւ կը կոչուէր հրեայ:

Հրեայ ղեկավարութեան պատկառելի մէկ հատուածը, շատ լաւ հասկցած էր, թէ անկարելի էր բիրտ ուժով ժողովուրդները նուաճել...: Բռնատիրել՝ այո, բայց երբե՛ք նուաճել: Իսկ եթէ նուաճումը կ՚ըլլար մտովի, ապա ո՛չ թէ զինեալ բանակներ, այլ՝ խորամանկութիւն, նենգութիւն էր պէտք, որ շատ յստակ կերպով արտայայտուած է «*իբրեւ ոչխարներ գայլերու մէջ. օձերու պէս խորագէտ եւ աղաւնիներու պէս միամիտ*» (Մատթէոսի Ժ. 16) մեսիական քարոզիչներու կողմէ: Հայերէն թարգմանութեանց մէջ ըսուած է «*օձերու պէս խորագէտ*», իսկ GOD'S WORD Translation-ի, International

Standard Version-ի, New Heart English Bible-ի եւ այլոց մօտ՝ բնագրի այդ բառը թարգմանուած է որպէս «cunning» այսինքն՝ խորամանկ: Պէտք է ի մտի ունենալ, թէ այդ խօսքը յօրինող աւետարանիչները օրէնքին նախանձաւոր հրեաներ էին, որոնց հաւատքով՝ խաբեբայ օձը չարիքի մարմնացում Սատանան կը խորհրդանշէր: Հետեւաբար, օձ-աղաւնի եւ ոչխար-գայլ զուգորդութեանց ընդմէջէն, անոնք՝ քարոզիչներուն կը պատուիրէին արտաքնապէս ձեւանալ «*աղաւնիներու պէս միամիտ*», սակայն այդ ծպտումին ներքեւ հաւատարիմ մնալով «*աշխարհը ժառանգելու*», նուաճելու Եհովայի նենգ պատգամին, ըլլալ օձերու պէս նենգաւոր ու խաբեբայ: Եւ որովհետեւ գայլն է, որ ճամբայ կ՚ելլէ որսի, հոն ուր պիտի ըսէին «*ձեզ կը ղրկեմ իբրեւ գայլեր ոչխարներու մէջ*», եղծանաբար ըսուած է՝ «*իբրեւ ոչխարներ գայլերու մէջ*»: Անշուշտ խօսքը կը վերաբերի «*մարդու որսորդութեան*» (Մատթէոսի Դ. 19)...: Այդ քարոզիչները զօրակոչուած էին որպէս մարդու որսորդներ, ու ըստ այնմ դաստիարակուած, որ դաւանափոխ անգէտներուն ուշադրութիւնը իրենց հրեշային խնկութենէն շեղելով՝ ազդարարէին, թէ «*Զգոյշ կեցէք սուտ մարգարէներէն, որոնք ձեզի կու գան ոչխարի հանդերձներով, բայց ներսէն յափշտակող գայլեր են*[42]*: Իրենց պտուղէն պիտի ճանչնաք զանոնք*» (Մատթէոսի Է. 15–16): Բայց միամիտ հաւատափոխ բազմութիւնները «իրենց պտուղէն» չճանչցան նենգաւոր քրիստոնեական առաքեալները, որոնք նոյն ինքն «*ոչխարի հանդերձներով*» մարդու որսորդութեան ելած «*յափշտակող գայլերն*» էին:

Հին Կտակարանը ո՛չ միայն «խորագիտութեան», այլ «աշխարհը ժառանգելու» ռազմավարութեան ուղեցոյցն ու ներշնչման սուրբ աղբիւրն է մեսիականներուն համար, զոր ըստ խոստմունքին, պիտի պահուէր Աբրամի սերունդներուն մէջ: Բայց հակառակ որ դասական եբրայերէնի հոգեվարքն էր, ու որպէս խօսակցական լեզու նահանջելով տեղի կու տար հետզհետէ սեմական տարածութիւններ համակող Արամէերէնին (աւետարանական Յիսուսի մայրենի լեզուն), զարմանալիօրէն՝ հրեայ ղեկավարութիւնը Հնգամատեանը

[42] Այս երեւոյթը հոգեբանութեան մէջ՝ կը կոչուի "projection." Projection refers to taking unwanted emotions or traits you don't like about yourself and attributing them to someone else.

թարգմանած է յունարէնի, փոխան արամէերէնի, որ կը կոչուի Եօթանասնից (Septuagint): Պատճառաբանութիւնը այն է՝ թէ այդ թարգմանութիւնը կատարած են Եգիպտոսի Պտողեմիոս (Ptolymy մ.թ.ա. 285–246) թագաւորին պահանջով, ինչ որ այնքան կեղծ ու անհաւատալի կը հնչէ, որ այլեւ նոր տեսակէտ մը կ'առաջարկեն. թէ իրեայ ղեկավարութիւնը կը փորձէր զայն տրամադրելի դարձնել նաեւ եբրայերէն կարդալ չգիտցող այլասերած իրեաներուն, կարծես այդ անուս հասարակ իրեաները յունարէն կարդալ գիտէին:

Գաղտնիք մը չէ, թէ Հին Կտակարանը ենթարկուած է բազմաթիւ վերամշակումներու, համադրումներու ու անճոռնի խմբագրման աշխատանքներու, զորս աւարտած են ենթադրեալ թուականէն շատ աւելի ուշ, մ.թ. 4-րդ դարուն, եւ յօրինուած են յատկապէս ոչ իրեայ, այլ օտար ժողովուրդներուն համար: Եթէ իրեաներուն համար գրուած ըլլար՝ զայն չէին թարգմաներ. թարգմանութիւնը կ'ըլլայ օտարին համար, ինչպիսին էր Հայաստանեայց մեսիական եկեղեցիի բացառիկ պարագան, որ այդ գիրքերը թարգմանեց բնիկ Արի ժողովուրդը նուաճելու հարկադրանքով: Իսկ այլասերած իրեային համար թարգմանուած ըլլալու բացատրութիւնը ինքնին անհեթեթութիւն մըն է, որովհետեւ եթէ չի դաւանիր, ապա ուրեմն արդէն իրեայ չէ...: Հին Կտակարանը իրեաներուն համար չէ գրուած. անոնք ունին իրենց օտարատեաց Դալմուտը եւ այլ շատ մը գրաւոր թէ անգիր օրէնքները, ուր իրեային ներուած է ամեն ինչ որ Հին Կտակարանով արգիլուած է բոլոր օտարներուս, ըլլայ այդ գողութիւն, բռնաբարում, կեղեքում, ստրկացում, վաշխառութիւն, սպանութիւն...: Եւ *«անոնց անիրաւութիւններուն ներող պիտի ըլլամ եւ անոնց մեղքերը ու անօրէնութիւնները ալ պիտի չյիշեմ»*: Եհովայի՝ յատկապէս «*Իսրայէլի տան*» ուղղուած իրէական ցեղապաշտ այս «խոստմունքն» է, որ խաբեբայ Պօղոսը չարաշահած է որպէս քրիստոնեան «Նոր Ուխտ»:

Ուստի Հնգամատեանի յունարէն թարգմանութիւնը, ինչպէս այդ թարգմանութեան վրայ յաւելուած «մարգարէութիւններէն» ու «գրութիւններէն» պիտի պարզուէր, «*իրենց բռնութիւն ընողներուն վրայ փիրելու*» (Եսայեայ ԺԴ.) գաղափարը կը փայփայէր: Եթէ մեծերը մշակոյթով կը նուաճէին ժողովուրդները, իրեայ ղեկավարութեան գէթ մէկ հատուածը պիտի յաւակնէր, քստմնելիօրէն վայրագ Հին Կտակարանը յունարէնի թարգմանելով՝ նոյն ազդեցութիւնը գործել «իրենց բռնութիւն ընող» թշնամիներուն վրայ, որ շատ յստակօրէն արձանագրած են որպէս Իսրայէլի սերունդներուն ուղեցոյց.

Զաքարեայ Թ. [22]Ու շատ ժողովուրդներ եւ զօրաւոր ազգեր Երուսաղէմի մէջ զօրաց տէրը փնտռելու ու Տէրոջը առջեւ աղօթք ընելու պիտի գան: [23]Զօրաց Տէրը այսպէս կ՚ըսէ, Այն օրերը ազգերուն ամեն լեզուներէն տասը մարդ մէկուն քղանցքը պիտի բռնեն՝ այսինքն հրեայ եղող մարդուն քղանցքը պիտի բռնեն, ու ըսեն, ձեզի հետ երթանք, քանզի լսեցինք որ Եհովան ձեզի հետ է:

Սոփոնեայ Բ. [11]Տէրը անոնց վրայ ահարկու պիտի ըլլայ, քանզի անիկա երկրի բոլոր աստուածները բնաջինջ պիտի ընէ, եւ ազգաց բոլոր կղզիները, ամեն մէկը իր տեղէն, երկրպագութիւն պիտի ընեն անոր:

Եսայեայ ԺԴ. [1]Վասն զի Տէրը պիտի ողորմի Յակոբի, եւ Իսրայէլը նորէն պիտի ընտրէ. ու զանոնք իրենց երկրին վրայ պիտի հանգստացնէ. եւ օտարազգիներ պիտի միանան անոնց, ու Յակոբի տանը պիտի յարին [2]եւ ժողովուրդները զանոնք պիտի առնեն ու իրենց տեղը պիտի տանին. ու Իսրայէլի տունը պիտի ժառանգէ զանոնք Տէրոջը երկրին վրայ, իբրեւ ծառաներ ու աղախիններ. եւ անոնք իրենց գերեվարները գերի պիտի առնեն, ու իրենց բռնութիւն ընողներուն վրայ պիտի տիրեն:

Եսայեայ ԽԹ. [22]Ահա իմ ձեռքս ազգերու վրայ պիտի վերցնեմ, ու իմ դրօշակս ժողովուրդներու մէջ պիտի կանգնեմ. եւ անոնք քու տղաքներդ իրենց ծոցին մէջ պիտի բերեն, ու քու աղջիկներդ անոնց ուսերուն վրայ պիտի վերցուին: [23]Եւ թագաւորները քու սնուցիչներդ պիտի ըլլան, ու անոնց թագուհիները քու դայեակներդ: Երեսնին գետինը ծռելով՝ քեզի երկրպագութիւն պիտի ընեն, ու ոտքերուդ փոշին պիտի լզեն, ... [26]Ու քեզ հարստահարողներուն իրենց մարմինները պիտի կերցնեմ, եւ իրենց արիւնը նոր գինիի պէս խմելով՝ պիտի գինովնան...:

Ակնյայտօրէն՝ այս «մարգարէութիւններն» ալ Հին թէ Նոր ուխտերուն նման, բացարձակապէս կրօնական ոչինչ կը պարունակեն, այլ զուտ քաղութատիրական դաւադիր նպատակով շարադրուած ցեղապաշտական յոխորտանքներ են, որոնց ընդմէջէն՝ մեսիականները կը ցուցադրէին, թէ ինչպէ՛ս կարելի էր խորամանկութեամբ «*օտարները Իսրայէլի միացնել*», որպէսզի հրեաները «*զանոնք առնէին ու իրենց տեղը տանէին*», այսինքն Իսրայէլի տէր Եհովային ենթարկէին, եւ հետեւաբար «*զանոնք ժառանգէին որպէս ծառաներ ու աղախիններ... ու իրենց բռնութիւն ընողներուն վրայ տիրէին*»: Հրեայի «*ոտքերուն փոշին լզող*» երկրպագու քրիստոնեաները թող մտաբերեն արիւնարբու Եսիայիին վերեւի տողերը, երբ «մարմինը ուտելով ու արիւնը խմելով հաղորդութիւն» կը ստանան:

Կարեւոր է յիշել, թէ Հին Կտակարանի «Մարգարէութիւն Եսայեայ» կոչուած գիրքը, որմէ առնուած են վերեւի երկու զազրելի հատուածները, յատուկ նշանակութիւն ունի յուդայա-քրիստոնեան կրօնքներուն համար: Նոյն հեղինակին վերագրուած «*կոյսը պիտի յղանայ ու որդի ծնանի*» անպարարութիւնն է, որ մեսիականներուն կողմէ չարաշահուելով՝ հիմք ծառայած է աւետարանական Յիսուսի «կոյսէ մը ծնելու» առասպելին: Իսկ քրիստոսականութեան կեղծուպատիր դիմակի ետին թաքնուած դաւադիր քաղաքականութիւնը՝ հիմնովին ներշնչուած է նոյն հեղինակին վերագրուած այլ մէկ աշխարհատիրական տմարդի բանաձեւէն[43], որուն պարունակած կատաղի ցեղամոլ պատգամին կարեւորութիւնը կը շեշտուի մի ոմն Միքիա կոչեցեալին վերագրուած տարբերակով[44]:

Տրամաբանօրէն՝ հաւանականութեան յետին նշոյլ մը իսկ չկայ, որ այս ոտանաւորի երկու բառացիօրէն կրկնուած տարբերակները կրնային, ինչպէս գիրքերը կ'առաջարկեն, տարբեր ժամանակներու՝ երկու տարբեր հեղինակներու յղացումը ըլլալ: Անկասկած որ Եսայեայ Բ. խորագրով յօրինուած ոտանաւորը, ժամանակ մը ետք հարկ զգացուած է վերամշակել, բայց այս անգամ տարբեր հեղինակի մը՝ Միքիային վերագրելով: Անշուշտ շատ յստակ է, որ եղած կրկնութիւնը կը շեշտէ պարունակած պատգամին ներկայացուցած խիստ կարեւորութիւնը: Փորձենք այս ոտանաւորի ամեն մէկ հատուածը առանձին վերլուծել ու տեսնել թէ ի՛նչ խորհուրդ կը պարունակէ: Առաջին երկու համարները կը միտին, Իսրայէլի տէր Եհովային հաւատքը փառաբանելով՝ զայն պարտադրել բովանդակ աշխարհին.

---

[43] Եսայեայ Բ. 2–7:

[44] Միքիայ Դ. 1–13:

Եսայեայ Բ. [2]Վերջին օրերը պիտի ըլլայ որ Տէրոջը տանը լեռը լեռներուն գլխուն վրայ պիտի հաստատուի, Եւ բլուրներէն վեր պիտի բարձրանայ, ու բոլոր հեթանոսները հեղեղի պէս պիտի դիմեն անոր: [3]Եւ շատ ժողովուրդներ պիտի երթան ու ըսեն, Եկէք Եհովայի լեռը, Յակոբի Աստուծոյն տունը ելլենք, Որպէս զի մեզի իր ճամբաները սորվեցնէ, ու անոր շաւիղներուն մէջ քալենք: Վասն զի օրէնքը Սիօնէ, ու Տէրոջը խօսքը Երուսաղէմէ պիտի ելլէ:

Հնագոյն մշակոյթները ընդհանրապէս, երբ տակաւին ո՛չ Յուդայութիւն եւ հետեւաբար ո՛չ ալ հրեայ ժողովուրդ գոյութիւն ունէր, ունեցած են սրբազան լեռներ, ինչպիսին եղած են Արարատ, Արագած թէ Նեմրութ լեռները Հայկական Լեռնաշխարհի Արիներուն համար, Etna լեռը իտալացիներուն կամ Օլիմպոսը յոյներուն համար, եւ այլն: Հետեւաբար, Հին Կտակարանի հեղինակներն ալ, որոշած են Սիօնը Յուդայութեան յատուկ սրբազան լեռ հռչակել: Հեղինակը կ'առաջարկէ՝ Եհովային լեռը, այսինքն Յուդայութիւնը այնքա՛ն մը գովաբանեն ու բարձրացնեն, որ այլոց սրբութեանց «*գլխուն վրայ հաստատուի*»՝ տիրէ, ու «*բոլոր հեթանոսները*» անով հմայուին, որպէսզի խումներամ փութան Յակոբի տանը՝ Իսրայէլի ցեղերուն միանալ, ու Իսրայէլի տէր Եհովայի գծած «*շաւիղներուն մէջ քալեն*»: «*Վասն զի*», կը յոխորտայ ան, «*օրէնքը Սիօնէ, ու Տէրոջը խօսքը Երուսաղէմէ պիտի ելլէ*». այսինքն՝ Երուսաղէմը պիտի ըլլայ, Սիօնի Օրէնքով՝ բովանդակ մարդկութեան վրայ տիրող բացարձակ իշխանութիւն:

Ոտանաւորի այս երկու համարները Միքիայի անուան տակ բառացիօրէն ընդօրինակուած, բայց Եսայիին վերագրուած «*բոլոր հեթանոսները*» եզրը, Միքիայի տարբերակին մէջ, փոխադինուած է «*ժողովուրդները*» բառով, իսկ երկրորդ համարի «*ժողովուրդներ*»ը՝ «*ազգեր*» բառով: Այս ենթադրել կու տայ, որ այդ փոփոխութիւնները եղած են զգալի ժամանակ մը ետք, զանոնք ժամանակի ռազմավարութեան պատշաճեցնելու միտումով,– ինչպիսին էր «մարգարէութիւն» բառի պարագան, ուր մեսիականները բախտագուշակներու յատուկ «*տեսանող*» եզրը փոխարինեցին «մարգարէ»ով. «*այսօր մարգարէ ըսուողը առաջ տեսանող կ'ըսուէր*»:

Յաջորդ համարով եւս բառացի ընդօրինակութեան եւ յատկապէս այդ բառերու փոփոխութեանց ճիշտ նոյն պատկերը կը կրկնուի. իսկ որպէս պարունակութիւն կը մնայ նոյն դաւաղիր խորհուրդին շարունակութիւնը.

> [4]Եւ անիկա հեթանոսներուն մէջ դատաւորան պիտի տեսնէ, եւ շատ ժողովուրդներ պիտի յանդիմանէ. ու անոնք իրենց սուրերը խոփեր, եւ իրենց նիզակները յօտոցներ պիտի շինեն. ազգ ազգի վրայ սուր պիտի չվերցնէ. եւ ալ պատերազմ պիտի չսորվին: [5]Ով Յակոբի տունը, եկէք Տէրոջը լոյսովը քալենք:

Ուրեմն այս նորօրինակ կրօնքը, ուր օտարները պիտի ներգրաւուէին, դատափետելով եւ յանդիմանելով՝ զիրենք այնպէս մը պիտի ջլատէր ու մեղկացնէր, որ այդ ազգերը *«իրենց սուրերը խոփեր, եւ իրենց նիզակները յօտոցներ շինեն»*: Այսինքն՝ պիտի դատարկուին ամեն մարտունակութենէ եւ այլեւս *«պատերազմ չսորվին»*. մղումը, կամեցողութիւնը չունենան զէնք կրելով կռուելու, նոյնիսկ զիրենք բռնաբարող թշնամիէն պաշտպանուելու համար, ինչպէս աւետարանական Յիսուսի բերնով պիտի ըսէին՝ «թշնամիդ սիրէ ու չարին դէմ մի կենար»: Փոխան ռազմիկի՝ դառնան մշակներ, պարտիզպաններ ու վերջապէս՝ կամազուրկ ստրուկներ, որպէսզի երբեք չապստամբին իրենց ուղեղները հակակշռող՝ գլխերնուն բազմած Սիօնի դէմ, *«որպէսզի մարմին մը չպարծի Եհովայի առջեւ»*: Եւ անշուշտ հեղինակը կոչ կ'ուղղէ Իսրայէլի որդիներուն՝ հնազանդիլ Իսրայէլի տէր Եհովայի այս «լոյս» գաղափարին, ու այդ «լոյսով» ճամբայ բռնել դէպի Իսրայէլի սերունդներուն «աշխարհը ժառանգելու» մտատիպարը[45]: Իսկ հոն, ուր Եսայիի տարբերակը կ'ողբար, թէ շրջապատի ժողովուրդները կ'ուրճանային, կը զարգանային «Եւ անոնց երկիրը արծաթով ու ոսկիով լեցուեցաւ...», Միքիայի մօտ կատարուած փոփոխութիւնը իր ամեն մէկ տողով՝ քրիստոսական նոյն սարսռազդեցիկ, քաքնելի մտապատկերը կը ցոլացնէ.

---

[45] "Monothéistes, si l'on y tient, en ce sens qu'ils ont un dieu, et un seul, Iahveh – la forme lohim est cependant un pluriel- les anciens Israélites n'ont pas conçu l'idée du Dieu unique, Dieu de tous les êtres, de tous les mondes. Ils admettent d'autres dieux que le leur, avec lesquels Iahveh est en guerre, comme ils sont en guerre avec les peuples qui ont ces dieux. Ils espèrent que Iahveh sera le plus fort, vaincra ces dieux étrangers, comme ils espèrent qu'eux-mêmes domineront le monde. Mais ce n'est qu'alors, après cette victoire, qu'ayant imposé leur dieu Iahveh aux nations vaincues, il deviendra le Dieux universel et unique" (Daniel Massé).

Միքիայ Դ. [11]Ու հիմա քու վրադ շատ ազգեր ժողվուեցան, որոնք կ'ըսեն, Թող անիկա պղծուի, ու մեր աչքերը Սիօնը տեսնեն: [12]Բայց անոնք Տէրոջը խորհուրդները չեն գիտեր, ու անոր դիտաւորութիւնը չեն հասկնար. քանզի ինք զանոնք կը ժողվէ՝ ինչպէս որաները կալին մէջ կը ժողվուին: [13]Ելիր ու կալը ծեծէ, ով Սիօնի աղջիկ, քանզի քու եղջիւրդ երկաթէ պիտի ընեմ, եւ քու կճղակներդ պղնձէ պիտի ընեմ, ու շատ ժողովուրդներ պիտի մանրես. ու անոնց վաստակը Եհովայի, եւ անոնց ստացուածքը բոլոր երկրին Տէրոջը պիտի նուիրեմ:

Մեսիականներու կատարած փոփոխութիւնը Միքիայի անունով գրուածէն քայլ մը եւս առաջ երթալով կ'ըսէ, թէ իրենց յօրինելիք մեղկացուցիչ վարդապետութեան,– որ հետագային քրիստոնէութիւն պիտի կոչէին,– արդիւնքը այն պիտի ըլլայ, որ դաւանափոխ օտարները՝ «*թշնամիները*», Յուդայէն աւելի յուդայական պիտի ըլլան: Եւ իրականութիւն է, որ «*...ինչ բանէ որ մէկը յաղթուի, անոր ծառայ ալ կ'ըլլայ*» (Բ. Պետրոսի Բ. 19): Սակայն անոնք երբեք պիտի չհասկնան «Տէրոջը»՝ այսինքն այդ նոր դաւանանքին «խորհուրդներն» ու անոնց ետին թաքնուած դաւադիր «*դիտաւորութիւնը*», որ կը միտի ներգրաւուած ու նուաճուած թշնամիները «*ժողվել ինչպէս որաները կալին մէջ*», որպէսզի Սիօնի աղջիկը, այսինքն հրեան՝ զանոնք «*ծեծելով մանրէ*», ինչպէս յաճախ ըսուած է նաեւ աւետարանական Յիսուսին վերագրուած «առակներով»[46]: Եւ անշուշտ յաջորդ հանգրուանը պիտի ըլլար այդ խեղազարուած ամբոխները հարստահարել ու «*անոնց վաստակը եւ ստացուածքը բոլոր երկրին Տէրոջը նուիրել*»: Պարզ խօսքով՝ իւրացնել, տիրել նաեւ նիւթապէս, եւ տնտեսական ու քաղաքական միահեծան ուժի վերածուելով «աշխարհը ժառանգել»...: Արդարեւ, այն ինչ որ իրենք, որպէս թունդ յուդայական ցեղամոլ հրեաներ կը հաւատային, ճիշտ հակառակը կը քարոզէին օտարներուն.

Մատթէոսի Ե. [38]Լսեր էք որ ըսուեցաւ, աչքի տեղ աչք, ու ակռայի տեղ ակռայ. [39]Բայց ես ձեզի կ'ըսեմ, չարին հակառակ մի կենաք. հապա եթէ մէկը ապտակ մը զարնէ աջ ծնօտիդ, դարձուր անոր միւսն ալ: Եւ մէկը որ կ'ուզէ քեզի հետ դատ վարել ու քու շապիկդ առնել, թող տուր անոր քու վերարկուդ ալ... [43]Լսեր էք որ ըսուեցաւ

[46] Մատթէոսի ԺԳ. 24–30, Մատթէոսի Գ. 12:

քու ընկերդ սիրես ու թշնամիդ ատես: [44]բայց ես ձեզի կ'ըսեմ, սիրեցէք ձեր թշնամիները, օրհնեցէք ձեզ անիծողները, բարի ըրէք անոնց որ ձեզ կ'ատեն, եւ աղօթք ըրէք անոնց որ ձեզ կը չարչրկեն ու կը հալածեն... :

Ղուկասու ԺԴ. [26]Եթէ մէկը չ'ատեր իր հայրը եւ մայրը, ու կինը եւ զաւակները, ու եղբայրները եւ քոյրերը, նաեւ իր կեանքն ալ, չի կըրնար Քրիստոսի աշակերտը ըլլալ:

Այս ստրկաբարոյ անհեթեթ վարդապետութեան[47] քարոզիչները՝ եղած են ու կը մնան ամենէն վայրագ ցեղամոլները, որոնք անխնայ ջարդած ու անհետացուցած են ազգեր, մշակոյթներ, գիտութիւն ու ամեն ոք եւ ամեն ինչ որ չեն կրցած նուաճել՝ «*խորհուրդներ*» քակելով եւ «*միտքերը Քրիստոսի հնազանդութեանը գերի*» ընելով (Բ. Կորնթացիս Ժ. 4–5): Ուղղակի ցնցում յառաջացնող յուդայաքրիստոնեան սատանայական այս դաւադրութիւնը, տեղի պիտի տար ժողովուրդներու մեղկացման, բարոյալքման, ջլատման, պառակտման ու զահավէժ անկումին: Մարդը պիտի մերկացուէր ամեն պատկանելիութեան ու արժանապատուութեան յիշողութենէ, զայն անջատելով իր ցեղային ակունքէն, պատմութենէն, մշակոյթէն, աւանդութիւններէն եւ բոլոր այն արժէքներէն, որոնք իր իւրայատուկ ինքնութիւնը կը կազմեն: Պիտի ջնջուէր մանաւանդ հաւաքական յիշողութիւնն ու մտային սլացքը, որպէսզի մարդը դառնայ ունայն վարդապետութեան մը ինքնութիւն չունեցող, անբան ու անողնաշար ստրուկը:

Հարիւրաւոր էջերու վրայ երկարող անհամար հակասութիւններով, պատմական ակնյայտ կեղծիքներով, ժամանակագրական անճոռնի խախտումներով, ամեն տրամաբանութիւն եւ իմաստութիւն մերժող անհեթեթութիւններով զեղուն՝ ցեղամոլ Նոր Կտակարանը առեղծուածային շլմորեցնող բաւիղ մըն է: Թուաբանական կնճռոտ խնդիրի մը նման, քրիստոնեան առեղծուածին լուծումն ալ կը կարո-

[47] "Morality is injured by prescribing to it duties that, in the first place, are impossible to be performed; and, if they could be, would be productive of evil; or, as before said, be premiums for crime. The maxim of doing as we would be done unto does not include this strange doctrine of loving enemies; for no man expects to be loved himself for his crime or for his enmity. Those who preach this doctrine of loving their enemies are in general the greatest persecutors, and they act consistently by so doing; for the doctrine is hypocritical, and it is natural that hypocrisy should act the reverse of what it preaches" (Thomas Paine, *The Age of Reason*).

տի իր յատուկ բանաձեւին (formula), ու զարմանալի չէ, որ այդ բանաձեւի որոնման երկար տարիներու ուսումնասիրութիւններն ու պրպտումները յանգէին «Մարգարէութիւն Միքիայ» գրքին չորրորդ գլուխին: Այդ իմաստով՝ «Միքիայ Դ.» բանաձեւը, եթէ ոչ միակը՝ գէթ այս խնդրի լուծման ամենէն կիրառելի տուեալները՝ գործիքները կը պարունակէ: Արդարեւ, Նոր Կտակարանի ուշագրաւ գիծերը,– որոնք պարզապէս «Միքիայ Դ.» բանաձեւի միտ բանին է, որ կը յարասեն, ինչպիսին են մեղկացում, տգիտութիւն, սարսափի քաղաքականութիւն, հարստահարում, եւ այլն,– եւ «Միքիայ Դ.» բանաձեւը խորքով ներդաշնակ ու զուգընթաց են: Միայն «Միքիայ Դ.» բանաձեւի կիրառումով ու հայեցողութեան տեսանկիւնէն հետազօտելով է, որ կարելի է հեզասահ վերծանել այլապէս մոլորցնող եւ անլոյծ թուացող Նոր Կտակարանի իսկական նենգաժէտ էութիւնը:

ԽԱՉԵԼՈՒԹԻՒՆ - ՅԱՐՈՒԹԻՒՆ

Նախքան Նոր Կտակարանի մեսիականութեան խաւարակուռ ծալքերուն խորը թափանցելը, հարկ է անդրադառնալ կարգ մը լրջախոհ մտաւորականներու ուսումնասիրութեանց այն եզրակացութեան, թէ Յովհաննէս Մկրտիչն ու աւետարանական Յիսուսը նոյն անձն են: Այլ խօսքով՝ քրիստոս կոչուած Յիսուսը՝ պարզապէս խոռվարար Յովհաննէսը պարուրող՝ մտացածին, աւելի ուշ յօրինուած կերպար մըն է: Արդարեւ, հակառակ Յովհաննէս «Մկրտիչի» պարագային, ո՛չ պատմութիւնը ընդհանրապէս, ոչ ալ յատկապէս շրջանի անցուդարձերուն այնքա՛ն մանրամասն անդրադարձող ժամանակի հռոմէական արձանագրութիւնները կամ հրեայ ժամանակակից պատմաբան Flavius Josephus-ը կը յիշեն քրիստոս կոչուած Յիսուս մը: Անշուշտ Flavius-ի Antiquities of the Jews բնագիրը նլբեկք չէ գտնուած, իսկ մեզի հասած տարբերակներուն հնագոյնները (որոնք բազմիցս ընդօրինակուած ու Եօթանասնիցին պատշաճեցուած են քրիստոնական վանականներու կողմէ) կը պատկանին 11–րդ դարուն, ուր կան մեսիականներու կեղծիչ գրիչին պատկանող երկու փաստօրէն անվաւեր հակիրճ անդրադարձ, ինչպէս այլոց կարգին պիտի հաստատէր նաեւ Daniel Massé-ն[48]:

Աւետարանական Յիսուսի մասին պատմական տեղեկութիւններու բացարձակ չգոյութիւնը պատճառներէն մէկն է, որ ընդհանրապէս մասնագէտները կասկածի ենթարկեն անոր իսկական անձ մը ըլլալը. իսկ քանի մը մեսիական աւետարանիչներու վերագրուած՝ գոյութիւն ունեցող յօրինուածքները կը պատկանին հետագայ սերունդի անյայտ անձերու, որոնք աւանդաբար լսած էին, դէպքերէն տասնեակ տարիներ ետք՝ Յիսուս կոչուած անձի մը մասին, եւ թէ քանի մը ձկնորսներ *«յուսացած էին թէ անիկա էր, որ Իսրայէլը պիտի ազատէր»* (Ղուկասու ԻԴ. 21): Իսկ Իսրայէլը ազատելու անոնց յոյսերը չէին կրնար «հոգեւոր» բնոյթ ունենալ, այլ՝ Իսրայէլը բառացիօրէն *«ազատել իր թշնամիներէն»*, ինչպէս վայել էր Հին Կտակարանով սահմանուած իւրաքանչիւր մեսիային՝ կամ զինուորական առաջնորդին: Ուրեմն, Նոր Կտակարանը վերծանելով եւ հոն ցանուցիր սփռուած կենսական տեղեկութիւնները համադրելով, ճանչնանք Քրիստոսի շպարէն զերծ՝ իսկական կամ պատմական այն անձը, որ մեսիականները Քրիստոս կամ Յիսուս կոչած են:

Աւետարանիչները կը վկայեն, թէ աւետարանական Յիսուսը ունեցած է առնուազն չորս եղբայրներ[49], որոնք կը կոչուէին Յակոբոս, Յովսէս (Յովհաննէս), Յուդա ու Սիմոն[50], եւ թէ անոր ընտրած առաջին չորս աշակերտներէն երեքը՝ եղած են Սիմոնը, Յակոբոսն ու եղբայրը՝ Յովհաննէսը (Մատթէոսի Դ. 18–22): Իսկ մինչ աւետարանիչներէն երկուքը լուռ կը մնան Յուդայի մասին, անոնք կ՚ընդունին թէ երկուորեակ մը կար, որ կը կոչուէր Թովմաս, որն է Յուդա Թովմասը: Խիստ յատկանշական է Սիմոնին, Յակոբոսին, երկուորեակ Յու-

---

48 « Or, parmi les phrases grecques, on en compte beaucoup où un traducteur, pour rendre l'original hébreu, aurait pu choisir entre diverses formules ; Josèphe reproduit l'expression même des Septante. Et c'est encore le texte des Septante que donne Josèphe, quand, sur des faits, les Septante sont en désaccord avec le texte hébreu. Quand on sait que la version grecque des Septante a été revue et corrigée sans cesse, et qu'au IVe siècle notamment Jérôme en fit, sur l'ordre du pape Damase, une révision nouvelle, à propos de laquelle son ami Rufin d'Aquilée le traita de faussaire, on peut être certain que les corrections au texte de Flavius Josèphe ont dû suivre immédiatement, puisqu'il est en harmonie avec les Septante, révision de Jérôme (IVe siècle) » (Daniel Massé. *L'énigme du Jésus Chris*).

49 «...Յակոբոսի ու Յովսէսի եւ Յուդայի ու Սիմոնի եղբայրը» (Մարկոսի Զ. 3):

50 Կայ նաեւ Սիմոնին եղբայր Անդրէասը (Յովհաննու Ա. 40):

դային ու Յովհաննէսին պարագաները: Մնացեալ աշակերտները, բացի անշուշտ «Իսկարիովտացի» Յուդայէն, Նոր Կտակարանին համար գրեթէ ո՛չ մէկ կարեւորութիւն կը ներկայացնեն. անոնք պարզապէս Իսրայէլի առասպելական «տասներկու ցեղերը» խորհրդանշող թիւը ամբողջացնելու համար են: Մինչդեռ Պետրոսը (Սիմոն), Յակոբոսն ու Յովհաննէսը (Յովսէս) եղած են Յովհաննէս-Յիսուսի անբաժան գործակիցները. ամենէն կարեւոր ու գաղտնի հանդիպումներուն ու գործերուն ընթացքին՝ յաճախ այդ երեքը միայն եղած են իր կողքին. «*Եւ երբ տունը մտաւ, ուրիշ մէ՛կը թող չտուաւ որ մտնէ, բայց միայն Պետրոսը ու Յակոբոսը ու Յովհաննէսը...*» (Ղուկասու Ը. 51): Օրինակները շատ են[51]: Յովհաննէս-Յիսուսի մահէն ետք, իր եղբայրները համարուած են քրիստոսեան (messianic) շարժումին «սիւներն» ու պատկառելի հեղինակութիւնները, որոնք նոյնպէս պիտի զոհուէին Իսրայէլի փրկութեան զինեալ պայքարին:

Կարգ մը մեսիական եկեղեցիներ, Նոր Կտակարանը կասկածի ենթարկելով, կը փորձեն հաւատացնել թէ Մարիամը երբեք սեռային յարաբերութիւն չէ ունեցած... մեռած է կոյս: Հետեւաբար՝ Յովհաննէս-Յիսուսը հարազատ եղբայր թէ քոյրեր չէր կրնար ունենալ: Սակայն ո՛չ մեսիականներուն, ո՛չ ալ եկեղեցիին «հոգեւոր» կեղծիքով կարելի է յստակացնել այս հարցը, այլ թաքնուած իրողութիւնները պեղելով, մաղելով ու համադրելով: Ինչպէս տեսանք, աւետարանական Յիսուսի եղբայրները կը կոչուէին Յակոբոս, Յովսէս (Յովհաննէս), Սիմոն եւ Յուդա: Նաեւ ունինք նոյն անունները կրող չորս անբաժան ու հաւատարիմ գործակիցներ: Անշուշտ կարելի է զուգադիպութիւն կոչել կամ «հոգեւոր» մեկնաբանութիւններ հնարել, բայց վստահ գիտենք, թէ անոնցմէ առնուազն Երուսաղէմի մեսիականներուն «սիւնը» հադիսացող Յակոբոսը եղած է Յովհաննէս-Յիսուսին եղբայրը. «Զայլ ոք յառաքելոց անտի ո՛չ տեսի, բայց միայն զՅակովբոս, զեղբայրն Տեառն» (Գաղատացիս Ա. 19): Ուրեմն, եթէ պատկերէն վերցնենք Յիսուսը, որ լոկ շատ աւելի ուշ յղացուած կերպար մըն է, կը մնան Զեբեդեան մականունով ներկայացուած Յակոբոսը, Յովհաննէսը եւ անշուշտ Սիմոնը: Այս անուանացանկը ամբողջացնելու կու գայ Յուդա Թովմասը:

---

[51] Մարկոսի Թ. 1–3, Մատթէոսի ԻԶ. 37, եւ այլն:

Յիշենք, որ Թովմասը Յուդայի անձնանունը չէր. բուն բառը ԹՈՄ է, որ սեմական լեզուներով կը նշանակէ երկուորեակ, այսինքն՝ Յուդան կը կոչուէր երկուորեակ Յուդա: Սակայն Նոր Կտակարանին մէջ «երկուորեակ Յուդա» կոչուած անձ գոյութիւն չունի: Կեղծաւոր աւետարանիչները այդ անձին երկուորեակ մականունը գործածած են որպէս անձնանուն, եւ այդ մէկը շեշտելու նպատակաւ զայն կոչած են նաեւ «*Երկուորեակ բառւած Թովմաս*» (Յովհաննու Ի. 24), իբրեւ թէ անոր անձնանունը եղած ըլլայ Թովմաս, անկախ երկուորեակ մը ըլլալէ:

Հակառակ իր իսկական անձնանունը քողարկելու անոնց փորձին՝ բաւական տուեալներ կան հաւատալու, որ Յուդա Թովմաս կոչուածը՝ Յովհաննէս-Յիսուսի երկուորեակ Յուդա եղբայրն էր: Ղուկասու հեղինակը զէթ զայն յիշած է որպէս Յակոբոսի եղբայր՝ տասներկուքէն մէկը[52]: Յուդա ալ իր ընդհանրական նամակին սկիզբի ողջոյնի բաժնին մէջ կ'ըսէ, «*Յուդա Յիսուս Քրիստոսի ծառայ ու Յակոբոսի եղբայրը...*»: Ուրեմն երկուորեակ Յուդան եղբայրն էր Յակոբոսի, եւ հետեւաբար նաեւ՝ Յովհաննէս-Յիսուսի երկուորեակ եղբայրը...: Խիստ յատկանշական է նաեւ Յովհաննէսի ու եղբայրներուն Զեբեդոսեան մականունով ճանչցուած՝ Մարիամ կոչուող մօր պարագան, որ Յովհաննէս-Յիսուսին կը հետեւի ու ներկայ է ամէնուր, նոյնիսկ խաչելութեան ու դիակի օծման ատեն, եւ այլն, ուր զարմանալիօրէն ոչ մէկ անդրադարձ կայ աւետարանական Յիսուսի մօր՝ Մարիամի մասին...

Մարկոսի ԺԵ. 40Կիներ ալ կային, որոնք հեռուանց կը նայէին, որոնց մէջ էր Մարիամ Մագդաղենացի, եւ պզտիկ Յակոբոսի ու Յովսէսի մայրը Մարիամ, եւ Սողոմէ:

Մարկոսի ԺԶ. Ու երբ շաբաթը անցաւ, Մարիամ Մագդաղենացի, եւ Յակոբոսի մայրը Մարիամ, եւ Սողոմէ խունկեր ծախու առին, որպէս զի գան օծեն զանիկա:

Մատթէոսի ԻԷ. 56Որոնց մէջ էր Մարիամ Մագդաղենացի եւ Յակոբոսի ու Յովսէսի մայրը Մարիամ եւ Զեբեդէոսի որդիներուն մայրը:

---

52 Ղուկասու Զ. 16:

Ղուկասու ԻԴ. [10]Եւ էին Մարիամ Մագդաղենացի ու Յովհաննա եւ Յակոբոսի մայրը Մարիամ ու անոնց հետ ուրիշներ ալ:

Յիշուած են շատ մը կիներ, եւ բնական է ակնկալել, որ բոլոր այդ կիներու կողքին, ներկայ ըլլար նաեւ Յիսուս կոչեցեալին մայրը, իր որդւոյն կեանքի գէթ վերջին անցուդարձերու ժամերուն: Եւ անշուշտ ներկայ էր, ու մեսիական հեղինակները բնականաբար զայն կը կոչեն Յակոբոսի եւ Յովսէսի (Յովհաննէսի) մայրը՝ Մարիամ: Իսկ ըստ Մատթէոսի հեղինակը կ'աւելցնէ. «*Յակոբոսի ու Յովսէսի մայրը Մարիամ եւ Զեբեդէոսի որդիներուն մայրը*», որ նոյն Մարիամն է...: Ուստի ակնյայտ իրողութիւնը այն է, որ աւետարանական Յիսուսի մայրը՝ մայրն է նաեւ մկրտիչ կոչուած Յովհաննէսին: Նոյնը կը հաստատեն շատ մը լրջախոհ մասնագէտներ, ներառեալ University of North Carolina-ի կանուխ Յուդայութեան ու քրիստոնէութեան կրօնական ուսումնասիրութեանց բաժանմունքի դասախօս James Daniel Tabor: Ան կ'ըսէ. *"Mary the mother of James and Joses" is none other than Mary, the mother of Jesus herself*»: Աւետարանիչը կը պատմէ թէ, երբ յղացաւ, «[39]*...ելաւ Մարիամ ու արտորնօք լեռնակողմը Յուդայի մէկ քաղաքը գնաց. [40]Եւ մտաւ Զաքարիայի տունը...*» [56]*Եւ Մարիամ անոր քով երեք ամիսի չափ կեցաւ, ու իր տունը դարձաւ*» (Ղուկասու Ա.):

Իբրեւ թէ Յովսէփի անուն անձի մը նշանուած Մարիամ, երբ ապօրինաբար «*յղացած կը գտնուի*», արհամարհելով ամեն տրամաբանութիւն, աւանդութիւն եւ ընտանեկան կարգուկանոն, թողնելով իր ընտանիքը, տունն ու տեղը՝ կ'երթայ Զաքարիայի տունը, «*որուն կինը վեց ամսուայ յղի էր Յովհաննէսով*», եւ հոն կը մնայ երեք ամիս, այսինքն մինչեւ Յովհաննէսի, եւ անշուշտ՝ անոր երկուորեակ եղբօր՝ Յուդայի ծնունդը...: Մեսիական հեղինակները անջատելով այս երկուորեակները՝ կը ներկայացնեն զիրենք որպէս երկու տարբեր կիներէ ծնած Յովհաննէսն ու աւետարանական Յիսուսը: Եւ որպէսզի կարենային խողովարար Յովհաննէսի իսկութենէն մեսիայի մը կերպարը կերտել, հակառակ որ անոնք տարեկիցներ էին՝ «աստուածաբանական» առումով իրարմէ անջատ երկու տարբեր ժամանակներու մէջ պիտի զետեղէին զանոնք, որովհետեւ «*Օրէնքը ու մարգարէները մինչեւ Յովհաննէս էին. անկէ ետեւ Աստուծոյ թա-*

գաւորութիւնը կը քարոզուի...» (Ղուկասու ԺԶ. 16)։ Բայց որքա՛ն ալ փորձէին Յովհաննէսը ընկղմել, անոնց ենթագիտակցութեան ալիքները մերթ ընդ մերթ պիտի ցոլացնէին Յովհաննէսի հմայքը.

> **Մատթէոսի ԻԱ.** [31]Ճշմարիտ կ՚ըսեմ ձեզի որ մաքսաւորները ու պոռնիկները ձեզմէ առաջ կը մտնեն Աստուծոյ թագաւորութիւնը։ Վասն զի Յովհաննէս արդարութեան ճամբով եկաւ ձեզի, եւ դուք անոր չհաւատացիք. Բայց մաքսաւորները ու պոռնիկները անոր հաւատացին։

Աւետարանական Յիսուսին վերագրուած այս խօսքը քրիստոսաբանական յարակարծութիւն մըն է, ուր, ո՛չ թէ իրեն, այլ Յովհաննէսին հաւատացողները, եւ նոյնիսկ մեղաւորներուն նուաստագոյները, «Աստուծոյ թագաւորութիւնը» մտնողներուն առաջինները պիտի ըլլային։ Եթէ ըսուած է *«ամէն ով որ անոր հաւատայ պիտի չամչնայ»* (Հռովմայեցիս Ժ. 11), որ ճիշդ է նաեւ Յովհաննէսի պարագային, ուրեմն քրիստոսաբանական առումով, ուր միայն քիստոսով կայ փրկութիւն, Յովհաննէսն ու Յիսուսը միաձուլուելով կ՚ըլլան մէկ էութիւն... որու մասին ոչ մէկ կասկած կար վերեւի տողերու հեղինակին ենթագիտակցութեան մէջ։ Բայց Յովհաննէսը պիտի շիջէր Նոր Կտակարանի յառաջացումով, տեղի տալու իր իսկ շիրիմէն «յարութիւն առնելիք» Նոր Կտակարանի քրիստոսին։

Յովհաննէսը եղած է իրէական ապստամբութեան, ամբողջ սերունդ մը ոգեւորող՝ հեղինակաւոր առաջնորդ մը, որուն յիշատակը վառ պիտի մնար ու փառաբանուէր մեսիական աւետարանիչներուն կողմէ, որպէս Նոր Կտակարանի սկիզբն ու խարիսխը, այն «փրկիչը», որ *«Իսրայէլը պիտի ազատէր թշնամիներուն ձեռքէն»*.

> **Ղուկասու Ա.** [68]Օրհնեալ ըլլայ Իսրայէլի տէր Աստուածը, որ այցելութեան ելաւ եւ իր ժողովուրդին փրկութիւն ըրաւ։ [69]Ու մեզի փրկութեան եղջիւր մը հանեց իր Դաւիթ ծառային տունէն... [71]Փրկութիւն մեր թշնամիներէն եւ բոլոր մեզ ատողներուն ձեռքէն...[74]Որպէս զի մեր թշնամիներուն ձեռքէն ազատուելով՝ առանց վախի զանիկա պաշտենք։

Յովհաննէսի ծննդեան առթիւ իր երախտընկալ հօր զոհութեան այս խօսքէն այն տպաւորութիւնը կը ստանանք, թէ խօսքը կը վերաբերի «Դաւիթի տունէն» սպասուած՝ «փրկութեան եղջիւր» աւետաբանական Յիսուսին, որ էապէս սխալ չէ, որովհետեւ կարեւոր չէ թէ գիրքերը ի՛նչ կը կոչեն զայն. կարեւորը անձին ինքնութիւնն է, որուն գործով սկիզբ կ'առնեն աւետարանները: Ան է «*անապատի մէջ կանչող ձայնը, փրկութեան ճամբան պատրաստողը*» (Ղուկասու Գ. 4), «*Երկրի վրայ կրակ ձգելու եկած*»՝ «*կայսրին հարկ տալէ*» արգիլողը (Ղուկասու ԻԳ. 2), Zealot[53] առաջնորդն ու Իսրայէլի փրկութեան բուռն պայքարի ճամբուն՝ «հրեայ ազգին համար» զոհուողը: Սակայն Միքիայ Դ. բանաձեւի հարկադրանքով՝ «անիկա (Յիսուս) պէտք էր մեծնար, բայց ինքը (Յովհաննէս) պզտիկնար» (Յովհաննու Գ. 30), որպէսզի վերջապէս Յովհաննէս «յարութիւն առնէր» աւետարանական Յիսուսի կերպարով... զոր կոչած են կերպարանափոխութիւն:

Մեր օրերու չափազանց արտակարգ թուացող ապատեղեկատուութիւնը[54] բաղդատմամբ ժամանակի քրիստոնէականին, կարելի է ճղճիմ որակել: Քրիստոսեան խաւարի վարդապետութեան չյարմարող գիտութիւնն ու իրականութիւնը ատող եւ ուրացող քրիստոնեայ՝ անզէտ հաւատացեալներու ցնորական աշխարհի կողքին, կայ այդ վարդապետութեան ու եկեղեցիին կեղծուպատիր հիմքերը խորտակող բանական ամբողջ աշխարհ մը, եւ պատմական փաստերու վրայ հիմնուած ընդարձակ գրականութիւն մը, եւ այլն: Տակաւին 2012 թուականին հրատարակուած Bart Denton Ehrman-ի *Forged* աշխատութիւնը ցոյց կու տայ «քրիստոսականներու, մանաւանդ կանուխ սերունդներու որդեգրած կեղծարարութեան ահագնութիւնը, եւ ինչպէ՛ս աշխարհը զայն ամբաստանած ու դատապարտած էր որպէս խաբեբայութիւն»: Իսկ այդ բոլորը արհամարհող քրիստոն-

[53] "In the year 6 or 7 C.E., when Quirinus came into Judea to take an account of the substance of the Jews, Judas, together with Zadok, a Pharisee, headed a large number of Zealots and offered strenuous resistance. Judas proclaimed the Jewish state as a republic recognizing God alone as king and ruler and His laws as supreme. The revolt continued to spread, and in some places serious conflicts ensued. Even after Judas had perished, his spirit continued to animate his followers" (Kaufmann Kohler, M. Seligsohn, Jewish Encyclopedia).

[54] "It's not necessary for people to believe misinformation in order to weaken democratic institutions. You just have to flood a country's public square with enough raw sewage. You just have to raise enough questions, spread enough dirt, plant enough conspiracy theorizing, that citizens no longer know what to believe. Once they lose trust in their leaders, in mainstream media, in political institutions, in each other, in the possibility of truth... The game is won" (Barack Obama speaks on disinformation's threat to democracy, at Stanford cyber policy center, 4/21/22).

եային համար, կայ իրենց կեդծիքը, խաբէութիւնն ու հրէշային դաւադրութիւնը մատմող՝ նոյն ինքն Հին ու Նոր Կտակարանները: Սակայն կոյր հաւատքը *«անոնց աչքերը կուրցուց, եւ անոնց սիրտերը թմրեցուց, որ չըլլայ թէ աչքովնին տեսնեն ու սրտովնին իմանան եւ դարձի գան»* (Յովհաննու ԺԲ. 40):

Յովհաննէս-Յիսուս եւ անշուշտ իր հետեւորդները կը պատկանէին՝ Թուոց գիրքի վեցերորդ գլխով յիշուած Նազիրի (Եբր. Nazir, Nazirite, Nazarite) ուխտեալներու կամ Notzrim (պահապաններ) աղանդաւորներու նման ծայրայեղական կազմակերպութեան մը, եւ հաւանաբար կը կոչուէին Nozrim կամ Nazarite, որ յունարէնի մէջ եղած է Nazarēnos (Ναζαρηνός) իսկ անգլերէն Nazorean կամ Nazarene,– բոլորն ալ գաղափարաբանական իմաստով եւ բացարձակապէս ոչ մէկ առնչութիւն ունենալով տեղանուն ենթադրող Նազովրեցի յօրինուածքին հետ:

Ովքե՞ր էին Nazarite-ները, եւ ի՞նչ գաղափարի կը ծառայէին: 1945 թուականէն սկսեալ յայտնաբերուած Մեռեալ Ծովի մագաղաթներուն վերծանումով թէ Qumran-ի աւերակներուն պեղումներէն՝ կ'իմանանք այդ օրերու Essenes կոչուած հրեայ համայնքի մը մասին: Հակառակ որ ըստ հրեայ պատմաբան Josephus-ին[55] եւ այլոց, Essenes-ը եղած է հրէական երեք հիմնական աղանդներէն մին, ո՛չ Հին ոչ ալ Նոր Կտակարանին մէջ որեւէ յիշատակութիւն կայ էական նշանակութիւն ունեցող Essene-ներու մասին, որ եղած է խիստ կարգապահ ու կազմակերպուած համայնք մը, ուր պայման էր բացարձակ հնազանդութիւնն ու գաղտնապահութիւնը: Essene-ները, ինչպէս Nazarite մեսիականները, եղած են Դաւիթեան մեսիականութեան՝ լոյսի որդիներու վարդապետութեան ծայրայեղականներ, եւ իրենք զիրենք կոչած են «լոյսի որդիներ», «ճշմարտութեան որդիներ» կամ «Zadok-ի որդիներ»: Zadok-ը յատուկ անուն է մը աւելի՝ քահանայական տիտղոս մըն է: Նոր Կտակարանը կը վկայէ թէ Յովհաննէս-Յիսուսն ալ *«յաւիտեան քահանայ էր Մելքիսեդեկի կարգին պէս»* (Եբրայեցիս Ե. 6): Մելքիսեդեկ (Melchizedek) անուան վերջին երեք

---

[55] Josephus' Jewish Antiquities states that there were three main Jewish sects at this time, the Pharisees, the Sadducees, and the Essenes. The Zealots were a "fourth sect," founded by Judas of Galilee.

բաղաձայնները՝ Z-D-K[56] նոյն Zadok քահանայական տիտղոսը կամ տոհմը կը յատկանշեն: Այլ խօսքով՝ Յովհաննէս-Յիսուսը ներկայացուած է որպէս «լոյսի եւ խաւարի որդիներու» միջեւ աշխարհակործան (apocalyptic) վերջին պատերազմը (Armageddon) յաղթելով՝ աշխարհը «ժառանգելու» գաղափարը փայփայող արմատական Zadok տոհմի Դաւիթեան Մեսիան[57], ինչպէս կը վկայէ մանաւանդ Նոր Կտակարանի «Յայտնութիւն Յովհաննու» քատմենլի գիրքը:

Քալիֆորնիոյ համալսարանի կրօնական ուսումնասիրութեանց բաժանմունքի նախագահ՝ Robert Eisenman կը հաստատէ, թէ "*There is no distinction at all between Zealots and Nazareans, Essenes and Zadokites. But even if there had been, the groups would still have been unified by their joint involvement in a single ambitious enterprise, a single overriding endeavor—to rid their land of the Roman occupation...*": Essenes, Zadokites, Zealots թէ Nazareans, որոնք հայերէն թարգմանութեան մէջ եղծանուելով՝ եղած է «նազովրեցւոց աղանդ», նոյն Դաւիթեան մեսիականութեան ծայրայեղական խմբաւորումներու տարբեր անուանումներն էին, բոլորն ալ «օրէնքին նախանձայոյզ», այլ խօսքով՝ Zealot-ներ, որոնց գաղափարաբանութիւնը հարազատօրէն կը ցոլացնէ Յովհաննէս-Յիսուսին գործունէութիւնը: Թէ Յովհաննէսը Essene համայնքին կը պատկանէր կամ ոչ՝ ոչի՛նչ կը փոխէ այն իրականութենէն, որ անոր եւ իր Նազարական հետեւորդ մեսիականներուն այսպէս կոչուած «վարդապետութիւնը» յար ու նման էր Essenes-ներուն. «*Յիսուս պատասխան տուաւ անոնց ու ըսաւ, իմ վարդապետութիւնս իմս չէ, հապա զիս ղրկողինն է*» (Յովհաննու Է. 16):

Յովհաննէսի ծնունդը կը զուգադիպէր Պաղեստինի մանաւանդ հրեայ ժողովուրդին համար տագնապալից օրերու: Հիմնուած էին Zealot-ներու թէ Sicarii-ներու ահաբեկչական կազմակերպութիւնները, որոնք սարսափ կը սփռէին հռոմէական բանակի եւ նոյնիսկ

---

[56] Ձայնաւորները ոչ մէկ կարեւորութիւն կը ներկայացնէին. գրաւոր եբրայերէնը ձայնաւոր տառեր չունէր:

[57] "The Qumranites believed in the ancient divine command, and thought of all the others as sinners. A manuscript, *The War of the Sons of Light Against the Sons of Darkness*, describes an apocalyptic prophecy of a war between the Sons of Light and the Sons of Darkness. During this war, all enemies will be defeated; God will assist and support the Sons of Light, and provide them with an army. Though the scroll mentions Messiah ben David, the main figure is the Justice Instructor, who leads the sect to a prosperous future."

Հռոմին հաւատարիմ կամ համակիր իրեայ ազնուականութեան խաւերէն ներս: Մեսիական աւետարանիչները այդ բոցավառ մթնոլորտը ամփոփած են մէկ նախադասութեան մէջ. «*ժամանակը լրացած է*» (Մարկոսի Ա. 15), այսինքն՝ անոնք կը հաւատային թէ հրեայ ժողովուրդին համար մահ ու կենաց խնդիր էր՝ ամեն գնով թօթափել հռոմէական տիրապետութեան լուծը իրենց ուսերէն, որպէսզի գար Իսրայէլի Տիրոջ աշխարհակալ թագաւորութիւնը: Չորս աւետարաններն ալ անուղղակիօրէն կ՚ընդունին, որ Յովհաննէսը սկիզբն է այս ամբողջ եղելութեանց, անոր ձեռքն է կծիկին ծայրը. Յովհաննէսն է «տէրոջը ճամբան պատրաստող»ն ու «երկրի վրայ կրակը բորբոքեցնողը», եւ միայն իր մահէն ետք է, որ Յիսուս անուն «մեսիա» մը հրապարակ պիտի նետուէր.

Մատթէոսի Դ. [12]Եւ երբ լսեց Յիսուս թէ Յովհաննէս մատնուեցաւ, ելաւ գնաց Գալիլեա, [13]ու ձգելով Նազարէթը, եկաւ բնակեցաւ Կափառնայում, ծովեզերեայ քաղաքը, ... [17]Անկէ ետեւ Յիսուս սկսաւ քարոզել ու ըսել, Ապաշխարեցէք, վասն զի երկինքի թագաւորութիւնը մօտ է:

Մարկոսի Ա. [14]Եւ Յովհաննէսի մատնուելէն ետեւ Յիսուս՝ Գալիլեա եկաւ, Աստուծոյ արքայութեան աւետարանը կը քարոզէր:

Խնդրոյ առարկան Յովհաննէսն էր, ան էր մատնուածը, եւ մատնութեան անմիջապէս յաջորդող անդրադարձը պէտք էր բնականաբար ըլլար մատնուողին հակազդեցութեան մասին, եւ է. «*յետ մատնելոյն Յովհաննու, եկն (Յիսուս) ի Գալիլեա*»: Մատնուածը Յովհաննէսն էր, սակայն հակազդողը իբրեւ թէ տարբեր անձ մը՝ աւետարանական Յիսուսն էր... Յովհաննէս-Յիսուս փոխանցման պահը: Ինչպէս կը տեսնենք, եթէ այս տողերէն «Յիսուս»ը ջնջենք, կը ստանանք՝ «*երբ Յովհաննէս մատնուեցաւ, ելաւ գնաց Գալիլեա...*» կամ «*Յովհաննէս մատնուելէն ետք Գալիլեա եկաւ...*»: Այստեղ Յիսուսը ակնյայտօրէն բոլորովին անտեղի է. ան կեանքի կոչուած է Յովհաննէսի հրապարակէն անյայտանալէն ետք: Եթէ անմեղ, բարի Յիսուս մը, որ ցայնժամ ոչ հանրածանօթ անձ մըն էր, ոչ ալ Յովհաննէսին նման իշխանութեանց հետ հարցեր ունէր, ինչո՞ւ պարզապէս Յովհաննէսի մատնուելուն պատճառաւ թողնելով՝ Գալիլեա պիտի փախչէր: Տակաւին ըստ Յովհաննու աւետարանիչին, որ կ՚ըսէր *«իրեններուն եկաւ, եւ իրենները զինք չընդունեցին»*, չորրորդ գլխուն սկիզբը կ՚ըսէ, *«երբ Տէրը իմացաւ որ փարիսեցիները լսեր են՝ թէ Յիսուս Յովհաննէսէ աւելի աշակերտներ կ՚ընէ եւ կը մկրտէ, թողուց Հրէաստանը ու նորէն Գալիլեա գնաց»*: Եթէ Յովհաննէսը կը մկրտէր ու *«Երուսաղէմ եւ բոլոր Հրէաստան ու Յորդանանու բոլոր կողմերը իրեն կ՚ելլէին»* (Մատթէոսի Դ. 5), եւ այդ պատճառաւ փարիսեցիներուն հետ հարց չէր ունեցած, ինչպէ՞ս կրնար «իրեններէն չընդունուած» նորելուկ Յիսուս մը, *«Յովհաննէսէ աւելի աշակերտներ ըներ ու մկրտեր»*, եւ փարիսեցիներուն լուր այդ մասին իմանալը անոր փախուստին պատճառ դառնար, մանաւանդ որ «փարիսեցիները միայն լսած էին», ոչ մէկ հակազդեցութեան մասին խօսք կայ:

Իսկ մկրտութեան հարցը ինքնին հիմնովին կեղծ է. հրեաները, ինչպէս աւետարանական Յիսուսը, ութը օրուայ նորածին, արդէն թլփատուելով՝ կը մկրտուէին, հակառակ պարագային հրեայ չէին ըլլար, ուստի յստակ չէ թէ Յովհաննէսները ի՞նչ տեսակի մկրտութիւն է, որ կ՚ընէին...: Անոր ըրած «մկրտութիւնը» չէր կրնար կրօնական բնոյթ ունենալ. ռազմական անշուշտ, բայց երբե՛ք կրօնական: Յամենայնդէպս, յստակ է թէ Յովհաննէս եղած է շատ զգոյշ, որովհետեւ «փարիսեցիներուն» լսելու լուրը արդէն անմիջապէս հասած էր իրեն, եւ փախուստի դիմած: Միայն իր յանցանքին գիտակից անձն է, որ իր ապօրինի գործերուն լուրը իշխանութեանց ականջին հասնելուն պատճառաւ կ՚անյայտանայ: Իսկ Յովհաննէսը անկարելի է, որ մատնուած ըլլար որպէս «մկրտիչ», որովհետեւ ըստ աւետարաններուն՝ ամբողջ «Հրէաստանի երկիրը ու Երուսաղէմը» տեղեակ էին ու կ՚երթային Յովհաննէսէն մկրտուելու: Ուստի մատնուելուն պատճառը չէր կրնար մկրտութեան նման բացորոշ՝ հրապարակաւ կատարուած կրօնական արարողութիւն մը ըլլալ: Բացորոշը՝ յայտնին՝ կարելի չէ մատնել. գաղտնին է, որ կը մատնուի: «Մատնել» բառը ինքնին գաղտնիք կ՚ենթադրէ: Ճիշտ այս պատճառաւ է, որ Նոր Կտակարանի նորագոյն հրատարակութեանց մէջ, շատ մը այլ զեղծումներու կարգին, «մատնուեցաւ» բառն ալ զեղծուելով՝ եղած է «բանտարկուեցաւ», որ իրողութիւնը էապէս չարափոխելով՝ կը միտի սքողել ծայրայեղական Յովհաննէսի խռովարար գաղտնի գործունէութեան պատճառաւ մատնուելու իրողութիւնը: Այս ու նման զեղծումներու նենգութեան ահազնութիւնը հասկնալու անշուշտ անկարող են միամիտ հաւատացեալները:

Աւետարանները կը պատճառաբանեն, թէ Հերովդէսը ոխ ունէր[58], իր խորթ եղբօր ամուսնալուծուած կնկան հետ ամուսնանալուն համար զինք կշտամբող Յովհաննէսին դէմ: Սակայն Հերովդէսը հրեայ չէր, որ Յովհաննէսը զինք կշտամբէր Յուդայութեան օրէնքով, ըստ որուն այդ ամուսնութիւնը անօրէն իսկ չէր: Ըստ նոյն հեղինակին, Հերովդէսը մեծ համառում ունէր Յովհաննէսին հանդէպ, եւ «*անոր քերանը կը նայէր, ու անկէ լսելով շատ բաներ կ՚ընէր*»: Արդ եթէ անոնք կը յարաբերէին, կը խորհրդակցէին եւ Հերովդէս «*քաղցրութեամբ անոր մտիկ կ՚ընէր*», ապա ուրեմն բարեկամներ էին, եւ անկարելի է, որ Հերովդէս գաղափար մը չունենար Յովհաննէսի ենթադրեալ «մկրտչական» գործունէութեան մասին, որուն համար մատնուած ըլլալը խոշոր սուտ մըն է[59]:

Իրեն «հետեւել»ով զինուորագրուիլ փափաքողներուն դիմաց դրուած՝ մինչեւ իսկ իրենց կեանքը, ընտանիքն ու մայրը ուրանալու եւ ատելու, զինուորական բնոյթի ծայրայեղ ու արտակարգ պայմանները կարելի չէ շփոթել կրօնական որեւէ «մկրտութեան» հետ: Ցեղամոլ ծայրայեղական Zealot Յովհաննէս-Յիսուսը, ապստամբութիւն կը հրահրէր, հրեաները «*կայսրին հարկ տալէ կ՚արգիլէր*» (Ղուկ. ԻԳ. 2): Եւ անշուշտ իր հօր՝ մեծն Հերովդէսի գահը ժառանգելու երազը փայփայող կրտսեր Հերովդէսը չէր կրնար հանդուրժել աղետալի հետեւանքներ եթադրող այդպիսի «մկրտութիւնները», եւ լաւ ճանչնալով Յովհաննէսը, լրտեսներու միջոցաւ ուշի ուշով կը հետեւէր անոր գործունէութեան, միանգամայն բարեացակամ յարաբերութիւն հաստատելով՝ հաւանաբար կը փորձէր կացութիւնը հակակշռել: Եւ երեւի թէ Յովհաննէսին գործունէութիւնը հասած էր

---

58 Մարկոսի Զ. 17–20:

59 “118 Now when [many] others came in crowds about him, for they were very greatly moved [or pleased] by hearing his words, Herod, who feared lest the great influence John had over the people might put it into his power and inclination to raise a rebellion, (for they seemed ready to do any thing he should advise), thought it best, by putting him to death, to prevent any mischief he might cause, and not bring himself into difficulties, by sparing a man who might make him repent of it when it would be too late” (Flavius Josephus. *The Antiquities of the Jews*, 18.109–18.142. Translated by William Whiston).

խիստ վտանգաւոր հանգրուանի մը, որուն լուրը բնականաբար պիտի տեղ հասնէր, եւ ահա «Յովհաննէսը մատնուած» էր:

Մատնուելէ ետք, Յովհաննէս գացած էր Գալիլիոյ համեմատաբար աւելի ապահով շրջանները, առանց ինքնութիւնը յայտնելու՝ իր անաւարտ գործը շարունակելու: Բնականաբար յաճախ իր աշակերտներն ու շուրջինները *«սաստիկ կը յանդիմանէր, որ զինքը չյայտնեն»* (Մարկոսի Գ. 12), եւ յաջողած էր որոշ ժամանակ մը անճանաչելի մնալ: Սակայն Հերովդէս անխուսափելիօրէն տեղեակ պիտի ըլլար այդ ինքնութիւնը անյայտ խռովարարի գործունէութենէն, որ յար ու նման էր Յովհաննէսին: Եւ երբ անոր *«անունն ալ յայտնի կ՚ըլլայ»*, անշուշտ որ Հերովդէս պիտի եզրակացնէր, թէ անյայտացած Յովհաննէսը վերջապէս յայտնուած՝ ջուրին երեսը ելած էր: Հետեւաբար, աճպարար աւետարանիչները, որոնց համար այս հանգրուանը Յովհաննէս-Յիսուս կերպարանափոխման յարմարագոյն առիթը կը ներկայացնէր, իրողութիւնը չարափոխելով պիտի մեկնաբանէին, թէ երբ շփոթի մատնուած «*Հերովդէս թագաւորը լսեց* (քանզի անոր անունը յայտնի եղաւ) *ու կ՚ըսէր թէ Յովհաննէս մկրտիչը մեռելներէն յարութիւն առեր է...*» (Մարկոսի Զ. 14): «Մեռելներէն յարութիւն առնելու» բաժինը, որ հետագայ քրիստոնեաբանական յղացում մըն է, Հերովդէսին չէր կրնար պատկանիլ: Այդ արտայայտութիւնը պարզապէս ցայնժամ անյատ մնացած «Յովհաննէսին անունը (ինքնութիւնը) յայտնի ըլլալու» իրողութեան դիմաց՝ Յովհաննէսը Յիսուսով շփոթելու իբրեւ թիւրիմացութիւն ներկայացնելու հեղինակին կեղծիքն է...:

Նազարական Յովհաննէսի գլխաւորած եւ մեծ ժողովրդականութիւն վայելող շարժումը կուսակիցներու եւ համակիրներու պատկառելի թիւ մը ներկայացնելու էր, որմէ կը զգուշանար նոյնիսկ Հերովդէս, «*վասն զի Հերովդէս կը վախնար Յովհաննէսէ, գիտնալով թէ անիկա արդար եւ սուրբ մարդ մըն է*»: Այս բացատրութիւնը ամենեւին չի համապատասխաներ տրամաբանութեան. ո՞ր իշխանաւորը կը վախնայ արդար մարդոցմէ, մանաւանդ երբ անոնց քարոզածը «թշնամին սիրելու» նման մեղկութիւններ են, եւ հաստատուած կարգերուն դէմ վտանգ չեն ներկայացներ: Ճիշտ է, որ Հերովդէս, որ հրեայ չէր, շինարարութեամբ ու լաւ գործերով կը փորձէր սիրաշահիլ իրեանները։ Եւ եթէ այդ նպատակաւ «*արդար եւ սուրբ*» իրեաններու հետ բարեացակամ, շահաւէտ փոխ-յարաբերութիւններ կ՚ուզէր մշակել որպէս դիւանագէտ, ան շատ լաւ գիտնալու էր, թէ իրեայ ղեկավարութիւնն էր օրէնքով «*արդար եւ սուրբ*» ընդունուածները, եւ ո՛չ թէ Յորդանանի անապատներուն մէկ անկիւնը ապօրինի «մկրտութիւն» ընող՝ ամբոխավար Յովհաննէսները։ Այո, Հերովդէս ոխ ունէր խռովարար Յովհաննէսին դէմ, սակայն կը զգուշանար Յովհաննէսականներուն՝ Նազարականներուն զայրոյթի ալիքը բարձրացնել։ Բայց երբ անոր գործունէութեան մասին հռոմէական բանակը խիստ անհանգստացնող զեկոյցներ կը հասնին ուր որ անկ էր... Յովհաննէս կը «մատնուի», եւ այնպիսի ծանր յանցանքով մը, որ ինք եւ իր անմիջական գործակիցներն ու վտանգը զգացող ամբողջ շրջապատը խուճապահար կը փախչին Գալիլիոյ ապահով նկատուած բնակավայրերը ապաստանելու։ Երբ իր եւ անմիջական շրջանակին հակազդեցութիւնը կ՚ըլլայ փախուստը, այդ կը նշանակէ թէ ան խիստ լուրջ ոճիրով մը «մատնուած» էր, եւ նոյն վտանգը, քիչ թէ շատ, կը սպառնար նաեւ իր նման բոլոր փախչողներուն։

Փաստօրէն, Հրէաստանէն փախչելով՝ իր բնակավայրն ալ չի վերադառնար, այլ անկէ մօտաւորապէս քսան մղոն հեռու «*Կափառնայում, ծովեզերեայ քաղաքը բնակեցաւ*», ուր ոչ ոք զինք կը ճանչնար։ Իսկ վտանգի պարագային, ծովը փախուստի հաւանական ելք մըն ալ կրնար ըլլալ։ Աւելի ուշ, երբ մթնոլորտը համեմատաբար հանդարտած էր, աշակերտները պիտի վերազտնէին Յովհաննէսը ու կրկին գործի լծուէին... եւ «*անկէ ետեւ*», այսինքն ապահով զգալէն ետք միայն «*սկսաւ քարոզել*»։ Իսկ ի՞նչ էր անոր քարոզածը. բացէիօրէն Յովհաննէսի «*Ապաշխարեցէք, վասն զի երկինքի թագաւորութիւնը մօտ է*» քարոզը...։

Այդ օրերու Պաղեստինի ընկերա-ռազմա-քաղաքական պայմաններէն, պայթուցիկ մթնոլորտէն եւ մահ ու կենաց պայքար մղող իրեայ ժողովուրդի ապրումներէն ու մտայնութենէն անտեղեակ՝ երկիւղած քրիստոնեան յանդգնութիւնը եւ մանաւանդ արժանապատուութիւնը չունի նոյնիսկ լսելու Յովհաննէս-Յիսուսի արդարութենէն խուսափող, խռովարար սպստամբ մը ըլլալուն մասին։ Բայց իրականութիւնը որքան ալ ցնցիչ ու դառն ըլլայ, չի դադրիր իրականութիւն ըլլալէ: Մինչդեռ շատ պարզ է. եթէ որպէս քրիստոնեայ կը հաւատանք, որ աւետարանական Յիսուսը «Հին Կտակարանով խոստացուած Դաւիթեան փրկիչն է», ապա ուրեմն, անպայման որ ըստ նոյն այդ Կտակարանին՝ Իսրայէլը իր թշնամիներէն ազատելու կոչուած զինուորական առաջնորդ մը պիտի ըլլար, ինչպէս աւետարաններն ալ պիտի ըսէին, «*զանիկա խաչը հանեցին, իսկ մենք կը յուսայինք թէ անիկա էր, որ Իսրայէլը պիտի ազատէր*» (Ղուկասու ԻԴ. 20–21): Շատ բարի, կը հաւատանք, որ ան փորձած էր «Իսրայէլը ազատել», սակայն ձախողեցաւ ու խաչը հանուեցաւ: Բայց այս բոլորը ի՞նչ իմաստ ունին ոչ հրեայ ժողովուրդներու համար. ի՞նչ անտաւոր տրամաբանութեամբ է, որ լոկ «*Իսրայէլը թշնամիներէն ազատելու*» գործով եկած բայց չարաչար ձախողած անձը՝ կ՚ընդունինք որպէս համայն մարդկութեան «փրկիչն ու աստուածը»...:

Մեսիականներուն յօրինած «խաղաղասէր ու սիրոյ տիպար Քրիստոսի» մը կերպարը, քրիստոնէական բոլոր յղացումներուն նման, հիմնովին եւ բացարձակապէս արուեստական է, ինչպիսին են «երրորդութիւն» կոչուած անհեթեթութիւնը, կամ Քրիստոս կոչուած Յովհաննէս-Յիսուսի պատկերը, որ իր սպիտակ մորթով, դեղնորակ մազերով ու անմեղ տեսքով հարազատօրէն կը ցոլացնէ քրիստոնէական կեղծիքը: Ան ոչինչո՛վ կը նմանի ժամանակի թխադէմ, թխահեր եւ շատ հաւանաբար ժօռատ ու անհամակրելի տեսքով հրեայ Յովհաննէսին, որ ոչ թէ խաչուած, այլ գլխատուած էր որպէս խռովարար ապստամբ մը: Մնացեալը հիմնովին ու ամբողջութեամբ յերիւրածոյ դաւադրութիւն մըն է: Սակայն ստիպուած ենք շարունակելու, գիրքերուն ստայօդ շղթային օղակները փորձաքարին զարնելով:

Յովհաննէսը եղած է Nazarite (Nazarean) կազմակերպութեան ծայրայեղական առաջնորդ մը, եւ շատ հաւանաբար «Նազարական Յովհաննէս (Iôannès Nazarite) կոչումը ստացած էր մոլեռանդ Նազարական մը ըլլալուն պատճառաւ: Բնականաբար, անոր մահէն տարիներ ետք իսկ, միւս բոլոր Iôannès կոչուող հրեաներէն զանազանելու համար՝ զինք տակաւին կը կոչէին Նազարական Յովհաննէս, զոր քրիստոսացնելու համար, մեսիականները ստիպուած էին թաղել նաեւ անոր մանաւանդ մոլեռանդ Նազարականի համբաւը: Եւ որովհետեւ գրեթէ անկարելի էր զայն այնքա՛ն հարազատօրէն յատկանշող «Նազարական» մակդիրը մասնատելով մէկ անգամ ընդմիշտ անհետացնել, «Նազարականը» նենգաբար աղաւաղելով՝ վերածած են «Նազովրեցի» անհեթեթութեան: Նոյնիսկ լեզուականօրէն չափազանց կեղծ կը հնչէ այս շինծու բառը, սակայն մեսիականներու այլ կեղծիքներուն հետ բաղդատմամբ՝ կը մնայ բաւական համեստ զեղծում մը:

Աւետարանիչները, բացի տարբեր ժամանակներու եւ դէպքերու մասին այսպէս կոչուած «մարգարէութիւնները» նենգաբար Յովհաննէս-Յիսուսին վերագրելէ, հարկ եղած պարագային յօրինած են նաեւ բացարձակապէս գոյութիւն չունեցող «մարգարէութիւններ»: Օրինակ, Մատթէոսի աւետարանը, որպէս մեկնաբանութիւն թէ ի՛նչպէս եւ ինչո՛ւ Յովհաննէսը «Նազովրեցի» կոչուելու էր, ժամանակագրական թէ պատմական վրիպումներու ու հակասութեանց գնով, եւ Հին Կտակարանի «Սողոմոն-Յերոբովամ» առասպելի օրինակով՝ անճոռնի արկածախնդրութիւն մը յօրինած է: Իբրեւ թէ Իսրայէլի թագաւորութեան գահը ժառանգելու կոչուած Յովհաննէս-Յիսուսի ծնունդը իր գահին վտանգ համարելով, անոր ծննդավայրի բոլոր երեխաները ջարդելու Հերովդէսի հրամանին որպէս հետեւանք, Յովսէփ՝ Եհովայի հրեշտակին պատուէրով՝ երեխան ու մայրը կը փախցնէ Եգիպտոս[60]: Ժամանակ մը ետք՝ «*Տէրոջ հրեշտակը*» Յովսէփին երեւնալով կը վստահեցնէ, թէ «*անոնք որ մանուկին կեանքը կը փնտռէին*» արդէն մեռած էին եւ վտանգը չքացած էր: Բայց վերադարձին, երբ Յովսէփ «*լսեց թէ Հերովդէսի որդի Արքեղայոսը թագաւորեց Հրէաստանի վրայ*», Եհովային շատ յստակ պատգամը կասկածի ենթարկելով՝ «*վախցաւ հոն երթալու*»: Երեւի թէ Եհովան ալ անդրադառնալով իր պատգամի անխոհեմութեան, նոր պատգամ մը կը ղրկէ, որուն համաձայն Յովսէփը Գալիլեայի «*Նազարէթ ըսուած քաղաքը բնակեցաւ, որպէսզի մարգարէներուն խօսքը կատարուի՝ թէ Նազովրեցի պիտի կոչուի*» (Մատթէոսի Բ. 23):

---

60 Մատթէոսի Բ. 13–23:

Սակայն հեղինակը կը թերանայ այստեղ յիշելու, թէ Գալիլեան ալ կը գտնուէր Հերովդէսի որդիներէն մէկուն՝ Հերովդէս Անտիպասի իշխանութեան տակ...: Բայց հեղինակը որոշած էր ամեն գնով մանուկը հասցնել Նազարէթ կոչուած քաղաքը, շատ պղտոր ոճով մը վկայութեան կանչելով «մարգարէները» եւ այն տպաւորութիւնը ձգելով, որ առնուազն քանի մը «մարգարէներ» ըսած էին թէ «*Նազովրեցի պիտի կոչուի*»: Այնպիսի՛ ակնյայտ սուտ մը, որուն դիմաց կեղծաւոր եկեղեցին անգամ չկրնալով «հոգեւոր» մեկնաբանութիւն մը հնարել, կը խոստովանի թէ այդպիսի «մարգարէութեան» մը ծանօթ չէ: Հին Կտակարանը ո՛չ Յիսուսի մը, ո՛չ ալ Նազարէթ կոչուած քաղաքի մը մասին գաղափար ունի, ալ ո՛ւր մնաց անոր «Նազովրեցի» ըլլալուն մասին:

Եթէ աւետարանիչը ուղղակի զզուանք պատճառող եղծանումներով ու խաբէութիւններով երեխաներու սպանդի, Եգիպտոս ապաւինելու եւ այլ հեքիաթներ ու «մարգարէութիւններ» յօրինած է, որպէսզի մանուկը ցայնժամ գոյութիւն չունեցող Նազարէթ քաղաքը հասցնելով՝ արդարացնէր անոր տրուած «Նազովրեցի» կեղծ մականունը, ապա ուրեմն անպայման խիստ խորհրդաւոր գաղտնիք մը թաքնուած պիտի ըլլար այդ «Նազովրեցի» յորջորջումի ետին: Չորս կանոնական աւետարաններէն միայն մէկը՝ ըստ Յովհաննուն կը վկայէ, թէ խաչին գամուած իր «յանցանքի տախտակին» վրայ Պիղատոս «գրած էր» նաեւ անոր «Նազովրեցի» ըլլալը[61]: Ինչո՞ւ համատեսական երեք աւետարաններուն հեղինակները այդ բառը զեղչած են յանցանքի գիրէն, որ ահռելի մեղանչում մը ըլլալու էր...: Հաւանակա՛ն է, որ Յովհաննէս-Յիսուսի «յանցանքի գիրին» մէջ արձանագրուած էր անոր Nazarite ահաբեկիչ մը ըլլալու յանցանքը, որ Յովհաննու հեղինակը աղաւաղելով կը ջանար քողարկել, իսկ միւսները զանց առած էին: Աւելի քան հաւանական է. անոր ծննդեան օրերուն, Գալիլիոյ թէ ամբողջ Պաղեստինի տարածքին, Նազարէթ կոչուած քաղաք գոյութիւն չէ՛ ունեցած: Daniel Massé-ն անձամբ երկիրը շրջելէ ու այս հարցը լաւապէս ուսումնասիրելէ ետք կը հաստատէ, թէ «Նազարէթը քրիստոնէական յօրինուածք» մըն է[62]: Հին

---

[61] Յովհաննու ԺԹ. 19:

[62] Daniel Massé. *L'énigme de Jésus-Christ.*

Կտակարանի ամբողջ տարածքին կը հանդիպինք բազմաթիւ Պաղեստինեան քաղաքներու, աւաններու եւ նոյնիսկ փոքր գիւղերու, բայց բացարձակապէս ոչ մէկ անդրադարձ կը գտնենք Նազարէթ կոչուած քաղաքի կամ որեւէ բնակավայրի մը մասին: Հաւանաբար աւելի ուշ՝ մեսիականները անոր «Նազովրեցիութիւնը» վաւերականացնելու միտումով՝ հիմնած են Նազարէթ անուն բնակավայր մը:

Daniel Massé հեղինակն է *L'énigme de Jésus-Christ* աշխատութեան, ուր աւետարաններու դրուագներուն եւ Քրիստոս կոչուած Յովհաննէսի հետքերուն հետեւելով, հետազօտութիւններ կատարած ու յայտնաբերած է բազմաթիւ սահմրկեցուցիչ իրողութիւններ, որոնցմէ մէկը Նազարէթ քաղաքի հարցն է: Ղուկասու աւետարանով յիշուած Նազարէթ քաղաքը բարձր դիրքի մը վրայ տեղադրուած է «*լեռան ցցուած ծայրը*»[63]: Բայց Daniel Massé-ի գտած մերօրեայ Նազարէթը կը գտնուի ոչ թէ «լեռան վրայ» այլ ուղղակի ձորի մը խորխորատը: Իսկ ինչո՞ւ Յովհաննէս-Յիսուսի յանցանքի տախտակին վրայ Պիղատոսը պիտի յիշեր անոր «Նազովրեցի» ըլլալը, երբ նոյն հեղինակի զեկուցած դատավարութեան ընթացքին՝ երբեք Նազարէթ տեղանունը չէ յիշուած. ընդհակառակն, ըստ Ղուկասու աւետարանի՝ Պիղատոսը իմացած էր թէ ան Գալիլեացի էր[64]՝ եւ վերջ:

Հրեաները զայն կ'ամբաստանէին որպէս ինքզինք «թագաւոր» հռչակող, «*ազգը մոլորեցնող, ու կայսրին հարկ տալէ արգիլող*» խռովարար մը: Ժողովուրդը մոլորեցնելը եւ մանաւանդ կայսրին հարկ տալէ արգիլելը՝ ուղղակի ապստամբութիւն կը համարուէր: Սակայն ըստ Ղուկասու հեղինակին, Պիղատոս զարմանալիօրէն անտեսելով «հարկ տալը արգիլելու» մահացու ոճիրը, կը կեդրոնանայ հեղինակը հետաքրքրող բոլորովին անհիմն եւ ծիծաղելի «Հրէից թագաւոր» ամբաստանութեան վրայ, որովհետեւ հեղինակը արդէն որոշած էր «Հրէից թագաւոր»ը, որպէս յանցանքի տախտակ՝ զամել Յովհաննէս-Յիսուսի խաչին: Եհովայի շաբաթը չյարգելու կամ անբարոյականութեան նման համեմատաբար փոքր յանցանքի մը պատճառաւ յանցաւորը քարկոծելով սպաննող հրեաները եթէ ուզէին զայն սպաննել, պէտքը չունէին Պիղատոսին տանելու

63 Ղուկասու Դ. 29:

64 Ղուկասու ԻԳ. 1-7:

ու խնդրելու, որ զայն սպաննէ: Յօրինուածքին պատճառը պարզապէս այն է, որ Պիղատոսն ալ տեղի տալով՝ Յովհաննէս-Յիսուսը հարցաքննէր, թէ «*Հրէից թագաւորը դո՞ւն ես*»:

Պիղատոս խստապահանջ կառավարիչ մը եղած էր, եւ իր կատարած յաջող գործերուն պատճառաւ ալ՝ այդ պաշտօնին վրայ մնացած էր ամբողջ տասը տարիներ: Իր առաջնակարգ պարտականութիւնն էր երկրին կարգ ու կանոնին հսկել եւ կայսրին հարկերը գանձել: Հետեւաբար, կարելի չէ հաւատալ կամ նոյնիսկ ենթադրել, որ Պիղատոս կրնար անտեսել խռովարար Յովհաննէս-Յիսուսի «*ժողովուրդը կայսրին հարկ չտալէ արգիլելու*» մահացու ոճիրը, եւ ոչ մէկ հիմք ունեցող Նազովրեցի կամ թագաւոր Հրէիցի նման խայտառակ ամբաստանութիւն մը արձանագրել անոր յանցանքի տախտակին վրայ: Եթէ Պիղատոս Յովհաննէս-Յիսուսը մահուան դատապարտած էր, ապա այդ մահապատիժը բնորոշող ոճիրն է, որ պիտի արձանագրէր, որ «Nazarite Iôannès» կամ «Նազարական խռովարար Յովհաննէս» նշանակութեամբ արձանագրութիւն մը պիտի ըլլար, զոր Յովհաննու հեղինակը զեղծելով՝ կը ներկայացնէ որպէս «*Յիսուս Նազովրեցի Թագաւոր Հրէից*»: Պօղոս առաքեալ կոչուածն ալ, ըստ մեսիականներուն, երեք տասնամեակներ ետք՝ պիտի ամբաստանուէր նոյնպէս «*ժողովուրդը մոլորեցնելու*» եւ «*Նազովրեցւոց աղանդին առաջնորդ*» ըլլալու յանցանքով (Գործք Առաքելոց ԻԴ. 5), որ կը պատահէր Յովհաննէս-Յիսուսի մահէն տասնամեակներ ետք: Ո՛չ Պօղոսը, ո՛չ ալ անոնցմէ ոեւէ մէկը կ՚առընչուէր ենթադրեալ «Նազարէթ քաղաքի» մը հետ, որպէսզի անոնց քարոզածը Նազովրեցւոց աղանդ կոչուէր: Սակայն փաստուած իրականութիւն է, թէ որպէս Յովհաննէս-Յիսուսի հետեւորդներ, անոնք բոլորն ալ եղած են Նազարական, զոր հեղինակը կը փորձէ ներկայացնել որպէս «Նազովրեցւոց աղանդ», եւ Nazarite Պօղոսը՝ որպէս Նազովրեցւոց աղանդին առաջնորդ:

Եթէ Յովհաննէս-Յիսուսի ոճիրը բնորոշող բառը հնչիւնային նմանութիւն ունէր «Նազովրեցի» բառին հետ, ապա ուրեմն անկասկած որ այդ բառը պիտի ըլլար Nazarite՝ Նազարական, զոր սերունդներ ետք «Նազովրեցի» բառով փոխարինելը շատ հեշտ պիտի ըլլար կեղծարար աւետարանիչներուն համար:

Այս զեղծումին լաւագոյն օրինակներէն մէկն ալ Յովհաննէս-Յիսուսի աշակերտներէն՝ Յուդայի պարագան է։ Յուդա եղած է Sicarius ահաբեկիչ մը, եւ ինչպէս Յովհաննէսը ճանչցուած էր որպէս «Iôannès Nazarite», Յուդան ալ ճանչցուած էր որպէս Judas Sicarius, որ անգլերէնով թարգմանուած է Judas Iscariot, իսկ հայերէնով՝ Sicarius յորջորջանքին հետ ոչ մէկ առնչութիւն ունեցող՝ Յուդա Իսկարիովտացի,– ճիշտ ինչպէս Nazarite-ը եղած է Նազովրեցի...։ Անկախ այս բոլորէն, եթէ Պիղատոս «Յիսուս Նազովրեցի Թագաւոր Հրէից» արձանագրութիւնը դրած էր անոր գլխուն վերեւ, որպէս ծաղրանքի առարկայ, այդ պարագային քրիստոնեաները իրենց խաչը երբե՛ք պիտի չկնքէին այդպիսի ծաղրանքով մը։ Սակայն Իսրայէլի աշխարհակալ թագաւորութիւնը խորհրդանշող «*Թագաւոր Հրէից*»ը, որ դրոշմուած կը մնայ քրիստոնէութեան խաչի գլխուն՝ «*աշխարհը ժառանգելու*» տեսլականով, «*թշնամիները Իսրայէլի ոտքերուն պատուանդան դնելու*» դաւադրութիւնն է, որ կը միտի «*անոր խոնարհող*» համայն քրիստոնեայ աշխարհի ենթագիտակցութիւնը տաղել Դաւիթեան մեսիայի globalist թագաւորութեան կնիքով...։

Յամենայն դէպս, Յովհաննէսի ըրած «մկրտութիւնը» ռազմական երդման արարողութեան նման ծէս մը ըլլալու էր, ինչպէս բոլոր յստակ ծրագրով ու կանոնագրով գործող մասնաւոր գաղտնի կազմակերպութիւնները ներկայիս ալ կը պարտադրեն։ Այդ իմաստով, ըստ աւետարաններուն, Նազարականները եղած են չափազանց խստապահանջ. «թող տուր մեռելներուն, որ թաղեն իրենց մեռելները»[65], կ'ըսէ իրեն յետեւիլ փափաքող ռազմունակ երիտասարդին. այսինքն՝ նախքան անոր «ետեւէն երթալու» որոշում առնելն իսկ, պայման էր որ անձը իր ամբողջ ընտանիքը մեռած համարէր։ Իսկ այն անձը որ Նազարականներու գործին՝ «մաճին» ձեռք կը դնէ, անգամ մըն ալ ետին պիտի չնայի, այլապէս «Աստուծոյ թագաւորութեանը յարմար չէ»։ Մեսիականներու լեզուով՝ իրենց հայր «Աստուծոյ թագաւորութիւնը» պարզապէս «Իսրայէլի ամենակալ թագաւորութիւն» կը նշանակէ, որ անձնուրացութիւն, Իսրայէլի

---

[65] Ղուկասու Թ. 59–63, Ղուկասու ԺԴ. 26, եւ այլն։

փրկութեան սիրոյն կատարեալ նուիրում կը պահանջէ. «եթէ մէկը իմ ետեւէս գալ կ՚ուզէ, թող իր անձը ուրանայ...»: Որքա՛ն ալ քրիստոսականները փորձեն, զինուորական չափանիշերով իսկ չափազանց խիստ եւ ծայրայեղական այս պայմաններուն կրօնական բնոյթ տալ, անկարելի է քողարկել այդ խօսքերուն ընդմէջէն պոռթկացող զուտ մարտական կարգապահութիւն պահանջող գործունէութիւնը: Եւ հակառակ պարտադրուած չափազանց խիստ պայմաններուն եւ կարգապահութեան, Յովհաննէս-Յիսուս ունեցած է մեծ թիւով հետեւորդներ: Բացի մնայուն տասներկուքէն, «*ուրիշ եօթանասուն ալ որոշեց, եւ զանոնք իր առջեւէն երկու երկու ղրկեց բոլոր քաղաքները ու տեղերը՝ ուր ինք պիտի երթար*» (Ղուկասու Ժ): Այսինքն՝ իր տրամադրութեան տակ պատրաստ ունեցած հետեւորդներէն, որոնց ճշգրիտ թիւը կարելի չէ կրահել, միայն եօթանասուն հոգի ընտրած էր այդ յատուկ գործին համար:

Սակայն իր անմիջական տասներկու աշակերտներուն ընտրութիւնը, ըստ աւետարանիչներուն, զարմանալիօրէն շատ հեզասահ ընթացած է, առանց պաշտօնական ու յաւելեալ հարցուփորձի: Կարծես զիրենք «մարդու որսորդներ ընելու» խոստումնուքով՝ «ետեւէս եկէք» հրահանգը բաւական էր, որ ձկնորսները իրենց գործը, ընտանիքն ու եսը ուրանալով՝ հետեւէին անձի մը, որուն ո՛վ կամ ի՛նչ ըլլալէն իբրեւ թէ գաղափար իսկ չունէին: Բայց ըստ Յովհաննու տարբերակը այդ զօրակոչի մասին թող տուած է հետաքրքրական հակիրճ տեսարան մը.

Յովհաննու Ա. [40]Սիմոն Պետրոսի եղբայրը Անդրէաս այն երկուքէն մէկն էր, որոնք լսեցին Յովհաննէսէ ու անոր ետեւէն գացին: [41]Ան նախ գտաւ իր եղբայրը՝ Սիմոնը, եւ ըսաւ անոր անոր, Գտանք Մեսիան», (որ կը թարգմանուի Քրիստոս)... [43]Հետեւեալ օրը Յիսուս Գալիլեա ուզեց երթալ, եւ գտնելով Փիլիպպոսը՝ ըսաւ անոր, Հետեւէ՛ ինծի: [44]Փիլիպպոս Բեթսայիդայէն էր. Անդրէասի ու Պետրոսի Քաղաքէն: [45]Փիլիպպոս գտնաւ Նաթանայէլը եւ ըսաւ անոր. Գտանք ան՝ որուն մասին Մովսէս գրեց Օրէնքին մէջ, եւ մարգարէներն ալ...:

Եթէ այս պատմութիւնը զտենք մեսիական աւելորդաբանութիւններէն, ի յայտ կու գայ՝ թէ իր հետքը կորսնցնելու համար դէպի Գալիլիոյ Կափառնայում ծովեզերեայ քաղաքը կծիկը դրած Յովհաննէսի աշակերտներէն շատերը, որոնք նոյնպէս ապաստան գտած էին շրջակայքը, իրենք զիրենք ապահով զգալէ ետք՝ թաքստոց մտած իրենց առաջնորդ Յովհաննէսը կը փնտռէին: Եւ վերջապէս զայն գտնողներուն առաջինը կ'ըլլայ Անդրէաս կոչուածը, որ կ'երթայ *«նախ իր Սիմոն եղբայրը կը գտնէ եւ կ'ըսէ անոր, Գտանք Մեսիան»*: Յովհաննէսն ալ իր կարգին կը գտնէ Փիլիպպոսը, այս վերջինն ալ Նաթանայէլը գտնելով՝ կ'ըսէ՝ «գտանք զայն»: Այստեղ՝ «Գտանք Մեսիան» կամ «գտանք զայն» խօսքը ամեն կասկածէ վեր փաստ է, որ անոնք հետքը կորսուած անձ մը կը փնտռէին, որովհետեւ «մեսիա մը փնտռելը», մանաւանդ ըստ Յուդայութեան, սոսկալի սայթաքում՝ հայհոյանք մըն է: «Մեսիան» կարելի է յուսալ, սպասել, բայց երբե՛ք փնտռել: Յստակ է թէ անոնք Գալիլիոյ բնակիչ եւ Մեսիա ըլլալու կոչուած անծանօթ անձի մը որոնման ելած պատահական անձիք չէին, այլ բոլորն ալ եղած էին Յովհաննէսի «աշակերտները»: Ինչպէս արդէն վերեւի վկայութենէն յստակ է, նախքան աշակերտներուն խուճապահար փախուստի դիմելը, անոնցմէ գէթ ոմանք «անոր ետեւէն գացած» էին եւ իր աշակերտներն էին: Հետեւաբար, վերագտնուած Փիլիպպոսին նման՝ մնացեալ բոլորն ալ, իրենց ուղղուած «*եկուր ետեւէս*» հրահանգին առանց այլեւայլի՝ անմիջապէս պիտի հնազանդէին:

Այս պատմութիւնը անշուշտ գտնողներու եւ գտնուողներու ընդհանուր պատկերէն կոտորակ մըն է միայն, եւ անոնք հետզհետէ բազմանալով՝ պիտի վերախմբուէին ու գործի լծուէին: Սակայն «*Աստուծոյ թագաւորութիւն*» քարոզող ռաբբիի մը համար այդքան մեծ թիւով՝ մանաւանդ շրջուն աշակերտներ առնելու իրողութիւնը խիստ անսովոր էր, եւ բացարձակապէս չէր համապատասխաներ ժամանակի պայմաններուն: Այդ բազմանդամ խմբակցութեան նպատակը չէր կրնար կրօնական բնոյթ ունենալ, այլ՝ մարտական բնոյթ,– «*թշնամիի լուծէն ազատուելու*» պայքար՝ ըմբոստութիւն գաղափարաբանութեամբ: Այդ տեսլականով է, որ անձնուրաց հրեայ կամաւորներու բազմութիւնները, անսակարկ պիտի հետեւէին Յովհաննէսին, ամբողջ էութեամբ համոզուած՝ «*թէ անհկա էր որ Իսրայէլը պիտի ազատէր...*»: Իսկ «*Իսրայէլը ազատել*»ը ամենեւին կարելի չէ «*հրեայ ժողովուրդի մեղքերու թողութիւն*» կամ այլ կրօնական ձաքոտուքներով մեկնաբանել: Եհովայի «ընտրեալ ժողովուրդը» եւ ուղղակի Եհովայէն սեռած ըլլալու յաւակնութիւնը ունեցող հրեան՝ մեղաւորի ո՛չ զգացումը ո՛չ ալ հասկացողութիւնը ունէր, որովհետեւ Եհովան *«Իսրայէլի որդիներուն անօրէնութիւնները պիտի չյիշեր, եւ անոնց անիրաւութիւններն ու մեղքերը պիտի ներէր»*... ինչպէս քրիստոնէութեան հնարիչ Պօղոսն անգամ պիտի յոխորտար. *«Մենք որ բուն հրեայ ենք, եւ ոչ թէ հեթանոսներէն մեղաւորներ»* (Գաղատացիս Բ. 15): Հետեւաբար, հրեային յուսացած «մեսիան» ոչինչով կը նմանի *«չարիքին դէմ չկենալ ու թշնամիները սիրել»* քարոզող ստրկամիտ յերիւրածոյ աւետարանական Յիսուսին: Անոր հռոմէական բանակէն պահանջուած խռովարար մը ըլլալուն կրօնական բնոյթ տալ փորձող աւետարանիչը, որ կ՚ողբար թէ *«հրեններուն եկաւ, եւ հրենները զինք չընդունեցին»*, լրբօրէն կը ստէ, ըսելով թէ հրեայ ղեկավարութիւնը կը վախնար թէ *«ամենն ալ անոր պիտի հաւատան, եւ հռովմայեցիք պիտի գան ու մեր տեղը ու ազգը պիտի վերցնեն»*:

Անմիջապէս յաջորդող գլխուն ներքեւ կրկին անգամ ինքզինք հակասելով՝ աւետարանիչը կ՚ըսէ. *«Եւ թէպէտ այնքան հրաշքներ ըրած էր անոնց առջեւ, բայց անոնք չէին հաւատար իրեն»* (Յովհաննու ԺԲ. 37), որովհետեւ «մարգարէն» այդպէս ըսած է եղեր: Առայժմ չփորձենք հասկնալ, թէ ինչո՞ւ Եհովան հրեաները պիտի արգիլէր Յովհաննէս-Յիսուս մեսիային *«հաւատալով դարձի գալէ»*, երբ յստակապէս այդ նոյն հրեաները *«դարձի բերելու»* համար ղրկած էր զայն: Իսկ *«բոլորը անոր հաւատալու»* պարագային իսկ, եթէ անոր քարոզածը իսկապէս *«սէր ու ներողամտութիւն»* էր, ի՞նչ կերպով հռոմէական կայսրութեան ապահովութեան կամ շահերուն սպառնացող վտանգ կրնար հանդիսանալ, որ իր պատճառաւ՝ հռոմայեցիք բնաջնջէին բովանդակ հրեայ ժողովուրդը: Եթէ որեւէ հաւանականութիւն կար, որ Յովհաննէս-Յիսուսի գործունէութիւնը կրնար այդպիսի աղետալի չարիքներու տեղի տալ, ապա անկարելի է, որ *«չարին դէմ չկենալ ու թշնամին սիրել»* քարոզող կամ *«հիւանդներ բժշկող»* թափառաշրջիկ քարոզիչ մը ըլլար ան: Այդպիսի բազմաթիւ աճպարարներ կային Պաղեստինի տարածքին, ինչպիսին էր դեւահան Եղիազարի մը պարագան, որ նոյնիսկ Վեսպասեան կայսրին ու բազմաթիւ պալատականներու ներկայութեան՝ ցուցադրած է մարդոց ներսէն դեւեր հանելու իր բացառիկ կարողութիւնը: Իսկ ըստ Փիղոստրատոսին, Յովհաննէսին ժամանակակից Ապողոնիոս (Apollonius of Tyana) թափառաշրջիկ յոյն իմաստասէրը, Հռոմ քաղաքի խուռն բազմութեան մը ներկայութեան, բարձրաստիճան դիւանագէտի մը մահացած աղջիկը յարուցանել ետք՝ մերժած է աղջկան ընտանիքին առաջարկած հսկայ գումարը, եւ այլն: Այս եւ շատ մը այլ պատմական արձանագրութիւններ նախ եւ առաջ կը փաստեն, թէ հռոմայեցիք բոլորովին անտարբեր՝ եւ որոշ պարագաներու նաեւ՝ զուարճութեամբ դիտած են այդ աճպարարութիւնները:

Այս դրուագները անշուշտ կը փաստեն նաեւ աւետարանիչին կեղծիքը. եթէ Եղիազարներն ու Ապողոնիոսները իրենց կատարած «հրաշքներով» պատմագիրներու հետաքրքրութեան արժանացած են, աւելի քան զարմանալի՝ անհաւատալի կը թուի ըլլալ Յովհաննէս-Յիսուսի «հրաշքներուն» հանդէպ անոնց բացարձակ լռութիւն պահելը, բացի այն պարագայէն, որ Յովհաննէսն ու իր գործունէութիւնը ո՛չ թէ «հրաշքներու», այլ խռովարարներու պատմութեան մէջ պէտք է որոնել: Վերջապէս, Յովհաննէս-Յիսուս հռոմէացիներէն պահանջուած՝ արդարութենէն յարատեւ խուսափող մեղապարտ խռովարար մըն էր, ինչպէս ըսուած է. «*որդին մարդոյ տեղ մը չունի, ուր իր գլուխը դնէ*» (Մատթէոսի Ը. 20): Յաճախ թաքստոց փոխելով՝ դարանին փորձող Յովհաննէսը, բնականաբար հանգիստ «*գլուխը դնելու տեղ*» մը պիտի չունենար: Սակայն Գալիլիոյ շրջանը, ուր ըստ երեւոյթին ան կը վայելէր նաեւ իրեայ հանրութեան նեցուկը, համեմատաբար աւելի համարձակ կը գործէր ու յաճախ կերուխումի կը նստէր հարուստներու, մաքսաւորներու, պոռնիկներու եւ նոյնիսկ իբրեւ թէ «զինք մեռցնել ուզող փարիսեցիներուն» հետ: Հաւանաբար, իր հանգամանքին անվայել այդ զեխ կեանքին ու անմաքրութեան պատճառաւ կրնար երբեմն պախարակուիլ իրեայ ղեկավարութեան կողմէ, որ սակայն իր կեանքին սպառնացող ո՛չ մէկ վտանգ կ՚ենթադրէր: Որպէս յեղափոխական շրջուն գործիչ, կարեւոր էր, որ Յովհաննէս-Յիսուս զինեալ պայքարին նեցուկ ու սատարող իրեայ տարբեր խաւերուն հետ սերտ յարաբերութիւններ հաստատեր, ինչպիսին էր պարագան հարուստ մաքսապետ Զաքէոսին, որուն պատիւ ընելով՝ Յովհաննէս-Յիսուս կ'որոշէ անոր «*տունը իջեւան ընել, եւ Զաքէոս կայնեցաւ ու ըսաւ Տէրոջը, Տէր, ահա իմ ունեցածիս կէսը աղքատներուն կու տամ...*» (Ղուկասու ԺԹ. 7–8)։ Անշուշտ այստեղ մեսիական հեղինակին կեղծած «աղքատներուն կու տամ» խօսքը պէտք է հասկնալ՝ իրեայ ազգային պայքարին տալ, այլապէս կարելի չէ հաւատալ, որ «*հրեաները կայսրին հարկ* (մաքս) *տալէ արգիլող*» Յովհաննէս-Յիսուսը մաքսապետին «*տունը իջեւան կ'ընէր*»։

Այս ու նման տակաւին շատ մը ցիրուցան տուեալներ համադրելով՝ ի յայտ կու գան խռովարար Յովհաննէս-Յիսուսի (որ այսուհետեւ պիտի կոչենք իր իսկական անունով՝ Յովհաննէս) ապստամբական գործունէութեան ստորերկրեայ բջիջային կառոյցին հետքերը։ Իրենք զիրենք աշակերտ կոչող Յովհաննէսի ծառաները, որոշ ժամանակ մը ետք իսկ հազիւ թէ մակերեսային գաղափար մը ունէին իրենց պատկանած Նազարական կազմակերպութեան ու գործունէութեան մասին։ Միայն վերջին գիշերը, նախքան Յովհաննէսի ձերբակալուիլը, զանոնք բարեկամի աստիճանին բարձրացնելով՝ որոշ տեղեկութիւններ կը յայտնէ անոնց.

> **Յովհաննու ԺԵ.** [14]Դուք իմ բարեկամներս էք, եթէ ընելու ըլլաք ինչ որ ձեզի կը պատուիրեմ։ [15]Ասկէ ետք ձեզ ծառայ չեմ անուաներ, վասն զի ծառան չի գիտեր իր տէրը ի՛նչ կ'ընէ. հապա ես ձեզ բարեկամ անուանեցի, վասն զի այն ամեն բաները զորոնք իմ Հօրմէս լսեցի, ձեզի իմացուցի։
>
> **Յովհաննու ԺԶ.** [12]Տակաւին շատ բաներ ունիմ ձեզի ըսելու, բայց հիմա չէք կրնար հանդուրժել։ [13]Իսկ երբ ինք՝ Ճշմարտութեան Հոգին գայ, ամբողջ ճշմարտութեան պիտի առաջնորդէ ձեզ....։ [29] Իր աշակերտները ըսին իրեն... [30]Գիտենք հիմա թէ դուն գիտես ամեն բան, եւ պէտք չունիս որ մէկը հարցնէ քեզի... ։

Անշուշտ միամտութիւն պիտի ըլլար ակնկալել, որ վերջին գիշերը իրենց տրուած այդ գաղտնի տեղեկութեանց իսկութիւնը ծանուցանէին անոնք. քաւ լիցի, այդ տեղեկութիւնները միայն իրե՛նց՝ «ներսիններուն» կը պատկանէին։ Փոխարէնը՝ դուրսիններուն համար, անոնք պիտի յօրինէին իրենց անձը փառաւորող ու սրբացնող կեղծուպատիր պատմութիւններ, թէ ինչպէս ան իբրեւ թէ վերջին ընթրիքի ընթացքին խոստացած էր «*երթամ ու ձեզի տեղ պատրաստեմ, նորէն կու գամ եւ ձեզ քովս կ'առնեմ*» (Յովհաննու ԺԴ. 3) եւ նման՝ չորս էջերու վրայ երկարող՝ զզուանք պատճառող ձառոտութներ: Գիշեր ու ցորեկ Յովհաննէսին հետեւող աշակերտները, որպէս ծառաներ՝ «*չէին գիտեր թէ իրենց Տէրը ինչ կ'ընէ*»: Արդարեւ, գիտենք թէ երբեմն միայն ամենէն հաւատարիմ երեքը Յովհաննէսին կ'ընկերակցէին իր գաղտնի հանդիպումներուն, եւ շատ յաճախ ան նաեւ անապատ տեղ մը կամ լեռ մը կ'երթար բոլորովին «*առանձին*», իբրեւ թէ աղօթելու կամ հանգստանալու.

Ղուկասու Զ. [12]Այն օրերը լեռը ելաւ աղօթք ընելու, ու բոլոր գիշերը Աստուծոյ աղօթք ընելով անցուց: [13]Երբ առտու եղաւ, կանչեց իր աշակերտները, անոնցմէ տասներկու հոգի ընտրեց, զորոնք առաքեալ ալ անուանեց:

Ո՛րքան խնդրանք ունէր, կամ խոստովանելիք մեղքեր, որ «*երբ աղօթք կ'ընէք, հեթանոսներուն պէս շատախօս մի ըլլաք*» (Մատթէոսի Զ. 7) քարոզող Յովհաննէսը՝ «*բոլոր գիշերը աղօթք ընելով*» պիտի անցընէր: Անհաւատալի՝ սակայն արդիւնքը գնահատելի է: Մովսէս ամբողջ քառասուն օր ու քառասուն գիշեր Եհովային հետ առանձնանալէ ետք, հազիւ թէ տասը պատուիրաններով վերադարձած էր, մինչդեռ Յովհաննէս՝ մէկ գիշերուայ մէջ ստացած էր «տասներկու հոգիսոց» անուանացանկ մը: Իսկ հեղինակը չարաչար ստելով կը կեղծէ, թէ «զանոնք առաքեալ անուանեց»:

Ուրեմն վերջին ժամը հասած էր, եւ նախքան հռոմայեցւոց յանձնուիլը՝ Յովհաննէս ստիպուած էր կատարուելիք դէպքերն ու հետեւանքները դիմագրաւելու անհրաժեշտ ցուցմունքներ տալ ծառաներուն, որպէսզի իրմէ ետք, մինչեւ զինք յաջորդելիք առաջնորդին յայտնուիլը՝ կազմալուծուելով ցիրուցան չըլլային: Տակաւին՝ մինչ այդ գաղտնի պահուած «*շատ բաներ կային ըսուելիք*», զորս ընդունելու պատրաստ չէին ծառաները: Երկուորեակ Յուդա Թովմասը կը վկայէ, թէ Յովհաննէս զինք փոխարինելու առաջնորդ որոշած էր իր եղբայրը՝ Յակոբոս[66], որուն մասին ոչ մէկ ակնարկ կայ կանոնական աւետարաններուն մէջ: Սակայն այդ անձը կրնար նաեւ նոյն

---

[66] Յակոբոսը փաստօրէն պիտի ըլլար «Երուսաղէմի եկեղեցիին» ամենէն հեղինակաւոր «սիւնը»:

նպատակին ծառայող, բայց Յովհաննէսի ծառաներուն բոլորովին անծանօթ գործիչ մը ըլլալ, ինչպէս որ անոնք Յովհաննէսին «անունով գործող»[67] անծանօթի մը հանդիպած էին: Յովհաննէս, որպէս գործիչ՝ կը ներկայացնէր Նազարական կուսակցութիւնը կամ շարժումը: Հետեւաբար Յովհաննէսին «անունով գործելը» պէտք է հասկնալ Նազարական շարժման անունով, ինչպէս Յովհաննէս փաստօրէն կը վկայէ, թէ *«ով որ զիս ընդունի, ոչ թէ զիս կ՚ընդունի, հապա զիս ղրկողը»*: Ուրեմն, երբ ծառաները Յովհաննէսին կը զեկուցեն, թէ անծանօթ *«մէկը տեսած»* էին, որ իր անունով ու նոյն գործերը կ՚ընէր, Յովհաննէս չի զարմանար, ոչ իսկ հետաքրքրութիւն ցոյց կու տայ, գիտնալու թէ ո՞վ էր այդ անձը կամ ի՞նչ իշխանութեամբ կը գործէր, եւ այլն: Ընդհակառակն, ան շատ հանդարտ, զաղտնապահութեան եւ կարգապահութեան օրինակ մը տալու միտումով կը պատասխանէ. *«ան որ մեզի հակառակ չէ, մեր կողմէն է»*: Ծառաները պէտք էր բաւականանային գիտնալով՝ թէ իրենք ինքնագլուխ գործող անջատ խմբակ մը չէին, թէ իրենց շրջանակէն դուրս՝ փաստօրէն կային նաեւ ուրիշներ, որոնց գործունէութենէն արդէն յստակ էր, թէ «իրենց կողմէն էին»: Բայց ի՞նչ հակառակ կողմերու մասին կը խօսէր ան ըսելով՝ թէ *«ան որ մեզի հակառակ չէ, մեր կողմէն է»*, որ կը յիշեցնէ *«թշնամիիս թշնամին բարեկամս է»* խօսքը: Միայն երկու հակառակ կողմեր կային. հրեաներն ու մնացեալը: Իսկ հրէական բոլոր հոսանքներն ալ, առանց բացառութեան, նոյն ազգային գերագոյն նպատակին կը ծառայէին...:

Հակառակ աւետարաններէն իսկ քաղուած այս բոլոր փաստերուն, բնական է, որ քրիստոնեայ երկիւղած հաւատացեալները, վերապահութեամբ, կամ նոյնիսկ տհաճութեամբ կարդան յաճախ կրկնուող եղծանութեանց ու կեղծիքներուն մասին: Վերջապէս եկեղեցիին առաջնակարգ առաքելութիւններէն մէկն ալ, ակնյայտ պատճառներով՝ հաւատացեալներուն տրամաբանութիւնը մթագնել ու անձը նուաստացնելն է, *«որ չըլլայ թէ աչքովնին տեսնեն ու սրտովնին իմանան»*: Երկուորեակ Յուդա Թովմասի աւետարանին շատ հակիրճ յառաջաբանը կը վկայէ Յովհաննէսի իր ծառաներուն տուած դաստիարակութեան գաղտնի ըլլալուն մասին. «*Ասոնք են*

[67] Մարկոսի Թ. 37–39:

այն գաղտնի աւացուածքները, զորս կենդանի Յիսուսը խօսեցաւ եւ Երկուորեակ Յուդա Թովմասը արձանագրեց», եւ այդ արցանագրութեանց վաթսուներկրորդը հետեւեալը կը պարզէ. «*Յիսուս* [իմա՝ Յովհաննէս] *ըսաւ, իմ գաղտնիքներս կը յայտնեմ անոնց, որոնք արժանի են իմ գաղտնիքներուս. ձախ ձեռքդ թող չգիտնայ աջ ձեռքդ ի՛նչ կը գործէ*»: Այս խօսքին երկրորդ մասը ծանօթ է բոլորիս, սակայն բոլորովին տարբեր շրջարկի մէջ, որովհետեւ աւացուածքին առաջին բաժինը քրիստոսական գրաքննութենէ անցնելով՝ «*գաղտնիքներս*» բառը վերածուած է «ողորմութեան». «*Իսկ դուն երբ ողորմութիւն կ՚ընէս, ձախ ձեռքդ թող չգիտնայ աջ ձեռքիդ ինչ գործելը*» (Մատթէոսի Զ. 3):

Այս ակնյայտ այլափոխումը՝ կրօնական բնոյթի գաղտնիքներ չ՚ենթադրեր, այլ պարզապէս արժանիներու եւ անարժաններու յատուկ քրիստոնէութեան տարբերակները կը նշէ, ինչպիսին էր Զաքէոսի՝ ազգային պայքարի՞ն թէ «*աղքատներուն տալու*» հարցը: Մեսիական աւետարանիչները Յովհաննէսի ռազմաշունչ քարոզներն ու գործունէութիւնը, որոնք պատճառ պիտի դառնային հռոմէական բանակէն հալածուելուն, ձերբակալուելուն ու մահուան դատապարտուելուն, կրօնական շրջարկի մէջ ներկայացնելով, իսկ ձերբակալութեան ու մահուան դատապարտման եղելութիւնը հռոմայեցիներուն փոխարէն իրեայ ղեկավարութեան վզին փաթթելով՝ հարցին պիտի տային կրօնական բնոյթ եւ դէպքերը պիտի պատշաճեցնէին իրենց դաւադիր ծրագրին: Իսկ յօրինուածքին թերի մնացած սայթաքումներն ու խայտառակութիւնները «աստուածաբանական» մեկնաբանութիւններով հարթելը՝ պիտի ըլլար եկեղեցիին դարաւոր առաքելութիւնը:

* * *

Յովհաննէս, որպէս նազարական գործիչ, եղած է իրեայ շրջանակներէն սիրուած, յարգուած ու հեղինակաւոր առաջնորդ մը, որմէ նոյնիսկ «Հերովդէս չորրորդապետը կը վախնար եւ խորհուրդ կը հարցնէր»: Բայց Հերովդէս թագաւորութեան ձգտող խորամանկ դիւանագէտ մըն էր, որուն փառատենչ երազներուն իրականացումը կախեալ էր հռոմէական տիրապետութեան տրամադրութենէն: Հետեւաբար՝ խիստ կասկածելի է, որ Հռոմ ընթացք տար Հերովդէսի՝ իր հօրը գահին տիրանալու ախորժակներուն, երբ անկայուն ու պայթուցիկ մթնոլորտ մը կը տիրէր ապստամբութեան տենդով համակուած երկրի տարածքին, որ կը վխտար ծայրայեղական կազմակերպութեանց «բիրաւոր օրէնքին նախանձաւոր հրեաներու» բանակներով, եւ որոնց պարագլուխներէն մէկն ալ, նոյն ինքն Յովհաննէսն էր: Ուստի՝ Յովհաննէսի վտանգաւոր գործունէութենէն զգուշաւոր Հերովդէսը մօտէն կը հետեւէր անոր շարժումներուն: Իսկ Յովհաննէս՝ վճռական մէկ պահուն, երբ «լսեց թէ մատնուեցաւ», կծիկը կը դնէ դէպի Գալիլիոյ Կափառնայում քաղաքը, ինչպէս տեսանք, ուր ոչ ոք զինք կը ճանչնար, եւ ուր կը մնայ առնուազն մինչեւ մթնոլորտին հանդարտիլը: Օրէնքին նախանձաւոր (Zealot) բիրաւոր հրեաներով վխտացող Գալիլեայի տարբեր քաղաքներն ու գիւղերը, իր ստորերկրեայ գործունէութեան համար բաւական ապահով եւ ընդարձակ տարածութիւն մը ըլլալով հանդերձ, Յովհաննէս որդեգրած է չափազանց զգուշաւոր գործելակերպ: Ան յարատեւ շարժման մէջ էր. «տեղ մը չունէր, որ իր գլուխը դնէր»: Եւ եթէ գեշերելու ապահով թաքստոց մը չգտնէր, յաճախ գիշերը անապատ տեղերն ու լեռները կ՚ապաստանէր:

Հրեայ ազգային շարժումը նեցուկը կը վայելէր նաեւ հրեայ համակիրներու տարածուն ցանցի մը[68], որ հարկ եղած պարագային՝ բարոյական, նիւթական թէ այլ բնոյթի ծառայութիւններով՝ կը նպաստէր ապստամբութեան: Ինչպէս օրինակ՝ երբ իր «*աշակերտներէն երկուքը*» գիւղ մը կը ղրկէ, բոլորովին անծանօթ անձիք, «*վարդապետին*» կամքը անմիջապէս կատարելով՝ առանց այլեւայլի՝ էշ մը եւ աւանակ մը կը հայթայթեն անոնց: Կամ վերջին գիշերը, երբ կրկին երկու աշակերտ կը ղրկէ քաղաք, որպէսզի «*հրեաներուն զատիկը ուտելու*»[69] օթեւան մը ապահովեն, վերի անծանօթ անձերուն նման՝ այդ «սանը սէրն» ալ վստահաբար ո՛չ աշակերտները, ո՛չ ալ Յովհաննէսը կը ճանչնար: Տարբեր «*քաղաքներ ու գեղեր*»ու մէջ կային այդ տան տիրոջ նման ընկերային տարբեր խաւերու պատ-

---

[68] Իսրայէլի գաղտնի սպասարկութեան՝ Mossad-ի, աշխարհի տարածքին, արբանեակներու՝ Sayanim-ի օրինակով ցանց մը:

[69] Ղուկասու ԻԲ. 11:

կանող բազմաթիւ անծանօթ հրեաներ, որոնք երբ «վարդապետին» անունը լսէին՝ պատրաստ էին անմիջապէս իրենցմէ պահանջուած «պարրապրութիւնը» լիովին կատարելու: Մենք մեզ չխաբենք. այդ կատարեալ անծանօթ հրեաները Իսրայէլի տէր Եհովայէն թելադրուելով չէ, որ անյապաղ կը կատարէին «վարդապետին» պահանջները. արդէն «*պանը պէրոջը ըսէք, ո՛ւր է օթեւանը, ան ալ ձեզի յարդարուած մեծ վերնատուն մը պիտի ցուցնէ*» հաստատումին եղանակը ինքնին կը մատնէ նախապէս եղած «*պայրապրութեան*» մը իրողութիւնը: Սակայն պայմաններու բերումով, Յովհաննէս ո՛չ միայն իր կեանքը, այլ ամբողջ Նազարական շարժումը վտանգի ենթարկելու գնով՝ ընդլայնած էր գործունէութեան ծիրը. «*ուրիշ եօթանասուն ալ որոշած*»[70] էր, երկու-երկու իր երթալիք քաղաքները գործուղել,– գործ մը, որ կարգ մը պարագաներու հաւանաբար շաբաթներ կրնար տեւել: Յստակ է, թէ այդ «*եօթանասունը*» պատահական անձիք չէին կրնար ըլլալ, ինչ որ կը նշանակէ՝ թէ կամաւորներու շարք մը կազմ ու պատրաստ կը սպասէր Յովհաննէսի հրահանգներուն: Եւ մեծածախս այս գործունէութեան նիւթական կարիքները մեծ հնարաւորութեամբ կարգադրուած էին: Մինչ մեսիականները աւետարանական Յիսուսի անուան տակ՝ «*Վաղուան ապրուստով չմտահոգուելու*» քարոզներով օտարները կը կողոպտէին, միւս կողմէն կը խոստովանին, թէ կիներու ամբողջ ընտրանի մը, Յովհաննէսի ու անոր գործունէութեան նիւթական պէտքերը հոգալու համար անխոնջ կը հետեւէին անոր ամեն քայլափոխին[71]:

Հեղինակը կը զլանայ բացատրելու, թէ ի՛նչ նպատակի կը գործածուէին այդ պատկառելի գումարները: Յովհաննէսն ու իր ծառաները անձնապէս որեւէ նիւթական կարիք չունէին: Ճամբորդութեան ընթացքին՝ ընդհանրապէս իրենց այցելած քաղաքներէն ու գիւղերէն ներս զիրենք հիւրընկալող ու կերակրող համակիրներ կը գտնուէին, եւ հակառակ պարագային, ընթացիկ ծախսերու համար ունէին զանձապահ Յուդային վստահուած յատուկ զանձանակ մը: Բայց աւելի շշմեցուցիչը «*իրենց ստացուածքով ծառայութիւն ընողներուն*» իգական սեռին պատկանելու իրողութիւնն է: Ժամանակի

70 Ղուկասու Ժ. 1:

71 Ղուկասու Ը. 2–3:

իրենց կիներուն՝ առանց իրենց այրերու հաւանութեան իրենց «*սպա-ցուածքները*» (նոյնիսկ եթէ «ստացուածքներու» իրաւունք ունե-նային) աջ ու ձախ վատնելու ազատութիւն ունենալը՝ պարզապէս ցնորական պատրանք է: Յովհաննէսի ծառայութեան տրամադ-րուած գումարները այդ կիներուն «*սպացուածքները*» չէին կրնար ըլլալ, այլ՝ իրենց ազատագրական պայքարին յատկացուած գումար-ներ, իսկ կիները՝ այդ գումարները շրջագայութեան մէջ դնելու ապա-հով միջոց մը միայն. այսինքն՝ կասկած չյարուցանող գանձապահ-ներ: Այդ բոլորի ետին՝ վստահ եւ անպայման՝ կանգնած պիտի ըլ-լար լաւապէս ծրագրուած կանոնաւոր կազմակերպութիւն մը:

Հռոմայեցիներէն պահանջուած խռովարար, զաղտագողի ապ-րող ու գործող Յովհաննէսը որքան ալ շուրջիններուն «*սաստիկ յան-դիմաներ, որ զինքը չյայտնեն*» (Մարկոսի Գ. 12), երբ գործունէու-թեան ծիրը կ՚ընդլայնէր եւ բացի «*եօթանասուններն իր երեսին առ-ջեւէն*» գործուղելէ, ինք անձամբ «*քաղաքէ քաղաք ու գեղէ գեղ պտը-տելով*»՝ կայսրին տուրք չտալ, ըմբոստութիւն ու ապստամբութիւն կը քարոզէր[72], անշուշտ որ «*անունը յայտնի պիտի ըլլար*»: Իսկ իրենց ծայրայեղական կազմակերութեանց շարժումներուն աչալուրջ հետեւող հռոմէական բանակը աւելի եւս ջղագրգռելով՝ պիտի դառ-նար անոր հիմնական թիրախը:

Յովհաննէս, իր գործունէութեան ներքին թէ արտաքին ծանր պայմաններուն բերումով, եւ հաւանաբար իր վատառողջ վիճա-կին ու մանաւանդ հռոմէական բանակին կողմէ անձանձիր հալա-ծուելուն պատճառաւ՝ իր հաւասարակշռութիւնը կորսնցուցած էր եւ դարձած՝ ինչպէս ամերիկացիք կ՚ըսեն, «շրջուն ռումբ» մը,– փոր-ձանք մը ղեկավարութեան գլխուն: Պաղեստինի տարածքին պայ-թուցիկ մթնոլորտ մը կը տիրէր, իսկ Յովհաննէսի դարբնելիք ապըս-տամբութիւնը տակաւին ժամանակի կը կարօտէր, բայց ժամանակ չկար. հռոմայեցիք սպառնալից ճնշումներ կը բանեցնէին, եւ զի-նուորական ծաւալուն միջամտութեան մը հաւանականութիւնը օր-ըստօրէ աւելի կը շեշտուէր: Հետեւաբար իրենց ղեկավարութիւնը կը գտնուէր անել կացութեան մը դէմ հանդիման.

[72] Բացի աշակերտներուն թուրերով զինուած ըլլալու իրողութենէն, զինեալ ընդհա-րում ենթադրող տեղեկութիւններ չկան:

> **Յովհաննու ԺԱ.** [47]Ուստի քահանայապետները եւ փարիսեցինները ժողով գումարեցին ու ըսին, ի՞նչ ընենք, քանզի այս մարդը շատ հրաշքներ կ'ընէ: [48]Եթէ զանիկա այսպէս թող տանք, ամենն ալ անոր պիտի հաւատան, եւ հռովմայեցիք պիտի գան ու մեր տեղը ու ազգը պիտի վերցնեն: [49]Եւ անոնցմէ մէկը, Կայիափա անունով, որ այն տարուան քահանայապետն էր, ըսաւ անոնց, [50]Դուք բան մը չէք գիտեր, եւ չէք ալ խորհիր թէ աղէկ է մեզի՝ որ մարդ մը ժողովուրդին համար մեռնի, ու բոլոր ազգը չկորսուի: [51]Բայց այս բանը ոչ թէ ինքիրմէ զրուցեց, հապա այն տարուան քահանայապետը ըլլալով, մարգարէացաւ թէ Յիսուս ազգին համար պիտի մեռնէր. [52]Եւ ոչ թէ միայն ազգին համար, հապա որ Աստուծոյ ցիրուցան եղած որդիներն ալ մէկտեղ ժողվէ: [53]Ալ այն օրէն ետեւ խորհուրդ ըրին որ սպաննեն զանիկա: [54]Ուստի Յիսուս [Յովհաննէս] անկէ ետքը համարձակ չէր պտտեր Հրէից մէջ, հապա անկէ անապատին մօտ տեղ մը գնաց, քաղաք մը, որուն անունը Եփրայիմ էր, ու իր աշակերտներուն հետ մէկտեղ հոն կը կենար:

Այստեղ, որպէս դրդապատճառ տրուած Յովհաննէսի «*շատ հրաշքներ ընելը*» ակնյայտ կեղծիք մըն է. ո՛չ Յովհաննէսը «հրաշքներ» կ'ընէր, ո՛չ ալ հռոմայեցիք այդպիսի աճպարարութեանց պատճառաւ ամբողջ հրեայ «*ազգը պիտի վերցնէին*»՝ բնաջնջէին: Փաստօրէն, Գործք Առաքելոցի հեղինակը կը պատմէ, թէ երբ հրեաները նոյնանման ամբաստանութեամբ «*Պօղոսը բռնեցին Գաղիոնին կը տանին*», այս վերջինը՝ զանոնք «*ատեանէն կը վռնտէ*», որովհետեւ ամբաստանութիւնը «*անիրաւութեան կամ չար գործի մը համար չէր, այլ իրենց օրէնքին վրայով էր*»[73]: Ուստի, հրեայ ղեկավարութիւնը մտատանջող մարտահրաւէրը տամոկլեան սուրի նման հրեայ ժողովուրդի գոյութեան սպառնացող խռովարկու Յովհաննէսն էր, եւ «*եթէ զանիկա այսպէս թող տանք... Հռովմայեցիք պիտի գան ու մեր տեղը ու ազգը պիտի վերցնեն*»...: Յստակ է, թէ քահանայապետներն ու փարիսեցիները ստիպուած էին անյապաղ այդ աղետալի կացութեան առաջքը առնել: Եւ ահաւասիկ, տակաւին ե՛րէկ «Իսրայէլը թշնամիներէն ազատելու» սուրբ գործը անոր վըստահած ղեկավարութիւնը, ստիպուած էր արտակարգ ժողով գումարել, Իսրայէլի գոյութեան սպառնացող նորագոյն զարգացում-

---

[73] Գործք Առաքելոց ԺԸ. 12–17:

ներու լոյսին տակ, ըստ էութեան վերարժեւորելու Յովհաննէսն ու իր գործունէութիւնը:

Անցեալի նոյնանման եղելութեանց աղետալի հետեւանքներուն յիշատակը, ինչպիսին էին Գալիլեացի Յուդային ու այլոց պարագաները, տակաւին իրենց մտքերուն մէջ չխամրած «*քահանայապետներն ու փարիսեցիները*» շուարած հարց կու տային, թէ «*ի՞նչ ընենք*»: Բոլորն ալ համաձայն էին, որ հարցը այլեւս ձեռքէ ելած էր ու հարկ էր շուտափոյթ լուծում մը գտնել: Լուծումը դիւրին չէր կրնար ըլլալ, բայց «*Իսրայէլի փրկութեան*» պայքարին նուիրեալ Յովհաննէսը որքա՛ն ալ ծանր կշռէր, անոր դիմաց միւս նժարին մէջ կը ճօճար ամբողջ հրեայ ազգին գոյութիւնը: Հետեւաբար, երկար խորհրդակցութիւններէ ետք՝ «*Կայիափա անուն քահանայապետը*» ժողովականները այպանելով կ՚ըսէ՝ թէ «*դուք բան մը չէք գիտեր, չէք ալ խորհիր թէ աղէկ է մեզի՝ որ մարդ մը ժողովուրդին համար մեռնի, ու բոլոր ազգը չկորսուի*»: Ուստի, ժողովականները ընդառաջելով Կայափայի առաջարկին, կ՚որոշեն՝ Իսրայէլի փրկութեան սիրոյն՝ իրենց որդին, Յովհաննէսը յանձնել հռոմէական արդարութեան, որպէսզի «*ժողովուրդին համար մեռնի, ու բոլոր ազգը չկորսուի*»...: Հետեւաբար, մեսիականներու զրպարտութիւնները, թէ ան «*մեռաւ մեր* (օտարներուս) *մեղքերուն համար*», նենգաբար յօրինուած դաւադրութիւն մըն է:

Բնականաբար տարաժամ եւ անակնունելի մռայլ էջ մը բացուած էր Յովհաննէսի եւ իր գործունէութեան համար, զոր ինք՝ Յովհաննէսն ալ դիմագրաւելու պատրաստ չըլլալով հանդերձ, ստիպուած էր գէթ ծառաները տեղեակ պահել անցուդարձերէն.

Ղուկասու Թ. [22]Ու ըսաւ թէ պէտք է որ որդին մարդոյ շատ չարչարանքներ կրէ, եւ ծերերէն ու քահանայապետներէն եւ դպիրներէն մերժուի ու սպաննուի, ու երրորդ օրը յարութիւն առնէ: ... [28]Ու եղաւ որ այս խօսքերէն գրեթէ ութ օր ետքը՝ Պետրոսը ու Յովհաննէսը եւ Յակոբոսը առնելով, լեռը ելաւ աղօթք ընելու: [29]Ու երբ աղօթք կ՚ընէր, իր երեսին տեսքը ուրիշ կերպ մը եղաւ, ու իր հագուստը ճերմակ ու փայլուն եղաւ: [30]Եւ ահա երկու մարդիկ իրեն հետ կը խօսէին, որոնք Մովսէս ու Եղիա էին, [31]փառքով երեւցած, եւ անոր այս կեանքէն ելլելուն վրայով կը խօսէին, որ Երուսաղէմի մէջ պիտի կատարուէր: [32]Բայց Պետրոս եւ անոր հետ եղողները քունով ծան-

> բացած էին, ու երբ արթնցան, տեսան անոր փառքը եւ այն երկու մարդիկը որոնք անոր քով կեցած էին: [33]Ու եղաւ որ երբ անոնք զատուեցան անոր քովէն ... Ու իրենք լուռ կեցան, եւ իրենց տեսածներէն այն օրերը մարդո՛ւ բան մը չպատմեցին: ... [51]Ու եղաւ որ երբ իր աշխարհէն վերանալու օրերը կը կատարուէին, ինք ալ հաստատ որոշեց Երուսաղէմ երթալ: [52]Եւ իր երեսին առջեւէն պատգամաւորներ ղրկեց. եւ երբ գացին, Սամարացւոց մէկ գեղը մտան որպէս զի իրեն համար պատրաստութիւն մը ընեն: [53]Եւ չընդունեցին զանիկա, վասն զի անոր երեսը դէպ ի Երուսաղէմ երթալու շտկուած էր:

Ուրեմն, Յովհաննէս նոյն երեքը առնելով, «*լեռը ելաւ աղօթք ընելու*», ուր հանդիպում մը կ՚ունենայ երկու անծանօթ անձերու հետ, զորս հեղինակը կը կոչէ «*Մովսէս ու Եղիա*», որոնք Յովհաննէսին հետ «*անոր այս կեանքէն ելլելուն վրայով կը խօսէին*»: Նախ պէտք է ընդունիլ, թէ բոլոր աշակերտներէն միայն երեքը առնելով՝ Յովհաննէսի լեռ բարձրանալուն նպատակը աղօթել չէր կրնար ըլլալ, ոչ ալ այդ երկու անձերուն ներկայութիւնը՝ զուգադիպութիւն: Յստակ է, թէ նախապէս որոշուած ժամադրութիւն մը կազմակերպուած էր: Բայց Ղուկասու հեղինակը, որ առնուազն երրորդ կամ չորրորդ սերունդին կը պատկանի, այս հեքիաթը կը պատմէ որպէս ականատեսի, ուր ներկայ գտնուող «քունով ծանրացած» աշակերտներն անգամ ոչինչ տեսած կամ լսած էին: Անոնք միայն արթննալէ ետք, ու իրենցմէ որոշ հեռաւորութեան վրայ՝ տեսած էին «*այն երկու մարդիկը որոնք անոր քով կեցած էին*»: Հետեւաբար՝ անկարելի էր, որ յստակ գաղափար մը կազմէին անոնց ինքնութեան թէ խօսակցութեան նիւթին մասին: Իսկ հակառակ որ «*այն օրերը մարդո՛ւ բան մը չպատմեցին*», հեղինակը կը «վստահեցնէ» թէ այդ երկու անձիքը Հին Կտակարանի առասպելական կերպարներէն «*Մովսէսն ու Եղիան*» էին...:

Ժամանակագրական լուրջ խախտում մըն ալ կայ այս պատմութեան մէջ. ճշգրիտ շարադրումը պէտք էր ըլլար «այս խօսքերէն ութ օր առաջ», որովհետեւ Յովհաննէս չէր կրնար «*իր այս կեանքէն վերանալու օրերը կատարուելու*» մասին աշակերտներուն զեկուցել, նախքան ինք անձամբ, այդ հարցի մասին՝ երկու անձերէն իմանալը: Հեղինակները կը փորձեն խորհրդաւոր մթնոլորտ մը ստեղծել, այն տպաւորութիւնը ձգելով՝ թէ «*վերանալու օրերը կը կատարուէին*» «նախախնամութեան կամքով», ինչպէս «մարգարէներով» արդէն որոշուած էր, եւ այլն: Սակայն երկու անձերուն հետ հանդիպումէն ետք, երբ աշակերտներուն կը զեկուցէ, «*Պետրոս մէկդի առաւ զանիկա եւ սկսաւ յանդիմանել ու ըսել, քա՛ւ լիցի քեզ, Տէր, այդ բանը քեզի չըլլայ*» (Մատթէոսի ԺԶ. 22): Պետրոս, որ իբրեւ թէ ներկայ էր այդ հանդիպումին, անակնկալի եկած ու զայրացած՝ իր «Տէրը» կը յանդիմանէր, որպէսզի չենթարկուի այդ եղերական որոշումին: Ասկէ շատ յստակ կարելի է հետեւցնել, թէ իրենց տրուած տեղեկութենէն աշակերտները շատ լաւ հասկցած էին, որ այդ որոշումը կը պատկանէր իրեայ ղեկավարութեան, եւ ո՛չ թէ, այսպէս ըսուած՝ «նախախնամութեան», որու պարագային՝ բացարձակապէս անկարելի է, որ «չենթարկուէր» կամ այլընտրանք ունենար: Իսկ Մարկոսի ու Մատթէոսի հեղինակները կը վկայեն, թէ ութը օր չէր, միայն «*վե՛ց օրէն ետքը*» երեքին հետ լեռը բարձրացած էր, եւ աշակերտները չէին, որ որոշած էին «լուռ կենալ», այլ «*երբ լեռնէն վար կ'իջնէին, պատուիրեց անոնց որ տեսածնին մարդու չպատմեն...*» (Մարկոսի Թ. 8), որովհետեւ խօսակցութեան նիւթէն արդէն տեղեակ չէին, բայց «տեսածնին» ալ գաղտնի պէտք է պահէին:

Յովհաննէս ծառաները կը լուսաբանէ «*ամեն բաները որ իր հօրմէն*», այլ խօսքով՝ «երկու մարդոցմէ լսած էր» վերջին անցուդարձերուն մասին: Եւ զալիքի մասին խօսելով՝ կ'ըսէ, թէ պիտի չարչարուէր ու սպաննուէր, որովհետեւ «*ծերերէն ու քահանայապետներէն եւ դպիրներէն պիտի մերժուէր*», ճիշտ ինչպէս որոշած էր իրեայ ղեկավարութեան ժողովը: Այդպիսով հեղինակը անուղղակիօրէն կը խոստովանի, թէ իրեայ ղեկավարութեան իսկական յանցանքը՝ Յովհաննէսը «մերժելու» իրողութիւնն էր, եւ ոչ թէ անոր սպաննութիւնը...:

Այդ խորհրդաւոր երկու անձերը երէցներու ժողովին որոշումը Յովհաննէսին փոխանցող պատգամաւորները պէտք է ըլլային, որովհետեւ «ազգին սիրոյն Յովհաննէսը զոհելու» որոշում առնող ժողովականները բնականաբար հարցը պիտի քննարկէին եւ զալիք դէպքերուն ընթացքն ու մանրամասնութիւնները ծրագրէին, ինչ որ կարեւոր էր գաղտնի պահել, որպէսզի ամեն ինչ հեզասահ ընթանար: Կար Յովհաննէսն ու ծառաները համոզելու հարց, կար հանրային կարծիքը, ղեկավարութեան արժանապատուութիւնը եւ շատ մը այլ կարեւոր խնդիրներ: Այդ երկու անձերը նաեւ Յովհաննէսը պիտի ազդարարէին, թէ ստիպուած էր Իսրայէլի փրկութեան դառն «բաժակը» խմել, զոր աւետարանիչը վերիվայր շրջելով կը մեկնաբանէ, թէ՝

Յովհաննու Ժ. [11]Ես եմ բարի հովիւը: Բարի հովիւը իր կեանքը ոչխարներուն համար կը դնէ: ... [17]Անոր համար իմ հայրս զիս կը սիրէ, որ ես իմ կեանքս կը դնեմ, որպէս զի նորէն առնեմ զանիկա: [18]Մէկը չի հաներ զանիկա ինծմէ, հապա ես կը դնեմ զանիկա ինքնիրմէս: Իշխանութիւն ունիմ զանիկա դնելու, եւ իշխանութիւն ունիմ զանիկա նորէն առնելու: Այս պատուէրը իմ հօրմէս առի:

Այստեղ «հայր» կոչուածը զինք կը սիրէր որովհետեւ համաձայն էր իր «կեանքը դնելու»: Բայց ինչո՞ւ անիարկի՝ առանց որեւէ նախընթացի, այդպիսի կենսական հարց մը արծարծելու կարիքը պիտի զգար ան. ինչո՞ւ կը փորձէ շրջապատը համոզել, թէ ոչ ոք զինք կը ստիպէր իր կեանքը զոհել, ա՛յլ ինքիրմէն՝ իր ազատ կամքովը որոշած էր մահուան զիրկը նետուիլ: Բայց հեղինակը չ՚ըսեր, թէ իրաւունքը կամ իշխանութիւնը ունէր նաեւ իր մահուան վճիռը մերժելու, այլ միայն՝ թէ «իշխանութիւնը ունէր իր կեանքը դնելու»: Ո՞վ իշխանութիւն չունի իր կեանքը զոհելու: Մէկը «Քրիստո՞ս» պէտք է ըլլայ այդպիսի «իշխանութիւն» մը ձեռք բերելու համար: Այս ի՜նչ վիթխարի յիմարութիւն կը հոլովէ աւետարանիչը: Եւ տակաւին՝ կեղծաւոր եկեղեցին կը յանդգնի անձնասպանութիւնը դատապարտել, երբ օր ցորեկով՝ իր «Մեսիան» հպարտութեամբ կը յոխորտար թէ անձնասպան կ՚ըլլար: Յովհաննէս հարկադրաբար է, որ «կեանքը կը դնէր», այլապէս վերջին գիշերը պիտի չպաղատէր, որ այդ «բաժակը հեռացնեն իրմէ»: Եւ կեղծաւոր հեղինակը անմիտօրէն իրականութիւնը խոստովանելով՝ անոր կը վերագրէ նաեւ «*այս պատուէրը իմ հօրմէս առի*» խօսքը. այսինքն՝ այդ որոշումը կը պատկանէր «Հայր» կոչուած խորհրդաւոր անձի մը կամ մարմնի մը: Այո, Յովհաննէսը պիտի զոհուէր հրեայ ազգը հռոմայեցւոց չարիքէն փրկելու սիրոյն, իսկ զայն «Իսրայէլի փրկութեան» սեղանին զոհաբերելու որոշումը առնուած էր իր բացակայութեան եւ անկախ իր կամքէն:

Հետեւաբար, Յովհաննէս «*համարձակ չէր պրպտեր իրէից մէջ*»: Համարձակ չպտըտիլ չի նշանակեր երբեք չպտըտիլ, ուրեմն կը պտըտէր, բայց գաղտնի: Սակայն ո՛չ թէ հրեաներէն վախնալուն պատճառաւ, այլ պարզապէս որովհետեւ առանց հրեաներու նեցուկին՝ շատ աւելի վտանգաւոր էր «համարձակ պտըտիլը»:

Հետեւաբար, Յովհաննէս աշխատանքը կասեցնելով՝ «անապատին մօտ տեղ մը» թաքստոց մտած էր. անշուշտ եղելութիւնը ամբողջովին անակնկալ մը չէր, արդէն անոր ստացած զէթ մէկ ազդարարութենէն տեղեակ ենք, ուր, հաւանաբար ժողովի որոշումէն դրժօղ, «*մէկ քանի փարիսեցիները եկան ու ըսին անոր, ելիր ու գնա ասկէ, վասն զի Հերովդէս քեզ սպաննել կ՚ուզէ*» (Ղուկասու ԺԳ. 31): Թաքստոցը նստած հիասթափ Յովհաննէս հաւանաբար ծախուած ըլլալու դառն զգացումներով կը տուայտէր, ու «*Եփրաիմ քաղաքը*» դարանած, կը հետեւէր դէպքերու զարգացման, յուսալով, որ ժամանակի ընթացքին մթնոլորտը կը հանդարտի, եւ կրկին ճողոպրելու հնարք մը կը գտնէ: Բայց եթէ ցայնժամ յաջողած էր պրծիլ հռոմայեցւոց հալածանքներէն, այդ յաջողութիւնը կը պարտէր Գալիլիոյ հրեայ բազմութեան, որու նեցուկը կը վայելէր ամենուրեք, եւ տակաւին կիներու խումբ մը «*իրենց ստացուածքով անոր ծառայութիւն կ՚ընէին*» եւ այլն: Բայց այլեւս հանգամանքները գլխիվայր շրջուած էին. ոչ մէկ օրինաւոր հրեայ պիտի յանդգնէր ղեկավարութեան որոշումին հակադրուելով՝ օգնութեան ձեռք երկարել իրեն:

Ուստի յարաժամ հռոմէական բանակէն հալածուած, «իրեններէն» ալ լքուած՝ մեկուսացուած Յովհաննէսը, շատ լաւ գիտէր թէ միակ յոյսը հրեայ ղեկավարութիւնն էր, անոնց կը պատկանէր վերջնական որոշումը. հետեւաբար ուրիշ ելք չտեսնելով՝ «*ան հապճեպ որոշեց Երուսաղէմ երթալ*»: Եւ երբ սովորականին նման «իրեն համար պատրաստութիւն մը ընելու պատգամաւորներ» կը ղրկէ, «չընդունեցին զանիկա, վասն զի անոր երեսը դէպ ի Երուսաղէմ երթալու շտկուած էր»: Հիասթափ Յովհաննէսը պիտի «*քաղաքները նախատէր, վա՜յ քեզ, Քորազին, վա՜յ քեզ, Բեթսայիդա...*» (Մատթէոսի ԺԱ. 21): Ինչո՞ւ ցայնժամ Յովհաննէսին սատարելու կազմ ու պատրաստ հրեաները՝ յանկարծ պիտի մերժէին զայն: Իսկ մերժուելուն միակ պատճառը՝ կ՚ըսէ հեղինակը, «*անոր երեսը դէպ ի Երուսաղէմ եր-*

թալու շրկուած» ըլլալն էր: Բացարձակապէս հրեայ ղեկավարութեան քաղաքական ուղղութեան հաւատարիմ այդ զօրավիգներու ցանցը վստահաբար տեղեակ պահուած էր Յովհաննէսի ուղղակի Երուսաղէմ երթալու կայացուած որոշումէն, եւ պատուէր ստացած՝ «չընդունիլ» զայն, որպէսզի այլընտրանք չունենալով՝ ուղղակի Երուսաղէմ երթար: Այսինքն՝ Երուսաղէմ երթալը Յովհաննէսին ազատ որոշումը չէր: Եւ վերջապէս, ճնշումներուն տեղի կու տայ, ինչպէս արդէն փորձած էր «*աշակերտներուն ըսել թէ պէտք է, որ ինք Երուսաղէմ երթայ*»: Յանձնուելու վայր որոշուած էր Երուսաղէմը, եւ մեսիական ստախօս աւետարանիչները՝ Զաքարեայի «*Հրէից թագաւորի*» գալստեան պատկերացումով՝ Երուսաղէմի արեւելեան դռնէն, «իշու եւ իշու աւանակի մը վրայ նստած», փառաւոր մուտք մըն ալ յօրինած են անոր պատիւին: Սակայն ըստ Մարկոսի հեղինակը կը վկայէ, թէ՝

> **Մարկոսի ԺԱ.** [11]Յիսուս մտաւ Երուսաղէմ ու տաճարը, եւ չորս կողմը ամեն բաները աչքէ անցուց. եւ արդէն ժամանակը իրիկուն ըլլալով՝ Բեթանիա ելաւ տասներկուքին հետ մէկտեղ...: [15]Ու եկան Երուսաղէմ. Եւ Յիսուս [իմա՝ Յովհաննէս] տաճարը մտնելով՝ սկըսաւ դուրս հանել զանոնք որ տաճարին մէջ կը ծախէին ու կը գնէին. եւ ստակ փոխողներուն սեղանները կործանեց, [16]եւ թող չէր տար որ մէկը տաճարին մէջ աման անցնէ...:

Երբ ան «*Երուսաղէմ կը մտնէ*», անմիջապէս կ'երթայ «*տաճարը եւ չորս կողմը ամեն բաները աչքէ կ'անցնէ*», լաւ մը կ'ուսումնասիրէ, բայց որովհետեւ «*ժամանակը իրիկուն էր*», կ'աճապարէ հեռանալ վտանգաւոր Երուսաղէմէն: Յաջորդ օրը, երբ «քահանայապետները, դպիրները» եւ անշուշտ հրէական զատիկին առթիւ հեռուներէն եկած հրեաներու հոծ բազմութիւն մը կը վխտար տաճարին շուրջ, կը վերադառնայ՝ որպէսզի Եհովային տունը մաքրելու պատճառաբանութեամբ՝ խռովութիւն յարուցանէ: «*Տաճարին մէջ առուծախով*» զբաղողները դուրս կը դնէ, «*ստակ փոխողներուն սեղանները կը կործանէ, եւ թող չի տար, որ մէկը տաճարին մէջ աման անցնէ*»: Բայց այդ մարդիկը անօրէն ոչինչ կ'ընէին: Ինչպէս որ այսօր եւս, ըստ այդ նոյն հրէական սովորութիւններուն, տաճարէն ներս «աման կ'անցնեն», բանկալը մոմ կը ծախեն ու նուիրատուութիւն կը գանձեն, այդ օրերուն ալ Եհովային զոհ մատուցանելու համար աղաւնիներ, եւ այլն, կը ծախէին, եւ որովհետեւ յաճախ հեռու տեղերէ ու տարբեր «ստակ» գործածող շատ մը ուխտաւորներ կ՚ըլլային, գործնական էր, որ հոն գտնուէին նաեւ «*ստակ փոխողներ*»: Սակայն Յովհաննէսին նպատակը Եհովային տաճարը մաքրել չէր...:

Նախ՝ եթէ ան կարիքը ունէր «*տաճարը աչքէ անցնելու*», զննելով տաճարին «*չորս կողմը ամեն բաներուն*» ծանօթանալու, ապա ուրեմն ան Երուսաղէմի տաճարին ծանօթ չէր, եւ իր մահէն քանի մը օր առաջ էր, որ առաջին անգամ ըլլալով՝ «*Երուսաղէմ ու տաճարը կը մտնէր*»: Ուստի ժամանակի մէջ՝ ետ ու առաջ ոստումներով, անոր աւետարանական գործունէութիւնը քանի մը տարիներու վրայ երկարելու եւ զայն բազմիցս Երուսաղէմ տեղադրելու մանաւանդ ըստ Յովհաննու հեղինակին փորձերը՝ միայն հիմնովին սուտ կարելի է որակել: Անհեթեթութիւն մը, զոր շրջանցելու նպատակաւ անոր պիտի վերագրէին՝ «*Ամեն օր ձեր քովն էի ու տաճարին մէջ կը սորվեցնէի, եւ զիս չբռնեցիք...*» խօսքը: Իսկ եթէ տաճարին մէջ «[18]*դպիրներն ու քահանայապետները...կը փնտռէին թէ ի՛նչպէս կրնանեն զայն, քանզի կը վախնային անկէ...*», ուրեմն գիտէին անոր ով ըլլալը, եւ եթէ կամենային՝ շատ հեշտութեամբ ուղղակի յանցանքին վրայ կրնային «բռնել» զայն:

Տաճարին հանդէպ համեմատաբար չնչին յանցանք մը գործելն իսկ մահացու մեղք կը համարուէր: Իսկ այդպիսի ամբարտաւանութեամբ տաճարը պղծող ոեւէ անձ, ո՛վ որ ալ ըլլար այդ, անմիջապէս տաճարէն դուրս հանուելով՝ առանց այլեւայլի իրեայ կրօնամոլ ամբոխէն քարկոծուելով՝ տեղն ու տեղը կը սպաննուէր: Արդ, եթէ տաճարը տակնուվրայ ընելէ ետք, Յովհաննէս տեղւոյն վրայ չէր սպաննուած, կամ առնուազն մահափորձի չէր ենթարկուած, ուրեմն միայն կարելի է հետեւցնել, թէ այդ բոլորը ղեկավարութեան մեղսակցութեամբ նախամտածուած բեմադրութիւն մը՛ն էր: Հրեայ ղեկավարութիւնը, Յովհաննէսի նման «*Իսրայէլի փրկութեան յոյսը*» հանդիսացող ազգային հերոս մը, առանց «ժողովուրդը խռովեցնելու»՝ հռոմայեցւոց յանձնելու արդարացուցիչ դրդապատճառի մը կարիքը ունէր, եւ Յովհաննէս ամենայն կարգապահութեամբ այդ առիթը ընծայած էր իրենց...:

Հակառակ ցուրտ եղանակին, գիշերը դերբուկ կածաններով երկու մղոն ճամբորդելով՝ պարզապէս «*բորոտ Սիմոնին տունը սեղան նստելու*» համար չէր, որ Յովհաննէսը Բեթանիա կ՚երթար. այդ մէկը Երուսաղէմի մէջ ալ կրնար ընել: Անկասկած որ գիշերով այդ տաժանելի ճամբորդութիւնը կը կատարէր ապահովական պատճառներով: Եւ շատ յստակ է, թէ հրեաներէն չէ՛, որ կը զգուշանար ան. այլապէս ուղղակի յիմարութիւն պիտի ըլլար առաւօտուն կրկին Երուսաղէմ եւ տաճար վերադառնալով՝ կեանքը վտանգի ենթարկել: Յովհաննէս կը զգուշանար հռոմէական բանակէն, որ օրուան ընթացքին լուրջ վտանգ չէր ներկայացներ, որովհետեւ հռոմայեցւոց զօրանոցը տաճարին մօտակայքը գտնուելով հանդերձ, ցորեկուայ եռուզեռով խճողուած քաղաքին նեղ ճամբաները որոշ չափով կը դանդաղեցնէին բանակայինները: Իսկ բանակին շարժումները անմիջապէս նկատուելով՝ լուրը շուտով պէտք եղած տեղը կը հասնէր: Եւ վերջապէս՝ եթէ նոյնիսկ Յովհաննէսին հանդիպէին, հռոմայեցիք չէին իսկ ճանչնար զինք. միայն զինք ճանչցող անձ մը կրնար անոր ինքնութիւնը մատնել...: Եւ այդ օրերուն, ըստ համատեսական աւետարանիչներուն՝ հրեայ ղեկավարութիւնը Յուդան կը սադրէ, որ Յովհաննէսը մատնէ.

> **Յովհաննու ԺԳ.** [2]Եւ երբ ընթրիքը կ՚ըլլար, (Սատանան արդէն Իսկարիովտացի...Յուդայի սրտին մէջ դրեր էր, որ զանիկա մատնէ)...[26]պատառը թրջելով Իսկարիովտացի Յուդայի տուաւ: [27]Ու պատառէն ետքը սատանան անոր ներսը մտաւ: Եւ Յիսուս ըսաւ անոր, ինչ որ պիտի ընես՝ շուտով ըրէ: [28]Բայց այս բանը սեղան նստողներէն մէկը չհասկցաւ, թէ ինչո՛ւ համար ըսաւ անոր: [29]Վասն զի կը խորհէին թէ որովհետեւ գանձանակը Յուդա կը պահէր, Յիսուս անոր կ՚ըսէր ծախու առ ինչ որ մեզի այս տօնին պէտք է:

Այստեղ՝ «Յովհաննէսը մատնելը Յուդայի սրտին մէջ դնող Սատանան» հրեայ ղեկավարութիւնն էր, որ ըստ կանոնական աւետարաններուն, «*դումարի մը փոխարէն*»՝ զայն մատնելու համաձայնութիւն կնքած էր իր հետ: Եւ երբ «*հրեաներուն զատիկին երկու օր մնացած*» էր, Յովհաննէսն ու իր ծառաները, որպէս օրինաւոր հրեաներ, «*զատիկը ուտելու համար*» սեղան սարքած էին: Ընթրիքի ընթացքին, Յովհաննէս պատառը Յուդային բերանը դնելով՝ հռոմայեցւոց յանձնուելու ղեկավարութեան պատրաստած համաձայնագիրն էր, որ կը ստորագրէր, որմէ ետք է որ Սատանան Յուդայի «ներսը մտաւ»: Այլ խօսքով՝ այդպիսով Յուդան նաեւ Յովհաննէսի հաւանութիւնը կը ստանար՝ կատարելու այն ինչ որ ղեկավարութիւնը իր *«սրտին մէջ դրած էր»*...: Եւ Յովհաննէս Յուդային կը հրահանգէ՝ *«ինչ որ պիտի ընես՝ շուտով ըրէ»*:

Եթէ ուշադրութեամբ կարդանք Ղուկասու աւետարանիչի վկայութիւնը, յստակ կը տեսնենք, թէ հրեայ ղեկավարութիւնը որոշած էր Յովհաննէսը հռոմէական բանակին յանձնել, սակայն *«ժողովուրդէն կը վախնային»*, որովհետեւ շատ լաւ կը գիտակցէին, թէ *«Խաբայէլը թշնամիներէն փրկելու»* կոչուած Յովհաննէսը թշնամիին յանձնելը՝ համազօր էր անձնասպանութեան: Ուստի այդ մահացու մեղքը ղեկավարութեան ուսերէն թօթափելու համար, Յովհաննէս Երուսաղէմի տաճարը տակնուվրայ ընելով՝ պիտի վարկաբեկուէր օրինաւոր իրեաներու աչքին, որոնք այլեւս մեղք պիտի չհամարէին զայն հռոմէական բանակին յանձնելը: Բայց տակաւին կը մնար Յովհաննէսը հռոմայեցիներուն մատնելու հարցը, որովհետեւ այս վերջինները չէին ճանչնար զինք: Յուդա *«գնաց քահանայապետներուն ու իշխաններուն հետ խօսք ըրաւ թէ ինչպէս զանիկա մատնէ անոնց»*: Եթէ «անոնց» բառը փոխարինենք «հռովմայեցւոց» բառով, կը ստանանք իսկական եղելութիւնը: Յուդա փաստօրէն կանչուած էր հրեայ ղեկավարութեան կողմէ, իրեն յանձնելու Յովհաննէսը հռոմէական բանակին մատնելու առաքելութիւնը, որուն մասին անշուշտ տեղեակ էր նաեւ Յովհաննէս:

Յուդայի վերնատունը լքելէն ետք, աւետարանիչները եւ մանաւանդ ըստ Յովհաննու հեղինակը, իրենց անձը փառաւորող երկարբարակ, ուղղակի նողկանք պատճառող, քրիստոսաշունչ ճառ մըն ալ յօրինելով՝ փորձած են իրենք զիրենք ներկայացնել որպէս «այս աշխարհէն չեղող էակներ» եւ նման շատ մը ձաքռտուքներ: Մինչդեռ՝ վճռական այդ պահը դիմագրաւելու պատրաստուող Յովհաննէսէն միայն ռազմաշունչ ճառ մը պիտի ակնկալէինք, որուն մասին գէթ հպանցիկ կերպով անդրադարձած է ըստ Ղուկասու հեղինակը.

Ղուկասու ԻԲ. [35]Եւ ըսաւ անոնց, երբ ձեզ ղրկեցի առանց քսակի ու պարկի եւ կօշիկներու, բանի մը կարօտ եղա՞ք: [36]Անոնք ալ ըսին, բանի մըն ալ չէ: Ետքը ըսաւ, Բայց հիմա ան որ քսակ ունի, թող իրեն հետ առնէ, նոյնպէս ալ պարկը. եւ ան որ թուր չունի, թող իր հանդերձը ծախէ ու իրեն թուր մը ծախու առնէ. [37]քանզի կ'ըսեմ ձե-զի որ այս գրուած բանն ալ պէտք է որ իմ վրաս կատարուի... Քան-զի ինչ որ ինծի համար որոշուած է, կատարուելու վրայ է:

Անշուշտ «գրուած բաներուն կատարուիլը» մեսիական աւետա-րանիչներուն սովորական յանկերգն է, իսկ իրողութիւնը՝ ինչպէս Յովհաննէս կըսէ՝ «*ինչ որ ինծի համար որոշուած է, կատարուելու վրայ է*»: Յովհաննէսի հարցով հաստատ որոշում մը կայացուած էր, եւ արդէն ժամը հասած էր: Թէ ովքե՛ր էին որոշողները, շատ յստակ է: Իսկ «*ան որ թուր չունի*» խօսքը, կը նշանակէ թէ գէթ իր հետե-ւորդներէն շատերը, ընդհանրապէս «թուր» ունեցած են: Եւ եթէ անոնք կը կարօտէին նաեւ դրամի, կօշիկի ու պաշարի, ուրեմն Յով-հաննէս առնուազն քանի մը օրուայ վրայ երկարող ընդհարում մը, կամ արկածախնդրութիւն մը կը նախատեսէր, որու ընթացքին խիստ կարեւոր էր «թուրեր» ունենալը: Փաստօրէն, «*ան որ թուր չու-նի, թող իր հանդերձը ծախէ ու իրեն թուր մը ծախու առնէ*» կ'ըսէ ան: Ուստի «վերջին ընթրիքի» ընթացքին կատարուածը ո՛չ թէ աշակերտները փառաբանելու՝ այլ գալիք վտանգը դիմագրաւելու ուղեգիծ մը ծրագրելու մասին էր.

Յովհաննու ԺԸ. [1]Յիսուս այս բաները ըսելէ ետեւ՝ իր աշակերտ-ներուն հետ մէկտեղ Կեդրոն Հեղեղատին անդիի կողմը ելաւ, ուր պարտէզ մը կար, որուն մէջ մտան ինք ու իր աշակերտները: [2]Եւ Յուդա ալ, որ զանիկա պիտի մատնէր, գիտէր այն տեղը, վասն զի Յովհաննէս շատ անգամ իր աշակերտներուն հետ մէկտեղ հոն ժողվուած էր:

Հակառակ որ Մարկոսի ու Մատթէոսի հեղինակները կ'ըսեն «*Գեթսեմանի*», եւ Ղուկասու հեղինակը՝ «*Ձիթենեաց լեռը*», այս մէկն ալ կը պնդէ, թէ «*Կեդրոն Հեղեղատին անդիի կողմը ելաւ*», ուր իբրեւ թէ «*Յովհաննէս շատ անգամ իր աշակերտներուն հետ մէկտեղ հոն ժողվուած էր*»: Ինչպէ՞ս կրնար Յովհաննէս յաճախ այդ պարտէզը գացած ըլլալ, եթէ, հասկնալի պատճառներով, ո՛չ միայն Երուսաղէմ՝ այլ ամբողջ «*Հրէաստանի մէջ պտտելէ*» կը խուսափէր: Ան առաջին անգամ ըլլալով Երուսաղէմ կը գտնուէր, ուր իր կեցու-թեան քանի մը օրերուն ընթացքին, ինչպէս տեսանք, ցորեկը տա-ճարին մէջ «*կը քարոզէր*», այսինքն ղեկավարութեան հետ կը բանակցէր, իսկ իրիկունը Երուսաղէմի վտանգէն հեռու՝ Բեթանիաները կ'երթար գիշերելու: Միայն Ղուկասու հեղինակը միւսները հակասելով կ'ըսէ, թէ «*գիշերները կ'ելլէր Ձիթենեաց լեռը կը կենար*»:

Ուրեմն, «*ինչ որ պիտի ընես՝ շուտով ըրէ*» հրահանգելով Յուդան ճամբելէ ետք, Յովհաննէս մնացեալ ծառաներուն հետ կ'երթայ ժամադրութեան վայրը, եւ «*Յուդա ալ, որ զանիկա պիտի մատնէր, գիտէր այն տեղը*»: Հոս հեղինակը յստակօրէն կը բացայայտէ, թէ Յուդա տեղեակ էր թէ Յովհաննէս ո՛ւր պիտի գտնուէր՝ ըստ համաձայնութեան մատնուելու համար: Այլապէս՝ եթէ նախապէս տեղեակ պահուած չըլլար, Յուդա տրամաբանօրէն նախ վերնատունը պիտի երթար, ուրկէ տակաւին ժամ մը առաջ անոնցմէ բաժնուած էր, եւ զանոնք հոն չգտնելու պարագայի՛ն միայն պիտի մտածէր՝ թէ ո՛ւր գացած կրնային ըլլալ: Յամենայն դէպս, հակառակ ժամանակը ցուրտ ըլլալուն, կերուխումէն ետք՝ Յովհաննէսն ու աշակերտները վերնատան հանգիստը թողնելով, կ'երթան գիշերը բացօդեայ պարտէզի մը մէջ գիշերելու, ուր տեղի պիտի ունենային՝ կարգ մը արտառոց դէպքեր[74]:

Ձերբակալութեան դէպքի զարգացման մասին տրուած չորս տարբերակներէն իւրաքանչիւրը, շատ մը հակասութեանց կողքին, կը պարունակեն նաեւ կարեւոր տեղեկութիւններ, զորս միւսները անտեսած կամ յարմար չեն նկատած գրի առնելու: Սակայն դէպքին վերաբերող այդ ցաքուցրիւ անջատ տեղեկութիւնները՝ որովհետեւ եկեղեցւոյ ընբռնումին համաձայն «անսխալ են», նոյնիսկ եթէ միայն մէկ հեղինակի կողմէ հաղորդուած է՝ դէպքի ընդհանուր պատկերին մաս կը կազմեն, եւ ուրեմն պէտք է, որ զիրար լրացնեն: Ուստի, եթէ այդ տեղեկութիւնները համադրելու փորձ մը ընենք, կը ստանանք հետեւեալը: Յովհաննէս «*իրեն հետ առնելով Պետրոսը ու Զեբեդէոսի երկու որդիները, սկսաւ տրտմիլ ու վշտանալ*, եւ *ըսաւ անոնց, Իմ անձս մեռնելու չափ տրտում է*», եւ այլօթենալու պատճառաբանութեամբ՝ «*անոնցմէ քարընկէցի մը չափ*» կը հեռանայ, ուր, ինչպէս երրորդ հեղինակը կը վկայէ, իբրեւ թէ «*երկինքէն հրեշտակ մը երեւցաւ անոր եւ կը զօրացնէր զանիկա. Ու սաստիկ նեղութեան*

---

[74] Մարկոսի ԺԴ. 32–53, Մատթէոսի ԻԶ. 36–57, Ղուկասու 39–53, Յովհաննու ԺԸ. 1–12:

մէջ ըլլալով՝ աւելի ջերմեռանդութեամբ աղօթք կ՚ընէր։ Եւ իր քըր-տինքը արիւնի մեծ կաթիլներու պէս էր, որ գետինը կը թափուէր»։

Գիտենք թէ ժամանակը «*ցուրտ էր*», որովհետեւ երբ զայն ձեր-բակալելով՝ կը տանին «*քահանայապետին գաւիթը*», հոն գտնուող «*ծառաներն ու սպասաւորները կրակ վառած կը տաքնային, քան-զի ցուրտ էր*» (Յովհաննու ԺԸ. 18)։ Հետեւաբար, այդ ցուրտ եղանա-կին մանաւանդ այդպէս յորդառատ քրտնիլը կը վկայէ ո՛չ միայն Յովհաննէսի «*սաստիկ նեղութեան մէջ ըլլալը*», այլ նաեւ անոր վա-տառողջ ըլլալու հաւանականութեան մասին։ Իսկ եթէ հռոմէական բանակը «*ջահերով ու լապտերներով եկած*» էր զայն ձերբակալե-լու, եւ ժամադրութեան վայրը պարտէզ մըն էր, ուր բնականաբար պիտի ըլլային ծառեր ու թուփեր, եթէ նոյնիսկ լիալուսին գիշեր մը ըլլար, անկարելի է, որ գիշերուայ այդ մութ ժամերուն՝ ոեւէ անձ «*քարընկէցի մը չափ*» հեռաւորութեան վրայ այդ ստուերամած պարտէզին մէկ անկիւնը՝ «*երեսին վրայ գետինը ինկած*» Յովհան-նէսէն «*արիւնի մեծ կաթիլներու պէս գետին թափուող*» հեղուկը քըր-տինքի, արտասուքի, թէ՝ արիւնոտ փսխունքի «*կաթիլներ*» ըլլալը զանազանէր։ Արդէն գիտենք, որ մարմնովին այնքան տկար ու հի-ւանդոտ անձ մըն էր, որ իր խաչին ծանրութեան տակ ընկրկած էր։ Այս մասին միջանկեալ յիշենք պատմուած դէպքը։

Համատեսական երեք աւետարանիչներն ալ, առանց որեւէ ար-դարացուցիչ պատճառ տալու կը վկայեն, թէ Գողգոթայի ճամբու կի-սուն՝ Յովհաննէսի շալկած խաչը իրմէ առնուած ու տրուած է Կիւրենացի Սիմոն կոչուած անձի մը.

> **Ղուկասու ԻԳ.** [26]Երբ զանիկա կը տանէին, Սիմոն Կիւրենացի ըսուած մէկը բռնեցին, որ արտէն կու գար, եւ խաչը անոր վրայ դրին որպէս զի Յովհաննէսի ետեւէն կրէ...։

> **Մարկոսի ԺԵ.** [21]Եւ Սիմոն Կիւրենացի, Աղեքսանդրոսի եւ Ռուփո-սի հայրը, որ անկէ կ՚անցնէր արտէն եկած, պահակ բռնեցին որ-պէս զի անոր խաչը վերցնէ։

Մարկոսի տարբերակին մէջ՝ խաչը վերցնող անձը կը կոչուէր «*Սիմոն Կիւրենացի՝ հայրը Աղեքսանդրոսի եւ Ռուփոսի*»։ Հեղինա-կը այս տեղեկութիւնը հայթայթած է որպէս իր վկայութիւնը հաստատող յաւելեալ ապացոյց: Բայց ըստ Յովհաննու հեղինակը կը յոխորտայ, թէ Յովհաննէս «*ինք իր խաչը վերցնելով՝ ելաւ Գագաթ ըսուած տեղը*» (Յովհաննու ԺԹ. 17): Ակնբախ է կեղծիքը այս տողերուն մէջ: Հեղինակը ամեն գնով կը փորձէ այդ խնդրայարոյց եղելութիւնը հերքել..., այլապէս՝ ինչպէ՞ս կրնար Յովհաննէս ըսած ըլլալ՝ «*ով որ իր խաչը չվերցներ ու իմ ետեւէս գար...*» (Ղուկասու ԺԴ. 27), մինչ իր սեփական խաչն իսկ ուրիշ մը վերցուցած էր: Իսկ «խաչը վերցնելով ետեւէն երթալու» գաղափարը միայն Յովհաննէսի խաչելութեան օրը, «*Սիմոնի անոր խաչը վերցնելու*» իրողութեան որպէս հետեւանք սաղմնաւորուած՝ ու ժամանակի ընթացքին վերածուած էր քրիստոսական աւանդութեան: Հետեւաբար, անկարելի է, որ Յովհաննէս իր կեանքի ընթացքին այդպիսի արտայայտութիւն մը ունեցած ըլլար, նաեւ որովհետեւ ինք անգամ տակաւին իր խաչուիլը չէր գիտեր:

Խաչուելու դատապարտուած մեղապարտին «*իր խաչը վերցնելով*» խաչելութեան վայրը երթալը՝ մաս կը կազմէր անոր պատիժին: Հետեւաբար, անոր խաչը ուրիշի մը ուսին բեռցնելու միջոցառումը արտառոց, իսկ մանաւանդ առանց արդարացուցիչ պատճառի՝ ապօրինի պիտի ըլլար: Աւետարանիչը կը վկայէ թէ «*երբ զանիկա կը տանէին, Սիմոն Կիւրենացի ըսուած մէկը բռնեցին*», այսինքն Յովհաննէս արդէն խաչը վերցուցած ու ճամբայ ելած էր, բայց ճամբու ընթացքին, այստեղ չյիշուած պատճառով մը, զինուորները որոշած էին խաչը վերցնելու պարտականութիւնը վստահիլ Սիմոնին: Այս վերջինը, որ հաւանաբար Յովհաննէսի կրկնապատիկ տարիքը ունէր, «*արտէն կու գար*», այսինքն ամբողջ օրը արտը աշխատած եւ բնականաբար յոգնած էր, բայց դժուարութիւն չէր ունեցած խաչը վերցնելով մինչեւ «*Գագաթ ըսուած տեղը*» տանելու: Ուստի՝ խաչին ծանրութեան տակ կքելուն պատճառը տրամաբանօրէն պիտի ունենար վատառողջութեան հիմքեր:

Թափառաշրջիկ Յովհաննէսը, որ բնականաբար կ'ենթարկուէր բնութեան շարք մը աննպաստ պայմաններուն, սնունդի պակասի, եւ այլն, յաճախ մօտէն շփման մէջ էր ու երբեմն կերուխումի կը նստէր նաեւ փոխանցիկ հիւանդութիւններէ տառապողներու ու պոռնիկներու հետ: Տակաւին եթէ նկատի ունենանք անոր լուացուելու տովորութիւն իսկ չունեցող՝ անմաքուր անձ մը ըլլալը, անարդար չէ հետեւցնել, թէ ան տեսակ մը ախտով վարակուած կրնար ըլլալ: Հեղինակը կ'ըսէ *«քրտինքը արիւնի մեծ կաթիլներու պէս»*...: Քրտինքի կաթիլները տարբեր չափեր չունին. միայն մէկ չափ կայ: Իսկ Յովհաննէսի պարագային ինչո՞ւ կաթիլները այնքան մեծ պիտի ըլլային, որ գիշերուայ մութին՝ *«քարընկեցի մը չափ»* հեռաւորութենէն տեսնուէին: Բայց այստեղ նկարագրուածը ո՛չ հեղուկ կաթիլի մը չափ փոքր, ո՛չ ալ թափանցիկ կը թուի ըլլալ, այլ կարմրաւուն եւ խոշոր կաթիլներ, որոնք փխունքի տպաւորութիւնը կը ձգեն...: Հաւանաբար Յովհաննէս ծնրադրած կը փսխէր: Ուստի, չենք կրնար բացառել անոր հիւծախտի նման հիւանդութենէ մը տառապելու հաւանականութիւնը:

Եթէ նկատի ունենանք զաղտագողի կեանքի խիստ պայմանները, մատնուելու վախէն յարատեւ *«քաղաքէ քաղաք ու գեղէ գեղ»* թափառիլը, գծուներութեան յարուցած բոլոր բարդութիւններն ու հռոմէական բանակէն հալածուիլը եւ այլն, դժուար չէ երեւակայել, թէ որքա՜ն ճնշիչ՝ հիւծիչ կրնար ըլլալ Յովհաննէսի առօրեան: Եւ ահաւասիկ, այդ բոլորին վրայ կու գար աւելնալու իր ամբողջ էութեան հիմքն ու կեանքը իմաստաւորող երազները քանդող իրեայ ղեկավարութեան շանթահարիչ որոշումը: Հետեւաբար, վերջին քանի մը եօթնեակները կամ ամիսները պիտի ըլլային՝ հիասթափութեան, անձկութեան ու ջղագրգռութեան ահռելի չափերու հասնող տուայտալի կեանք մը: Արդէն այդ օրերուն՝ անմեղ «թզենին անիծելու» (Մարկոսի ԺԱ. 12–14, 20) իր արարքէն (որուն քիչ ետք պիտի անդրադառնանք) ի յայտ կու գայ անոր չափազանց ջղագրգիռ վիճակ մը ունենալը: Իսկ վերջին գիշերը լեռան վրայ աշակերտներուն կը խոստովանէր, թէ *«անձը մեռնելու չափ տրտում էր»*, որ ուղղակի անձնասպանական (suicidal) մտային վիճակ կ'ենթադրէ: 21-րդ դարուն՝ հոգեբանի բազկաթոռին բազմած ամերիկացի կին մը չէ այս խօսքը հեկեկացողը, այլ երկու հազար տարիներ առաջ, ազատագրական պայքար մղող կազմակերպութեան մը՝ Իսրայէլի փրկութեան յոյսը նկատուած, երեսուն տարեկան մեղկաբարոյ՝ թուլամորթ հրամանատար Յովհաննէսը: Եւ աշակերտներուն կը պատուիրէ աղօթել, սակայն ինք՝ իբրեւ թէ աղօթելու համար՝ *«քարըն-*

կէցի մը չափ կը հեռանայ» անոնցմէ, որուն տրամաբանական միակ պատճառը «հրեշտակ» կոչուած անձին հետ գաղտնի հանդիպումն էր:

Անշուշտ տակաւին աւելի մեծ թիւով «հրեշտակներու» հաւատացող միամիտ քրիստոնեաներ կան, որոնք կը հաւատան նաեւ «հրաշքներու», աղօթելով ամեն տեսակի հիւանդութիւններ ու ախտեր բուժելու նման յիմարութեանց, պարզապէս որովհետեւ մեսիական եկեղեցին այդպէս ծրագրաւորած է ուղեղները: Բայց այդ «հրեշտակ» կոչուած անձը անկասկած՝ հրեայ ղեկավարութեան լիազօր ներկայացուցիչն էր, որուն դիմաց «*ծունկի վրայ գալով*»՝ Յովհաննէս կ՚աղաչէր այդ «*գաւաթը իրմէ անցընել*»: Ուստի իր մեղկ, կամազուրկ նկարագրին պատճառաւ է, որ հռոմայեցւոց յանձնուելու հետեւանքներէն լեղապատառ՝ «*մեռնելու չափ տրտում*» Յովհաննէսը ո՛չ թէ մէկ, այլ երեք անգամ քրտնաթաթաւ ու արտասուալից կ՚աղաչէր «հրեշտակին», «*եթէ կ՚ուզես, այս գաւաթը ինծմէ անցուր*»: Այսինքն՝ գիտակից մահով չէ, որ Իսրայէլի փրկութեան սիրոյն կը զոհուէր, այլ ակամայ, իրմէ բարձր իշխանութեան մը կամքին հնազանդելով միայն: Իսկ այդ իշխանութիւնը ո՛չ թէ «երկնային», այլ փաստօրէն քաղաքական բնոյթ ունէր: Եթէ Յովհաննէս յատկապէս «Իսրայէլի փրկութեան սիրոյն մեռնելու» համար աշխարհ եկած երկնային էակ մըն էր, տրամաբանակա՛ն է, որ զազրելի մեղկութեամբ՝ փորձէր խուսափիլ աշխարհիկ իր միակ առաքելութենէն: Իսկ ի՞նչ պիտի ըլլար քրիստոնեայ աշխարհին «ճակատագիրը», եթէ «հրեշտակ» կոչուած անձը տեղի տար անոր պաղատանքին...: Սակայն այս վերջինը կը մնայ անդրդուելի, ու կը փորձէ զայն «*զօրացնել*», սրտապնդել, բայց ապարդիւն: Այս բոլորէն նաեւ ի յայտ կու գայ, թէ ան, ինչպէս քրիստոսականները պիտի ըսէին՝ տկար էր նաեւ «հոգւով». վերջապէս «*հրեշտակ մը կը զօրացնէր զանիկա*» խօսքը անոր «հոգւով» տկարութեան մասին է, որ կը վկայէ:

Երբ «հրեշտակը» անդրդուելի կը մնայ, «*իշխանութիւնը ունիմ իմ կեանքս դնելու*» ըսող Յովհաննէսը տեղի տալով կ՚ըսէ. «*ո՛չ թէ, իմ կամքս՝ հապա քուկդ թող ըլլայ*», եւ կ՚երթայ աշակերտներուն խոստովանելու, թէ «*հոգին յօժար է, բայց մարմինը տկար*», որ շատ յստակ կը հաստատէ Յովհաննէսի ո՛չ միայն մահկանացու ըլլալը՝

այլ նոյնիսկ կամազո՛րկ մահկանացու մը ըլլալը: Այսինքն՝ աշխարհիկ կեանքի հեշտանքը կը տկարացնէր իր կամքը... ուղղակի նուաստ՝ անարգ վիճակ մը ունէր ան: Գալիք դէպքերուն անձկութիւնը ծանր կը ճնշէր ու «*մեռնելու չափ*» կը տագնապեցնէր զայն: Անշուշտ քրիստոնեաներս համոզուած ենք, թէ ան «մարդկութեան մեղքերով» կամ այլ նման ձաքոտութքներով է, որ կը տուայտէր, բայց այս բոլորը աչք ծակող փաստեր են, որ ան չկրցաւ նոյնիսկ պարզ զինուորի մը նման մահը արժանապատուութեամբ դիմաւորել: Այդ պատճառաւ ալ, ըստ Յովհաննու աւետարանիչը, բացի «*երեսի վրայ գետին ինկած*» նուաստացուցիչ պաղատանքի բաժինը ուրանալէ, կեղծաւորութեամբ հակառակը կը պնդէ, ըսելով թէ Յովհաննէս «*խռոված*»՝ բայց տրամադիր չէր «այդ ժամէն» խուսափելու. «*Հիմա իմ հոգիս խռոված է, եւ ի՞նչ ըսեմ, հայր, զիս ազատէ այս ժամէն: Բայց ես ատոր համար եկայ այս ժամին*» (Յովհաննու ԺԲ: 27)...: Մինչդեռ Պօղոս իսկ համաձայն է, որ ան «*տկարութիւնով մեռաւ*», եւ քրիստոսաբանելով կ'ըսէ՝ «*թէպէտ խաչուեցաւ տկարութիւնով, բայց կենդանի է Աստուծոյ զօրութիւնով...*» (Բ. Կորընթացիս ԺԳ. 4):

Իսկ «*քսակով, պարկով ու թուրերով*» զինուած աշակերտներն ու Յովհաննէսը, այդ ցուրտ ժամանակին՝ աղօթելու չէ՛, որ գացած էին «*Գեթսեմանի կամ Հեղեղատ*» կոչուած ժամադրավայրը. անոնք վերնատան մէջ ալ կրնային աղօթել: Փաստօրէն «հրեշտակին» ոտքերուն ծնրադրելու տեսարանը ո՛չ թէ աղօթք, այլ ուղղակի աղաչանք ու պաղատանք կը հետեւցնէ: Այդ գաղտնի հանդիպումը Յովհաննէսի վերջին առիթն էր «հրեշտակ» կոչուած անձին աղաչելու, որ «*եթէ կարելի է այդ գաւաթը հեռացնէ իրմէ*», եւ հակառակ պարագային, «*թուրով, պարկով ու քսակով*» զինուած՝ փորձէ փախչիլ, յուսալով, որ կը յաջողէր կրկին հետքը կորսնցնել:

Ուստի երբ «գաւաթը չխմելու» խնդրանքը երրորդ անգամ ալ կը մերժուի, փախչելու միտումով՝ կ'ըսէ աշակերտներուն. «*Ահա ժամը հասաւ, եւ որդին մարդոյ մեղաւորներուն ձեռքը կը մատնուի: Ելէք աւկէ երթանք*»: Եւ ճիշտ այդ պահին, երբ «*դեռ անիկա զայս որ կը խօսէր, ինկոյն Յուդա, եւ իրեն հետ քահանայապետներուն եւ դպիրներուն ու ծերերուն կողմէն շատ բազմութիւն՝ սուրերով ու բիրերով...*»: Սակայն չորրորդ հեղինակը կը վկայէ, թէ այդ «*բազմութիւ-*

նը» ո՛չ թէ հրեաները, այլ հռոմէական բանակն էր: Փաստօրէն այդ իրականութիւնը քողարկած հեղինակներն անգամ անուղղակիօրէն նոյնը կը խոստովանին, երբ կը մէջբերեն Յովհաննէսի խօսքը, թէ «*մեղաւորներուն ձեռքը պիտի մատնուէր*»:

«*Մեղաւորներուն ձեռքը*» եզրը բացարձակապէս կարելի չէ մեկնաբանել որպէս հրեաներուն ձեռքը, այլ օտարինը, եւ այս պարագային անշուշտ հռոմէական բանակինը: Առաջին երկու հեղինակները կը պատմեն, թէ Յուդա «*շուտ մը մօտեցաւ անոր ու ըսաւ, Ռաբբի, Ռաբբի, ու համբուրեց զանիկա*»: Բայց երրորդ հեղինակը կը վկայէ, թէ Յուդա առիթը չէր ունեցած զայն համբուրելու, որովհետեւ հազիւ կը մօտենայ՝ Յովհաննէս «*ըսաւ անոր, Յուդա, համբուրելո՞վ կը մատնես որդին մարդոյ*»: Իսկ չորրորդ հեղինակը կը գրէ, թէ Յովհաննէս ի՛նքն էր իր ինքնութիւնը յայտնողը, ինքզինք մատնողը:

Այս պատկերին ընդմէջէն, երկրորդ հեղինակի գրիչով ի յայտ կու գայ ուղղակի ցնցիչ եւ շատ ուշագրաւ տեղեկութիւն մը եւս, ուր Յովհաննէս «ընկեր» կը կոչէ Յուդան. ան «*ըսաւ անոր, Ընկեր, ինչո՞ւ համար եկար դուն*»...: Ահաւասիկ զինք «մատնելու» եկած Յուդան կը դիմաւորէ՝ զարմանալիօրէն որպէս իր մտերիմ ընկերը. «*ընկեր՝ վասն որո՞յ եկի՛րդ*»: Ասիկա «*միւս երեսը դարձնելու*» նման քրիստոնէական կեղծաւորութիւն մը չէր, այլ երկու գաղափարակից սերտ ընկերներու աննման մտերմութեան մը արտայայտութիւնը: Յուդա բացարձակապէս միակ անձն է, զոր Յովհաննէս ընկեր կոչած է: Անշուշտ միւս ծառաներն ալ, Յուդայի նման Նազարական գաղափարի եղբայրներ էին, բայց զանոնք երբե՛ք ընկեր չէ կոչած: Իր այնքան հաւատարիմ ծառաներուն, որոնք պատրաստ էին իրեն հետ նոյնիսկ «*բանտ երթալու ալ, մեռնելու ալ*» (Ղուկասու ԻԲ. 33), միայն վերջին գիշերը հազիւ թէ կը բարեհաճէր բարեկամ կոչել:

Մարդկային յարաբերութեանց մէջ միշտ ալ գերազանցօրէն մտերիմն ու սիրելին եղած է ընկերը, եւ Յովհաննէս ընկեր կը կոչէ Յուդան, նոյնիսկ երբ ան եկած էր զինք թշնամիին «մատնելու»: Յուդա, ինչպէս սկիզբը տեսանք, հրեայ ազգային պայքարին անձնուրացութեամբ նուիրուած Sicarius՝ ծայրայեղական ահաբեկիչ մըն էր, որ Իսրայէլի փրկութեան սիրոյն պիտի չվարանէր նոյնիսկ իր գաղափարի սերտ ընկերը՝ Յովհաննէսը «մատնելու» նման նողկալի պարտականութիւն մը յանձն առնել…: Յուդայի ըրածը երկիւղածութեամբ ստանձնուած՝ իրեայ ազգային սրբազան պարտականութիւն մըն էր, եւ ո՛չ թէ «երեսուն արծաթի» ընչաքաղցութիւն: Սակայն համոզուած ըլլալով հանդերձ, թէ իրեայ ազգին գերագոյն շահերը այդպէս կը պարտադրէին, Յուդա զայն թշնամիին «մատնելու» պարտականութիւնը յանձն առած էր միայն համոզուելէ ու հաւատալէ ետք, որ ան մահուան պիտի չդատապարտուի: Փաստօրէն՝ «*Յուդա, որ զանիկա մատնեց, տեսնելով թէ դատապարտուեցաւ, զղջի եկաւ… եւ գնաց ինքզինք խեղդեց*» (Մատթէոսի ԻԷ. 3–5): Չենք կրնար կրահել թէ Յովհաննէսը «մատնելէն» մինչեւ անոր դատապարտուիլը ի՞նչ կ՚ընէր Յուդա, բայց վստահ կրնանք ըսել, թէ այդ ժամանակամիջոցին չէ՛, որ «ինքզինքը խեղդած» է, այլ միայն Յովհաննէսի «*մահուան դատապարտուիլը տեսնելով*» է, որ «*զղջի եկաւ եւ գնաց ինքզինք խեղդեց*»:

Հոս «*դատապարտուեցաւ*» խօսքը անշուշտ կ՚ակնարկէ Յովհաննէսի յատկապէս մահուան դատապարտուելուն, որովհետեւ Յուդա այդքան ալ յիմար անձ մը չէր կրնար ըլլալ, որ ակնկալէր՝ թէ Յովհաննէս բոլորովին անպարտ դուրս կու գար այդ դատավարութենէն: Ան վստահաբար համոզուած էր, որ Յովհաննէս գէթ մահուան չի դատապարտուիր: Իսկ ո՛չ թէ անձնասպան ըլլալու աստիճան, այլ պարզ «զղջի գալը» ինքնին մատնիչի մը նկարագրին բացարձակապէս չհամապատասխանող յատկութիւն է: Մատնիչը զիղջի զգացումէ բացարձակապէս զուրկ, անարգ, ստորին էակ մըն է, որմէ կարելի չէ ընկերային, ազգային, ընտանեկան կամ այլ բնոյթի պատկանելիութեան հպարտութիւն թէ արժանապատուութիւն ակնկալել:

Սակայն բոլորովին տարբեր էր Sicarius Յուդայի պարագան[75]: Յուդա նոյն ինքն «մատնուելիք» անձին՝ Յովհաննէսի հրահանգն էր, որ կը կատարէր: Իսկ երբ մատնումը կ՚ըլլայ խնդրոյ առարկայ անձին համաձայնութեամբ, ու մանաւանդ հրահանգով, ամենեւին կարելի չէ մատնութիւն կոչել, այլ, գէթ այս պարագային՝ ուղղակի

[75] Յուդայի մահուան շուրջ զիրար հակասող առնուազն երկու բոլորովին տարբեր պատմութիւններ արձանագրուած են, այնքա՛ն հակասական, որ ամենեւին կարելի չէ թիւրիմացութեան կամ մարդկային սխալմունքի վերագրել: Իսկ անոր վերագրուած աւետարանի մը յայտնաբերումը կ՚ենթադրէ, որ ան Յովհաննէսի մահէն ետք, որոշ ժամանակ մը ապրած ու գործած է որպէս մեսիական աւետարանիչ:

Իսրայէլի անվտանգութեան սիրոյն որդեգրուած, քիչ թէ շատ արտառոց քաղաքականութիւն, որուն պարզապէս հիասթափ գործիքը պիտի ըլլար Յուդա...: Յամենայն դէպս, պարզ ու յստակ է, թէ հրեայ ղեկավարութեան որոշումով եւ նոյն ինքն Յովհաննէսի մեղսակցութեամբ է, որ Յուդա զինք կը մատնէր, բայց ո՛չ թէ հրեաներուն՝ այլ հռոմէական բանակին: Յովհաննէս ստիպուած էր հրեայ ղեկավարութեան որոշումին տեղի տալով՝ յանձնուիլ զինք անդըրդուելիօրէն հալածող հռոմէական բանակին:

Ուրեմն հասած էր «մեղաւորներուն ձեռքը մատնուելու» ժամը: Եւ հազիւ կը պատրաստուէր կծիկը դնել՝ Յուդա վրայ կը հասնի իր հետ բերած «*շատ բազմութիւն՝ սուրերով ու բիրերով*»: Եւ «*մատնողը անոնց նշան մը տուեր էր՝ ըսելով, ով որ ես համբուրեմ՝ան է, բռնեցէք զանիկա*», որ կը նշանակէ՝ թէ զայն ձերբակալելու ելած բազմութենէն ոչ մէկը կը ճանչնար Յովհաննէսը, ինչ որ կարելի չէ ըսել հրեաներուն մասին: Անշուշտ հռոմէական բանակէն ձեռբակալուիլը ինքնին փաստ մըն է, որ Յովհաննէսի գործունէութիւնը առնուազն հռոմէական տիրապետութեան շահերը հարուածող քրէական ոճիր մըն էր: Ուստի ծայրայեղական Յովհաննէսի խռովարարի անցեալը յիշեցնող ամեն դէպք կամ իրողութիւն քողարկել փորձող հեղինակները իրենց յօրինած հեքիաթները բնականաբար պիտի տանէին հռոմէական բանակին հետ երբեւիցէ չընդհարուող կածաններով:

Երբ հռոմէական բանակի ամբողջ գունդ մը վրայ կը հասնի զինք ձերբակալելու համար, իսկ Յովհաննէս, առանց դիմադրութեան յանձնուելու փոխարէն՝ բանակին հետ կը բանակցի ու կը յաջողի գէթ աշակերտներուն անձեռնմխելիութիւնը ապահովել.

Յովհաննու ԺԸ. ...Յիսուս իր վրայ գալու բոլոր բաները գիտնալով՝ ելաւ ու ըսաւ անոնց, Ո՞վ կը փնտռէք: [5]Պատասխան տուին անոր, Նազովրեցի Յիսուսը [իմա՝ Յովհաննէսը]: Ըսաւ անոնց Յիսուս, Ես եմ. Յուդա ալ, որ զանիկա կը մատնէր, անոնց հետ կայներ էր: [6]Ու երբ ըսաւ թէ ես եմ, ետ ետ գացին ու գետին ինկան: [7]Եւ նորէն հարցուց անոնց, Ո՞վ կը փնտռէք. Անոնք ալ ըսին, Նազովրեցի Յիսուսը: [8]Յիսուս պատասխան տուաւ, ձեզի ըսի թէ ես եմ. Ուստի եթէ զիս կը փնտռէք, թող տուէք ասոնք որ երթան:

Յովհաննէսի «ո՞վ կը փնտռէք» հարցումին՝ «*անոնք ալ ըսին, Նազովրեցի Յիսուսը*», իբրեւ թէ աշակերտներուն մասին խօսք չկար: Բայց եւ այնպէս Յովհաննէսի պատասխանը կ'ըլլայ «*թող տուէք ատոնք (աշակերտները) որ երթան*»: Եթէ ան վստահ չըլլար՝ թէ բանակը պիտի ձերբակալէր նաեւ իր զինեալ հետեւորդները, իր միակ պահանջը զանոնք ազատ «թող տալը» պիտի չըլլար: Իր նման վտանգաւոր խռովարարի մը հետեւորդները, հռոմէական բանակին տեսանկիւնէն դիտուած՝ անկարելի էր, որ անմեղ նկատուէին: Հետեւաբար, հեղինակը լռօրէն կը ստէր, ըսելով թէ ան զոհուած էր ոչ թէ իրեայ ազգի փրկութեան, այլ յատկապէս իրենց՝ աշակերտներուն համար. «*Ասկէ աւելի մեծ սէր մէկը չի կրնար ունենալ, որ մէկը իր կեանքը բարեկամներուն համար դնէ*» (Յովհաննու ԺԵ. 13): Իսկ եթէ հռոմէական բանակին հետ կը բանակցէր ու աշակերտներուն ապահովութիւնը իր յանձնուելուն նախապայման կը դնէր, կը նշանակէ թէ ան պատկարելի ոյժ մը կը ներկայացնէր:

Արդարեւ, զինք ձերբակալելու համար հռոմայեցիք ամբողջ գունդ մը զինուոր ղրկած էին[76]: Պաղեստինի մէջ ծառայող հռոմէական բանակի գունդը, կամ Cohort-ը կը բաղկանար վեց հարիւր, իսկ Լէգէոնը՝ վեց հազար զինուորներէ: Արդ, եթէ Յովհաննէս «խաղաղասէր բարի հովիւ» մըն էր, ինչպէս աւետարանիչները կը փորձեն մեզ համոզել, զայն եւ նոյնքան «խաղաղասէր» իր տասնմէկ աշակերտները ձերբակալելու համար՝ բանակը հազիւ թէ քանի մը տասնեակ զինուորներու պէտք ունենար: Բայց եթէ հռոմայեցիք հազարապետի մը հրամանատարութեամբ գունդ մը ղրկած էին, ապա որովհետեւ հռոմայեցիք իրենց տեղեկութիւնները մեզի պէս միսիական կեղծաւոր «աւետարանիչներէն» չէ, որ կը քաղէին, այլ վստահ աղբիւրներէ, եւ շատ լաւ կը գիտակցէին, թէ Յովհաննէսը ձերբակալելու գործողութեան հետ առնչուող վտանգները ստորագնահատելը ի'նչ աղետալի արդիւնքներու կրնար յանգիլ: Փաստօրէն, երբ աշակերտներէն Պետրոսը վայրագութեան կը դիմէ, իբրեւ թէ Յովհաննէս զայն սաստելով կ'ըսէ. «*Կը կարծես թէ չեմ կրնար հիմա հօրս աղաչել, եւ ինծի հասցնէ տասներկու գունդէն աւելի հրեշ-*

[76] Յունարէն բնագիրին մէջ յիշուած *Լէգէոնը*, անգլերէն թարգմանութեանց մէջ ընդհանրապէս ներկայացուած է որպէս *Cohort* իսկ հայերէն *Գունդ*:

պակներ»: Ինչո՞ւ *«հրաշքներ գործող»* ու հարկ եղած պարագային՝ խուժանին մէջէն *«անյայտացող քրիստոսը»* (Ղուկասու Դ. 30) հռոմէական գունդ մը զինուորներուն դէմ պաշտպանուելու անկարող ըլլալով, ստիպուած պիտի ըլլար *«պաստերկու գունդէն աւելի հրեշտակներու»* օգնութեան դիմել: Ասիկա ինքնին յստակ ապացոյց է, թէ հռոմէական բանակը կարծուածէն շատ աւելի մեծ թիւով՝ ուղղակի կանոնաւոր բանակով մը եկած էր զայն ձերբակալելու:

Գիտենք թէ Նազարական (Nazarite) Յովհաննէսն ու իր անմիջական տասներկու հետեւորդները զինեալ եւ վտանգաւոր ծայրայեղականներ էին, բայց այդքանը բաւական չէր, որ հռոմայեցիք ամբողջ գունդ մը զինուոր ղրկէին անոնց դէմ: Բանակը մտահոգողը Նազարականներու խնդրոյ առարկայ խմբակը չէր միայն, այլ անոնց ետին կանգնած՝ զանազան անուանումներով Zealot[77] հրեաներու բանակները: Այն իրողութիւնը, որ *«երբ ըսաւ թէ ես եմ, ետ ետ գացին ու գետին ինկան»*, ամեն կասկածէ վեր կը յայտնաբերէ խռովարար Յովհաննէսի սարսափազդու համբաւի մասին: Յովհաննէսին խոնարհելու չէին եկած անոնք, ոչ ալ Յովհաննէսի այսպէս ըսած «երկնային փառքն» էր զանոնք զգետնողը, այլ իր ահռելի ապըստամբի յորջորջանքին արձագանգը: *«Գետին ինալու»* բաժինը անշուշտ իրողութեան խորհրդաւոր երեւոյթ մը տալու մեխականներուն սովորական կեղծիքն է, բայց Գալիլիացի Յուդայի որդի՝ Յովհաննէսին սարսափազդու անունը լսելով՝ զինուորներուն խուռչելով *«ետ ետ երթալը»*, տրամաբանական հակազդեցութիւն մը կը թուի ըլլալ:

Այդ գիշեր, նախքան իր ձերբակալուիլը, տասնմէկն ու Յովհաննէսը բացարձակապէս առանձին էին. բացի զայն զօրացնելու համար իբրեւ թէ *«երկինքէն իջած հրեշտակէն»*՝ ուրիշ ոչ ոք: Բայց

[77] "Zealots, Jewish religious-political faction, known for its fanatical resistance to Roman rule in Judea during the 1st century AD. The Zealots emerged as a distinct political group during the reign (37–4 BC) of Herod the Great. In AD 6, when Judea was put under direct Roman rule and the authorities ordered a census for purposes of taxation, the Zealots, led by Judas of Galilee, called for rebellion. Acknowledging the authority of the pagan Roman emperor, they argued, would mean repudiating the authority of God and submitting to slavery. An extremist group of Zealots, called Sicarii ("dagger men"), adopted terrorist tactics, assassinating Romans and also some prominent Jews who favored cooperation with the Roman authority. The rebellion led by the Zealots in AD 6 was quickly put down, and many of them, probably including Judas, were killed, but others continued to advocate uncompromising resistance to the Romans. One of Jesus' disciples, Simon, was a Zealot (see Luke 6:15)." Microsoft Encarta Encyclopedia. 2002.

ձերբակալութեան խումբին մէջ՝ յանկարծ երեւան կու գայ, հազիւ թէ մերկ մարմինը ծածկելու համար կտաւ մը գտած երիտասարդ մը, որուն ո՛չ ով ըլլալը, ո՛չ ալ ինչո՛ւ կամ ի՛նչպէս հոն ներկայ գտնուիլը յիշուած է...: Այդ երիտասարդը պատահական անծանօթ մը չէր կրնար ըլլալ. ընդհակառակն՝ հեղինակը կը վկայէ թէ վտանգի պահուն իսկ *«Յիսուսի ետեւէն կ'երթար՝ մերկ մարմինին վրայ կտաւ մը առած»*: Ուրեմն անոնք մտերիմներ էին, որովհետեւ երբ աշակերտներն իսկ *«Յովհաննէսը թողուցին ու փախան»*, այդ մերկ երիտասարդը մնացած էր անոր կողքին, մինչեւ որ ձերբակալելու եկողները *«զանիկա բռնեցին, ան ալ կտաւը թողուց ու մերկ փախաւ անոնցմէ»*:

Այս արեղծուածի ամբողջական պատմութիւնը, որուն վաւերականութեան մասին անշուշտ կան տարբեր կարծիքներ, կը գտնենք կանոնական Մարկոսի հաւանաբար նախատիպ՝ «Գաղտնի Մարկոս» (Secret Mark) կոչուած տարբերակի էջերէն, ուր *«մերկ մարմինին վրայ կտաւ մը հագած՝ գիշերը Յիսուսի* [Յովհաննէսին] *հետ անցընող»* երիտասարդին պատմութիւնը զետեղուած է, կանոնական Մարկոսի բաղդատմամբ՝ տասներորդ գլխուն մէջ[78], որ անհետ՝ ամբողջովին ոչնչացուած է վերամշակուած կանոնական տարբերակէն: Բայց զարմանալիօրէն՝ հակիրճ ակնարկով մը յիշուած է Յովհաննէսի ձերբակալութեան պահուն, որուն մասին՝ ո՛չ միայն Մարկոսի աւետարանի կէսէն աւելին ընդօրինակած Ղուկասը, այլ 90 առ հարիւրը ընդօրինակած Մատթէոսն անգամ խուսափած է՝ կամ առնուազն յարմար չէ նկատած անդրադառնալ...: Սակայն հաւանական չէ, որ Մարկոս պարզապէս աւետարանական Յիսուսը խայտառակելու համար այդպիսի անհիմն պատմութիւն մը հնարէր: Ուստի, Յովհաննու հեղինակը այս խայտառակ կացութիւնը փրկելու նպա-

[78] "And they come into Bethany. And a certain woman whose brother had died was there. And, coming, she prostrated herself before Jesus and says to him, "Son of David, have mercy on me." But the disciples rebuked her. And Jesus, being angered, went off with her into the garden where the tomb was, and straightway a great cry was heard from the tomb. And going near Jesus rolled away the stone from the door of the tomb. And straightway, going in where the youth was, he stretched forth his hand and raised him, seizing his hand. But the youth, looking upon him, loved him and began to beseech him that he might be with him. And going out of the tomb they came into the house of the youth, for he was rich. And after six days Jesus told him what to do and in the evening the youth comes to him, wearing a linen cloth over his naked body. And he remained with him that night."

տակաւ, յօրինած է Ղազարոսը մեռելներէն յարուցանելու յար ու նման պատմութիւն մը, անշուշտ սեռային մանրամասնութիւնները զանց առնելով:

Հռոմէական բանակը, երեւի որպէս վերոյիշեալ բանակցութեան արդիւնք, ըստ երեւոյթի՝ փախուստի դիմած աշակերտները ձերբակալելու մասնաւոր ճիգ չէ ըրած: Բայց կ՚իմանանք թէ աշակերտները գէթ որոշ ժամանակ մը գաղտագողի կ՚ապրէին. *«աշակերտներուն ժողվուած տեղին դռները գոց ըլլալով՝ հրեաներէն վախնալնուն համար»* (Յովհաննու Ի. 19): Անշուշտ կրկին հրեայ ղեկավարութիւնն է, որ պիտի մեղադրէին, միանգամայն լրբօրէն խոստովանելով՝ թէ շատ կարճ ժամանակ ետք արդէն աշակերտները *«ամէն օր միաբանութեամբ տաճար երթալու եւեւ էին»*: Եւ ըստ Յովհաննու հեղինակն իսկ, որ կը խոստովանի թէ հռոմէական բանակն էր Յովհաննէսը ձերբակալողը, միեւնոյն յանկերգը նուագելով՝ զայն կը յանձնէ հրեայ քահանայապետներու ատեանին (Յովհաննու ԺԸ. 12–27):

Իբրեւ թէ հազարապետը ամբողջ գունդ մը զինուորներով Յովհաննէսը ձերբակալելէ ետք, զայն տարած է Աննային յանձնելու: Եւ Աննա՝ Յովհաննէսը հարցաքննելէ ետք՝ զայն ղրկած է Կայիափա քահանայապետին, ու այս վերջինն ալ՝ Պիղատոս կուսակալին, որպէսզի ղեկավարութեան դրդումով, հրեայ խուռներամ բազմութիւնը ճնշում բանեցնէ, որ Պիղատոս զայն մահուան դատապարտէ ու խաչը հանէ: Եթէ հռոմայեցիք Յովհաննէսը ձերբակալած էին, ապա ուրեմն քրէական լուրջ պատճառներ ունէին: Եւ ճիշտ այդ իրողութիւնը թաքցնելու համար է, որ կեղծաւոր հեղինակը կը փորձէ իրականութիւնը շրջելով հաւատացնել, թէ հռոմայեցիք *«յանցանք չգըտնալով անոր վրայ»*, փորձած են նոյնիսկ խուսափիլ Յովհաննէսը դատապարտելէ.

Յովհաննու ԺԸ. [31]Այն ատեն Պիղատոս ըսաւ անոնց, Դուք առէք զանիկա, ու ձեր օրէնքին համեմատ անոր դատաստանը տեսէք: Հրեաները իրեն ըսին, մեզի օրինաւոր չէ մարդ մը մեռցնել:

Այսինքն՝ Յովհաննէսը արդէն մահուան դատապարտած էին հրեաները, սակայն որովհետեւ հրեային համար *«օրինաւոր չէր մարդ մը մեռցնել»*, զայն տարած էին հռոմայեցւոց, որպէսզի անո՛նք մեռցնեն զայն...։ Կեղծիքը գարշելիօրէն անարգական է։ Մինչդեռ Օրէնքին դէմ մեղանչողները քարկոծելով մեռցնելը սրբազան պարտականութիւն էր, եւ աւետարաններուն իսկ վկայութեամբ՝ հրեաներուն մօտ շատ սովորական՝ ընթացիկ երեւոյթ էր, որովհետեւ *«մեղաւորին անպատիժ մնալը ուրիշներն ալ կ'ապականէ»*. *«Ով Երուսաղէմ, Երուսաղէմ, որ մարգարէները կը սպաննէիր, ու քեզի ղրկուածները կը քարկոծէիր»* (Ղուկասու ԺԳ. 34) կամ՝ *«շնութեան մէջ բռնուած»* պոռնիկի մը պարագան, ուր հրեաներ կը խոստովանին թէ *«օրէնքին մէջ Մովսէս մեզի պատուիրեց այսպիսիները քարկոծել...»* (Յովհաննու Ը. 5)։

Կայիափա քահանայապետի *«աղէկ է մեզի՝ որ մարդ մը ժողովուրդին համար մեռնի, ու բոլոր ազգը չկորսուի»* խօսքէն այդ տպաւորութիւնը չենք ստանար, թէ այդ ժողովի ներկաներն ու դիւանը, աւետարանիչներուն նկարագրած՝ Յովհաննէսի հանդէպ ա՛յնքան ատելութեամբ լեցուած ու զայն ամեն գնով *«մեռցնել փնտռող»* կրօնականներ կրնային ըլլալ։ Ընդհակառակն, եթէ ուշադրութեամբ կարդանք, ակնյայտ է թէ սրտի խորը կսկիծով, բայց եւ այնպէս հարկադրաբար առնուած որոշում մըն էր այդ։ Վստահաբար հռոմէական բանակը շատ խիստ սպառնացած էր, եւ ղեկավարութիւնը այլեւս այլընտրանք չունէր. կամ Յովհաննէսը՝ կամ ալ «ամբողջ ազգը»...։ Հետեւաբար երկար խորհրդակցութիւններէ ե՛տք միայն քահանայապետը ի ցաւոք սրտի կ'եզրակացնէ՝ թէ *«աղէկ է մեզի՝ որ մարդ մը ժողովուրդին համար մեռնի, ու բոլոր ազգը չկորսուի»*։ Եթէ քահանայապետը այդպիսի սրտաճմլիկ մեկնաբանութեամբ մը կը փորձէ վարանած ժողովականները համոզել, որ Յովհաննէսը զոհեն իրեայ ազգի փրկութեան սիրոյն, ապա ուրեմն ժողովի ընդհանուր տրամադրութիւնը առնուազն տարբեր ուղղութեամբ կ'ընթանար։ Փաստօրէն՝ *«չէք ալ խորհիր աղէկ է մեզի՝ որ մարդ մը ժողովուրդին համար մեռնի»* խօսքը անառարկելիօրէն կը վկայէ, թէ ժողովականները այդպիսի «խորհուրդ» չունէին։ Եւ աւելին, ձերբակալութեան յաջորդող պարագաները կը թելադրեն նաեւ՝ ձեւով մը Յովհաննէսին կեանքը փրկելու մտադրութեան հաւանականութիւն մը։

Հռոմէական բանակէն այնքան խստիւ պահանջուած եւ մէկ օրուայ մէջ մահապատիժի դատապարտուած ու խաչուած ըլլալը կը վկայէ, հռոմայեցւոց տեսանկիւնէն՝ Յովհաննէսի վտանգաւոր ահաբեկիչ մը ըլլալուն մասին: Սակայն հրեային համար՝ Խարայէլը իր թշնամիներէն ազատելու կոչուած ազգային հերոս մըն էր ան: Ուստի ամբողջովին անհաւանական չի թուիր, որ ղեկավարութիւնը Յովհաննէսի կեանքը ձեւով մը փրկելու առնուազն հեռանկար մը ի մտի ունենար: Այդ մէկը ենթադրող բաւական հետաքրքրական տուեալներ կը գտնենք անոր խաչելութեան, մահուան ու խորհրդաւոր թաղումի վերջին ժամերը նկարագրող հեքիաթներուն մէջ[79]:

Մարկոսի աւետարանիչը կը վկայէ, թէ «*կիներ ալ կային, որոնք հեռուանց կը նայէին*», որովհետեւ արգիլուած էր ոեւէ անձի՝ մօտենալ դատապարտեալի խաչին: Բայց Յովհաննու աւետարանիչը կը պնդէ՝ թէ «*խաչին քով կայներ էին իր մայրը եւ իր մօրը քոյրը Մարիամ...*»: Ու զարմանալիօրէն Յովհաննէս իր մայրը, որ ամուսին ու բազմաթիւ զաւակներ ունէր, կը յանձնէ իր սիրած աշակերտին, «*եւ այն ժամանակէն աշակերտը զանիկա իր քովը առաւ*»: Անշուշտ կասկած չկայ թէ Յովհաննէս միւս աշակերտներն ալ կը սիրէր, բայց անոնցմէ մէկուն մասին յարատեւ կրկնուած՝ «*այն աշակերտը զոր Յիսուս կը սիրէր*» խօսքը, այդ աշակերտին հանդէպ Յովհաննէսին տածած սիրոյն կու տայ տարբեր բնոյթ մը. նոյնիսկ խնճոյքներու ժամանակ, երբ միւսներն ալ ներկայ էին, այդ մէկը ուղղակի Յովհաննէսի գիրկը կը նստէր.

Յովհաննու ԺԳ. 23Ու աշակերտներէն մէկը կար Յիսուսի քով[80] նստած, զոր Յիսուս կը սիրէր: 24Եւ Պետրոս անոր աչք կ'ընէր հարցնելու թէ ո՞վ պիտի ըլլայ անիկա որու համար կը զրուցէ: 25Ան ալ Յովհաննէսի կուրծքին վրայ իյնալով՝ ըսաւ անոր, Տէ՛ր, ո՞վ է ան:

Այս տեսարանը կը պատահէր վերջին գիշերը, երբ «*անձը մեռնելու չափ տրտում*» Յովհաննէսը իր աշակերտներուն կը յայտնէր, թէ իրենցմէ մէկը զինք պիտի մատնէր այդ գիշեր: Պետրոս, չհամարձակելով արտայայտուիլ, աչքով նշան կ'ընէ անոր «զոգը նստած» աշակերտին, որ Յովհաննէսի ամենէն անտրամադիր պահերուն իսկ շատ լաւ գիտէր զայն սիրաշահիլ: Ան ալ առանց տատամսելու,

[79] Մարկոսի ԺԵ. 33–47, Մատթէոսի ԻԷ. 45–66, Ղուկասու ԻԳ. 44–55, Յովհաննու ԺԹ. 25–35:

[80] Յունարէն բնագրին մէջ՝ զոգը:

«*Յովհաննէսի կուրծքին վրայ իյնալով*»՝ կը յաջողի զայն խօսեցնել: Այստեղ, ինչպէս կը տեսնենք, յունարէն բնագրի «գոգ» բառը, որ ուղղակի «գիրկ» կը նշանակէ, փոխանակուած է «քով» բառով, եւ ստորեւ տրուած է հակիրճ ծանօթագրութիւն մը: Իսկ հետագայ թարգմանութեանց մէջ, այդ ծանօթագրութիւնն ալ անյետացած՝ ու ամբողջ նախադասութիւնը կերպարանափոխուած է, ուր իբրեւ թէ «*Աշակերտներէն մէկը, զոր Յիսուս կը սիրէր, բազմած էր Յիսուսի կողքին...*»:

Այս՝ թէ «*Մարիամ կոչուող Յիսուսի մօրաքրոջ*», Nazarite Յովհաննէսի՝ Նազովրեցի, կամ Sicarius Յուդայի՝ Իսկարիովտացի կոչումներն ու շատ մը այլ պարագաները, քրիստոնէական աւանդութիւն դարձած՝ դասական եղծանման օրինակներ են, եւ պարզապէս կը վկայեն նենգաւոր եկեղեցիի ստորաքարշ կեղծաւորութեան մասին: Եթէ քանի մը տասնամեակներու ընթացքին, եկեղեցին կրցած է այդ բոլորը պարզաբանութեան թէ այլ՝ նոյնքան շողոմ պատճառաբանութիւններով՝ հիմնովին այլակերպել, դժուար չէ երեւակայել, թէ երկու հազար տարի եւ բազմահազար հրատարակութիւններէ ետք՝ ի՜նչ սոսկալի ահագնութեամբ խեղաթիւրուած են արդէն իսկ հազուագիւտ հաւանական տեղեկութիւն պարունակող, սկզբնագիր քրիստոնէական աւետարանները յատկապէս, ու ամբողջ գրականութիւնը ընդհանրապէս...: Բայց որովհետեւ այս հարցը ինքնին առանցին ուսումնասիրութեան նիւթ է, կը բաւականանամ միայն այս աշխատութեան հետ առնչուող եղծանումներուն անդրադառնալով:

Ուրեմն, հեղինակը կը վկայէ, թէ երբ Յովհաննէս խաչին վրայ «*ծարաւ եմ*» կ'ըսէ, «*անոնցմէ մէկը*» եղեգի մը ծայրը կապուած սպունքով հեղուկ մը կու տայ, որ խմէ, որմէ փոքր պահ մը ետք, «*գլուխը ծռելով*»՝ մեռածի տպաւորութիւն կը ստանայ: Հակառակ եկեղեցիի պնդումներուն, թէ «աստուածային էակ» մըն էր Յովհաննէս-Յիսուս եւ միայն «*ի կամէ*» կը ծարաւնար, դժուար է հաւատալ, որ խաչին գամուած տուայտեալ Յովհաննէսի կամքը յանկարծ որոշած էր ծարաւնալ ձեւացնել: Իսկ իր երկու կողմի խաչուած ոճրագործները, որոնք այդ հեղուկը չէին խմած, տակաւին ողջ էին: Հրեաները, չհամբերելով, որ միւս երկուքն ալ մեռնին, հակառակ որ նախորդ օրը պալատ չէին մտած որպէսզի «չպղծուին», ըստ Յովհաննու աւետարանիչին՝ իրենք անձամբ կ՚երթան Պիղատոսի մօտ, զանոնք խաչէն իջեցնելու արտօնութիւն խնդրելու համար, զոր կը ստանան, անոնց սրունքները կոտրտելու պայմանաւ: Իսրայէլի տէր Եհովայի որդին, իր երկու կողմի մահկանացու ոճրագործներէն ժամեր առաջ, անհաւատալիօրէն՝ ակնկալուածէն շատ աւելի կանուխ մեռած էր: Փաստօրէն՝ Մարկոսի աւետարանիչը կը վկայէ, թէ երբ Արիմաթիացի Յովսէփը, եւ ոչ թէ հրեաները, Պիղատոսէն կը խնդրէ մեռած Յովհաննէսի դիակը՝ «*Պիղատոս զարմացաւ, որ արդէն մեռած ըլլայ*»:

King James կամ *New International Version* անգլերէն թարգմանութեանց մէջ, Յովհաննէս-Յիսուսի մատուցուած հեղուկին բաղադրութիւնը, ըստ Մատթէոսի աւետարանիչին՝ «*լեղիով խառնուած քացախ*»[81], իսկ ըստ Մարկոսի՝ «*զմուռսով խառնուած գինի էր*»[82]. երկուքն ալ թմրեցուցիչ յատկութիւն ունեցող նիւթեր: Յամենայն դէպս, խորհրդաւոր բաղադրութեամբ հեղուկ մը տրուած էր Յովհաննէսին, զոր խմելով՝ մեռելի տպաւորութիւն ստացած, բայց ո՛չ անպայման մեռած էր: Երբ հեղուկը խմելով Յովհաննէս կը թմրի, հրեաները կ՚աճապարեն զայն խաչէն վար առնելու, որովհետեւ, կը պատճառաբանէ հեղինակը, անոնք չէին ուզեր, որ «*այդ մարմինները խաչին վրայ մնան մինչեւ շաբաթ օրը*»:

Հռոմայեցիք Պաղեստինի տարածքին, տարեկան հարիւրաւոր ոճրագործներ, խռովարարներ, եւ այլն կը խաչէին, որոնցմէ շատերը վստահաբար պիտի զուգադիպէին հրեաներու շաբաթին կամ բազմաթիւ զատիկներէն մէկուն, ինչ որ խիստ կասկածելի է թէ երբեւիցէ անհանգստացուցած ըլլար ղեկավարութիւնը: Ինչո՞ւ այս մէկը տարբեր պիտի ըլլար, մանաւանդ որ իրե՛նք էին ճնշում բանեցնողը, որ Պիղատոսը զատկուայ նախօրէին զայն խաչը հանէր: Վըստահաբար կարելիութիւնը այն է, որ հրեաները կ՚աճապարէին նախքան թմրած Յովհաննէսին սթափիլը՝ զայն խաչէն վար առնել ու քարայրի մը մէջ զետեղել, ուրկէ յաջորդ օրը «յարութիւն պիտի առնէր»...: Հետեւաբար, երբ սրունքները կոտրտելու պայմանաւ զա-

81 Vinegar mingled with gall.

82 Wine mingled with myrrh.

նոնք խաչէն իջեցնելու արտօնութիւն կը ստանան, զինուորները անոր երկու կողմի ոճրագործներուն սրունքները կոտրտելէ ետք՝ Յովհաննէսին դառնալով կ՚որոշեն, որ պէտք չկար անոր սրունքները կոտրտելու, որովհետեւ արդէն «մեռած» էր: Անոնք Յովհաննէսի վրայ պարզ ակնարկ մը նետելով չէին կրնար գիտնալ եթէ ան մեռած էր թէ ոչ: Իսկ հարիւրապետին ստացած հրահանգը՝ խաչէն վար առնուող դատապարտեալներուն սրունքները կոտրտել էր, եւ ո՛չ թէ միայն ակնյայտօրէն ողջերունը: Հետեւաբար դժուար է հաւատալ, թէ անոպայ զինուորները անոր ալ սրունքները կոտրտելու հաճոյքէն պիտի զրկուէին եւ իրենց տրուած հրահանգին ալ չենթարկուէին, պարզապէս որովհետեւ Յովհաննէս մեռածի տպաւորութիւն կը ձգէր: Հաւանական իսկ չէ, որ անոնք յետին փափկանկատութիւնը ունենային ստուգելու թէ ան իսկապէս մեռած էր թէ ոչ: Եթէ Յովհաննէսի սրունքները չէին կոտրտած, ապա որովհետեւ այդպէս հրահանգ ստացած էին, եւ այդ հրահանգը չէր կրնար Պիղատոսէն եկած ըլլալ:

Հրեայ ղեկավարութիւնը շատ լաւ կը գիտակցէր, թէ հռոմայեցիք անպայման մահուան պիտի դատապարտէին Յովհաննէսը. այդ էր բոլոր խռովարար ապստամբներուն վախճանը: Ուստի այդ մակարդակի վրայ միջամտելը անիմաստ էր: Բայց քանի մը սերունդ արդէն հռոմէական բանակին հետ կողք-կողքի ապրած, դրացնութիւն ու յաճախ բարեկամութիւններ հաստատած հրեաները՝ շատ մը բարեացակամ եւ կամ կաշառք ակնկալող բանակայիններու եւ բարձրաստիճան սպաներու հետ սերտ կապեր մշակած էին: Այդ իմաստով յատկանշական է «*հրեաներէն քանի մը ծերերու*» հարիւրապետի մը օգտակար դառնալու դիմումը[83]՝ օտարները որպէս շուներ ու խոզեր ատող, օրէնքին նախանձաւոր եւ ցեղամոլ Յովհաննէս-Յիսուսին:

Հրեայ ղեկավարութիւնն ու Յովհաննէսը մտերիմներ էին, այնքան մը՝ որ հռոմայեցի հարիւրապետն անգամ գիտնալով թէ օտարատեաց Յովհաննէսը պիտի չմերժէր զանոնք, դիմած էր «հրեայ ծերերու» միջնորդութեան: Հետեւաբար, շատ հաւանական է, որ նոյ-

---

[83] Ղուկասու Է. 2–5:

նիսկ «*կուսակալը հաճեցնելու կարող*» (Մատթոսի ԻԸ. 14) ղեկավարութիւնը կրնար դատավճիռը գործադրող տեղույն վրայ պատասխանատու հարիւրապետը ձեւով մը «հաճեցնել», եւ նախքան մեռնիլը՝ Յովհաննէսը խաչէն վար առնելով՝ կեանքը փրկել: Ծրագիրը նախատեսուածին համաձայն կ՚ընթանար: Պիղատոսը զարմանալով հանդերձ, թէ Յովհաննէս այդքան կանուխ մեռած էր, հարիւրապետին «ստոյգ» պատասխանը բաւական համարելով՝ Յովսէփի խնդրանքին կ՚ընդառաջէ, անշուշտ պայմանաւ, որ սրունքները կոտրուէին: Բայց երեւի թէ հարիւրապետը առանց յաւելեալ տեղեկութեանց՝ զինուորներուն կը պատուիրէ Յովհաննէսին սրունքները չկոտրել:

Ղեկավարութեան ծրագիրը կատարեալ յաջողութեամբ պիտի պսակուէր, եթէ չպատահէր անակնունելին... յանկարծ զինուորներէն մէկը կ՚որոշէ «*իր գեղարդով խոցել Յովհաննէսի կողը*»...: Ինչպէ՛ս չհիասթափուէին մեսիականները, որոնք Յովհաննէսի բերնով պիտի գոռային «*Էլօի, Էլօի, ինչո՞ւ զիս թողուցիր*»...: Յովհաննէսի կողը խոցելու զանազան պատճառներ կրնար ունենալ այդ զինուորը. ատելութիւն, գազանաբարոյ կիրքերու յագեցում եւ կամ պարզապէս որովհետեւ Յովսէփն ու հարիւրապետը տակաւին չէին վերադարձած Պիղատոսին քովէն, եւ արդէն թմրեցուցիչին ազդեցութիւնը տկարանալով՝ Յովհաննէս սկսած էր կենդանութեան նշաններ ցոյց տալ, եւ այլն: Ինչ որ ալ ըլլան Յովհաննէսը «*գեղարդով խոցելու*» պատճառները՝ ամենեւին կարեւոր չեն: Կարեւորը այն է, որ Յովհաննէսը այլեւս իսկապէս մեռած էր, եւ իր Նազարական հետեւորդներուն կը մնար վերանայիլ կազմակերպութեան ռազմավարութիւնը. շարունակե՞լ նոյն աղետալի ընթացքը, թէ՝ համակերպիլ Միքիա Դ. բանաձեւի ջատագով հատուածին, որուն անուղղակիօրէն կ՚անդրադառնայ ըստ Յովհաննու աւետարանիչը, թէ Կայիափա քահանայապետին խօսքը չէր նշանակեր, որ Յովհաննէս միայն հրեայ ազգը փրկելու համար էր, որ կը մեռնէր, այլ նաեւ որպէսզի «*Եհովայի ցիրուցան որդիներն ալ մէկտեղ ժողվէ*»...:

Հասած էր Յովհաննէսը թաղելու պահը, սակայն ոչ միայն իր ծառաներն ու ազգականները, այլ իր անմիջական ընտանեկան պարագաներն անգամ՝ ոչ մէկ ձեւով մասնակցութիւն ունեցած են մարմնի օծման, պատանդման, թաղման թէ այլ պատրաստութեանց: Անոնք չեն իսկ յիշուած այս տեսարանին մէջ. այդ բոլորը կատարուած են անծանօթ մէկ անձի մը միջոցաւ: Կանոնական չորս աւետարաններն ալ կը վկայեն Յովհաննէսի թաղման խիստ արտասովոր պարագաներուն մասին, ուր կը պարզուի շատ խորհրդաւոր՝ գաղտնի թաղումի տեսարան մը: Արդէն գիտենք, թէ այլուր երբեք չյիշուած Արիմաթիացի Յովսէփ անուն՝ անձ մը, յանկարծ հրապարակ կը նետուի, որպէսզի Պիղատոսէն Յովհաննէսին մարմինը խնդրելով՝ զայն խաչէն վար առնէ, իւղով օծէ, կտաւով փաթթէ ու թաղէ զայն: Աւետարանիչները պարտք չեն զգացած յիշելու, թէ ինչո՛ւ այդ անծանօթ անձը այդ պարտականութիւնը ստանձնած էր, եւ ո՛չ Յովհաննէսի ընտանիքը կամ առնուազն մօտիկ ազգականները. որովհետեւ այդ բոլորը եղած էր խիստ գաղտնի:

> **Մարկոսի ԺԵ.** [46]Եւ Յովսէփ կտաւ գնեց, ու զանիկա վար իջեցնելով՝ կտաւովը փաթթեց, ու դրաւ գերեզմանի մը մէջ՝ որ քարէ փորուած էր, եւ քար մը գլորեց գերեզմանին դուռը: [47]Իսկ Մարիամ Մագդաղենացի ու Յովսէսի մայրը Մարիամ տեսան այն տեղը ուր դրուեցաւ:
>
> **Ղուկասու ԻԳ.** [52]Ասիկա Պիղատոսի գնաց, ու Յիսուսի մարմինը խնդրեց: [53]Եւ զանիկա խաչէն իջեցնելով՝ կտաւով փաթթեց, ու քարէ փորուած գերեզմանի մը մէջ դրաւ, ուր բնաւ մէկը դրուած չէր: [54]Եւ այն օրը ուրբաթ էր, շաբաթ օրը պիտի սկսէր (լուսնար): [55]Եւ անոր ետեւէն գացին այն կիները, որոնք իրեն հետ Գալիլեայէ եկած էին, ու տեսան գերեզմանը, եւ թէ ինչպէս անոր մարմինը հոն դրուեցաւ:

Տողընդմէջ պարզուող իրականութիւնը այն է, որ գիշերուայ մութ ժամերուն, երբ ամեն ինչ վերջացած ու շրջապատը ամայի էր, խորհրդաւոր անձ մը պիտի գար, որուն պարտականութիւնը յատկապէս Յովհաննէսի դիակը գաղտագողի անյայտացնելն էր: Այս ամբողջ առեղծուածին հետքերը ոչնչացնելու նպատակաւ, հեղինակները տուած են այնպիսի պղտոր տեղեկութիւններ, որ պրպտողին համար անկարելի պիտի ըլլայ ճշմարտութիւնը իմանալ: Յովսէփ անունը անշուշտ շատ սովորական անձնանուն մըն է, որու մասին տրուած միակ տեղեկութիւնը՝ անոր ենթադրեալ ծննդավայրն է. «*մարդ մը... Արիմաթիա քաղաքէն*»: Արիմաթիա քաղաքի մը իսկութեան մասին, բացի ենթադրութիւններէ, ոչ մէկ հաստատ տեղեկութիւն կարելի է գտնել: Սակայն մերօրեայ իմաստակ կարգ մը «մասնագէտներու» կարծիքներէն մէկը՝ Արիմաթիան կը տեղադրէ Երուսաղէմէն 8–10 մղոն դէպի հիւսիս-արեւլք: Այսինքն՝ Յովսէփ, որ Յովհաննէսի ձերբակալութեան, դատավարութեան ու խաչելութեան ներկայ չէր, ճիշտ ժամանակին հասած էր զայն թաղելու: Մատթէոսի աւետարանիչն ալ կը վկայէ, թէ ան Յովհաննէսը «*դրաւ իր նոր գերեզմանին մէջ՝ որ քարէ փորուած էր*» (Մատթէոս ԻԷ. 60), ուր անշուշտ «*բնաւ մէկը դրուած չէր*»:

Քարէ փորուած գերեզմանները ընդհանրապէս ընտանիքներու համար փորուած՝ եւ ո՛չ շատ մատչելի դամբարաններ կ'ըլլային: Բայց Յովսէփ, որ Արիմաթիայէն էր, ուր վստահաբար տուն ու ընտանիք պիտի ունենար, զարմանալիօրէն իր քարափոր գերեզմանը՝ անխոհեմաբար փորել տուած էր իր հայրենի տունէն ու ընտանիքէն տասնեակ մղոններ հեռու: Սակայն այդ գերեզմանին մասին, որուն վայրը չէ յիշուած, անուղղակի տեղեկութիւններէն դատելով կարելի է եզրակացնել, թէ համեմատաբար շատ փոքր՝ հազիւ մէկ անձի համար փորուած՝ Յովհաննէսին յատուկ, գաղտնի գերեզման մըն էր, ուր գաղտագողի պիտի զետեղէին զայն, յաջորդ օրը դատարկ գերեզման մը ցոյց տալու, եւ յայտարարելու՝ որ իբրեւ թէ «*յարութիւն առած*» էր ան: Եւ իբրեւ թէ կիները Յովսէփին «*եկեւէն գացին, ու տեսան գերեզմանը, եւ թէ ինչպէս անոր մարմինը հոն դրուեցաւ*»... որովհետեւ աւետարանիչները, դատարկ գերեզմանի լուրը տարածելու համար, կարիքը ունէին գաղտնի գերեզմանին տեղը գիտցող անձի մը, որպէսզի յաջորդ օրը գերեզման երթալով՝ զայն դատարկ գտնէր:

Աւետարաններուն բնագրերը, որոնք գրուած են անյայտ անձերու ձեռքով,– որոնք գրի առնուած դէպքերուն ժամանակակից իսկ չէին,– անհետ կորսուած են, իսկ պահուածները՝ ընդօրինակուած արտադրութիւններ են, որոնց հնագոյնը կը պատկանի երրորդ դարու սկիզբներուն, Յովհաննէսի մահէն մօտաւորապէս երկու դարեր ետք: Թէ երկու դարերու ընթացքին քանի՛ անգամ ընդօրինակուած են՝ կարելի չէ ճշգրիտօրէն կրահել, սակայն վստահ գիտենք թէ բազմիցս խմբագրուած, վերամշակուած, եղծանուած ու նախապէս գոյութիւն չունեցող «յարութեան», «յայտնութեան» եւ այլ պատմութիւններով ծանրաբեռնուած են: Փաստօրէն, *New International Version Holy Bible*-ը, «Ըստ Մարկոսի» կոչուած կանոնական աւետարանի ԺԶ. գլխու 8-րդ եւ 9-րդ համարներուն միջեւ ծանօթագրութիւն մը զետեղած է, վկայելու թէ "*The two most reliable early manuscrits do not have Mark 16: 9–20*": Այսինքն՝ Մարկոսի աւետարանին մեզի հասած հնագոյն պատճէններուն երկու ամենէն «վստահելիները» կը վերջանան ԺԶ. գլխու 8-րդ համարով. հոն՝ ուր կիները առաւօտուն գերեզման կ'երթան ու դռան քարը գլորուած իսկ գերեզմանը դատարկ կը գտնեն:

Սակայն պարզօրէն ակնյայտ է, որ առնուազն ԺԶ. գլուխը ամբողջութեամբ, եւ նոյն գլխուն համար պարարտ հող պատրաստող ԺԵ. գլխուն առնուազն վերջին համարը, միայն որոշ ժամանակ մը ետք յղացուած ու կցուած են բնագրին: Մարկոսի գիրքը պիտի վերջանար արաւելագոյնը Յովհաննէսի մահով կամ թաղումով, երբ Յովսէփ զայն քարայրը դնելով՝ քար մը կը գլորէ դռան առջեւ: Եւ որովհետեւ Մարկոսի գիրքը ընդունուած է որպէս կանոնական աւետարաններուն առաջինը, զոր մեծ մասամբ ընդօրինակած են միւսները, բնականաբար՝ բոլորն ալ պիտի աւարտէին նոյն ձեւով: Բայց աւելի ուշ, ըստ Պօղոսի յօրինած «աւետարանի» թելադրութեան, մեռնող «յարնող քրիստոսի» դատարկ գերեզմանի եւ «յարութեան ու յայտնութեան» պատմութիւններ թալաթոսող մեխականները, որպէս շաղկապ՝ Մարկոսի ԺԵ. գլխուն վերջաւորութեան զետեղած են նաեւ երկու կիներու Յովսէփին հետեւելով՝ «*դիակը ուր դրուիլը տեսնելու*» յաւելեալ բաժին մըն ալ:

Այդ յաւելումները առնուազն տասնամեակներ ետք յօրինուած ըլլալով հանդերձ, բոլոր աւետարաններն ալ կը վկայեն, թէ ո՛չ ոք տեսած է Յովհաննէսի «յարութիւն առնելը». կիները միայն դատարկ գերեզման մը տեսած էին: Մարկոսը կը վկայէ թէ կիները գերեզմանին մէջ «*երիտասարդ մը տեսան ճերմակ պատմուճան հագած*», որ դատարկ գերեզման մը ցոյց տուած ու ըսած է, թէ Յովհաննէս «*յարութիւն առած*» էր, միայն այսքան: Այսինքն եղածը լոկ տարաձայնութիւն մըն էր. ինքնութիւնը եւ մանաւանդ դիտաւորութիւնը անյայտ անձի մը անստոյգ խօսքն է, որ տարաձայնած էին կիները: Ո՞վ էր այդ ինքնութիւնը անյայտ երիտասարդը. ո՞վ անոր պարտականութիւն տուած էր գերեզմանը նստիլ ու այդպիսի ձայբոտուքներ տարածել: Մատթէոսի աւետարանիչը այս տեսարանը շատ աղքատիկ «յարութիւն» մը համարելով, կը կեղծէ՝ աւելցնելով որ կիներուն տեսած անձը «*երկինքէն իջած հրեշտակ*» մըն էր, որ երկրաշարժով մը տեղւոյն վրայ «դռնէն մէկդի գլորեց քարը»[84], եւ այլն:

Հակառակ որ թաղումը եղած էր լրիւ գաղտնի, եւ ո՛չ ոք պիտի գիտնար գերեզմանին տեղը, ըստ երեւոյթի քահանայապետները արդէն տեղեակ էին: Եւ ահաւասիկ, թաղումէն հազիւ քանի մը ժամ ետք, Զատիկ եւ մանաւանդ շաբաթ օրով, «*քահանայապետները ու փարիսեցիները ժողվուեցան Պիղատոսի քով*», անկէ խնդրելու, որ Յովհաննէսի գերեզմանին զգուշութիւն ընէ: Այդ էր պակաս Հռոմի կուսակալին. մեռելներուն պահակութիւն ընել, որպէսզի չըլլայ թէ «*յարութիւն առնեն*»: Այսպիսի անհեթեթութիւն մը աննպատակ չէր կրնար ըլլալ. հեղինակը այդպիսով պարզապէս կը փորձէր հրեայ ղեկավարութիւնը չքմեղել դիակը գողցուելու մեղսակցութենէն, հաւանաբար այն տրամաբանութեամբ, թէ անկարելի պիտի ըլլար ամբաստանել ղեկավարութիւն մը, որ նոյնիսկ Պիղատոսէն խնդրած էր «*գերեզմանին զգուշութիւն*» ընել: Այս տողերէն կ՚իմանանք նաեւ ուրիշ ոչ մէկ տեղ յիշուած այն իրողութիւնը, թէ հրեաները ունէին իրենց սեփական «պահակ զինուորները», որոնք չէին փորձած Յովհաննէսը առնուազն զսպել, երբ այս վերջինը տաճարը կը պղծէր: Հետագայ դէպքերը կը ստանան աւելի եւս զաւեշտական բնոյթ:

Երբ Պիղատոս կը մերժէ հրեայ ղեկավարութեան խնդրանքը, լրջօրէն «մտահոգուած» քահանայապետները «*գացին գերեզմանին զգուշութիւն ըրին, քարը կնքելով ու պահապան զինուորներ դնելով*»: Հեղինակը սուտ վկայութիւն կու տայ, թէ գիշերը՝ «*մեծ երկրաշարժ մը եղաւ...*», որ բացի տեղւոյն վրայ գտնուող զինուորներէն՝ ոչ ոք զգացած էր, եւ ոչ մէկ հետեւանք ունեցած էր շրջապատին ու մանաւանդ կիցը գտնուող Երուսաղէմ քաղաքին վրայ: Իսկ եթէ պահապան զինուորները «*անոր վախէն խռովեցան, ու մեռածի պէս եղան*»՝ նուաղեցան, ապա ուրեմն ոչինչ տեսած էին եւ չէին կրնար

[84] Մատթէոսի ԻԷ. 62–66. Մատթէոսի ԻԸ. 1–15:

իրենց չտեսած ու չլսած «*բոլոր եղած բաները*» պատմել: Իսկ քահանայապետները զինուորներուն «*շատ ստակ տալով*» կաշառած էին զիրենք, որպէսզի դիակը գողցուելու սուտ լուրը տարածեն, եւ խոստացած էին, որ եթէ «*այդ բանը կուսակալին ականջը հասնի, զանիկա կը հաճեցնենք, եւ զիրենք ապահով կ'ընենք*»: Սակայն հեղինակը մոռցած կը թուի ըլլալ, թէ այդ տղայական խաղերով ամենեւին հետաքրքրուած չէր կուսակալը, ոչ ալ պահակ զինուորները համարատու էին անոր, այլ ուղղակի քահանայապետներուն:

Այս կատակերգութիւնը կը հասնի իր գագաթնակէտին, երբ աշակերտները մեղադրելու նպատակաւ՝ քահանայապետները կը յօրինեն հետեւեալ պատուէրը. «*Ըսէք թէ անոր աշակերտները գիշերով եկան զանիկա գողցան, երբ մենք կը քնանայինք*»: Այնքան նուաստամիտ պէտք է ըլլային հաւատացեալները, որ հաւատային թէ աշակերտները կրցած էին առանց արթնցնելու քնացած պահակները՝ հսկայ քարը գլորել ու աննկատ կերպով դիակը գողնալ: Իսկ եթէ պահակները այդ դէպքի ամբողջ տեւողութեան քնացած էին, ինչպէ՞ս կրնային վկայել թէ ովքե՛ր, ինչպէ՛ս կամ ե՛րբ գողցած էին դիակը, եւ այլն: Բայց Յովհաննու աւետարանիչը, դիակին անհետացման մասին կը վկայէ թէ՝

> **Յովհաննու Ի.** Մէկշաբթի օրը Մարիամ Մագդաղենացի առտուանց դեռ չլուսցած գերեզմանը կու գայ, ու կը տեսնէ որ քարը գերեզմանին դռնէն վերցուած է: [2]Ետքը կը վազէ կու գայ Սիմոն Պետրոսի եւ միւս աշակերտին զոր Յիսուս [հիմա՝ Յովհաննէս] կը սիրէր, եւ կ'ըսէ անոնց, Տէրը գերեզմանէն վերցուցին, ու չենք գիտեր ո՛ւր դրին զանիկա:

Ուրեմն «*առտուանց դեռ չլուսցած*», Մարիամ Մագդաղենացին առանձին գերեզման կ'երթայ ու «*քարը գերեզմանին դռնէն վերցուած*» եւ վայրը ամայի կը գտնէ. ո՛չ հոն նստած երիտասարդ, ո՛չ ալ «հրեշտակ» կը տեսնէ: Այս պարբերութեան առաջին եւ երկրորդ համարներուն միջեւ, վստահաբար նախապէս գոյութիւն ունեցած է բաժին մը, որ ապազային ջնջուած է, որովհետեւ Մարիամի խօսքին մէջ շարունակականութեան խզում մը կայ: Առանց գերեզմանը մտնելով ստուգելու թէ դիակը հոն էր թէ ոչ, ուղղակի ականատեսի մը բերնով ան «*կ'ըսէ անոնց, Տէրը գերեզմանէն վերցուցին*»:

Այս խօսքը բացարձակապէս կարելի չէ՛ կարծիք կամ ենթադրութիւն համարել, որովհետեւ այս խօսքը ուղղակի ականատեսի վկայութիւն մըն է, որ աւելի եւս կ'ամրապնդուի՝ զայն յաջորդող եզրակացութեան ընդմէջէն, ուր կ'ըսէ՝ «*ու չենք գիտեր ո՛ւր դրին զանիկա*»: Այսինքն դիակը «վերցնողները» զայն տարած էին, եւ Մարիամ չէր կրցած անոնց հետեւելով տեսնել՝ թէ դիակը ո՞ւր կը փոխադրէին: Իսկ Մարիամ, որ իբրեւ թէ եղելութեան վայրը առանձին եղած էր, յոգնակի խօսելով կ'ըսէ. «*ու չենք գիտեր ո՛ւր դրին զանիկա*»...:

Հեղինակները, փոխանակ արդէն բաւականին կեղծուպատիր այս խայտառակութիւնը աւելի եւս բարդելու՝ կրնային Մարիամին վերագրել «*Տէրը յարութիւն առաւ*» խօսքը, եւ հեքիաթը հեզասահ կ'ընթանար, ինչպէս ըրած են միւսները: Սակայն անոնք փորձած են դիակը գողցուելու հարցը, որ «*հրեաներուն մէջ պարածուած*» էր, անուղղակիօրէն մէկ անգամ ընդ միշտ թաղել: Իսկական եղելութիւնը բնագրէն ջնջելով, թիւրիմացութեան տեսարան մը կը յօրինեն, ըսելով՝ որ իբրեւ թէ երբ Մարիամ «*կը տեսնէ, որ քարը գերեզմանի դռնէն վերցուած է*», թիւրիմացաբար կ'ենթադրէ, որ Յովհաննէսի դիակը գողցուած էր, որովհետեւ տեղւոյն վրայ ոչ ոք կար իրեն տեղեկացնելու թէ ան «*յարութիւն առած*» էր: Հետեւաբար, աշակերտներուն սխալ տեղեկութիւն տալով Մարիամ «*կ'ըսէ, Տէրը գերեզմանէն վերցուցին, ու չենք գիտեր ո՛ւր դրին զանիկա*»: Այսպիսով՝ նախ կը չքմեղէին աշակերտները, որոնք իբրեւ թէ անտեղեակ էին եղելութենէն: Իսկ աւելի կարեւորը ա՛յն էր, որ հարցը ամբողջութեամբ կը վերագրէին Մարիամէն աշակերտներուն փոխանցուած թիւր տեղեկութեան, թէ Յովհաննէսի դիակը գողցուելու պատմութիւնը պարզապէս թիւրիմացութեան մը արդիւնքն էր:

* * *

Յովհաննէսի «յարութեան», այլ խօսքով՝ դատարկ գերեզմանի զանազան խայտաբղէտ հեքիաթները տեղադրուած են անոր մահէն հազիւ մէկ օր ետք, որ ամենեւին չի համապատասխաներ իրողութեանց հետեւողականութեան, որովհետեւ այդ բոլորը Յովհաննէսի մահէն ժամանակ մը ետք յղացուած ու յօրինուած են: Արդարեւ, երկուորեակ Յուդա Թովմասի աւետարանը, որ կը բաղկանայ

Յովհաննէս-Յիսուսի վերագրուած 114 ասացուածքներէ, կը սկսին երկու բառով՝ «Յիսուս ըսաւ» կամ «ան ըսաւ», եւ չկան որեւէ զրուցատրական աւելորդաբանութիւններ, բացի մէկ նախադասութենէ, ուր որպէս յառաջաբան կ՚ըսէ՝ «*Ասոնք են այն գաղտնի ասացուածքները, զորս կենդանի Յիսուսը* (իմա՝ Յովհաննէսը) *խօսեցաւ եւ Երկուորեակ Յուդա Թովմասը արձանագրեց*»[85]:

Այս յառաջաբանէն կարելի է շատ յստակ հաստատել, թէ այս աւետարանը գրուած օրերուն, այսինքն Յովհաննէս-Յիսուսի մահէն ժամանակ մը ետք, տակաւին չէին յղացուած «Քրիստոսի» եւ մանաւանդ «յարութեան» գաղափարները: Հեղինակը հարիւրէ աւելի անգամներ կիրառած է «Յիսուս ըսաւ» կամ «ան ըսաւ» խօսքը, բայց «Քրիստոս» բառը երբեք չէ գործածած: Եւ ինչպէս կը տեսնենք, ան կ՚ըսէ «*Ասոնք են այն գաղտնի ասացուածքները, զորս կենդանի Յիսուսը խօսեցաւ*»: «*Ասոնք են*» եզրը՝ ամբողջութիւն մը կ՚ենթադրէ. այսինքն՝ երկուորեակ Յուդան կ՚ըսէ, թէ բացի այդ 114 ասացուածքները՝ առնուազն արձանագրելու արժանի ուրիշ ոչինչ ըսած էր Յովհաննէս:

Իսկ «*կենդանի Յիսուսը խօսեցաւ*» խօսքը բացարձակապէս մէկ նշանակութիւն ունի, թէ Յովհաննէս այդ խօսքերը ըսած էր նախքան մեռնիլը, որմէ ետք Յուդան ոչինչ արձանագրած է: Եթէ մեռելներէն յարութիւն առած Յովհաննէս-Յիսուս մը ըլլար, որուն խօսքերը անկասկած, որ չմեռած Յովհաննէս-Յիսուսի խօսքերէն շատ աւելի կարեւոր պիտի ըլլային, վստահաբար երկուորեակ Յուդան՝ այդ չնաշխարհիկ ասացուածքներէն ու պատուէրներէն բան մը պիտի ունենար փոխանցելիք... բայց չկայ: Սակայն «յոյսով» եմ, որ պատգամը «հրաշքով» մը կը հասնի գլուխնին աւազը մխրճած քրիստոնեաներուն:

[85] These are the secret sayings that the living Jesus spoke and Didymos Judas Thomas recorded. Didymos յունարէնով երկուորեակ կը նշանակէ, ինչպէս Thomas-ը սեմական լեզուներով: Այսինքն՝ կենդանի Յիսուսը խօսեցաւ եւ (իր) Երկուորեակ (եղբայր) Յուդա Երկուորեակը արձանագրեց... Երկուորեակ Յուդա կոչուածը, Յովհաննէս-Յիսուսի երկուորեակ եղբայրն էր:

ՍՕՂՈՍ - ՊՕՂՈՍ

Յովհաննէսի մահուան յաջորդող ժամանակշրջանը կը յատկանշուի նոյնպէս Nazarite մեսիական գործիչի մը յայտնութեամբ, որուն մասին առաջին անգամ կ'իմանանք Գործք Առաքելոցէն, որպէս Տարսոնցի Սօղոս (Saul), որ հասկնալի պատճառներով անունը պիտի փոխեր ու ըլլար Պօղոս (Յուն. Paul): Աւետարանները ամենեւին չեն արտայայտուած Սօղոսի մասին, հակառակ որ ան ո՛չ միայն քրիստոսականութեան կեդրոնական դէմքը, այլ նոյն ինքն «քրիստոսաբանութիւնը» յղացող ու յօրինող հայրն ու Քրիստոսն է, առանց որուն ո՛չ Քրիստոսի ո՛չ ալ քրիստոսականութեան գաղափարը գոյութիւն պիտի ունենար:

Սօղոսը շատ հեզասահ կը համգչի Յուդայի կերպարին: Ան ալ փաստօրէն եղած է Sicarius ահաբեկիչ մը, եւ Յովհաննէսի մտերիմ ընկերը: Եթէ պայմաններու բերումով ստիպուած էր իր ահաբեկիչներու բանակին հետ Պաղեստինը լքելով՝ երթալ Արաբիոյ անապատները ապաստանի, բնականաբար *«ինքզինք խեղդելու»* պատմութիւն մը իր հետքը կորսնցնելու լաւագոյն լուծումը կրնար ըլլալ:

Սօղոսը ծնած է Կիլիկիոյ Տարսոն քաղաքը, ու եղած է մօտաւորապէս Յովհաննէսին տարեկից։ «*Հայրենի աւանդութիւններուն խիստ նախանձաւոր ըլլալով՝ հասակակիցներէն աւելի յառաջադէմ եղած է հրէութեան մէջ*» (Գաղատացիս Ա. 14), ու միջերեսունական թուականներէն սկսեալ, անոր գործունէութիւնն ու վախճանը յար ու նման են եղած Յովհաննէսին։

Բոլոր տուեալները ցոյց կու տան, թէ Յովհաննէսի մահէն կարճ ժամանակ ետք՝ Երուսաղէմի տաճարի Սողոմոն սրահը հաւաքուած անոր հետեւորդներու ընտրանին՝ իրեայ ղեկավարութեան ցուցմունքներով կը պատրաստուէր, եւ ըստ Միքիայ Դ. բանաձեւի խորհուրդին՝ «*թշնամիները Իսրայէլի փէր Եհովայի ոտքերուն պատուանդան դնելով աշխարհը ժառանգելու*» գործունէութիւնը կը ծրագրէր։ Սօղոսին, որ եթէ ոչ միակը՝ գէթ ամենէն ուսեալն ու շրջապատի մշակոյթներուն քաջածանօթ անձն էր, կը յանձնուի բազմահազար աիարեկիչներու հրամանատարութիւնը։ Հետեւաբար, ան հռոմէական տիրապետութեան անմիջական ազդեցութեան սահմաններէն հեռու՝ Արաբիոյ անապատի ապահովութեան կ՚ապաստանի, իր գործունէութիւնը ընդլայնելով մինչեւ Դամասկոս.

> **Գաղատացիս Ա.** [15]Բայց երբ ուզեց Աստուած, (որ որոշեց զիս իմ մօրս որովայնէն, եւ իր շնորհքովը զիս կանչեց) [16]ինծի (ինծմով) իր որդին յայտնել, որպէս զի զանիկա հեթանոսներուն մէջ քարոզեմ, մէկէն ի մէկ բան մը չիմացուցի մարմինին ու արիւնին, [17]ոչ ալ Երուսաղէմ ելայ ինծմէ առաջ առաքեալ եղողներուն քով, հապա Արաբիա գացի, ու նորէն Դամասկոս դարձայ։ [18]Ետքը երեք տարիէն ետեւ Երուսաղէմ ելայ Պետրոսը տեսնելու, եւ տասնըհինգ օր անոր քով կեցայ։ [19]Սակայն առաքեալներէն ուրիշ մէկը չտեսայ, բայց միայն Յակոբոս, Տէրոջը եղբայրը։ [20]Բայց զայս որ կը գրեմ ձեզի՝ ահա Աստուծոյ առջեւ կը հաստատեմ, որ սուտ չեմ գրուցեր։ [21]Անկէ ետքը եկայ Սիւրիայի ու Կիլիկիայի կողմերը...։

Սօղոս կը վկայէ, թէ Յովհաննէսի մահէն ետք, անոր անաւարտ գործը շարունակելու «պաշտօնը» Եհովան յանձնած էր իրեն, «*որպէս զի զանիկա*» ո՛չ թէ հրեաներուն, այլ «*հեթանոսներուն մէջ քարոզէ*»։ Բայց Դամասկոսի եւ Արաբիոյ երկարամեայ գործունէութեան վրայէն ոստում մը կ՚ընէ, փորձելով քողարկել իր տխրահռչակ անցեալը, որու մասին կիմանանք ձերբակալութեան պատմութենէն, որու համաձայն՝ բերդի մուտքին, հազարապետը զայն «*չորս հազար ահաբեկիչներ ապստամբեցնելով անապատը ապստամբելու*»[86] յանցանքով կ'ամբաստանէ: Արդարեւ, Սօղոսը անձամբ կը խոստովանի Օրէնքին ու իր «*հայրենի աւանդութիւններուն խիստ նախանձաւոր*», այսինքն՝ խիստ ծայրայեղական Zealot մը ըլլալը, եւ կը վկայէ, թէ որպէս այդպիսին՝ նախքան աւետարանական Յիսուսէն պաշտօնի կոչուիլը, իրեայ ղեկավարութեան հետ գործակցաբար բրտօրէն «*եկեղեցին կը հալածէր*»:

Նախ պէտք է հասկնանք, որ իրեաներէ բաղկացած քրիստոնեայ հաւատացեալներու եկեղեցի գոյութիւն երբեք չէ ունեցած. այն ինչ որ մեսիականները յաճախ կը կրկնեն որպէս «*Երուսաղէմի եկեղեցի*»՝ պարզապէս Միքիայ Դ. բանաձեւի քարոզիչներ պատրաստելու յատուկ դպրոց մըն էր, ուր դաստիարակուողները անխտիր ցեղամոլ Zealot իրեաներ էին: Գաղտնիք մը չէ՝ որ իրեայ ղեկավարութիւնը իր ժողովուրդին բացարձակապէս արգիլած էր իր իսկ մեղսակցութեամբ օտարին քարոզուած քրիստոսեան յերիւրածոյ վարդապետութեան հետեւիլ: Այդ խայտառակ իրողութիւնը արդարացնելու համար է, որ աւետարանիչները յաճախ պիտի «աւաղէին» թէ «*իրեններուն եկաւ, եւ իրենները զինք չընդունեցին*» (Յովհաննու Ա. 11), պատճառաբանելով՝ թէ Իսրայէլի տէր Եհովան «*Անոնց աչքերը կուրցուց, եւ անոնց սիրտերը թմրեցուց*», որ չըլլայ թէ հաւատան անոր: Այսինքն՝ Իսրայէլի տէր Եհովան, որ իր միակ որդին ղրկած էր չարչարուելու, խաչուելու ու վերջապէս մեռնելու, որպէսզի Իսրայէլի որդիները դարձի գալով փրկուէին, միւս կողմէ՝ ճիւաղային տրամաբանութեամբ մը՝ իր որոնած այդ նոյն Իսրայէլի որդիներուն «*աչքերը կուրցուցած եւ սիրտերը թմրեցուցած*» էր, որպէսզի «*չըլլայ թէ իմանալով դարձի գան*» ու ինք ստիպուի «*զանոնք փրկել*»...: Իսկ այն թուականներուն (միջերեսունական), որ կեղծաւոր Սօղոսը չարաչար կը ստէր՝ ըսելով թէ «*եկեղեցին կը հալածէր*», ո՛չ քրիստոսի, ո՛չ ալ քրիստոնեայ եկեղեցիի գաղափար գոյութիւն ունէր. այդ պիտի սաղմնաւորուէր ենթադրեալ թուականէն մօտաւորապէս տասնհինգ տարիներ ետք: Ապագային քրիստոնէութիւն կո-

---

[86] Առաքելոց ԻԱ. 38:

չունելիք «վարդապետութիւնը» կը քարոզուէր յատկապէս եւ միայն օտարներուն, ու բացի «*Երուսաղէմի եկեղեցի*»[87] կոչուած՝ Օրէնքին նախանձաւոր, ցեղամոլ հրեայ քարոզիչներու կորիզէն, այսպէս կոչուած «քրիստոնեայ հրեաներ» գոյութիւն չունէին. եթէ հրեայ էին՝ չէին կրնար ըլլալ նաեւ քրիստոնեաներ:

Մեսիական քարոզիչներուն եւ հրեայ ղեկավարութեան միջեւ եղած յարաբերութեան մասին Նոր Կտակարանէն կը ստանանք խիստ բացասական տպաւորութիւն: Սակայն իրողութիւնը բոլորովին տարբեր պատկեր մը կը պարզէ: Յովհաննէսի Նազարական հետեւորդները, որոնք իբրեւ թէ հրեայ ղեկավարութեան վախէն գաղտակեաց կ՚ապրէին, անոր մահէն անմիջապէս ետք կը գտնենք Երուսաղէմի տաճարին մէջ [88], որպէս գործակիցներ. ինչպէս աւետարանիչը կ՚ըսէ, որպէսզի իր մահով՝ «*Աստուծոյ ցիրուցան որդիներն ալ մէկտեղ ժողվէ*», ուր «*ամէնը Սողոմոնի սրահին մէջ էին. եւ ուրիշներէն մէկը չէր համարձակեր անոնց յարիլ, հապա ժողովուրդը կը մեծարէր զանոնք*» (Գործք Ե. 12–13):

Յովհաննէսի աղետալի վախճանը անկասկած որ կործանարար հարուած մըն էր հիասթափուած Նազարականներու ապստամբական գործունէութեան: Ուստի խելքի եկած Nazarite-ները այլեւս համոզուած կը թուին ըլլալ Միքիայ Դ. բանաձեւի «*թշնամիները Իսրայէլի փէր Եհովայի ուրքերուն պաշտուանդան դնելու*» «լոյս» գաղափարով: Եւ ահաւասիկ, ենթադրաբար զիրենք հալածող ղեկավարութեան քթին ներքեւ՝ Երուսաղէմի տաճարէն ներս պատկարելի դիրք մըն ալ գրաւած էին: Ամեն օր տաճարի Սողոմոն սրահը քարոզելու կամ աղօթելու համար չէ, որ կ՚առանձնանային. եթէ «*ուրիշները չէին համարձակեր անոնց յարիլ*», այդ չի նշանակեր թէ հրեայ ղեկավարութիւնը կրօնքի ազատութեան հաւատալով՝ տաճարի ամենէն շքեղ սրահը յատկացուցած էր անոնց՝ որպէսզի անկաշկանդ Քրիստոնէութիւն դաւանէին: Ամենեւին, ղեկավարութեան մեղսակցութեամբ՝ անոնք գաղտնի գործունէութիւն մը կը ծրագրէին: Իսկ «*իրենց զերեվարները զերի առնելու, եւ աշխարհը ժա-*

[87] Սկզբնապէս՝ եկեղեցի կը նշանակէր հաւատացեալներու ժողով՝ հաւաքոյթ, որ ժամանակի ընթացքին ստացած է նաեւ աղօթավայրի իմաստ:

[88] Ղուկասու ԻԴ. 52–53, Գործք Բ. 46:

ռանգելու» Եսայի Բ. եւ վերամշակուած՝ Միքիայ Դ. բանաձեւերը պէտք չէ հետեւցնել թէ յղացուած ու գրի առնուած են Յովհաննէսի ու իր Nazarite հետեւորդներէն դարեր առաջ, պարզապէս որովհետեւ Հին Կտակարանին մաս կը կազմեն. Հին Կտակարանը յաճախակի վերանայուած ու փոփոխութեանց ենթարկուած է առնուազն մինչեւ չորրորդ դար[89]:

Իր ցեղամոլ, աշխարհակալ պատգամով՝ քրիստոսականութեան միտ բանին այնքան հարազատութեամբ ցոլացնող Միքիայ Դ. բանաձեւը անկասկած որ պիտի ըլլար հեղինակներուն եւ մանաւանդ հրեայ ղեկավարութեան ու Նազարականներու յատուկ խնամքին առարկան: Փաստօրէն, եթէ առողջ տրամաբանութեամբ կարդանք, շատ յստակ կը տեսնենք, որ Նոր Կտակարանը դաւադրաբար խմբուած է Միքիայ Դ. բանաձեւով, որուն ծառայող՝ Օրէնքին նախանձայոյզ Zealot ու Sicarii ահաբեկիչ հրեաները, շատ չանցած, նոյն ինքն հրեայ ղեկավարութեան մեղսակցութեամբ, հրապարակ պիտի իջնէին որպէս քրիստոսի առաքեալներ: Անոնք *«քաղաքներէն անցնելով, Երուսաղէմ եղած առաքեալներէն ու երէցներէն ապսպրուած հրամանները կ'աւանդէին անոնց՝ որ պահեն...»* (Գործք ԺԶ. 4): Այսինքն՝ հեռակայ մեսիական քարոզիչներու գործունէութեան ուղեգիծը ուղղակի Յուդայութեան կեդրոն Երուսաղէմի տաճարէն՝ հրեայ ղեկավարութենէն է, որ կու գար: Այս իրողութիւնը աւելի եւս կը շեշտուի *«օտարները թլփատելու եւ Մովսէսի օրէնքին ենթարկելու»* հարցին շուրջ տեղի ունեցած ժողովի մը ատենագրութենէն.

Գործք Առաքելոց ԺԵ. [4]Ու երբ Երուսաղէմ հասան, եկեղեցիէն ու առաքեալներէն եւ երէցներէն ընդունուեցան, եւ պատմեցին ինչ որ Աստուած ըրեր էր իրենց հետ: [5]Փարիսեցւոց աղանդի հաւատացեալներէն ոմանք ելան, ու կ'ըսէին թէ պէտք է թլփատել զանոնք ու պատուիրել որ Մովսէսի օրէնքը պահեն: [6]Եւ առաքեալները ու երէցները ժողովուեցան այս բանին վրայով խորհելու: [7]Եւ շատ վիճաբանութիւն ըլլալէ ետեւ, Պետրոս ոտքի վրայ ելաւ... [19]Ասոր համար

[89] "Quand on sait que la version grecque des Septante a été revue et corrigée sans cesse, et qu'au IVe siècle notamment Jérôme en fit, sur l'ordre du pape Damase, une révision nouvelle, à propos de laquelle son ami Rufin d'Aquilée le traita de faussaire, on peut être certain que les corrections au texte de Flavius Josèphe ont dû suivre immédiatement, puisqu'il est en harmonie avec les Septante, révision de Jérôme (IVe siècle)" (Daniel Massé).

> ես յարմար կը դատեմ նեղութիւն չտալ անոնց որոնք հեթանոսներէն Աստուծոյ կը դառնան... [22]Այն ատեն առաքեալներուն ու երէցներուն՝ բոլոր եկեղեցիին հետ մէկտեղ աղէկ երեւցաւ որ իրենցմէ մարդիկ ընտրելով Անտիոք ղրկեն Պօղոսի ու Բառնաբասի հետ, Բարսաբա մականուանեալ Յուդան եւ Շիղան, որոնք գլխաւոր մարդիկ էին եղբայրներուն մէջ։ [23]Ու անոնց ձեռքով թուղթ մը ղրկեցին այսպէս գրուած. Առաքեալներէն, երէցներէն ու եղբայրներէն՝ ողջոյն ձեզի, հեթանոսութենէ դարձի եկած եղբայրներուդ, որ Անտիոքի, Սիրիայի եւ Կիլիկիայի մէջ կը գտնուիք։ [24]Որովհետեւ լսեցինք թէ ոմանք մեր մէջէն ելլելով՝ ձեզ խօսքերով խռովեցուցեր եւ ձեր անձերը խախտեր են, ըսելով թէ պէտք է թլփատուիլ ու օրէնքը պահել, որոնց մենք այսպէս չպատուիրեցինք...։

Առաքեալներուն քարոզչական գործունէութիւնը ունէր հրեայ ղեկավարութենէն ծրագրուած յստակ ուղեգիծ։ Ուստի երբ Եհովային «*դարձող օտարները օրէնքին ենթարկելու*», եւ մանաւանդ զանոնք թլփատելու ղեկավարութեան ուղեգիծը կարգ մը շրջանակներու մօտ ընդվզում կը յառաջացնէ, առաքեալները ստիպուած կը վերադառնան Երուսաղէմ, որպէսզի ղեկավարութենէն խնդրեն՝ թլփատուելու օրէնքէն զերծ պահել դաւանափոխ հպատակները։ Մանաւանդ՝ որովհետեւ Պօղոս կը հաւատար թէ հարկ էր հիմնական տարբերութիւն մը պահել, ինչպէս ինք կ'ըսէր՝ «*բուն հրեային*» ու Եհովային դարձած «*հեթանոսներէն մեղաւորներուն*» միջեւ։ Ուրեմն ժողովի մը ընթացքին, ուր բացի եկեղեցի կոչուածէն, որ պարզապէս հրեայ ցեղամոլ մեսիական քարոզիչներու դասը կը ներկայացնէր, յիշուած են ղեկավար խաւի առնուազն երէցները եւ նոյնիսկ փարիսեցիները, որոնք տակաւին եւս կը պնդէին «*թլփատել զանոնք*»։ Երկար վիճաբանութիւններէ ու խորհրդակցութիւններէ ետք, առաքեալները կը յաջողին զանոնք համոզել՝ թէ օտարները մարմնովին թլփատելու կարիքը չկար, որովհետեւ «*հրեայ ան է, որ ներսուանց է, եւ թլփատութիւն՝ սրտինը հոգիով...*» (Հռովմայեցիս Բ. 29)։ Իսկ ղեկավարութեան կեղծաւորութիւնը շատ յստակ երեւան կու գայ անոնց շարադրած նամակի պարունակութենէն, ուր ամբողջ ժողովի տեւողութեան «*հեթանոսները թլփատելու եւ Մովսէսի Օրէնքին հնազանդեցնելու*» իրենց տեսակէտը պնդելէ եւ երկար վիճաբանութիւններէ ետք, վերջապէս առաքեալներու պնդումներուն տեղի տալով՝ շողոմելով հպատակներուն պիտի գրէին, թէ երբեք «իրենք այդպիսի բան չէին պատուիրած»:

Հրեայ ղեկավարութիւնը, նոյնիսկ քարկոծելու դիմելով, ինչպիսին էր Ստեփանոսի մը պարագան, հսկայ աշխատանք կը տանէր, որ հրեաները չխափուին իրենց իսկ սփռած կեղծ մեսիական քարոզչութենէն: Հետեւաբար, աւետարանիչները թշնամութիւն պէտք է սերմանէին հրեային ու «*հեթանոսներէն Աստուծոյ դարձած*» հաւատացածին միջեւ: Եւ անշուշտ անոնք ալ՝ Յովհաննէս-Յիսուսը, Պօղոսը, Ստեփանոսն ու շատերը սպաննելու եւ եկեղեցին հալածելու յանցանքով պիտի ամբաստանէին հրեայ ղեկավարութիւնը, երկու հիմնական պատճառներով. նախ՝ այդպիսով կը քողարկէին մանաւանդ քրիստոսական շարժումի պարագլուխներ՝ Յովհաննէս-Յիսուսի, Սօղոսի, Պետրոսի, Յակոբոսի ու նմաններուն մահուան դատապարտուած խռովարար ոճրագործներ ըլլալու իրողութիւնը, եւ ապա՝ որպէսզի հրեաները միամտաբար չհաւատային իրենց իսկ քարոզած այդ ճառտուքին, պարզապէս որովհետեւ քարոզողները յարգուած եւ հանրածանօթ Օրէնքին նախանձաւոր ցեղամոլ հրեաներ էին: Այդ իմաստով՝ Երուսաղէմի տաճարին անմիջական ազդեցութեան տակ գտնուած շրջանները լուրջ հարց մը չէին ներկայացներ: Սակայն նոյնը չէր հրէական հեռաւոր գաղութներու պարագան, ուր լիազօր գործիչներ կ'ուղարկուէին այդ թիւրիմացութիւնները երբեմն նոյնիսկ բռնութեամբ հարթելու նպատակաւ: Շատ հաւանաբար, որովհետեւ Դամասկոսի շրջանը կ'իյնար արդէն անապատը ապաստանած Սօղոսի գործունէութեան ծիրէն ներս, «*ղեկավարութենէն ստացած թուղթերով*» լիազօրուած, իբրեւ թէ ան կ'երթար «*եկեղեցիները հալածելու*»: Իսկ օր մըն ալ, Դամասկոս չհասած՝ քրիստոնեան սովորական «*լոյսը տեսնելով*»[90] դարձի պիտի գար: Անմիտ պէտք է ըլլալ հաւատալու համար, թէ մինչ հրեայ ղեկավարութիւնը, վարագոյրի ետին՝ օտարները «*թլփատելով ու Մովսէսի օրէնքին հնազանդեցնելով Աստուծոյ դարձնելու*» քրիստոնեան յատուկ կանոնագիր կը կերտէր ու քարոզիչներ կը պատրաստէր, միւս կողմէ դաւանափոխ օտարները կը հալածէր ու կը դատափետէր...: Հրեայ

---

90 Գործք Առաքելոց Թ. 1–5:

ղեկավարութիւնը ի՛նչ օրինաւոր իշխանութիւն ունէր օտարազգիները հալածելու կամ դատափետելու: Ղեկավարութեան դիմագրաւած մարտահրաւէրը բացարձակապէս ներքին ճակատի վրայ՝ իրեններուն սայթաքումը կանխելն էր, որ բաւական յաջողութեամբ կրցած էր իրագործել, մանաւանդ Երուսաղէմի ու շրջակայ վայրերուն մէջ: Արդարեւ, եթէ Երուսաղէմի ստուարաթիւ հաւատացեալներու մասին եղած պատմութիւնները հիմնովին սուտ չըլլային, Սօղոս կարիք պիտի չզգար «այնքան քրիստոնեաներով խճողուած Երուսաղէմն ու շրջակայքը» անտեսելով՝ ցաքուցրիւ «*այն ճամբուն հետեւողներ*» փնտռելու համար մինչեւ Դամասկոսները երթալու: Իսկ իրողութիւնը այն է, որ ո՛չ Սօղոսը իշխանութիւնը ունէր «*Դամասկոսի այրեր կամ կիներ կապած Երուսաղէմ տանելու*», ո՛չ ալ «*քահանայապետին տուած թուղթերը*» որեւէ օրինական վաւերականութիւն կը ներկայացնէին Դամասկոսի իշխանութեանց համար: Քահանայապետէն Սօղոսին հայթայթուած «*թուղթերը*» միա՛յն իրեայ գաղութէն ներս ի զօրու կրնային ըլլալ, ուր Սօղոս կ'երթար այդ յանձնարարականով անկաշկանդ գործելու, բայց ոչ թէ «*հեթանոսներէն Աստուծոյ դարձած*» քրիստոսականներ փնտռելու, այլ Յուդայութեան ժողովարաններուն մէջ իրեաները դաստիարակելու, համոզելու եւ սաստելու, որ չըլլայ թէ միամտաբար հաւատան յերկիրածոյ մեսիային: Հաղորդակցութեան անմիջական ցանցէն հեռու գտնուող այդ իրեայ գաղութներու պարագան լուրջ հարց էր, ուր կրնային գտնուիլ Ստեփանոսին նման՝ Յովհաննէս-Յիսուսը իսկապէս Իսրայէլի փրկութեան համար սպասուած «Դաւիթեան Մեսիան» ըլլալուն հաւատացող միամիտ իրեաներ:

Նախապէս անհաւատ՝ բայց «լոյսը տեսնելէ» ետք դարձի գալով քրիստոսին նուիրուելու զազրելի դասական կեղծիքը տակաւին եւս ընթացիկ երեւոյթ մըն է կեղծաւոր քրիստոնեաներուն մօտ: Գործք Առաքելոցի Թ., ԻԲ. եւ ԻՋ. գլուխներուն ներքեւ կը հանդիպինք Սօղոսի «լոյսը տեսնելու» երեք, հիմնովին զիրար հակասող, տարբերակներու: Ասոնց առաջինը կը վերաբերի անոր «քրիստոսականները հալածելուն», ուր ան կը վկայէ, թէ «*բոլոր ժողովարաններուն մէջ շատ անգամ զանոնք պատժելով՝ կը բռնադատէի...*» (Գործք ԻՋ. 11): Այդ «*ժողովարանները*» անշուշտ անթլփատներուն մուտքը բացարձակապէս արգիլուած Յուդայութեան ժողովարաններն էին, ուր անկարելի էր *«հեթանոսներէն Աստուծոյ դարձած»* քրիստոսականներ գտնել. այլ միայն թիրիմացութեան մատնուած հրեաներն է, որ կը «բռնադատէր»: Երկրորդ տարբերակը՝ ձեռբակալուած Սօղոսի հրեաներուն ուղղուած խօսքն է, ուր ան կը վկայէ, թէ *«լոյսի փառքէն»* կուրանալով Դամասկոս տարուելէ ետք, Անանիա անուն բարի հրեայի մը միջոցաւ՝ քրիստոս պատգամ ղրկած էր, թէ *«բոլոր մարդոց առջեւ անոր վկայ պիտի ըլլաս այն բաներուն համար, զորոնք տեսար ու լսեցիր»* (Գործք ԻԲ. 15): Եթէ ան, ինչպէս մեսիականները կը կեղծեն, ծանօթ չէր Յովհաննէս-Յիսուսի անձին, գործունէութեան թէ կեանքի մանրամասնութեանց եւ այդ պատճառաւ ալ աւետարանիչները չեն յիշած զայն, եւ այլն, ի՞նչպէս կրնար «վկայութիւն» տալ բոլոր *«այն բաներուն համար, զորոնք...»* ո՛չ տեսած, ո՛չ ալ լսած էր: Իսկ շատ կարճ ժամանակ ետք, երբ Ագրիպպասի դիմաց դատուելու կը տարուի, այս անգամ Սօղոս իր ինքնապաշտպանական խօսքին մէջ՝ կ՚ըսէ, թէ «լոյսը տեսնելով» իր շլմուած վիճակին մէջ՝ աւետարանական Յիսուսը անձա՛մբ ներկայացած էր՝ զինք *«պաշտօնեայ ձեռք առնելու»* (Գործք ԻԶ. 16):

Եւ ըստ երրորդ տարբերակին՝ գաղատացիներուն ուղղուած իր նամակին մէջ, Սօղոսը երդում կ՚ընէր, թէ «լոյսը տեսնելէ» ետք՝ ոչ որքի *«բան մը իմացուցած, ոչ ալ Երուսաղէմ ելած»* էր, այլ *«Արաբիա ու նորէն Դամասկոս»* եւ միայն *«երեք տարիէն ետեւ Երուսաղէմ»* գացած էր, ուր լոկ *«տասնըհինգ օր»* մնացած էր, *«միայն Տէրոջը եղբայր Յակոբոսն ու Պետրոսը»* տեսնելու: Եթէ աւետարանական Յիսուսը անձա՛մբ զինք *«պաշտօնեայ ձեռք առած»* էր, ինչո՞ւ փոխանակ անմիջապէս այդ պաշտօնին նուիրուելու՝ *«Արաբիոյ ու Դամասկոսի»* մէջ ամբողջ երեք տարի եւս պիտի վատներ, եւ յետոյ միայն՝ ստիպուած՝ գաղտագողի Երուսաղէմ երթար, «Երուսաղէմի սիւներ» կոչուած տզէտներուն քրիստոսականութեան մասին կարգ մը ուղղութիւններ տալու: Անկէ անմիջապէս ետք ալ՝ պիտի փախչէր Տարսոն, ուր դարան պիտի մտնէր եւս աւելի քան տասնամեակ մը, պատճառաբանելով՝ թէ *«Երուսաղէմի տաճարին մէջ աղօթք կ՚ընէի, մտքի յափշտակութիւն մը եկաւ վրաս, եւ զինքը տեսայ, որ ինծի կ՚ըսէր, Արտորցիր, շուտով Երուսաղէմէ ելիր, վասն զի քու ինծի հա-*

մար ըրած վկայութիւնդ պիտի չընդունին» (Գործք ԻԲ. 18)։ Քրիստոնաքանութեան արարիչ հայր Սօղոսը կը խոստովանի, թէ «Յիսուսի պաշտօնեայ առնուելէ» երեք տարիներ ետք իսկ, որպէս երկիւղած յուդայական՝ «*Երուսաղէմի տաճարին մէջ աղօթք կ՚ընէր*», որովհետեւ քրիստոսի աւետարանին համեմատ, այնպէ՛ս կը պաշտէր իր հայրենի Եհովան, հաւատալով ամեն բաներուն որոնք Օրէնքին ու մարգարէներուն մէջ գրուած են։ Եւ իբրեւ թէ «*արտորնօք Երուսաղէմէ ելած*» էր ոչ թէ Յովհաննէսին նման ամենուրեք իշխանութիւններէն հալածուած ըլլալուն պատճառաւ, այլ «քրիստոսի» պատգամով, որու մասին Գործք Առաքելոցի հեղինակը այսպէս կը վկայէ.

> **Գործք Առաքելոց Թ.** [29]Հելլենացւոց դէմ կը խօսէր եւ վիճաբանութիւն կ՚ընէր. անոնք ալ կը փնտռէին զանիկա սպաննել։ [30]Իսկ եղբայրները իմանալով՝ զանիկա Կեսարիա իջեցուցին, եւ անկէ Տարսոն ղրկեցին զանիկա։

Անշուշտ երկուքն ալ կը ստէին. եթէ «եղբայրները զինք Կեսարիոյ վրայով Տարսոն ղրկած» էին, ոչ թէ որովհետեւ հրեաները «*կը փնտռէին զանիկա սպաննել*», կամ որովհետեւ Պօղոս «քրիստոնէն» այդպիսի պատուէր ստացած էր, այլ՝ իշխանութիւններէն հալածուած ըլլալուն պատճառաւ։ Նոյնն էր մահէն հազիւ պրծած Դամասկոսէն փախչելու պարագան.

> **Գործք Առաքելոց Թ.** [23]Ու շատ օրեր անցնելէ ետքը հրեաները խորհուրդ ըրին որ զանիկա սպաննեն։ [24]Բայց Սօղոսի յայտնուեցաւ անոնց նենգութիւնը. եւ ցորեկ ու գիշեր դռները կը սպասէին, որպէս զի զանիկա սպաննեն։ [25]Իսկ աշակերտները գեշերով առին զանիկա, ու զամբիւղով մը կախելով պատէն վար իջեցուցին։

Այս պատմութիւնը, բացի Սօղոսի «*զամբիւղով փախչիլը*», ամբողջութեամբ կեղծ է։ Եթէ հրեաները այդպիսի մտադրութիւն եւ մանաւանդ համարձակութիւն ունենային, այդ նեղ շրջապատին մէջ՝ անոնց զայրոյթէն թաքնուելու հնարք պիտի չունենար Սօղոս։ Իսկ ի՞նչ հանգամանքով է, որ հրեաները «*ցորեկ ու գիշեր*», պահակազօրքի հսկողութեան ներքեւ գտնուող Դամասկոս քաղաքի «*դռները կը սպասէին որպէս զի զայն սպաննեն*»։ Հեղինակը չարաչար կը ստէր, եւ Սօղոս անձամբ զայն կը ստգտանէ.

Բ. Կորնթացիս ԺԱ. [32]Դամասկոսի մէջ Արետա թագաւորին ազգապետը զիս բռնել ուզելով՝ քաղաքը պահակներ դրեր էր, [33]եւ ես պատուհանէ մը զամբիւղով պարսպէն վար թող տրուեցայ, ու անոր ձեռքէն փախայ:

Ուստի «քաղաքը պահակներ» դնողն ու զինքը «սպաննել» ուզողը հրեաները չէին, այլ այդ օրերուն Դամասկոսի շրջանի *«Արետա թագաւորին ազգապետը»*: Իսկ հրեաները, ընդհակառակն՝ եղած են անոր կեանքը փրկողները, որոնք ստիպուած էին զայն զամբիւղով մը «պարիսպէն վար թող տալով» իշխանութեանց «ձեռքէն փախցնել», որովհետեւ ոչ միայն հռոմէական բանակէն, այլ շրջակայ բոլոր պետութիւններէն փնտռուած վտանգաւոր ահաբեկիչ մըն էր:

Քրիստոսականներուն յօրինած Սօղոսի գործունէութեան, ձեռբակալութեան ու ամբողջ կեանքի պատմութիւնը, որ ընդհանուր գիծերուն մէջ յար ու նման է Յովհաննէսի պատմութեան, նոյնպէս կեղծ է, եւ կը միտի նոյնպէս քողարկել անոր ցեղամոլ, խռովարար, ահաբեկիչ մը ըլլալու իրողութիւնը: Նոյն յանկերգն է, որ կը կրկնուի. իբր թէ ճիշտ Յովհաննէսին նման՝ Սօղոսն ալ «իրեններուն» կը քարոզէր, որոնք չէին հաւատար ու զայրացած *«կը փնտռէին զանիկա սպաննել»*: Բայց միայն որոշ ժամանակ մը ետք առիթը կը ներկայանայ, որ զայն ձեռք ձգեն, ու հռոմէական բանակին յանձնելէ ետք, ճնշում բանեցնեն, որ մահուան դատապարտուի:

Զիրար յաջորդող Դամասկոսի ու Երուսաղէմի մահառիթ փորձութիւններէն ետք, երբ իբրեւ թէ «քրիստոսն» ալ արդէն պատուիրած էր *«շուտով հեռանալ Երուսաղէմէ»*, մատնուած ըլլալը *«իմացած եղբայրները»* Սօղոսի հետքերը կորսնցնելու համար այս անգամ զայն կը փախցնեն մինչեւ Կեսարիա ու Տարսոն, ուր աւելի քան տասնամեակ մը հրապարակէն հեռու մնալով՝ պիտի փորձէր իր հետքը կորսնցնել:

Մինչ այդ՝ մեղկացումով ու հարստահարումով օտարները նուաճելու Միքիայ Դ. բանաձեւի գործադրութիւնը կը շարունակուէր, կեղծելով՝ թէ հակառակ որ օտարներուն քարոզելը չէր նախատեսուած, *«Ստեփանոսի մահուանը վրայ եղած նեղութենէն ցիրուցան»* եղած քարոզիչները, հրեաներուն անհաւատութեան պատճառաւ՝ ըսած են անոնց. «*պէտք էր որ առաջ ձեզի խօսուէր Աստուծոյ խօսքը, բայց որովհետեւ դուք զանիկա կը մերժէք... ահա մենք հեթանոսներուն կը դառնանք*» (Գործք ԺԳ. 46): Մահուան զնով իսկ օտարները քրիստոսականացնելէ չհրաժարող քարոզիչները, ուղակի աւետարանական Յիսուսէն իրենց յանձնուած յատուկ առաքելութիւնը իրենց ժողովուրդը փրկելու՝ այնքան հեշտութեամբ լքելով «*հեթանոսներուն դառնալը*» ո՛չ միայն անհաւատալի՝ այլ ուղակի դաւադրութիւն է: Եւ իբրեւ թէ այդ հեռաւոր օտար քաղաքները զացած էին, որովհետեւ «*այն օրը մեծ հալածում եղաւ Երուսաղէմի մէջ եղող եկեղեցիին վրայ, եւ առաքեալներէն զատ ամենն ալ ցիրուցան եղան...*» (Գործք Ը.):

Շատ հաւանական է, որ Ստեփանոս կոչուած միամիտ հրեայ մը քարկոծուած ըլլար, որպէսզի ամենուրեք օրինակ դառնար հրեաներուն, որոնց՝ ինչպէս տեսանք՝ բացարձակապէս արգիլուած էր հեռեւի օտար ժողովուրդներուն քարոզուած յերիւրածոյ քրիստոսեան այլանդակ վարդապետութեան: Բայց ինչո՞ւ «հալածանքին պատճառաւ, ամենն ալ ցիրուցան եղած էին, բացի առաքեալներէն», որոնք այդ շարժումին պարագլուխներն էին, եւ հետեւաբար հալածուողներուն առաջինները պէտք է ըլլային: Սակայն ընդհակառակն, այդ պարագլուխները հալածանքի կեդրոնը՝ Երուսաղէմ մնացած էին, ու ենթադրեալ՝ «հալածող» ղեկավարութեան հետ գործակցելով՝ ցուցմունքներ կ՚ուղարկէին «*ցիրուցան եղածներուն*»:

Բայց միամիտ ու թշուառ օտարները թլփատելով ու Մովսէսի Օրէնքին հնազանդեցնելով զանոնք հրեայ օծելու դաւը պիտի բախէր կարգ մը լուրջ խոչնդոտներու: Շրջապատի անհամեմատ բարձր մշակոյթներուն անծանօթ հրեայ տզէտ քարոզիչները հազիւ թէ կարենային սակաւաթիւ, ինչպէս իրենք պիտի ըսէին՝ «տկար ու յիմար» օտարները կերակրելով կամ այլ աճպարարութիւններով հրեայ օծել: Օտարները թլփատելով «*աշխարհը ժառանգելու*» մեսիականներուն Միքիա Դ. Բանաձեւը չարաչար ձախողութեան դատապարտուած էր. կացութիւնը փրկելու միակ յոյսը՝ Յուդայութեան եւ այդ օրերու հին աշխարհը համակած Միհր-Միթրայականութեան քաջածանօթ, հմուտ, հռետոր, ու աճպարար Սօղոսն էր: Հետեւաբար՝

Գործք Առաքելոց ԺԱ. [25]Բառնաբաս Տարսոն ելաւ Սօղոսը փընտռելու, եւ զանիկա գտնելով Անտիոք բերաւ: [26]Ու եղաւ որ անոնք լման տարի մը եկեղեցիին հետ մէկտեղ ժողվուելով՝ շատ ժողովուրդի սորվեցուցին. ու ամենէն առաջ Անտիոքի մէջ աշակերտները քրիստոնեայ անուանուեցան:

Հակառակ որ նախքան Սօղոսի դարան մտնելը, «տասնհինգ օր Պետրոսին ու Յակոբոսին հետ» մնացած օրերուն անոնք որոշ ուղղութիւն ստացած էին իրմէ, անճառակ «առաքեալներուն» ձախորդ ընթացքին պատճառաւ՝ «Բառնաբաս Տարսոն ելաւ Սօղոսը փընտռելու[91], եւ զանիկա գտնելով Անտիոք բերաւ»: Սօղոս այդ գործունէութեան պիտի տար բոլորովին տարբեր ընթացք եւ հիմքը դնէր Միհր-Միթրայականութենէն ներշնչուած[92], բայց «թշնամին սիրելու եւ ընտանիքը ատելու» նման այլանդակ տեսութիւններով շաղախուած մեսիական յերիւրածոյ կրօնքի մը, որ ապագային պիտի կոչուէր քրիստոնէութիւն: Այս կրօնքին մէջ՝ ցեղամոլ, խռովարար Յովհաննէսը անէանալով տեղի պիտի տար Իսրայէլը փրկելու կոչուած «մեռնող-յարնող» Մեսիայի մը՝ Քրիստոսին, որուն նախքան «երկինք համբառնալով» անհետանալը, անկէ գերբնական իշխանութիւն ստացած ըլլալ յաւակնող մեսիականները ի գործ պիտի դնէին Միքիա Դ. բանաձեւը: Պօղոսի այս հնարքը, ներքնապէս թունդ յուդայական մնալով հանդերձ, «մարդասիրական» կեղծուպատիր ու ստրկացուցիչ շուրջառով մը ծպտուած, տզրուկաբար պիտի սողոսկէր ժողովուրդներու անխնամ ծերպերէն ներս՝ ուր որ հնարաւոր էր, ու զանոնք արիւնաքամ զգետնէր[93]:

Վստահաբար սկիզբէն յօրինած իր մեսիական աւետարանը եւ մեկուսացման տարիներուն աւելի եւս մշակած Սօղոսը, ժամանակ

---

[91] Ինչպէս Գալիլիա ապաստանած Յովհաննէսի աշակերտները զինք կը փնտռէին:

[92] “Mithraism was similar to Christianity in many respects, for example, in the ideals of humility and brotherly love, baptism, the rite of communion, the use of holy water, the adoration of the shepherds at Mithra's birth, the adoption of Sundays and of December 25 (Mithra's birthday) as holy days, and the belief in the immortality of the soul, the last judgment, and the resurrection... The similarities, however, made possible the easy conversion of its followers to Christian doctrine.” (Microsoft Encarta Encyclopedia. 2002)

[93] Հակառակ պարագային՝ բռնի ուժով: Մեսիական սերունդները՝ արդեն նուաճուած հռոմէական թէ այլ բանակները պիտի ծառայեցնէին իրենց նուաճողական չարագուշակ նպատակներուն... ինչպէս տակաւին եւս կը ծառայեցնեն Արեւմտեան ու ամբողջ ստրկամիտ քրիստոնեայ աշխարհը:

մը ետք՝ հարկադրաբար քարոզչական ասպարէզ պիտի իջնէր, այս անգամ Պօղոս (Paul) ծածկանունով.

Գաղատացիս Բ. [2]...անոնց իմացուցի այն աւետարանը՝ զոր հեթանոսներուն մէջ կը քարոզեմ, բայց առանձին անոնց՝ որոնք երեւելիներ էին, որ չըլլայ թէ պարապ տեղ վազած ըլլամ: [3]Բայց ոչ թէ ինծի հետ եղող Տիտոսն ալ, որ յոյն էր, պարտաւորուեցաւ թլփատուիլ. [4]մանաւանդ ներս սպրդող եղբայրներուն համար՝ որոնք սահելով ներս մտան Քրիստոս Յիսուսով մեր ունեցած ազատութիւնը լրտեսելու համար, որպէս զի մեզ ծառայեցնեն. [5]որոնց քիչ մը ատեն անգամ մտիկ չըրինք հնազանդելու, որպէս զի աւետարանին ճըշմարտութիւնը հաստատուն մնայ ձեր մէջ: [6]Բայց անոնք որ կը կարծուէին բան մը ըլլալ, ինչ որ էին՝ այն իմ հոգս չէ, Աստուած մարդոց աչառութիւն չ'ըներ. վասն զի այնպէս կարծուածները բան մը չիմացուցին ինծի: [7]Հապա անոր հակառակը՝ երբ տեսան որ անթըլփատներուն աւետարանը ինծի յանձնուած է, ինչպէս Պետրոսի ալ թլփատուածներունը... [9]ու երբ ինծի տրուած շնորհքը գիտցան Յակոբոս ու Կեփաս եւ Յովհաննէս, որոնք սիւներ սեպուած էին, աջ ձեռքերնին տուին ինծի ու Բառնաբասի ի նշան հաղորդակցութեան, որպէս զի մենք հեթանոսներուն մէջ երթանք...:

Ուշադրութեամբ հետեւինք այս վկայութեան. Պօղոսը կ'ըսէ «*զգացուցի՛ նոցա զաւետարանն՝ զոր քարոզէի ի հեթանոսս*». այսինքն՝ Երուսաղէմի «երեւելիներուն» բացատրած էր այն աւետարանը, զոր կը քարոզէր հեթանոսներուն մէջ, որուն ամենեւին ծանօթ չէին անոնք, քանզի ինք անձամբ յօրինած էր՝ յատկապէս հեթանոսներուն համար, որ բացարձակապէս միայն օտարներուն կը քարոզէր՝ «*աւետարանն զոր քարոզէի ի հեթանոսս*»:

Միքիայ Դ. դաւադիր բանաձեւի մեղկացուցիչ, ստրկացուցիչ, հարստահարիչ, իմաստութիւնն ու ընտանիքը ատելու եւ չարիքին դէմ չկենալու նման անհեթեթութիւններու աւետարանը, որուն հետ ոչինչով կ'առնչուի Յովհաննէս-Յիսուսը, որ մեռած էր առանց իսկ գաղափար ունենալու քրիստոնէութեան, եկեղեցիին կամ այն ցիցին՝ որուն վրայ հեղուսուեցաւ՝ խաչ կոչուելուն եւ նման ձաքոտուքներու մասին: Այդ բոլորը կը պատկանին Պօղոսին: «Քրիստոսը» ինքն է՝ Պօղոսը, իր ստայօդ Նոր Ուխտով, յերիւրածոյ քրիստոսեան մեղկ աւետարանով, մեսիական կեղեքիչ նենգ եկեղեցիներով եւ այլն:

Որպէսզի ժամավաճառ չըլլայ, Պօղոս իր սեփական աւետարանը բացատրած էր միայն «երեւելիներուն», որոնք յետին գաղափարն իսկ չէին կրնար ունենալ անոր ցնդաբանած քրիստոսաբանութեան մասին: Երուսաղէմի երեւելիներն էին, ոչ թէ «բան մը գիտնալնուն»՝ այլ պարզապէս Յովհաննէս-Յիսուսի եղբայրներ՝ Յակոբոսն ու Պետրոսը (Սիմոնը) ըլլալնուն պատճառաւ: Անոնք նոյնիսկ փորձած են Պօղոսի շրջանակէն *«ներս սպրդելով քրիստոսով իր ունեցած ազատութիւնը լրտեսել»*, որպէսզի անոր յօրինած *«քրիստոսի աւետարանէն»* բան մը պոկելով՝ «զինք ծառայեցնեն»: Սակայն *«երբ կը տեսնեն, որ անթլփատներուն աւետարանը անոր յանձնուած է»*, վերջապէս կ՚ընդունին՝ որ օտարները նուաճելու Պօղոսեան «վարդապետութիւնը» միայն Պօղոսը կը հասկնար ու կարող էր ի գործ դնել: Հետեւաբար, տեղի կու տան, որ Պօղոսն ու իր ջոկիրը *«հեթանոսներուն մէջ երթան»*...: Եւ իրապէս ալ՝ Պօղոս յոխորտալով *«քրիստոսի աւետարանը»* իր սեփականութիւնը պիտի յայտարարէր[94]: Ան մէկ տարուայ աշխատանքով պիտի իրականացնէր այն ինչ որ երեւելիները, օտարները թլփատելով ու Մովսէսի օրէնքին հպատակեցնել փորձելով, երկու տասնամեակներու ընթացքին չէին կրցած ընել: Ան *«ամենէն առաջ Անտիոքի մէջ»* աշակերտուած՝ նուաճուած օտարները պիտի անուանէր քրիստոնեայ, որ շատ հաւանաբար քրիստոսեան[95] անուանումին եղծանուած տարբերակն է, որ ինքնին՝ եբրայերէն *meshichim*, այսինքն մեսիականներ՝ Messianics կոչումին յունարէն թարգմանութիւնն է: Այլ խօսքով՝ առաքեալները որոնք զեղամոլ Zealot հրեաներ էին, Եհովային դարձած դաւանափոխ օտարները կը կոչէին «քրիստոսեան հեթանոսներ», եւ անշուշտ աւելի ուշ՝ նաեւ քրիստոնեայ:

Այնուհետեւ, Պօղոս պիտի լծուէր հռոմէական կայսրութիւնը քրիստոսականացնելով նուաճելու աշխատանքին: Յատկանշական են այդ նպատակաւ անոր կատարած արկածալից ճամբորդութիւնները, որոնք կ՚երկարին Անտիոքէն մինչեւ Փոքր Ասիոյ հարաւ արեւմտեան տարածքներն ու Յունաստան, ուր պիտի հիմնէր բազ-

---

94 Հռովմայեցիս Բ. 16. Հռովմայեցիս ԺԶ. 25. Ա. Տիմոթէոս Ա. 9–11. Բ. Տիմոթէոս Բ. 8:

95 Ա. Կորնթացիս Ա. 12:

մաթիւ եկեղեցիներ, եւ սահմաններ չճանչցող հարկատու ստրուկներու կայսրութիւն մը, որուն բոլոր ճամբաները դէպի Երուսաղէմ կը տանին...: Հետեւաբար, ո՛չ թէ խռովարար Յովհաննէս-Յիսուսը առաքեալներուն վրայ, այլ անոր մահէն երկար ժամանակ ետք՝ Պօղո՛սն է, որ իր եկեղեցին պիտի հիմնէր իր իսկ քրիստոսացուցած՝ թունդ ցեղամոլ, օտարատեաց, հրեայ Յովհաննէս-Յիսուսին վրայ:

* * *

Գործք Առաքելոցը, իր քսանութը գլուխներով, կ'ընդգրկէ մօտաւորապէս երեք տասնամեակներու վրայ երկարող առաքեալներու եւ մանաւանդ Պօղոսի գործունէութիւնն ու արկածախնդրութիւնները, ու վերջ կը գտնէ անոր բանտարկութեամբ՝ Հռոմի մէջ: Եւ որովհետեւ հեղինակը չ'անդրադառնար Պօղոսի դատավարութեան ու մահուան դատապարտութեան, ոմանք գիրքը կը տեղադրեն 63 թուականին, որ անկեղծ եզրակացութիւն մը չէ: Հեղինակը չէ անդրադարձած այդ եղելութեանց, որովհետեւ իր մեսիականի աճպարար կեղծաւորութեամբ իսկ՝ պիտի չկարենար շրջանցել այն բոլոր գազանաբարոյ ոճիրները, որոնց պատճառաւ մահուան դատապարտուած էր ան:

Գիրքը գրուած է ականատեսի տեսանկիւնէն, նոյնիսկ երբ դէպքերը կ'ընթանան այնպիսի սեղմ շրջանակի մը մէջ, որոնց մասին անկարելի է, որ տեղեակ ըլլային նոյնիսկ ժամանակակիցները: Օրինակ՝ երբ ձերբակալուած Պօղոսը «*Ագրիպպասի առջեւ կը պաշտպանէր*», հարցաքննութիւնը վերջանալէ ետք, դատական ատեանը դուրս կ'ելլէ առանձին խորհրդակցելով՝ վճիռը որոշելու համար[96]: Եթէ կուրօրէն չհաւատանք գրուածին, առողջ տրամաբանութիւնը կը թելադրէ, թէ անկարելի է, որ հեղինակը տեղեակ ըլլար դուրսը առանձնացած, սեղմ շրջանակի մէջ՝ քանի մը անձերու միջեւ տեղի ունեցած գաղտնի խօսակցութեան: Փաստօրէն այդ խօսակցութիւնը գաղտնի պահելու պատճառաւ էր, որ անոնք որոշած էին դուրսը խօսիլ: Բայց եւ այնպէս՝ հեղինակը, որ ժամանակակից իսկ չէ, մանրամասնութեամբ արձանագրած է այդ խօսակցութիւնը...: Յաճախ Պօղոսն ալ հակասելով, հեղինակը անուղղակիօրէն թոյլ տուած է

[96] Գործք Առաքելոց ԻԶ. 30–32:

նաեւ կարգ մը խիստ էական տեղեկութիւններ անոր անձին ու գործունէութեան մասին, մանաւանդ Պօղոսի վերջին ճամբորդութեան ու ձերբակալութեան պատմութեան ընդմէջէն[97]:

Պօղոս եկեղեցիներէն կորզած հարստութիւնը Երուսաղէմ կը փոխադրէր, եւ հակառակ իր կեանքին սպառնացող վտանգի լրջութեան մասին ստացած բազմաթիւ ազդարարութեանց, յամառօրէն որոշած էր մահուան գնով իսկ այդ գործը անձամբ կատարել: Այդ մասին կը յոխորտար ալ, ըսելով՝ թէ *«Ես շատ տարիներէ ետեւ եկայ իմ ազգիս ողորմութիւններ բերելու ու ընծաներ տալու»* (Գործք ԻԴ. 17). շատ հաւանաբար որովհետեւ ոչ ոքի կ'ուզէր վստահիլ այդ հըսկայական գումարները: Մանաւանդ չէր ուզեր, որ տարիներու իր տքնաջան աշխատանքին պտուղով փառաւորուողները կրկին *«Երուսաղէմի բան մը ըլլալ կարծուածները»* ըլլային: Սակայն Երուսաղէմ մտնելէն եօթնեակ մը ետք, եւ որպէս խռովարար աւարեկիչ հռոմէական բանակէն ձերբակալուելէ ետք՝ իր եկեղեցին մինչեւ Սպանիա տարածելու իր երազը պիտի վերջնականապէս խորտակուէր:

Ան կը ծրագրէր *«Մակեդոնիայէ ու Աքայիայէ պտտելով՝ Երուսաղէմ երթալ»*, բայց ըստ սովորականին, ճանապարհին *«շատ խռովութիւն»* ըլլալու պատճառաւ *«Ելլադա եկաւ»*, ուր *«երեք ամիս մնալէ ետք»*, կրկին *«հրեաները իրեն դէմ նենգութեան խորհուրդ ըրին երբ կ'ուզէր Սիւրիա ելլել, անոր համար որոշեց Մակեդոնիայի վրայէն դառնալ»*: Անշուշտ ճամբան փոխելը հռոմէական բանակէն զգուշանալուն պատճառաւ էր: Նոյնը կը թելադրէ մինչեւ Ասոն իր *«ցամաքով երթալը»*, մինչ ուղեկիցները նաւով կը ճամբէր: Ասոնի մէջ ուղեկիցներուն վերամիանալէ ետք՝ հապշտապ կը յառաջանան, բայց Եփեսոսի շրջաններէն խուսափելու համար *«գիշեր մը Տրոգիլիոն»* կը մնան, որպէսզի յաջորդ օրը *«նաւով անցնի Եփեսոսի քովէն, որ չըլլայ թէ Ասիայի մէջ ժամանակ անցնէ»*, որովհետեւ Պօղոս կ'ուզէր *«Պէնտէկոստէին օրը Երուսաղէմ ըլլալ»*:

Եթէ ան ծայրայեղ յուդայական մը չէր եւ կը հաւատար իր իսկ յօրինած ու քարոզած քրիստոսականութեան, ինչո՞ւ մահուան գնով պիտի փափաքէր Հրէական Պէնտէկոստէն անպայման տօնել Երու-

[97] Գործք Առաքելոց Ի. 1–23, Գործք Առաքելոց ԻԱ. 1–13:

սաղէմի մէջ: Իսկ եթէ այդ պատճառաւ է, որ կ՚աճապարէր, ինչո՞ւ ամբողջ երեք ամիս մնացած էր Ելլադայի մէջ, ուրկէ միայն խռովութեանց պատճառաւ է, որ օձապտոյտ կածաններով փախուստի դիմած էր: Նոյնպէս՝ Պտողէմայիսէն մինչեւ Կեսարիա երեսուն մղոն ճամբան մէկ շունչով կտրած էր, որ Հրէաստան կոչուած շրջանէն մօտաւորապէս քսան մղոն հեռաւորութեան վրայ կը գտնուէր: Հակառակ մասնաւոր ընելիք մը չունենալուն՝ «*շատ օրեր կը կենան հոն*», մինչեւ որ «*Հրէաստանէ մարգարէ մը իջաւ Ագաբոս անունով*», զեկոյց տալու այնտեղ տիրող քաղաքական կացութեան մասին: Այդ «*մարգարէ*» կոչուած անձը լոկ պատգամաբեր մըն էր, որ եկած էր զգուշացնելու Պօղոսը հռոմէական բանակի սպառնալիքէն, որուն բնականաբար շատ լաւ կը գիտակցէր ան, եւ սկիզբէն իսկ կը յայտարարէր, թէ «*Երուսաղէմի մէջ կապեր ու նեղութիւններ կը սպասէին*» իրեն:

Հեղինակը ինքզինք հակասելով կը վկայէ, թէ հրեաները ոչ թէ Պօղոսը պիտի սպաննէին, այլ Յովհաննէսի պարագային նման՝ «*պիտի կապէին, ու հեթանոսներուն ձեռքը պիտի մատնէին*», որ շատ յստակ կ՚ապացուցանէ անոր իշխանութիւններուն կողմէ պահանջուած ոճրագործ մը ըլլալը: Այլապէս ինչո՞ւ զայն հռոմէական բանակին պիտի յանձնէին: Ի հեճուկս ամբողջ շրջապատի խրատներուն ու մանաւանդ Ագաբոսի տուած խիստ վտանգաւոր զեկոյցին, «*կեսարացի աշակերտներէն մէկ քանիներուն*» հովանաւորութեամբ՝ Պօղոս կ՚ուղղուի դէպի Երուսաղէմ: Բայց որպէս ապահովական նախատեսուած միջոցառում՝ անոնք անմիջապէս քաղաք չեն մտներ, այլ՝ կեսարացիները զինք կը տանին «*կիպրացի Մնասոնի, որուն քով պիտի կենային*»: Ու առանց հռոմայեցիներէն նկատուելու քաղաքէն ներս սպրդելէ ետք [98], իբր թէ զինք «կապել» ուզող «*եղբայրներէն ուրախութեամբ կ՚ընդունուին, եւ հետեւեալ օրը Պօղոս Յակոբոսի քով*» կ՚երթայ, ուր ներկայ կ՚ըլլան նաեւ «*բոլոր երէցները*» (հրեայ ղեկավարութիւնը): Այս երէցները, իրենց կարգին, Պօղոսի կը զեկուցեն զիրենք շրջապատող «*բիւրաւոր հաւատացեալ հրեաներու*»ն մասին, որոնք ո՛չ թէ հաւատացեալ քրիս-

[98] Գործք Առաքելոց ԻԱ. 15–40:

տոնեաներ, այլ՝ «*ամէնն ալ օրէնքին նախանձաւոր հրեաներ էին*» (Zealot for the Law). Այլ խօսքով՝ ծայրայեղ ցեղամոլ յուդայականներ. ա՛յդ էր «*Երուսաղէմի եկեղեցի*» կոչուած անհեթեթութիւնը, բիրաւոր Zealot-ներու «*եղբայրութիւն*» մը (brotherhood):

Ուստի, հրեայ երէցները Պօղոսին կը պատուիրեն ըստ Յուդայութեան օրէնքին «*մաքրուիլ նախքան տաճար մտնելը*», որովհետեւ հպում ունեցած էր Եհովային դարձած՝ հոգիով թլփատուած «*հեթանոսներէն մեղաւոր*» քրիստոնեաներու հետ, որոնք միշտ ալ պիղծ խոզեր ու շուներ պիտի համարուէին Երուսաղէմի եկեղեցի կոչուած՝ քրիստոնեայի կեղծ շապիկ հագած, օրէնքին նախանձաւոր մեսիականներուն համար: Սակայն իր «*հայրենի աւանդութիւններուն խիստ նախանձաւոր ու հրէութեան մէջ այնքան յառաջադէմ*» Պօղոսին այդպիսի խրատ մը տալը՝ պարզապէս անոր ձեռքակալութեան պարագաները կրօնական պատրուակներով ծեփելու պարարտ հող կը պատրաստէր:

Ուստի, «*ուխտի տակ չորս հրեաներու հետ մաքրուած*» Պօղոս տաճար կը մտնէ մինչեւ իրենց «*մաքրութեան օրերը լմնալը*», որմէ ետք «*անոնց համար պատարագ կը մատուցուի*»: Եւ միայն եօթը օր ետք, յանկարծ Ասիացի քանի մը հրեաներ կը յաջողին «*բոլոր քաղաքը շարժեցնել*», որոնք առանց այլեւայլի «*բռնեցին Պօղոսը տաճարէն դուրս քաշեցին, ու երբ անոնք կ'ուզէին զանիկա սպաննել, լուրը հասաւ գունդի հազարապետին*»: Վայրագ խուժանը իրենւ թէ արդէն սկսած էր «սպաննել» Պօղոսը, որմէ որոշ ժամանակ մը ետք միայն լուրը պիտի հասնէր հազարապետին: Հետեւաբար մինչեւ այս վերջինը «*զինուորներ եւ հարիւրապետներ*» առնելով դէպքին վայրը հասնէր, Պօղոսը վաղուց մեռած պիտի ըլլար: Սակայն, ըստ հեղինակին, ան ծեծուելով կոշկոճուած անձի մը տպաւորութիւնն իսկ չունէր: Ընդհակառակն. «*կրկին շղթայով կապուած*» Պօղոսը իր շղթաներու ծանրութեան տակ քալելով մինչեւ բերդը գացած եւ մեծ ճարտարութեամբ փորձած էր իր անձը չքմեղել:

Ցեղամոլ հրեայ Sicarius ահաբեկիչներու առաջնորդ, քրիստոնէութեան ճարտարապետն ու հիմնադիր հայր Պօղոսը, իր հանրային թէ խորհրդաւոր ակնրագործութիւններով բացարձակ հեղինակութիւն՝ տիտան մըն էր հրեաներուն եւ մանաւանդ երէցներուն ու ղեկավար շրջանակներուն մօտ, որոնք ճամբորդութենէն վերադարձին՝ զինքը ուրախութեամբ ընդունած էին ու տաճարին մէջ պատաբագ իսկ մատուցած էին անոր ի պատիւ: Ուստի բացարձակապէս ու ամենեւին անկարելի է, որ գոյութիւն ունենար ռեւէ հրեայ, որ յանդգնէր նոյնիսկ ձայն բարձրացնել անոր վրայ: Հետեւաբար, քանի մը ասիացի հրեաներու *«բոլոր քաղաքը շարժեցնելու»* այդ չափազանց անճոռնի սուտը, կրկին եղելութեանը կրօնական բնոյթ տալով՝ իրողութիւնը եղծանելու կեղծաւոր մեսիականներու սովորական յանկերգն է: Փաստօրէն, դէպքին վայրը հասնելով՝ եղելութենէն իբրեւ թէ բոլորովին անտեղեակ հազարապետը՝ անմիջապէս «*հրաման ըրաւ, որ կրկին շղթայով կապեն Պօղոսը*», որմէ ե՛տք միայն «*կը հարցնէր թէ անիկա ո՛վ է ու ի՛նչ ըրեր է*»:

Եթէ պահ մը ենթադրենք, թէ բազմութեան «*կանչուըռտուքի շփոթութենէն*» հազարապետը չէր կրցած «*ստոյգ գիտնալ*» եղելութիւնը, հարցաքննուած անձերուն կարծիքները որքան ալ պղտոր ըլլային, ան առնուազն մօտաւոր գաղափար մը պիտի կազմէր, թէ զինք չհետաքրքրող կրօնական բնոյթի հարց մըն էր եղածը: Հետեւաբար փոխանակ Պօղոսը «*բերդ մտցնել ու ծեծելով հարցափորձ ընելու*» հրաման տալը, ինչպէս կ'ընէին խռովարար ապստամբներու պարագային, հազարապետը ամբոխը ցրուելէ ետք՝ Պօղոսն ալ ազատ պիտի արձակէր: Իսկ եթէ ան տեղեակ չըլլար թէ «*անիկա ո՛վ է ու ի՛նչ ըրեր է*», զայն տեսնելուն պէս առանց հարցափորձի, անմիջապէս խիստ վտանգաւոր ոճրագործի մը նման «*կրկին շղթայով կապելու*» եւ ահաբեկչութեամբ ամբաստանելու պատճառ մը պիտի չունենար: Հազարապետը չէր կրնար Պօղոսը «*չորս հազար Sicarii ահաբեկիչներ ապստամբեցնելու*» յանցանքով ամբաստանել, առանց նախընթացի, մանաւանդ որ ըստ հեղինակին, հրեաներէն անոր դէմ եղած ամբաստանութիւնները բոլորովին տարբեր՝ զուտ կրօնական բնոյթ ունէին: Սակայն ինչպէս Յովհաննէսի պարագային, Պօղոս մատնուած էր եւ իր Երուսաղէմ գտնուելու «*լուրը հասած էր*» հազարապետի ականջին, որ առնուազն բազմահարիւր զինուորներով դուրս եկած էր Պօղոսը ձերբակալելու համար, որովհետեւ շատ լաւ գիտցած ըլլալու էր անոր ո՞վ եւ որքա՞ն վտանգաւոր ահաբեկիչ մը ըլլալը:

Պարզապէս կարելի չէ հաւատալ թէ այդ բոլորը տեղի կ'ունենային կրօնական բնոյթի ցնցիչ զրպարտութեան մը պատճառաւ: Եւ զարմանալիօրէն, երբ հազարապետը զինք կը մեղադրէ, թէ «*չէ՞ որ դուն այն եգիպտացին ես, որ այս օրերէն առաջ չորս հազար արիկայ մարդիկ ապստամբեցուցիր, ու անապատ հանեցիր*»[99], Պօղոս, աւելի ճիշտ՝ հեղինակը՝ «*չորս հազար ահաբեկիչներ ապստամբեցնելու*» հարցը արծարծելէ խուսափելով՝ կ'անդրադառնայ ամբաստանութեան միայն առաջին բաժնին, անոր ենթադրեալ եգիպտացիի ինքնութեան, եւ ուրանալով կը փորձէ ինքզինքը չքմեղել, թէ «*ես հրեայ մարդ մըն եմ Կիլիկիոյ Տարսոնէն*»: Իսկ կեղծաւոր մեսիական եկեղեցին մարգարէանալով կը վկայէ, թէ հազարապետը Պօղոսը շփոթած էր հրեայ պատմագիր Յովսէփոսի յիշած՝ երեսուն հազար հետեւորդներ ունեցող «*կեղծ եգիպտացի մարգարէի մը*» հետ: Սակայն օձի շապիկի նման անուն եւ ինքնութիւն փոխող Պօղոս՝ կրնար անապատային իր գործունէութեան ժամանակաշրջանին ալ՝ եգիպտացիի ինքնութիւն առած ըլլալ: Բնագրի Sicarii բառը, գրաբար՝ «սիկարեանս» թարգմանութեան փոխարէն, աշխարհաբար թարգմանութեանց մէջ մեկնաբանուած է «արիկայ» բառով: Եւ ըստ սովորականին՝ ստորեւ պղտոր բացատրութիւն մը տրուած է, որովհետեւ Sicarii կամ Sicarius կը կոչուէին՝ դաշոյնով մարդիկ փողոտող ծայրայեղական հրեայ ահաբեկիչները...: Սակայն հետագայ դէպքերուն ընդմէջէն շատ յստակ ի յայտ կու գայ սատանայածին Պօղոսի իսկական զազրելի դիմագիծը:

Իբրեւ թէ հազարապետը Պօղոսի քրոջ որդիէն իմանալով, թէ «*հրեաներէն ոմանք*» երդում ըրած են փոխադրութեան ժամանակ «*դարան պատրաստել ճամբուն մէջ զանիկա սպաննելու*» (Գործք ԻԳ. 12–21), ան՝

Գործք ԻԳ. 23Հարիւրապետներէն երկուքը կանչեց ու ըսաւ, երկու հարիւր զինուոր պատրաստեցէք, ու եօթանասուն ձիաւոր եւ երկու հարիւր գեղարդաւոր, որպէս զի մինչեւ Կեսարիա երթան գիշերուան ժամը երեքին. 24եւ գրաստները պատրաստեցէք, որպէս զի Պօղոսը հեծցնեն ու ապահովութեամբ Փելիքս կուսակալին տանին:

---

[99] Յունարէն՝ Սիկարեան, այսինքն, դաշոյն կրող մարդասպան:

Ըստ հեղինակին, «*հրեաներէն ոմանք*», անշուշտ «*քահանայապետին ու իրէից գլխաւորներուն*» միջնորդութեամբ, կը ջանային կուսակալը համոզել, որ Պօղոսը փոխադրէ, որպէսզի «քառասունէ աւելի» զայրացած հրեաներ՝ ճամբուն վրայ, զայն սպաննեն...: Մինչդեռ յստակ է, որ անոնց նպատակը Պօղոսը կալանքէ ազատելն էր: Այդ պատճառաւ է, որ հազարապետը երկու հարիւրապետներու կը հրամայէ «*երկու հարիւր զինուոր, եօթանասուն ձիաւոր եւ երկու հարիւր գեղարդաւորներու*» հսկողութեամբ եւ «*գիշերուան ժամը երեքի ապահովութեամբ Փելիքս կուսակալին տանիլ*» Պօղոսը, որովհետեւ օրուան պրկուած կացութիւնը իրապաշտօրէն գնահատելով՝ ան կը զգուշանար բազմահազար հրեայ ահաբեկիչներ ապստամբեցուցած՝ հրեայ ազգային հերոս՝ Պօղոսի փոխադրութեան վտանգաւոր հետեւանքներէն:

Կասկած չկայ, որ արիւնարբու Պօղոսը, իր հնարամտութեամբ ու խորամանկութեամբ, հռոմէական բանակին համար եղած է շատ աւելի տուայտիչ սպառնալիք մը՝ քան Յովհաննէսը: Եւ որպէս այդպիսին, հռոմէական բանակը, ի գին ամեն վտանգի՝ հսկայ ապահովական միջոցառումներով զայն պիտի փոխադրէր մինչեւ Հռոմ, որպէսզի կայսրը անձամբ դատապարտէր ու ականատես ըլլար տասնամեակներ շարունակ կայսրութեան տարածքին ահ ու սարսափ սփռած այդ տխրահռչակ ոճրագործի մահավճիռի գործադրութեան: Եւ բնականաբար, ինչպէս խռովարար Յովհաննէսի մատնութեան պատճառաւ իր շրջապատը փախուստի պիտի դիմէր, Պօղոսի պարագային ալ՝ նոյնպէս «*իրմէ երես դարձուցին այն ամէնը*»: Ու երբ իր ոճիրներուն մասին «*Հռոմի ատեանին առջեւ պատասխան տալու*» կը տարուի, իր գործակիցները, ծառաներն ու ամբողջ շրջապատը կը լքեն զայն ու կը հեռանան[100]: Եթէ Պօղոս այդ «շղթաները» կը կրէր զուտ կրօնական պատճառներով, գէթ իր գաղափարի ընկերներն ու գործակիցները երբե՛ք այդ «*շղթաները ամօթ*» պիտի չսէպէին: Իրենք էին վկայողները, թէ «*ուրախ էին, որ տէրոջը անուանը համար արժանի եղած էին անարգուելու*» (Գործք Ե. 41):

---

[100] Բ. Տիմոթէոս Ա. 15-16, Բ. Տիմոթէոս Դ. 16:

Այս եւ բազմաթիւ նմանօրինակ տուեալները կասկածի տեղ չեն տար, որ Պօղոսի ոճիրներու «շղթային» շարքը ո՛չ մէկ կրօնական բնոյթի օղակ կը պարունակէր: Արդարեւ, եթէ բոլորը զայն լքած ու հեռացած էին, ապա ուրեմն գիտէին՝ որ Պօղոսին նման արիւնարբու ոճրագործի մը «*կողմէն կենալը*» անխուսափելիօրէն անբաղձալի հետեւանքներու պիտի յանգէր: Անոնցմէ զէթ ոմանք շատ լաւ գիտէին թէ քանի-քանիներու արիւնով էր ներկուած Պօղոսի եղեռնագործ ձեռքերը: Բայց ինք՝ նենգաւոր Սօղոս-Պօղոսը՝ փորձառու մարդասպանի մը պաղարիւնութեամբ, իր սովորական սնոտի «*քրիստոսաբանական*» ձաքոտուքներով՝ «*ամենուն արիւնէն անպարտ*» պիտի հռչակէր իր զազրելի անձը. *«Ուստի այսօր կը վկայեմ ձեզի, որ ես անպարտ եմ ամենուն արիւնէն, վասն զի ես չկեցայ Աստուծոյ բոլոր կամքը ձեզի յայտնելէ*» (Գործք Ի. 26–27): «*Ամենուն արիւնը*» մտնելը խոստովանելով հանդերձ, փոխան առնուազն զղջումի, Պօղոս կը փորձէ անգէտ քրիստոնեաներս համոզել, թէ այդ ոճիրները գործած էր մեր փրկութեան սիրոյն, ինչպէս «*քրիստոս մեռած էր մեր մեղքերուն համար*»: Ուստի «*Աստուծոյ բոլոր կամքը մեզի յայտնած ըլլալով*»՝ իր անձը «*ամենուն արիւնէն անպարտ*» կը համարուէր.... «նպատակը կ'արդարացնէր ոճիրը»:

Այս ու նման վկայութեանց խորհուրդէն եւ մանաւանդ Պօղոսի նման Sicarii ահաբեկիչի մը նկարագրէն դատելով, վստահ կարելի է հետեւցնել, որ Պօղոս պիտի չվարանէր «մաքրագործել» իր գործունէութեան ընթացքին հանդիպած բոլոր խոչնդոտները: Անշուշտ այդքան չարիք քողարկելը, աւելի ճիշտ՝ թաղելը անհնարին էր: Միայն հռոմայեցիք չէ, որ տեղեակ էին Պօղոսի գործունէութեան տըխրահռչակ ծալքերէն, որոնց արձագանգը բնականաբար հասած պիտի ըլլար նաեւ հաւատացեալներէն ոմանց ականջը: Ուստի ան, ստիպուած՝ հռոմայեցւոց եկեղեցիին ուղղուած իր նամակով, կրկին չափազանց շլմորեցուցիչ «քրիստոսաբանական» ձաքոտուքներով կը փորձէ ինքզինք չքմեղել «*իր ներսիդին բնակող չարը*» այպանելով.

Հռովմայեցիս Է. [13]Ուրեմն բարին ինծի մա՞հ եղաւ, քա՛ւ լիցի. հապա մեղքը, որպէս զի երեւնայ մեղքը որ այն բարի բանով ինծի մահ գործեց, որպէս զի մեղքը պատուիրանքով աւելի մեղաւոր ըլլայ: [14]Վասն զի գիտենք որ օրէնքը հոգեւոր է, բայց ես մարմնաւոր

> եմ՝ մեղքի տակ ծախուած: [15]Քանզի ինչ որ կ՚ընեմ չեմ ճանչնար. ոչ
> թէ ինչ որ կ՚ուզեմ, զայն կ՚ընեմ, հապա ինչ որ կ՚ատեմ զայն կ՚ընեմ:
> [16]Բայց եթէ չուզածս կ՚ընեմ, հաւանութիւն կու տամ օրէնքին թէ բա-
> րի է: [17]Իսկ արդ ոչ թէ ես կ՚ընեմ զանիկա, հապա մեղքը՝ որ իմ ներ-
> սիդիս կը բնակի: [18]Քանզի գիտեմ որ իմ ներսիդիս, այսինքն իմ
> մարմինիս մէջ, բարի բան մը չի բնակիր. Վասն զի կամեցողութիւն
> կայ քովս, բայց բարին ի գործ դնելը չեմ գիտեր: [19]Քանզի ոչ թէ բա-
> րին զոր կ՚ուզեմ, կ՚ընեմ, հապա չարը զոր չեմ ուզեր, զայն կ՚ընեմ:
> [20]Իսկ եթէ չուզած բանս կ՚ընեմ, ալ ոչ թէ ես կ՚ընեմ զանիկա, հա-
> պա մեղքը որ ներսիդիս բնակած է: [21]Ուստի ես կը գտնեմ օրէնք
> մը, որ երբ բարին ընելը կը կամենամ, չարը իմ քովս է: [22]Վասն զի
> ներսի մարդուն նայելով՝ Աստուծոյ օրէնքին կը հաւնիմ. [23]բայց ու-
> րիշ օրէնք մը կը տեսնեմ իմ անդամներուս մէջ, որ իմ մտքիս օրէն-
> քին դէմ կը պատերազմի, եւ զիս գերի կ՚ընէ մեղքի օրէնքին որ իմ
> անդամներուս մէջ է: [24]Ի՜նչ խղճալի մարդ եմ ես. Ո՞վ զիս պիտի
> ազատէ այս մահացու մարմինէն:

Այսունման սնաքանութեանց ի տես՝ չպապանձինք եւ ինքնախաբէութեան գնով չենթադրենք թէ հարկ եղած մտային, կամ՝ ինչպէս եկեղեցին կը պնդէ՝ «հոգեկան իմաստութիւնը» չունինք գիրքերուն «էաբանական իսկութիւնը» հասկնալու, եւ ուրանանք «*մեղքի օրէնքին գերի*» Պօղոսի այս տողերուն մէջ կայացող խոստովանութեան ահռելի իրողութիւնը: Բացայայտ է, թէ հակառակ անոր, որ «*բարին ի գործ դնելը չեմ գիտեր*» խոստովանող Պօղոսը, որու «*ներսիդին բարի բան մը չի բնակիր*», «*բարին ի գործ դնելու*» մասին ամբողջ վարդապետութիւն մը՝ քրիստոսաբանութիւնը յօրինած է, որուն կուրօրէն հաւատացող զոհերն ենք անգէտ քրիստոնեաներս:

Անգիտաբար ուրանալով (denial)՝ չստորագնահատենք Պօղոսի «աւետարանին» անհամեմատելի ներգործութիւնը, բաղդատմամբ անյայտ Մատթէոսներու-Մարկոսներու այսպէս կոչուած «աւետարաններուն», որոնք Պօղոսի քրիստոսեան աւետարանը կիրառող լոկ միջոց եւ գործիքներ են: Վերջապէս՝ «բարին ի գործ դնել չգիտցող» Պօղոսն է, որ խռովարար Յովհաննէսը քրիստոսացնելով՝ անոր վրայ հիմնեց իր յերիւրածոյ մեսիական աւետարանն ու եկեղեցին, որ բարի նպատակ մը չէր կրնար հետապնդել, այլ իր նկարագրին նման՝ զուտ սատանայական:

Ինչպէս Հնգամատեանի հեղինակը նախ ոչինչէն պիտի ստեղծէր Եհովա անուն բոցեղէն ամենակարող էակ մը, որմէ ուղղակի «ստանալու համար Յուդայութեան օրէնքը եւ միանգամայն զայն պարտադրելու իշխանութիւնը», Պօղոսն ալ, նոյնպէս, նախ պիտի կերտէր Եհովայի որդի՝ քրիստոսի մը կերպարը, որմէ պիտի ստանար «*խորհուրդներ քակելով՝ թշնամիները Աստուծոյ ոտքերուն պատուանդան դնելու*» իշխանութիւնը: Գաղափարը շատ պարզ է. նախ ոյժի աղբիւր մը ստեղծել, զոր քամոցէ անցընելով, սնունդը սպառելէ ու զօրանալէ ետք, արհինաքամ տականքը աղբաման շպրտել: Հետեւաբար, մեսիական աւետարանիչները, որպէս չարագուշակ Միքիա Դ. բանաձեւի դաւադրութեան միջնորդ, ուժի աղբիւր «քրիստոսէն» «*խորհուրդներ քակելու իշխանութիւն*» ստացած, անոր կերպարին ընդմէջէն մեղկացուցիչ, հարստահարիչ եւ այլ պատգամները փոխանցելէ ետք, զայն արհինաքամ նսեմացնելով՝ իրենց անձն է, որ պիտի փառաւորէին: Երբեմն անուղղակիօրէն անոր ձախորդութիւնը աւաղելով,– «*Իսկ մենք կը յուսայինք թէ անիկա էր, որ Իսրայէլը պիտի ազատէր*»,– երբեմն ալ ուղղակիօրէն անոր վերագրելով իր կատարեալ ձախողութիւնը խոստովանելու նուաստացուցիչ արտայայտութիւններ,– «*բայց հիմա տեսան ու ատեցին զիս*» (Յովհաննու ԺԵ. 24): Կամ՝

Ղուկասու ԺԳ. Քանի անգամ քու տղաքներդ ժողվել ուզեցի, ինչպէս հաւը իր ձագերը թեւերուն տակ կը ժողվէ, եւ դուք չուզեցիք:

Յովհաննու Ա. [11]Իրեններուն եկաւ, եւ իրենները զինք չընդունեցին: [12]Բայց որոնք որ զինքը ընդունեցին, անոնց իշխանութիւն տուաւ Աստուծոյ որդիներ ըլլալու, որոնք կը հաւատան իր անուանը. [13]որոնք ոչ արիւնէ եւ ոչ արիւնի կամքէ, ոչ ալ մարդու կամքէ, հապա Աստուծմէ ծնան:

Հեղինակը կը յայտարարէ՝ թէ Յովհաննէս-Յիսուսէն սպասուած ամեն յոյս ի դերեւ ելած էր, ան ոչ կրցած էր «Իսրայէլը ազատել», ոչ «տղաքները ժողվել» ոչ իսկ ընդունուած էր իրեններէն՝ հրեաներէն, որոնց համար յատկապէս եկած էր... բայց «*որոնք որ զինք ընդունեցին*», նկատի ունենալով քանի մը ինքզինքնին առաքեալ կոչած Նազարական ցեղամոլ հրեաները, որո՛նց միայն «յայտնուած» էր իբրեւ թէ, «*անոնց իշխանութիւն տուաւ Աստուծոյ որդիներ ըլլալու*»: Եւ կ'աւելցնէ. «*որոնք ոչ արիւնէ եւ ոչ ալ մարդու կամքէ, հապա Աստուծմէ ծնան*»: Այսինքն արիւն ու մարմինէ՝ մահկանացու Մարիամէն ծնած Յովհաննէս-Յիսուսէն աւելի սուրբ, ուղղակի Իսրայէլի տէր Եհովայէն ծնած կը հռչակէին անձերնին, եւ մինչ Յովհաննէս մկրտիչին կը վերագրէին «*անոր կօշիկին կապերը քակելու արժանի չեմ*» խոսքը, պիտի յոխորտային, թէ քրիստոս-Յիսուսը իրենց ոտքերն իսկ լուացած էր...: Եւ անշուշտ՝

Ա. Կորնթացիս ԺԲ. [28]Աստուած եկեղեցիին մէջ դրաւ մէկ քանիները, նախ՝ առաքեալներ, երկրորդ՝ մարգարէներ, երրորդ՝ վարդապետներ, ետքը հրաշքներ, ետքը՝ բժշկութիւններու պարգեւներ, օգնութիւններ, կառավարութիւններ, լեզուներու տեսակներ:...[31]Բայց դուք նախանձաւոր եղէք այն շնորհքներուն որոնք լաւագոյն են, եւ ես ալ աւելի աղէկ ճամբայ մը կը ցուցնեմ ձեզի:

Իրենց յօրինած քրիստոնեան հաւատքի եկեղեցիին մէջ՝ բարձրագոյնը իրենք, ինքնակոչ «առաքեալներն» էին, աւելի բարձր քան նոյնիսկ «մարգարէներն ու հրաշքները», իսկ այդ կարգաւորման ամենաստորին երկու սանդխամատերը կը հանդիսանան «*կառավարութիւններն*» ու ազգային պատկանելիութիւն բնորոշող «*լեզուները*»: Եւ որպէս այդ բարձրագոյն «իշխանութեան» գլուխը՝ Պօղոս տգէտ հաւատացեալներուն պիտի պարտադրէր «*նախանձաւոր ըլլալ լաւագոյններուն*», այսինքն՝ առաքեալներուն, որպէսզի իրենց «*աւելի աղէկ ճամբայ մը ցուցնէ*»... այն մեսիական ճամբան, որ դէպի Միօնական աշխարհակալութիւն կը տանի:

Աւետարանները կը վխտան աւետարանական-Յիսուսին վերագրուած «առաքեալները» փառաւորող զզուելի յերիւրանքներով: Մանաւանդ Յովհաննու աւետարանի ԺԴ., ԺԵ. եւ յատկապէս ԺԶ. ու ԺԷ. գլուխները այդ իմաստով ուղղակի նողկալի գլուխ գործոցներ են, ուր անոնք այնքա՜ն փառք ու պատիւ պիտի շռայլէին իրենց անձերուն, որ պիտի ստանային չնաշխարհիկ կերպարանք ու միանային Իսրայէլի տէր Եհովային.

Մատթէոսի ԺԶ. [18]Եւ ես քեզի կ'ըսեմ որ դուն Պետրոս ես, ու այս վէմին վրայ պիտի շինեմ իմ եկեղեցիս, եւ դժոխքին դռները զանիկա պիտի չյաղթեն: [19]Ու երկինքի թագաւորութեան բանալիները քեզի պիտի տամ. եւ ինչ որ երկրի վրայ կապես, երկինքի մէջ կապուած պիտի ըլլայ...:

Ղուկասու Ժ. [19]Ահա ձեզի իշխանութիւն կու տամ օձերու ու կարիճներու եւ թշնամիին բոլոր զօրութեանը վրայ կոխկռտելու. ու բնաւ բան մը ձեզի պիտի չվնասէ: [20]Բայց դուք անոր վրայ մի ուրախանաք որ չար ոգիները ձեզի կը հնազանդին, հապա ուրախացէք որ ձեր անունները երկինքը գրուած են:

Յովհաննու ԺԴ. [12]... Ճշմարիտ ճշմարիտ կ'ըսեմ ձեզի, թէ ան որ ինծի կը հաւատայ, այն գործերը զորոնք ես կը գործեմ, ինք ալ պիտի գործէ, եւ անոնցմէ աւելի մեծ գործեր պիտի գործէ...:

Յովհաննու ԺԷ. [9]Ես անոնց համար կ'աղաչեմ, ոչ թէ աշխարհի համար կ'աղաչեմ, հապա անոնց համար՝ զորոնք դուն ինծի տուիր, վասն զի քուկդ են անոնք: ... [14]Ես քու խօսքդ անոնց տուի, ու աշխարհ զանոնք ատեց. Վասն զի աշխարհէ չեն, ինչպէս ես աշխարհէ չեմ: ...[20] Բայց ոչ թէ միայն անոնց համար կ'աղաչեմ, հապա անոնց խօսքովը ինծի հաւատացողներուն համար: ...[22]Եւ այն փառքը զոր դուն ինծի տուիր, ես անոնց տուի, որպէս զի մէկ ըլլան՝ ինչպէս մենք մէկ ենք. [23]Ես անոնց մէջ եւ դուն իմ մէջս, որպէս զի իրենք կատարեալ ըլլան միութեան մէջ. ու աշխարհ գիտնայ թէ դուն ղրկեցիր զիս, ու սիրեցիր զանոնք՝ ինչպէս զիս սիրեցիր:

Ըստ անոնց, «քրիստոսին» հօզը չէր աշխարհը, անոր աղօթքներուն առանցքը իրենք էին, որոնց համար ան կ'աղաչէր Իսրայէլի տէր Եհովային, եւ մի՛այն «*անոնց խօսքովը իրեն հաւատացողներուն համար*», որովհետեւ անոնք «*աշխարհէ չէին*», եւ իրմէ աւելի մեծ գործեր պիտի գործէին: Անոնց պիտի տար «*երկինքի թագաւորութեան բանալիները*», որպէսզի որոշէին թէ ո՛վ արժանի էր այդ «թագաւորութեան»: Հեղինակը կը վստահեցնէ, թէ երկրի վրայ իրենց առած որոշումները լիովին պիտի յարգուէին նաեւ «*երկինքի մէջ*», որովհետեւ անոնց «*անունները երկինքը գրուած էին*», քանզի կ'ըսէ ան, այն «*փառքը*» զոր ինք ստացած էր Իսրայէլի տէր Եհովայէն՝ փոխանցած էր իրենց, որպէսզի ինք եւ իր մէջ եղող Եհովան անոնց մէջ հաստատուելով՝ կազմէին կատարեալ միութիւն մը, եւ աշխարհ իմանար թէ «*Աստուած զանոնք կը սիրէր, ինչպէս կը սիրէր իր որդին*», ու անոնց իշխանութիւն պիտի տար «*օձերու ու կարիճներու եւ թշնամիին բոլոր զօրութեանը վրայ կոխկռտելու*»...: Եւ աւելին.

Ղուկասու ԻԲ. [28]Դուք անոնք էք՝ որ միշտ ինծի հետ կը կենայիք իմ փորձութիւններուս մէջ. [29]Ես ալ ձեզի թագաւորութիւն մը ուխտ կ'ընեմ, ինչպէս իմ հայրս ինծի թագաւորութիւն մը ուխտ ըրաւ. [30]որպէս զի դուք իմ սեղանէս ուտէք ու խմէք իմ թագաւորութեանս մէջ, եւ աթոռներու վրայ նստիք Իսրայէլի տասներկու ցեղերը դատելու:

Ձերբակալութեան պահին «*զայն թողնելով փախչող*», դատավարութեան ընթացքին զայն քանիցս ուրացող եւ խաչելութեան թէ թաղումին իսկ ներկայ չեղող երկչոտ տմարդի ծառաները, ահաւասիկ ամենայն լրբութեամբ կը կեղծեն, թէ «*միշտ ներկայ եղած էին անոր փորձութիւններուն մէջ*», որպէսզի անկէ խլէին նաեւ «վերջին դատաստանը», ուր ո՛չ թէ Եհովան կամ «որդի քրիստոսը», այլ իրենք՝ առաքեալները «*Աստուծոյ թագաւորութեանը մէջ դատաւորի աթոռներուն նստած՝ դատեն Իսրայէլի տասներկու ցեղերը*»... ուր անգամ խօսք չկայ «*անարգ ու ցածազգի*» քրիստոնեաներուն մասին...:

ՀՈԳԻՈՎ ՅՂՈՒԹԻՒՆ

Կանուխ ժամանակներէ ի վեր, հաւանաբար, ընդհանրապէս արաբական թերակղզիէն, զանազան անապատաբնակ սեմական ցեղերու զանգուածային գաղթեր տեղի ունեցած են բարեբեր Միջագետքի ուղղութեամբ, որոնք կոչուած են ասորիներ, բաբելոնցիներ, արամէացիներ[101] եւ այլն: Այդ ցեղերէն մին, երեւի մ.թ.ա. առաջին հազարամեակի սկիզբները, ըստ Հին Կտակարանին, Յորդանանի գետը անցնելով՝ ներթափանցած է Պաղեստին ու կոչուած՝ Hebru[102], Եբրայեցի, որոնք նպատակ ունեցած են բազմանալով՝ իրենց պանդուխտ գացած երկիրը տիրապետել: Սակայն Պաղեստինի մանաւանդ աշխարհա-քաղաքական պայմաններուն բերումով, որ յաջորդաբար հսկայ կայսրութեանց տիրապետութեան

[101] Այն սեմական ցեղերն են, որ հայանուն Արամ քաղաքը հաստատուելով՝ երկրին անունով կոչուած են Արամ-է-ացի (Aramaeans), ինչպէս երեւանցի, պաղտատցի, տարսոնցի կամ գահիրեցի, եւ այլն: Սակայն զտարիւն հայկական Արամն ալ իւրացնող՝ մերօրեայ մեսիականները կը ճառեն, թէ այդպէս կոչուած են՝ իրենց հրեայ Արամ կոչեցեալ նահապետին անունով:

[102] Սեմական լեզուներու մէջ կը նշանակէ անցնող, գետը անցնելու իմաստով:

ենթակայ եղած է, անոնք խիստ բազմացած ու պատկառելի ոյժ ներկայացնելով հանդերձ, երբեք չէին յաջողած պետականութիւն հաստատել Պաղեստինի տարածքին: Հին Կտակարանի իրէական թագաւորութեանց հեքիաթները զուտ առասպելական են. ո՛չ պատմութիւնը այդ ուղղութեամբ որեւէ անդրադարձ արձանագրած է, ո՛չ ալ եղծանումները զուրկ հնախուզական պեղումները: Կ'ըսուի թէ մ.թ.ա. երկրորդ դարուն՝ Անտիոքոս թագաւորի ժամանակ, Մատաթիա անուն հրեայ քահանայ մը, յոյն կառավարական ներկայացուցիչ մը ու հրեայ մը սպաննելէ ետք, իր ընտանիքով ու հետեւորդներով ապստամբած է, որուն մահէն ետք՝ իր որդիները շարունակած են հակապետական պայքարը, մինչեւ որ վերջապէս մ.թ.ա. 39 թուականին, հռոմէական ծերակոյտին որոշումով՝ ազգութեամբ արաբ Մեծն Հերովդէս կոչուածը թագաւոր նշանակուէր, ինչ որ խիստ հիասթափութեան պիտի մատնէր հրեաները: Եւ ինչպէս Chester G. Starr-ը կը նկարագրէ[103], Պաղեստինի տարածքին կը տիրէր պայթուցիկ մթնոլորտ. հրեաները անհամբեր կը սպասէին Մեսիայի մը գալուստին, որ պիտի փրկէր զիրենք արտաքին թշնամիներէն, «*Ու փրկիչ պիտի գայ Սիոնի ու Յակոբի մէջ...*» (Եսայեայ ԾԹ. 20):

Նախքան «փրկիչ» բառը մեսիականներուն բերնին մէջ աղաւաղուիլը որպէս եբրայերէնով «Մեսիա», կամ յունարէնով «Քրիստոս», ինչպէս քրիստոնեաներս Յովհաննէս-Յիսուսը կը կոչենք, պարզապէս Օծեալ կը նշանակէր[104], զինուորական առաջնորդ մը,

[103] “The jews of Palestine were especially restless, both politically and religiously. Here Hellenizers and non-Hellenizers, rich and poor, Zealots who wanted independence and those who were willing to accept Roman rule, the supporters of the line of the crafty Herod the Great and the opponents of this foreign dynasty - all wrangled and contended with one another; one revolt on the death of Herold led to three guerilla leaders’ proclaiming themselves king of Israel. On the spiritual level there were two main groups in Palestine by the time of Jesus. One was the Sadducees, largely of priestly and upper-class character, who were more willing to mix with the gentiles. The other, larger element was that of the Pharisees, who stood for popular education in the Law and its adaptation to meet the needs of society and an inner life of personal consecration. Some of this group had come to accept a concept of resurrection and a Last Judgement, which had ties with Zoroastrian doctrines. On the far left stood the Essenes, inclined to ascetic life and a more emotional approach, which is illuminated by several books of the Apocrypha and by the Dead Sea scrolls. Floating amid these richly varied views was the concept of a Messiah, a redeemer who would liberate the Jews from their external domination and bring victory to the world of the Lords” (Chester G. Starr, A History of The Ancient World, New York, 1965).

[104] “Christ comes from the Greek word χριστός (chrīstós), meaning “anointed one”. The word is derived from the Greek verb χρίω (chrīō), meaning “to anoint.” In the Greek Septuagint, χριστός was a semantic loan used to translate the Hebrew מָשִׁיחַ (Mašíaḥ, messiah).”

որ իրեանները պիտի ազատէր, փրկէր իր թշնամիներուն լուծէն: Այդ ազատարար Մեսիան՝ ոեւէ մէկը կրնար ըլլալ. բազմաթիւ փրկիչնե-րու մասին կը պատմուի Յովհաննէսէն առաջ: Փրկիչներ պիտի ըլ-լային Յովհաննէսէն ետք ալ: Ամեն անգամ, որ իրեանները աղաչէին Իսրայէլի Տէր Եհովային, իբրեւ թէ այս վերջինը փրկիչ մը կը ղրկէր Իսրայէլի որդիներուն, որպէսզի զիրենք ազատէ թշնամիներէն. «*Տէ-րոջը աղաղակեցին, եւ Տէրը անոնց փրկիչ մը հանեց, Բենիամինե-ան Գեարայի որդին Աւովդը*»[105]: Այսպէս, փրկիչներ կու գային, ու փըրկիչներ կ'երթային, ինչպէս Յովհաննէսին նախորդող իր են-թադ- րեալ հայրը՝ Zealot-ներու կուսակցութեան հիմնադիր Գալի-լեացի Յուդան, որուն պիտի յաջորդէր անշուշտ Յովհաննէսը. «*Ես կրակ ձգելու եկայ, ու ինչ կ'ուզեմ եթէ արդէն բորբոքած է*» (Ղուկա-սու ԺԲ. 49): Իրեն պիտի յաջորդէին իր երկու եղբայրները՝ Սիմոնն ու Յակոբոսը, իսկ աւելի ուշ՝ երկրորդ դարուն, շատ մը իրեաններու կողմէ իբրեւ ուղղակի մարգարէներէն խոստացուած Մեսիան՝ կար-ծուած փրկիչը՝ Բրկոխբա Սիմոնը[106], եւ այլն...: Եւ փրկիչներու շար-քը կ'երկարի:

Բոլոր այդ փրկիչները, ինչպէս Հին Կտակարանը կը վկայէ, եղած են իրեայ ժողովուրդը թշնամիներէն ազատելու կոչուած մահ-կանացու զինուորական ղեկավարներ, որոնք բնականաբար, ըստ Յուդայութեան աւանդութեանց, ընդունուած պիտի ըլլային որպէս Իսրայէլի Տէր Եհովայէն ղրկուած օծեալներ, ինչպիսին էր պարա-գան Սաւուղին, Գոթոնիէլին, եւ այլն: Մեսիականները կ'ըսեն, թէ Յովհաննէս-Յիսուսն ալ Իսրայէլի Տէր Եհովայէն ղրկուած Մեսիա մըն էր. եւ որպէս այդպիսին՝ զայն «իւղով օծելու» պատմութիւն մըն ալ յօրինած են: Սակայն դժբախտաբար զայն օծողը ո՛չ թէ Սամուէլը, այլ պոռնիկ մը պիտի ըլլար: Յովհաննէսի «փրկիչի» կոչումը կաս-

---

105 Դատաւորաց Գ. 9, Ա. Թագաւորաց Թ. 16, եւ այլն...:

106 "In 132, the revolt led by Bar Kokhba quickly spread from central Judea across the country, cutting off the Roman garrison in Aelia Capitolina (Jerusalem). Quintus Tineius Rufus, the provincial governor at the time of the erupting uprising, was attributed with the failure to subdue its early phase. Rufus is last recorded in 132, the first year of the rebellion; whether he died or was replaced is uncertain. Despite arrival of significant Roman rein-forcements from Syria, Egypt and Arabia, initial rebel victories over the Romans established an independent state over most parts of Judea Province for over two years, as Simon bar Kokhba took the title of Nasi ("prince"). As well as leading the revolt, he was regarded by many Jews as the Messiah, who would restore their national independence" (Wikipedia).

կածի ենթարկելու նպատակ չունիմ. հաւանաբար ան ամենէն ձախորդն էր, բայց կը կարծուէր ըլլալ Իսրայէլը թշնամիներէն ազատելու կոչուած «փրկիչ»ը: Սակայն «փրկիչ»է մը ակնկալուած ոչ մէկ բան իրագործեց. ոչ միայն չկրցաւ Իսրայէլը ազատել ու «Դաւիթի աթոռին բազմիլ», այլ չկրցաւ նոյնիսկ մահը մարդավայել դիմաւորել...: Հետեւաբար՝ մեսիական եկեղեցիին պնդումները, թէ ան «աստուած» մըն էր բացարձակապէս չի համապատասխաներ մանաւանդ Հին Կտակարանի «փրկիչի» ըմբռնումին:

Յստակ է թէ «փրկիչի» գաղափարը Յուդայութենէն քրիստոնէութիւն փոխանցման ընթացքին ենթարկուած է հիմնական այլափոխման, վերածուելով փրկիչներու բոլորովին անճանաչելի նոր տեսակի մը: Քրիստոսականութեան ճարտարապետ՝ Հայր Պօղոսը, բռնազբօսիկ ճիգերով Յովհաննէս-Յիսուսին վերագրած է «աստուածային բնութիւն», որպէս Եհովայի «երկնաւոր որդին», եւ միանգամայն «Դաւիթի ցեղէն» սպասուած մեսիան, ու զայն անհետ դրկած է վեր՝ «*երկնքի հաւատարութեան*» մէջ. «*Դաւիթի ցեղէն եղող Յիսուս Քրիստոսը մեռելներէն յարութիւն առած, իմ քարոզած աւետարանիս համեմատ*» (Ա. Տիմոթէոս Բ.): Սակայն ամեն հրեայ անձի համար շատ ընթացիկ գիտելիք մըն է, թէ Բար-Աբբա կը նշանակէ Եհովայի որդի[107], օրինաւոր հրեայ: Անոնք ամենայն պարզութեամբ կ՚ըսէին, «*Մենք պոռնկութենէ չենք ծնած, մենք մէկ հայր ունինք, որ է Աստուած*» (Յովհաննու Ը. 41): Պօղոսն ալ նոյնը կը

[107] "Dans la langue araméenne, écrite et parlée en Judée, au Temps où les Évangiles,— postérieurs de trois siècles,— font naître, vivre, mourir et ressusciter Jésus-Christ, BAR-ABBAS signifie mot à mot : Fils du Père. Le Père, l'ABBA, c'est Iahveh, Jéhovah, El, Eloï, Elohim, Adonaï, dieu particulier aux Juifs, sous tous ces noms divers, comme Baal est le dieu phénicien, comme Zeus celui des Grecs, Jupiter celui des Romains, dans l'antiquité. Il faut se garder de confondre tous ces dieux nationaux, même quand chacun d'eux apparaît unique et propre à ses seuls dévots, avec le Dieu universel de la philosophie dont Platon, les stoïciens, Cicéron, Sénèque, et d'autres, eurent l'idée bien avant le christianisme et en dehors de lui : o theos, en grec ; deus, en latin. Donc, pour les Juifs, Iahveh est le Père. Tous les Juifs sont ses BAR, ses fils, ses enfants ; tous les Juifs sont BAR-ABBAS, fils du Père, fils d'Iahveh. N'appelez personne votre ABBA (votre Père), dit Jésus-Christ, car vous n'avez qu'un seul ABBA qui est dans les cieux. Mais s'il est un Juif qui se soit dit et que les Évangiles disent Bar-Abbas, Fils du Père, Fils d'Iahveh, c'est incontestablement Jésus-Christ. Si les Évangiles originaux, au lieu d'être écrits en langue grecque, étaient écrits en araméen, comme il se devrait d'œuvres qu'on prétend du Ier siècle, composées ou inspirées par des apôtres, toutes les fois que nous y rencontrons les mots grecs UIOS et PATER, qui se traduisent Fils et Père, en français, ce sont les mots BAR et ABBA que nous lirions" (Daniel Masse).

խոստովանի, վկայութեան կանչելով նաեւ «հոգին» «*Նոյն ինքն հոգին վկայութիւն կու տայ մեր հոգիին հետ, թէ մենք Աստուծոյ որդիներ ենք*» (Հռովմէացիս Ը. 19)։ Նոյնը կը վկայեն նաեւ աւետարանները, «*ես կ'ելլեմ իմ հօրս քով ու ձեր հօրը քով*» (Յովհաննու Ի. 17)։ Շատ յստակ է. Իսրայէլի Տէր Եհովան՝ միանգամայն հայրն էր եւ Յովհաննէս-Յիսուսի եւ բոլոր օրինաւոր հրեաներուն հաւասարապէս։ Ցեղապաշտ հրեաներու ազգային պատկանելիութեան երաշխիքն է Եհովայի ցեղը ըլլալը, ինչպէս Պօղոս կ'ըսէ, «*Ուստի, որովհետեւ Աստուծոյ ցեղէն ենք...*» (Գործք Առաքելոց ԺԷ. 29)։ Իսկ Հին Կտակարանը, որ Եփրեմը կը փառաւորէր որպէս Եհովայի անդրանիկ որդին[108], գաղափար իսկ չունէր աւետարանական Յիսուսի մասին։ Յամենայն դէպս, աճպարար Պօղոսը զայն պիտի հռչակէր մարգարէներով խոստացուած Դաւիթեան Մեսիան, շատ պղտոր ոճով՝ «*մարմնի կողմանէ Դաւիթի սերունդէն եղաւ*», եւ վերջ. առանց երկար բարակ պատմութիւններու։

Բայց իրմէ ետք՝ իր քրիստոսաբանական յօրինուածքները աւելի «հաստատ հիմքերու» վրայ կռթողելու տգէտ աւետարաննիչներուն փորձերը՝ այդ կեղծիքները պիտի վերածէին կատարեալ փքուռոցութեանց. «*Վասն զի եթէ դուք Մովսէսին հաւատայիք, ինծի ալ պիտի հաւատայիք, քանզի անիկա ինծի համար գրեց*» (Յովհաննու Ե. 46)։ Իբրեւ թէ Մովսէս, որ ինքնին առասպելական յերիւրածոյ կերպար մըն է, գրած էր գիրքեր, որոնք ամբողջութեամբ կամ առնուազն ընդհանուր առմամբ՝ աւետարանական Յիսուսին յատկացուած էին։ Հեղինակները այդ կեղծիքին որպէս հիմք առած են Մովսէսի վերագրուած Հնգամատեանի վերջին էջերու՝ զինք փոխարինող անձին մասին եղած անդրադարձը, ուր կը պատմուի թէ նախքան մեռնիլը, Եհովայի որոշումը ժողովուրդին յայտնելով՝ Մովսէս ըսած է, «*Քու Տէր Եհովադ քու եղբայրներուդ մէջէն՝ ինծի պէս մարգարէ մը պիտի հանէ քեզի. անոր մտիկ ըրէք*» (Բ. Օրինաց ԺԸ. 15)։ Եհովայի այս խօսքը կը վերաբերի Նաւէի որդի Յեսուին, որուն պիտի յանձնէր ան՝ ժողովուրդը Յորդանանի գետը անցընելով՝ «խոստացուած երկիրը» տանելու Մովսէսի անաւարտ գործը (Գիրք

[108] «Վասն զի Իսրայէլի Հայր եղայ, ու Եփրեմ իմ անդրանիկս է (Երեմեայ ԼԱ. 9)։

Յեսուայ Ա.)։ Մովսէսի գիրքերու գրագողութեան, կեղծիքի ու բարբարոսութեանց մասին որոշ գաղափար մը ունինք արդէն, բայց վա՜յ այն աւետարանական Յիսուսներուն, որոնք կը փորձեն Մովսէսի նման առասպելական գազանաբարոյ psychopath-ներով իրենք զիրենք փառաւորել։ Իսկ անոր «*Դաւիթի սերունդ*» ըլլալն ու այլ նման «մարգարէութիւնները» նոյն ինքն Յովհաննէս-Յիսուսը պիտի արհամարհէր.

> **Ղուկասու Ի.** [41]... ի՞նչպէս կ՚ըսեն թէ Քրիստոս Դաւիթի որդին է։ [42]Եւ ինք Դաւիթ Սաղմոսներու գիրքին մէջ կ՚ըսէ, Տէրը իմ Տէրոջս ըսաւ, նստէ իմ աջ կողմս, [43]մինչեւ քու թշնամիներդ ոտքերուդ պատուանդան ընեմ։ [44]Ուրեմն Դաւիթ որ զանիկա Տէր կը կոչէ, ի՞նչպէս անիկա անոր որդին կ՚ըլլայ։

Մեսիականները, որոնք նոյնիսկ նախնիներու ծիծաղելի անուանացանկերով ճիգ չէին խնայած միամիտ քրիստոնեաները համոզելու, թէ աւետարանական Յիսուսը «Դաւիթի ցեղէն խոստացուած Մեսիան» էր, անոր պիտի վերագրէին նաեւ այդ բոլորը ստգտանող այսպիսի խայտառակ խոսք մը, որովհետեւ ան «Մեսիայէ» մը ակընկալուած գործերէն ո՛չ մէկը կրցած էր իրականացնել։ Հետեւաբար, մեսիականները ստիպուած էին զայն ձերբազատել աւանդական Մեսիայէ մը ակնկալուած պարտաւորութիւններէն, եւ «Դաւիթի որդի մեսիան» անէացնելով, այս անգամ անոր հագցնել «*Դաւիթի Տէրոջ*» շապիկը, որ պիտի «*նստէր Աստուծոյ աջ կողմը*»։ Ահաւասիկ մեսիական աւետարանիչներուն նենգութեան հոյակապ օրինակներէն մին, ուր նոյն հեղինակը, նոյն գրքի էջերէն, նոյն «Դաւիթ-քրիստոս առնչութիւնը» երկու հիմնովին զիրար հակասող սահմանումներով կը ներկայացնէ։ Իսկ հիմնական նենգութիւնը այն է, որ սաղմոսներու գիրքէն առնուած վերեւի խօսքը, Յովհաննէս-Յիսուսին հետ բնաւ եւ բացարձակապէս ոչ մէկ առնչութիւն ունենալով հանդերձ, մեսիականները կը պնդեն, թէ առասպելական Դաւիթի մը վերագրուած «*Տէրը իմ Տէրոջս ըսաւ*» խօսքի «Տէրոջս» եզրը կը վերաբերի աւետարանական Յիսուսին...։ Բայց Սաղմոս ՃԺ.-էն քաղուած այդ հատուածը, հեքիաթային «Դաւիթ թագաւոր» կոչեցեալին նուիրուած՝ անյայտ երաժիշտի մը գործն է։ Փաստօրէն՝ նախորդ Սաղմոսը կը կրէ «Սաղմոս ՃԹ. Գլխաւոր երաժիշտին. Սաղմոս Դաիթի» խորագիրը: Պէտք չունինք Յուդայութեան մասնագէտ աստուածաբան ըլլալու, որպէսզի կարենանք հասկնալ, որ այս խօսքը ոչինչով կ'առնչուի Յովհաննէս-Յիսուսի հետ: Նոյնն է պարագան անոր վերագրուած Հին Կտակարանէն վկայութեան կանչուած բոլոր «մարգարէութիւններուն», Սաղմոսներուն ու Մովսէսներուն: Բայց այս իրողութիւնը արգելք մը չէր, որ մեսիականները զանոնք եղծանելով՝ չարաշահէին ի նպաստ իրենց դաւադիր նպատակներուն, ինչպէս Յայտնութիւն Յովհաննու կոչուած գրքին հեղինակը Յովհաննէս-Յիսուսին պիտի վերագրէր՝ այս անգամ ինքզինք չարաչար հակասող՝ «*Ես Դաւիթի արմատը ու ցեղն եմ*» խօսքը: Իսկ Մատթէոսի ու Ղուկասու հեղինակները պիտի յօրինէին նաեւ անոր նախնիներու երկու՝ բացարձակապէս զիրար չհամապատասխանող՝ անուանացանկեր, որոնք հակառակ բոլորովին երկու տարբեր ծագումնաբանական ուղիներով ընթանալնուն, երկուքն ալ զայն հասցնէին նոյն առասպելական Դաւիթ նախահօր:

Նոր Կտակարանը կը խոստովանի, թէ Մարիամ Դաւիթի ցեղէն չէր, եւ սեռային յարաբերութիւն չէր ունեցած Յովսէփին հետ. այսինքն՝ Դաւիթի ցեղին հետ բացարձակապէս ոչ մէկ աղերս ունէր: Եթէ նոյնիսկ սեպենք, թէ Յովսէփ Դաւիթի ցեղէն էր, ուրեմն ինքնաբերաբար աւետարանական Յիսո՞ւսն ալ «*մարմինի կողմանէ*» Դաւիթի ցեղէն կ'ըլլայ, պարզ այն պատճառով, որ Մարիամ յանկարծ «յղացած գտնուելէ» ետք՝ ամուսնացած էր Յովսէփի հետ: Եթէ քրիստոնեան եկեղեցին կը պնդէ անոր վերագրուած խօսքը, թէ ինք «*Դաւիթի արմատը ու ցեղն է*», պարտաւոր է ընդունելու նաեւ, թէ Մարիամ անպայման Դաւիթի ցեղէն այր մարդու մը հետ սեռային յարաբերութիւն ունեցած է: Այս է «*Դաւիթի երիկամունքներուն պտուղէն սերած*» ըլլալու միա՛կ միջոցը: Եթէ յայտնի չէր Յովհաննէս-Յիսուսի հօրը ո՛վ ըլլալը, այդ ո՛չ թէ գերբնական կամ նախախնամական՝ այլ պարզապէս անբարոյական կամ ապօրինի յղութիւն մըն էր...: Իսկ անոր յերիւրածոյ «կուսածինէ» ծնունդը, նոյնպէս ընթացիկ երեւոյթ մը կը թուի ըլլալ հրեաներուն մօտ.

Ղուկասու Ա. [7]Եղիսաբէթ ամուլ էր, ու երկուքն ալ օրերնին անցուցած էին: ... [13]Եւ հրեշտակը ըսաւ անոր, մի վախնար, Զաքարիա, վասն զի քու աղօթքդ լսուեցաւ, եւ քու կինդ Եղիսաբէթ քեզի որդի մը պիտի ծնանի, ու անոր անունը Յովհաննէս դնես: ... [15]Վասն զի Տէրոջը առջեւ մեծ պիտի ըլլայ, եւ գինի ու օղի պիտի չխմէ. եւ դեռ իր մօրը որովայնէն Սուրբ հոգիով պիտի լեցուի. [16]Ու Իսրայէլի որդիներէն շատերը իրենց Տէր Աստուծոյն պիտի դարձնէ:

Դատաւորաց ԺԳ. [2]Եւ Դանի ցեղէն Մանուէ անունով Սաքաացի մարդ մը կար, ու անոր կինը ամուլ էր եւ զաւակ չէր ծնաներ: [3]Ու Տէրոջը հրեշտակը երեւցաւ եւ անոր ըսաւ, ահա դուն հիմա ամուլ ես ու չես ծնանիր, բայց պիտի յղանաս ու որդի մը ծնանիս: [5]...ու անոր գլխուն վրայ ածելի պիտի չելլէ. քանզի այն տղան իր մօրը արգանդէն Իսրայէլի Տէր Եհովային ուխտաւորը պիտի ըլլայ, եւ անիկա Իսրայէլը Փղշտացւոց ձեռքէն ազատելու պիտի սկսի:

Ծննդոց ԻԱ. Եւ Տէրը իր ըսածին պէս Սառայի այցելութիւն ըրաւ. եւ իր զրուցածին պէս ըրաւ Տէրը Սառայի. [2]եւ Սառա յղացաւ, ու որդի մը ծնաւ Աբրահամի իր ծերութեան ատենը...:

Ինչպէս կը տեսնենք, աւետարանական Յիսուսի պարագան այդ անսովոր ծնունդներուն ամենէն պարզն էր: Անոր պարմանուհի առողջ մօր յղանալը, որ ամուլ չէր, լոկ այր մարդու մը կարիքը ունէր, որուն անյայտ ըլլալը ամենեւին «գերբնական ծնունդ» մը չ'ենթադրեր: Արդարեւ, աւետարանները կը վկայեն թէ աւետարանական Յիսուսը մահկանացու հրեայ մըն էր, որ միայն «մկրտուելով հոգին ստացած» էր: Մինչդեռ Յովհաննէս իր ամուլ «*մօրը որովայնէն*» արդէն «*Սուրբ հոգիով լեցուած*» էր, եւ Յովհաննէսն էր, որ «*Իսրայէլի որդիներէն շատերը իրենց Տէր Աստուծոյն պիտի դարձնէր*»: Նոյնպէս, Սաքաացի մարդուն «ամուլ» կնոջ ծնանելիք որդին՝ «*իր մօրը արգանդէն Իսրայէլի Տէր Եհովային ուխտաւորը պիտի ըլլար*» եւ «*Փրկիչ*» մը:

Այս «գերբնական» ծնունդի առասպելներէն ամենէն յատկանըշականը Սառային պարագան է. հարիւր տարեկան Աբրամին չծնանող ամուլ կինը՝ Սառան, իննսուն տարեկան էր երբ Եհովան անձամբ կը ներկայանայ Աբրամին ու կը խոստանայ՝ որ Սառան մէկ տարի ետք պիտի յղանայ: Եւ ճիշտ մէկ տարի ետք՝ «*Տէրը իր ըսածին պէս Սառայի այցելութիւն ըրաւ. եւ իր զրուցածին պէս ըրաւ Տէրը Սառայի. եւ Սառա յղացաւ*»...: Պիտի չուզէինք կրահել, թէ Տէրը ի՞նչ «ըրած էր Սառային», բայց ըստ առասպելին, Սառան նոյն ինքն Իսրայէլի Տէր Եհովայէն յղացած էր: Հին Կտակարանի էջերով յաճախ կը հանդիպինք նմանօրինակ յղութեանց: Հետեւաբար, աւետարանական Յիսուսի յերիւրածոյ «անբնական ծնունդն» ալ ոչ մէկ ձեւով կը նպաստէ անոր «աստուածային էակ» մը ըլլալու վարկածին: Այլապէս բոլոր նոյնանման ծնունդները պիտի նոյնպէս ըլլային «աստուածային էակներ»:

Մարկոսի աւետարանը չունի Յովհաննէս-Յիսուսի ծննդեան մասին պատմութիւններ, իսկ մեծ մասամբ զայն ընդօրինակած Մատթէոսի ու Ղուկասու աւետարանիչները՝ հնարած են տարբեր հանգամանքներու եւ ժամանակներու մէջ ընթացող երկու բոլորովին տարբեր ծննդեան պատմութիւններ, որոնց որպէս միջին լուծում, Յովհաննու հեղինակը կ'ըսէ, թէ պարզապէս «բանը», այսինքն՝ խօսքը մարմին ստացած էր. «*Եւ բանն մարմին եղեւ, եւ բնակեաց ի մեզ...*» (Յովհաննու Ա. 14): «*Բանը մարմին եղաւ*» խօսքը պէտք է մեկնաբանել բառացիօրէն, որովհետեւ իրողութիւնը այն է, որ Իսրայէլի փրկութեան համար սպասուած մեսիայի մը մասին շրջագայող պատմութիւնները՝ «բանը», մեսիականները պիտի մարմնաւորէին աւետարանական Յիսուսի կերպարով... խօսքը մարմինով մը պիտի պարուրէին: Իսկ եթէ չորս կանոնական աւետարաններէն երկուքը խուսափած են այդ արտասովոր յղութեան մասին արտայայտուելէ, վստահաբար լուրջ պատճառներ ունենալու էին: Խիստ զարմանալի է այդպիսի «հրաշալի ծնունդի» մը հանդէպ անոնց ցուցաբերած լրիւ անտարբերութիւնը:

Այս երեւոյթը որոշ չափով լուսաբանող տեսարան մը կը պարզուի, երբ Յովհաննէս-Յիսուս կ'որոշէ «*իր երկիրը*»[109] երթալ, ուր մարդիկ քաջածանօթ էին անոր ամբողջ ընտանիքի պատմութեան: Եւ բնականաբար գերբնական ծնունդ ենթադրող ոչինչ կը գտնենք անոնց արտայայտութեանց մէջ. անոնք նոյնիսկ կը զարմանան թէ իրենց ճանչցած ատաղձագործ սովորական պատանին, որ ըստ իրենց, շատ ալ իմաստուն անձ մը չէր եղած, երկար բացակայութենէ ետք՝ յանկարծ վերադարձած էր Մեսիայի հովեր առած: Եւ անշուշտ «*անոր վրայով կը գայթակղէին*»: Հակառակ որ անամուսին յղացած Մարիամ, որ «*արտորնօք լեռնակողմը Յուդայի մէկ քաղա*

---

[109] Մարկոսի Զ. 1–3:

քը գացած ու հոն մնացած էր երեք ամիս», մինչեւ ծննդաբերելը, անկարելի է, որ յաջողէր շրջապատէն գաղտնի պահել իր ապօրինի յղութիւնը: Մանաւանդ այդ օրերուն, երբ այնքան սեղմ շրջանակի մէջ՝ ամէն ոք տեղեակ էր միւսներուն կեանքի բոլոր մանրամասնութիւններէն: Հետեւաբար, անտեղի պիտի չըլլար ակնկալել, որ եթէ Յովհաննէս իսկապէս «կուսութենէ» ծնած ըլլար, հո՛ն է, որ զինք նախատող հրեաներուն բերնէն պիտի իմանայինք ապօրինի յղութեան խայտառակ իրականութիւնը: «*Ասիկա հիւսը չէ՞, Մարիամի որդին*» հարցումին փոխարէն, անամուսին յղացած Մարիամը նախատելով՝ վստահաբար պիտի ըսէին «ասիկա Մարիամի բիճը չէ՞»: Սակայն տխմարութիւն պիտի ըլլար այդ բնոյթի արտայայտութիւններ ակընկալել աւետարանիչներէն: Ո՛չ Յովսէփը, ո՛չ իսկ Եհովան կրնար ապօրինի յղացած Մարիամը փրկել Յուդայութեան օրէնքի զայրոյթէն. հրեաները մեծ գոհունակութեամբ քարկոծելով կը սպաննէին զինք ու արգանդին մէջ կրած ապօրինի պտուղը... մանաւանդ եթէ «հոգիէն յղանալու» նման հայհոյանքներով փորձէր ինքզինք արդարացնել:

Հրեաները միայն հարկադրաբար կ՚անդրադառնային բնոյթով մեղաւոր համարուած իգական սեռին: Ուստի, հեղինակը Յովհաննէս-Յիսուսի եղբայրները իրենց անուններով յիշելէ ետք, քոյրերուն մասին ոչինչ կը յայտնէ, բայց զայն իր մօր անունով՝ «Մարիամի որդի» կը կոչէ, որ բացարձակապէս չի համապատասխաներ այր մարդը իր հօր անունով կոչելու հրէական աւանդութեան: Սակայն հեղինակը արհամարհելով այդ երկաթեայ աւանդութիւնը, ժողովուրդին բերնով զայն կը կոչէ «Մարիամի որդի», պարզապէս շեշտելու համար, թէ ան ծնած էր «այր մարդ չգիտցած» կոյս Մարիամէն: Այդ օրինաւոր հրեաները այր մարդ մը իր մօրը անունով երբե՛ք պիտի չկոչէին, բացի այն պարագայէն, որ անոր հօր ով ըլլալը յայտնի չըլլար...: Բայց այդ պարագային ալ ոչ թէ «Մարիամի որդի»՝ այլ «Մարիամին բիճը» պիտի կոչէին զայն, որու նկատմամբ Յուդայութեան Օրէնքը շատ յստակ կեցուածք ունի. «*Պոռնկորդին պէտքը ժողովքը չմտնէ, ու անոր զաւակը մինչեւ տասներորդ ազգը պէտքը ժողովքը չմտնէ*» (Բ. Օրինաց ԻԳ. 2): Այդ պատճառաւ, Ղուկասու աւետարանիչը, որ այս պատմութիւնը ընդօրինակած է նախորդէն, բացի հիմնական փոփոխութեան ենթարկելէ, «ճշմարտութիւնը» իմացնելով կը վկայէ, թէ հրեաները *«կ՚ըսէին, ասիկա Յովսէփի որդին չէ՞»*: Բայց այդ պարագային ալ՝ Յովսէփի որդին չէր կրնար «կուսութենէ» ծնած ըլլալ:

Յովհաննէս-Յիսուսի ծննդեան խիստ հակասական եւ յերիւրածոյ հեքիաթներուն մասին՝ պարզամիտ դաւանափոխ օտարազգիները ո՛չ գաղափար, ո՛չ ալ ստուգելու որեւէ միջոց կամ մանաւանդ իրաւունք ունէին: Ուստի, մեսիականներուն կը մնար Պօղոսով կեանքի կոչուած «Քրիստոսի աւետարանը» պաճուճել «հոգիով յղութեան» պատմութիւններով, եւ մանաւանդ փառաւորել զայն բազմաթիւ ու խոշոր «հրաշքներով», մինչեւ որ օր մըն ալ Եկեղեցին քուէարկութեամբ որոշէր այդ առձեռն ձաքոտուքներէն ամենէն «արժէւորները» համախմբել մէկ հատորի մէջ, եւ որպէս Իսրայէլի Տէր Եհովայի «լաւագոյն խոստումնքներով հաստատուած ուխտ»՝ կոչել զայն Նոր Կտակարան, ու Իսրայէլը փրկելու կոչուած «Քրիստոս» շաղախով՝ շաղկապել «Հին Կտակարանին»:

« ՃՇՄԱՐՏՈՒԹԻՒՆԸ »

Այսօր, երբ կը կարդանք աւետարանական Յիսուսի բիրաւոր հետեւորդներուն, բազմաթիւ «հրաշքներուն, մեռելներ յարուցանելուն» եւ մանաւանդ՝ Պիղատոս կուսակալէն մահուան դատապարտուելէ, խաչուելէ ու մեռնելէ ետք «յարութիւն առնելուն» եւ այլ արտասովոր հեքիաթները, կ'ենթադրենք թէ պատմութիւնը շռայլօրէն ու պողպատեայ տառերով արձանագրած պիտի ըլլար այդ բացառիկ կարեւոր դէպքերը, մանաւանդ որ հռոմայեցիք, որոնց տիրապետութեան տակ կը գտնուէր Պաղեստինը այդ օրերուն, մանրակրկիտ արձանագրութիւն պահած են ամենուրեք: Սակայն ոչինչ. ո՛չ մէկ հետք: Աւետարանական Յիսուսի ու իր գործերուն մասին գոյութիւն ունեցող միակ աղբիւրը՝ պատմուած դէպքերէն առնուազն տասնամեակներ ետք սկիզբ առած, բոլորովին վաւերականութենէ զուրկ եւ հակասական, կեղծ յօրինուածքներն են, որոնք գրուած են ո՛չ ականատես հետագայ սերունդներու ձեռքով, եւ ենթարկուած են դիտումնաւոր եղծանումներու, փոփոխութեանց, եւ մինչեւ այսօր իսկ անընդհատ «բարելաւող» յաւելումներու: Գիրքերուն բոլոր հակասութիւնները, Եհովային կամքով կատարուած հրէշային վայրագութիւնները, պատմական թէ ժամանակագրական վրիպումները, եւ աւելի անհեթեթութիւնները շատ յստակ կարելի է տեսնել: Որովհետեւ երբ մէկը կ'ըսէ, թէ «Յուդան ստացած արծաթը վերադարձուց եւ գնաց ինքզինքը խեղդեց», իսկ միւսը՝ թէ «Յուդան անիրաւութեան վարձքով ագարակ մը ստացաւ, ու գլխիվար իյնալով մէջտեղէն ճեղքուեցաւ...», ըսել է թէ երկուքէն մէկը սուտ կամ առնուազն սխալական է: Սակայն ըստ քրիստոնէական «աստուածաբանական ըմբռնողութեան», որ Պօղոս առաքեալ կոչուած աճպարարը ժամանակին յօրինած է՝ երկուքն ալ ճիշտ են: Եւ եկեղեցին ալ տակաւին կը պնդէ, թէ այդ բոլորը կարելի չէ ըմբռնել մարդկային իմաստութեամբ, որովհետեւ՝

> Հարազատ հաւատքին իսկութիւնը էաբանական է եւ ոչ թէ ուսուցումնային... Աստուածաշունչի խորքին, բովանդակութեան հեղինակը Աստուած ինքն է, իսկ ձեւին հեղինակը՝ Ս. Հոգիով ներշընչուած մարդիկ: ... Եկեղեցւոյ ըմբռնումին համաձայն՝ հեղինակները շարադրած եւ խմբագրած են գիրքերը, բայց անոնց գաղափարները, ճշմարտութիւնները, փորձառութեան կամ խորհրդածութեամբ իրենք չեն յղացած, այլ ստացած են ներշնչումով Ս. Հոգւոյն: ... ներշնչման աղբիւրը միշտ ան է, մարդուն գրած ժամանակ՝ անոր զօրութիւնը միշտ ներկայ եղած է, ձեւով մը տարրանալով մարդու հոգեկան էութեան մէջ եւ թող չտալով, որ ան գրէ սխալ գաղափարներ եւ կամ սխալ ձեւով ներկայացնէ յայտնութեամբ իրեն տրուած գաղափարները (Արամ Ա., *Հայ աստուածաբանական մտքի վերանորոգումին համար*):

Այս «աստուածաբանական ըմբռնողութեան» որպէս լուսաբանութիւն տրուած է Սահակ քահանայ Տէր Սարգիսեանի *Քննական Կրօնագիտութիւն* հատորէն մէջբերում մը, ուր կը կարդանք հետեւեալ նոյնքան անհեթեթ յօրինուածքը.

> Աստուածաշունչ Ս. Գիրք կ'անուանենք Հին եւ Նոր Կտակարանները, զորս գրեցին մարգարէք եւ առաքեալք եւ աստուածընտիր սուրբ մարդիկ՝ Հոգւոյն Սրբոյ ներշնչելովը կամ ազդեցութեամբը: ... այն ազդեցութեան զօրութեամբք այն մատենագիրք ճշդիւ ի գիր առին Աստուծոյ առ մարդ յայտնել ուզած ամեն ճշմարտութիւնները, ինչպէս նաեւ իր կամքը, բնա՛ւ ամենեւին վրիպակ մը չգործելով իրենց գրուածոց մէջ, ո՛չ ի հաւատոյ, ո՛չ ի բարոյս եւ ո՛չ ի գիտու-

թիւնս, որ է ըսել, Ս. Գիրք գրուած են ընդ անսխալ առաջնորդութեամբ Ս. Հոգւոյն:

Նողկալի կեղծիքը նեխած թարախի նման կը հոսի այս նենգաւոր Միօնական յանձնակատար կղերականներու գրիչէն, որոնք կը փորձեն միամիտ քրիստոնեան համոզել թէ Հին եւ Նոր Կտակարանները «*գրուած են ընդ անսխալ առաջնորդութեամբ Ս. Հոգւոյն*», եւ թէ «*խորքին, բովանդակութեան հեղինակը Աստուած ինքն է, իսկ ձեւին հեղինակը՝ Ս. Հոգիով ներշնչուած մարդիկ*»: Հետեւաբար, եթէ այդ գիրքերուն մէջ ինչ որ բան ընթերցողին սխալ, անտրամաբանական, սուտ կամ հակասական ըլլալ կը թուի՝ անպայման ընթերցողին յանցանքն է այդ, որովհետեւ «*Հարազատ հաւատքին իսկութիւնը էաբանական է եւ ոչ թէ ուսուցումնային*»: Եւ ըստ այս բանաձեւումին, Յուդան կրնայ երկու տարբեր մահերով մեռնիլ, կամ «*այր մարդ չգիտցած Մարիամէն ծնած*» Յովհաննէս-Յիսուսը, ցեղային ո՛չ մէկ առնչութիւն ունենալով հանդերձ՝ Դաւիթի սերունդ հըռչակուիլ, եւ անշուշտ ցեղամոլ հրեայ Յովհաննէսի «հրեայ ազգային զինեալ պայքարի սեղանին զոհուիլը» մեկնաբանուիլ՝ որպէս «*օտարներուս մեղքերուն համար մեռնիլ*», եւ այլն:

Սակայն, զէթ Ղուկասու աւետարանին հեղինակը, որ թուած է այն բոլոր աղբիւրները ուրկէ քաղած է իր պատմութիւնը, երբեք չ'ըսեր թէ ինք Եհովայէն կամ այսպէս կոչուած «հոգին սուրբէն» ներշնչուելով գրած է: Ընդհակառակն՝ ան կը վկայէ, թէ անյայտ մահկանացու աղբիւրներէ քաղած էր իր տեղեկութիւնները եւ «պատմութիւնը գրելու ձեռք զարկած էր» ցայնժամ գրուած քրիստոսեան «*պատմութեան ճշմարտութիւնը*» տեղեկացնելու հարկադրանքով[110].

Ղուկասու Ա. Որովհետեւ շատերը մեր մէջ հաստատ գիտցուած բաներուն վրայով եղած պատմութիւնը կարգի դնելու ձեռք զարկին, [2]ինչպէս սկիզբէն աչքով տեսնողները եւ խօսքին սպասաւոր եղողները աւանդեցին մեզի, [3]ես ալ որ սկիզբէն այն ամէն բանե-

[110] Գրաբար. «Քանզի բազումք յաւժարեցին վերըստին կարգել զպատմութիւնն վասն իրացն հաստատելոց ի մեզ. [2]որպէս աւանդեցի՛ն մեզ՝ որ ի սկզբանէ ականատես եւ սպասաւորք եղեն բանին: [3]Կամ եղեւ եւ ինձ որ ի սկզբանէ զհետ երթեալ էի ամենայնի ճշմարտութեամբ, կարգաւ գրել քեզ՝ քա՛ջդ Թէոփիլէ. [4]զի ծանիցե՛ս զբանիցն՝ որոց աշակերտեցար, զճշմարտութիւնն»:

րուն ճշտութեամբ տեղեկացեր էի, յարմար դատեցի կարգաւ գրել քեզի, ով Թէոփիլոս, [4]որպէս զի սորված բաներուդ ստուգութիւնը իմանաս:

Եկեղեցին խոստովանելով աւետարաններուն միջեւ գոյութիւն ունեցող զանազան բնոյթի տարբերութիւնները, այդ գիրքը կոչած է «Աւետարան ԸՍՏ Ղուկասու», բայց ոչ ոք գիտէ թէ ո՞վ է, կամ քանի-երորդ սերունդին կը պատկանի հեղինակը: Սակայն վստահ գիտենք, որ Յովհաննէսին ժամանակակից անձ մը չէր: Արդ՝ ո՞րքան «անսխալ» կրնար ըլլալ անյայտ ժամանակի, անյայտ հեղինակի մը, քանի մը անյայտ աղբիւրներէ «իմացած աւետարանը»...: Հեղինակը կը վկայէ, թէ պատմութիւնը լսած էր ականատեսներէ եւ ոչ ականատես «*խօսքին սպասաւորներէ*». այսինքն՝ քարոզիչներէ, որոնք իրենց կարգին լսած էին ուրիշներէ, որովհետեւ բախտաւոր պարագային՝ կը պատկանէին առնուազն երկրորդ կամ երրորդ սերունդին:

Ան կ՚անդրադառնայ նաեւ երրորդ աղբիւրի մը մասին, յոխորտալով՝ թէ «*ի սկզբանէ զհետ երթեալ էի ամենայնի ճշմարտութեամբ*»: Բայց թէ ի՞նչ, ի՞նչպէս, կամ ուրկէ՞ իմացած, եւ ինչ՞ փաստեր ունէր վստահեցնելու, որ իմացածը «*ճշմարտութիւն*» էր... ոչինչ: Թուած է մէկը միւսէն պղտոր երեք աղբիւր, առանց որեւէ անուն, թուական կամ տեղեկութիւն տալու: Արդէն փաստուած իրականութիւն է, որ հեղինակը ընդօրինակած է Մարկոսի գիրքին մօտաւորապէս յիսուն տոկոսը, որմէ կարելի է հետեւցնել, թէ մնացեալ յիսունը անճշմարիտ համարելով՝ փոխարինած է իր իմացած «ճըշմարտութիւնով»: Հայաստանեայց մեսիական եկեղեցին ալ, իր կարգին, գրաբարի «զճշմարտութիւնն» բառը պիտի մեկնաբանէր «ստուգութիւն» պղտոր եզրով, միամիտներս տպաւորելու, թէ հեղինակը նոր աւետարան մը գրելով՝ կը փորձէր նախորդներուն «ստուգութիւնը» փաստել: Եթէ հեղինակը անձամբ՝ իսկապէս ուղղակի «աչքով տեսնողներէն» բան մը իմացած ըլլար, որ ամենեւին ալ վաւերականութիւն պիտի չտար իր պատմութեան, վստահաբար ամենայն հպարտութեամբ պիտի յիշէր, թէ այս կամ այն «ականատեսը» անձամբ ճանչցած եւ ուղղակի անկէ լսած էր իր ներկայացուցած «*ճշմարտութիւնը*»: Արդէն ցայնժամ գրուածներուն «*ճշմարտութի-*

նը» իմացնելու փորձը, ինքնին կը հաստատէ, թէ այդ գրութիւնները, գէթ ըստ հեղինակին, «ճշմարտութիւն» չէին: Արդարեւ, եթէ արդէն «*շատերը պատմութիւնը գրած էին*» եւ ինք կը հաւատար թէ գրուած էին «*ընդ անսխալ առաջնորդութեամբ Ս. Հոգւոյն*», ալ ի՞նչ անհեթեթ տրամաբանութեամբ է, որ գիրքի մը «անսխալ» ըլլալը փաստելու համար նոյն պատմութիւնը փետուրով մագաղաթի վրայ կրկին անգամ գրելու տաժանակիր գործը կը ստանձնէր, եւ մանաւանդ՝ նոյն այդ «*անսխալ*» ըլլալը փաստուելիք գրութիւնները յաճախ, եւ յաճախ ահռելիօրէն՝ հակասելով:

Եթէ ուշադրութեամբ կարդանք առաջին նախադասութիւնը ուր կ'ըսէ. «*Քանզի բազումք յաւժարեցին վերըստին*[111] *կարգե՛լ զպատմութիւնն վասն իրացն հաստատելոց ի մեզ*», կը հասկնանք՝ թէ որովհետեւ բազմաթիւ անձիք ձեռնարկած էին պատմութիւնը «վերըստին» գրել, եւ փաստօրէն տեղի տուած էին շատ մը խնդրայարոյց դրութեանց, հեղինակը որոշած էր «ճշմարտութիւնը» իմացնել: Որովհետեւ մեսիականներու սեղմ շրջանակին «*մէջ հաստատ գիտցուած բաներ*» կային, կար նաեւ այդ «*հաստատ գիտցուած բաներուն վրայով եղած պատմութիւնը*», որ բացի «*պատմութիւն*» մը, կամ հեքիաթ մը ըլլալէ, նաեւ բերնէ բերան շրջելով՝ գերան դարձած ու հասած էր իրենց՝ հեղինակներուն, որոնք «*կարգի դնելու ձեռք զարկած*» էին...: Թէ ե՞րբ գրուած են աւետարանները՝ «մասնագէտներուն» կարծիքները անշուշտ կը տարբերին, ըստ անոնց պատկանելիութեան: Սակայն ոչ ոք կրնայ ուրանալ, թէ այդ գիրքերը գրուած են պատմուած դէպքերէն երկար ժամանակ ետք: The Jesus Seminar-ի վեց տարիներու աշխատանքի արդիւնք *The Five Gospels* անդրագոյն ուսումնասիրութիւնը կազմած է նաեւ յայտնաբերուած կարգ մը աւետարաններու ժամանակագրական ցուցակը, ուր կ'ըսուի՝ Emergence of four "recognized" Gospels, 150–325 C.E. եւ First surviving copies of "Bibles" (about 300–350 C.E.)[112], եւ այլն:

---

[111] Աշխարհաբար թարգմանութեան մէջ «վերստին» բառը ջնջուած է:

[112] "The evidence provided by the written gospels is hearsay evidence. Hearsay evidence is second hand evidence. In the case of the gospels, the evangelists are all reporting stories and sayings related to them by intermediate parties; none of them was an ear or eyewitness of the words and events he records. Indeed, the information may have passed through several parties on its way to the authors of the first written gospels. Those initial transmitters of tradition are, of course, anonymous; they cannot speak for themselves and we cannot inter-

Մատթէոսի ու Ղուկասու «աւետարաններուն» հեղինակները, նպատակ ունենալով Յովհաննէս-Յիսուսը, ըստ Պօղոսի յօրինած աւետարանին՝ Դաւիթի ցեղէն[113] խոստացուած Մեսիան ըլլալու վարկածը «պատմական փաստերով» ամրապնդել, տուած են նախ մինչեւ Աբրահամ, իսկ յետոյ մինչեւ Ադամին ու Իսրայէլի Տէր Եհովային

rogate them about the source of their reports. We don't even know who they were. The authors of the written gospels are also anonymous; the names assigned to the gospels are pious fictions. Because the evidence offered by the gospels is hearsay evidence, scholars must be extremely cautious in taking the data at face value." *The Five Gospels, New Translation and Commentary* By Robert W. Funk, Roy W. Hoover, and The Jesus Seminar. page 16.

[113] Հրէական Դաւիթ անուն յերիւրածոյ հովիւ թագաւորի, արիւծի կորիւնը ճեղքող Սա-մ-սօնի եւ այլն կերպարները, ըստ Հին Կտակարանի հեղինակներու սովորութեան, գողցուած են Արի Հայերու «Սասնայ Ծռեր» Դիւցազնավէպէն, ուր Սասունցի Դաւիթի ու Մսրայ Մելիքի պատմական դէպքերը կը վերաբերին Հիքսոսներու (Hyksos)՝ Հայքի Արմէններու Հայկական Բարձրաւանդակէն մ.թ.ա. 18-րդ դարուն դէպի Եգիպտոս արշաւանքին: Մանեթոնը կը վկայէ, թէ Հիքսոսները, զորս սեմականացնելու բուռն աշխատանք կը տարուի, եկած էին Հուրի երկրէն (Հայկական Բարձրաւանդակ), վստահաբար վաղուց հաստատուած խնամակալական կարգերը խախտող Եգիպտոսը սաստելու: Հայքեան զէնընտիր զօրքը, իր աննման մարտակարգերով, պողպատեայ զէն ու զրահով՝ նուաճեց, տակաւին պղինձի դարը ապրող, Եգիպտոսը ու հիմնեց թագաւորական նոր հարստութիւն, որու երկու- քուկէս դարերու տիրապետութեան շրջանը կը բնութագրուի Եգիպտական մշակոյթի աննախընթաց վերելքով: Այդ մասին կու տամ հակիրճ հատուածներ Ալեքսանդր Վարպետեանի *Ո՞վքեր են ի վերջոյ Արիացիք* գրքէն.

> Հիքսոսները Եգիպտոսում կատարեցին գիտական մի սխրանք, որն անջնջելի հետք թողեց համամարդկային մշակոյթի պատմութեան մէջ. նրանք ստեղծեցին առաջին գաղափարագրային այբուբենը: 1963 թ. Մեծամորում մեր յայնաբերած գաղափարագրերի համեմատումը Հիքսոսեան, ինչպէս նաեւ մատենադարանում հին հայկական ձեռագրերի գաղափարագրերի նշանները հետ, ցոյց տուեց որ դրանց միջեւ գոյութիւն ունի անտարակուսելի ծագումնաբանական կապ. նրանք բացարձակապէս նոյնական են:
>
> Հիքսոսների մարտակարգերը ապշեցրին Եգիպտացիներին... եւ ահա պարզւում է որ դրանց շինափայտը մի ծառից է, որն աճում է միայն Արարատ լեռան շրջակայքում եւ Տրապիզոնում՝ Հիքսոսների հայրենիքում:
>
> Հիքսոսները կատարելագործեցին եգիպտական տոմարը, անկայուն տարուայ փոխարէն ներմուծելով հաստատուն տարի, որ անհնարին էր առանց աստղագիտական որոշ գիտելիքների...:
>
> Հուրրիիուների գեղեցկութեամբ հրապուրուած եւ հզօր Միտանիի խնամակցելու միտումով, Եգիպտական փարաւոնները կ'ամուսնանային խուրրիական արքայադուստրերու հետ: Վերջինը Ամենհոթեպ 4-րդն էր, որ ամուսնացաւ իր հօր երկրորդ կնոջ Նեֆէրտիտիին հետ: Եգիպտական տարեգրութեան մէջ անջնջելի մնաց այս ամուսնութիւնը... Խուրրիներու մշակոյթով հրապուրուած Ամենհոթեպը, ժխտեց բոլոր հին Եգիպտական աստուածները, բացի Արփիական ՐԱ-էն, եւ հաստատեց ներմուծուած Արեւի սկաւառակի միապաշտութիւն. փոխեց նոյնիսկ իր անունը ու դարձաւ Ախնատօն: Ըստ պրոֆ. Պետրիին, «Ախնատօնին մայրը Միտանական-Հայկական ծագում ունէր եւ ան էր բերած Ատօնի կրօնը իր հայրենիքէն ու սորվեցուցած իր խորթ զաւակին»: Ախնատօնը հիմնեց նոր մայրաքաղաք Ամառնա-ն որուն անունը զուտ հնդեւրոպական է. հայերէն՝ ամառ-ամառն. Համ. գերմաներէն՝ ս-մար, անգլերէն՝ ս-մմէր, աքխազերէն ամառա (արեւ): Ա-նա նոյնպէս Արիական ածանցներ են:

հասնող Յովհաննէս-Յիսուսի «նախնիներուն անուանացանկը»: Բայց որովհետեւ հեղինակներուն նպատակը Յիսուս-Դաւիթ առնչութիւնն է, կը գոհանամ միայն այդ մասով:

Աւետարան ըստ Մատթէոսի	**Աւետարան ըստ Ղուկասու**
Յիսուս	Յիսուս
Յովսէփ	Յովսէփ
Յակոբ	Հեղի
Մատթան	Մատաթ
Եղիազար	Ղեւի
Եղիուդ	Մեղքի
Աքին	Յաննէ
Սադովկ	Յովսէփ
Ազովր	Մատաթիա
Եղիակիմ	Ամովս
Աբիուդ	Նաւում
Զօրաբաբէլ	Եսղի
Սաղաթիէլ	Նանգէ
Յեքոնիա	Մաաթ
Յովսիա	Մատաթիա
Ամոն	Սէմէի
Մանասէ	Յովսէփ
Եզեկիա	Յուդա
Աքազ	Յովհաննա
Յովաթամ	Ռեսա
Ոզիա	Զօրաբաբէլ
Յովրամ	Սաղաթիէլ
Յովսափատ	Ների
Ասա	Մեղքի
Աբիա	Ադդի
Ռոբովամ	Կովսամ
Սողոմոն	Եղմովդադ
Դաւիթ	Էր
	Յովսէս
	Եղիազար
	Յովրիմ
	Մատաթ
	Ղեւի
	Սիմէօն
	Յուդա
	Յովսէփ
	Յովնան
	Եղիակիմ
	Մելեա
	Մայնան
	Մատաթա
	Նաթան
	Դաւիթ

Ինչպէս կը տեսնենք, բացի Յովսէփէն, «սուրբ հոգւոյ անսխալ առաջնորդութեամբ» գրուած այդ երկու անուանացանկերը բացարճակապէս իրար չեն համապատասխաներ, ոչ սերնդահետեւողականութեան, ոչ ժամանակագրական, ոչ ալ որեւէ այլ առումով: Եւ Դաւիթէն ետք՝ իւրաքանչիւր հեղինակ տարբեր՝ մէկը Սողոմոն, միւսը Նաթան որդու սերունդներու ուղիով չուելով հանդերձ, անշուշտ մեսիական մէկ «հրաշքով», երկուքն ալ հասած են նոյն արդիւնքին, ուր այդ երկու տարբեր ցեղային ճիւղաւորումներու վերջաւորութեան ալ պիտի գտնուէր նոյն Յովսէփը: Իսկ աւելի խայտառակ անհեթեթութիւնը այն է, որ Յովսէփ իբրեւ թէ Յովհաննէս-Յիսուսին հայրը իսկ չէր...:

Համատեսական աւետարանները տուած են նաեւ տասներկու աշակերտներուն անուանացանկը, մինչ ըստ Յովհաննու աւետարանիչը անուանացանկ չի տար: Սակայն իր պատումին ընթացքին անուղղակիօրէն յիշած է միայն կարգ մը աշակերտներուն անունները, որոնց կարգին նաեւ՝ Յուդա կոչեցեալ մը: Ղուկասու հեղինակը յստակօրէն կը հաստատէ անոր տեսակէտը, թէ տասներկուքէն մէկը կը կոչուէր Յուդա եւ եղբայրն էր Յակոբոսի: Իսկ Մարկոսն ու Մատթէոսը Յուդան փոխարինած են մի ոմն Թադէոսով, որովհետեւ Յովհաննէս-Յիսուսի եղբօր՝ Յակաբոսի եղբայր Յուդան, նոյն ինքն Յովհաննէս-Յիսուսի երկուորեակ եղբայրը՝ երկուորեակ Յուդա Թովմասն էր, որու մասին ամենեւին պիտի չուզէին անդրադառնալ կեղծաւոր մեսիականները: Եւ մինչ ըստ Մարկոսի հեղինակը կը վկայէ թէ «*Յիսուս տեսաւ Ղեւի Ալփէոսեանը, որ մաքս ընդունելու տեղը նստեր էր ու ըսաւ անոր, Եկուր ետեւէս*», իր անուանացանկին վրայ Ղեւի գոյութիւն չունի, սակայն կայ Ալփէոսեան Յակոբոս մը: Ուստի Մատթէոսի հեղինակը, որ իր պատմութիւնը գրեթէ բառացիօրէն ընդօրինակած է Մարկոսէն, Ղեւին փոխարինած է Մատթէոսով. «*մարդ մը տեսաւ Մատթէոս անունով, որ մաքս ընդունելու տեղը նստեր էր...*»: Եթէ «սուրբ հոգիէն» ներշնչուելով գրող աւետարանիչները իրենց տասնմէկ գործակիցներուն անուններն իսկ շփոթած են, զէթ չափազանցութիւն պիտի ըլլար «Յովհաննէս-Յիսուսի նախնիներու» ճշգրիտ անուանացանկ մը ակնկալել այդ կեղծաւորներէն:

Աւելի եւս խառնաշփոթ վիճակ մը կը ներկայացնէ աւետարանական Յիսուսի ծննդեան «վրայով եղած պատմութեան ստուգութիւնը», ուր նոյն երկու աւետարանիչները՝ երկու բոլորովին տարբեր ժամանակներու պատկանող, տարբեր հանգամանքներով ու պայմաններով երկու բոլորովին տարբեր հեքիաթներ յօրինած են[114]: Մատթէոսի հեղինակը այս հեքիաթի ամէն մէկ քայլափոխը վերագրած է Յուդայութեան աւետարանի այս կամ այն «մարգարէութեան», որուն գարշահոտ կեղծիքը շուտով պիտի մանրամասն ցուցաբերեմ նոյն այդ գիրքերէն: Հեղինակը շեշտը դնելով «Դաւիթի որդի Յովսէփին» վրայ, որովհետեւ ստիպուած էր սերնդաբանական կապ մը յօրինել Յովհաննէս-Յիսուսի եւ Դաւիթի միջեւ, հրեշտակը ուղղակի Յովսէփին կը ղրկէ ամեն անգամ, որ հրահանգ մը կամ պատուէր մը ունէր փոխանցելիք: Եւ Յովսէփ կը դառնայ հեքիաթին առաջնակարգ հերոսը, ուր Մարիամ հարկադրաբար կը յիշուի, որովհետեւ վերջապէս կին մը պէտք էր, որ յղանար Յովհաննէսով: Իսկ ըստ Ղուկասու հեղինակին, հրեշտակը ուղղակի Մարիամին գացած էր, Յովսէփի կամքէն անկախ զայն սաղմնաւորելու: Ի՞նչ կրնար ըլլալ այդ օրերու հրեայ այր մարդու մը վերաբերմունքը՝ երբ նշանածը յանկարծ յայտարարէր թէ յղացած էր «սուրբ հոգիէն», որու մասին իրենները գաղափար իսկ չունէին...:

Ըստ առաջին հեղինակին, հրեշտակը ըսած էր, թէ ծնանելիք մանուկը «իր ժողովուրդը», այսինքն Իսրայէլի որդիները «*իրենց մեղքերէն պիտի փրկէ*»: Իսկ ըստ երկրորդին՝ «Տէր Աստուած պիտի տար անոր իր հօր Դաւիթի աթոռը, ու Յակոբի տանը վրայ յաւիտեան պիտի թագաւորէր»: Թէ մանուկը որքանո՞վ կրցաւ զինք բացարձակապէս մերժող Իսրայէլի որդիները փրկել՝ յստակ է: Վըստահ գիտենք նաեւ, թէ ան ոչ Դաւիթի աթոռը ստացաւ, ոչ ալ Յակոբի տանը վրայ թագաւորեց. այդ պատճառաւ ալ մեսիականները անոր թագաւորութիւնը փոխադրեցին երկինքի հաստատութեան մէջ...:

Մատթէոսի հեղինակը առանց նախընթացի կ'ըսէ՝ «Յիսուս ծնաւ Հրէաստանի Բեթլէհէմին մէջ». կը նշանակէ՝ թէ Մարիամն ու Յովսէփը, որ կ'ըսուի թէ Բեթլէհէմցի էր, Բեթլէհէմի բնակիչներ էին. Հետեւաբար, հեղինակը ստիպուած էր Հին Կտակարանի կեղծ «մար-

---

[114] Մատթէոսի Ա. 18–25, Բ.1–23: Ղուկասու Ա. 26–38:

գարէութիւններ»ուն յարմարցնելու համար՝ երկար բարակ մանուկներու ջարդի ու Սողոմոն-Յերոբովամ առասպելին օրինակով[115]՝ մանուկը Եգիպտոս փախցնելու անհեթեթ հեքիաթներ յօրինել, որպէսզի կարենայ զայն վերջապէս ենթադրեալ Նազարէթ քաղաքը տեղաւորել: Եւ այս ծիծաղելի յօրինուածքին վաւերականութիւն մը տալու նպատակաւ՝ ամենայն կեղծաւորութեամբ կը ստէ, թէ «եկաւ Նազարէթ ըսուած քաղաքը բնակեցաւ, որպէս զի մարգարէներուն խօսքը կատարուի՝ թէ Նազովրեցի պիտի կոչուի»:

Իսկ այդ խեղկատակ հեքիաթով չհամոզուած Ղուկասու հեղինակը, փորձելով «Բեթղէհէմ ծնած» մանուկին ծնողքը բնիկ Նազարէթցիներ ըլլալու «ճշմարտութիւնը իմացնել», ստիպուած էր անոր ծնունդի նախօրեակին՝ Մարիամը ձեւով մը Բեթղէհէմ հասցնել, որպէսզի «մանուկը ծնի Բեթղէհէմի մէջ»: Հետեւաբար, իր պատմութիւնը տեղադրած է աշխարհագրի օրերուն, երբ Յովսէփ պարզ այն պատճառաւ, որ իր նախնիները Բեթղէհէմցիներ եղած են եւ ուրեմն ինք ալ պէտք է հոն գտնուէր, նախընտրած էր այդքան թանկագին սաղմով յղի կինը, որուն «*ծնանելու օրերը լեցուած էին*», քանի մը օրուայ ոտքով կամ էշով տաժանակիր ճամբորդութեան մը վտանգներուն ենթարկել:

Այդ «*առաջին աշխարհագրի օրերը*», երբ հեղինակը կը վկայէ թէ ծնած էր Յովհաննէս-Յիսուսը, պատմութեան մէջ շատ յստակ արձանագրուած է՝ մ.թ. 6 թուականին: Սակայն անգէտ հեղինակը՝ իր պատմութիւնը սկսած էր «*Հրէաստանի Հերովդէս թագաւորի օրերուն*» (Ղուկասու Ա. 5): Հերովդէս արդէն մեռած էր առաջին աշխարհագրէն տասը տարիներ առաջ՝ մ.թ.ա. 4 թուականին... այսինքն Մարիամի յղութիւնը առնուազն աւելի քան տասը տարի տեւած պիտի ըլլար:

Իսկ Մատթէոսի հեղինակը, «*աշխարհը ժառանգելու*» մեսիական մտապատկերով՝ կը պատմէ թէ արեւելքէն մոգեր եկած էին «*հրեաներուն նորածին թագաւորին երկրպագելու*»... որովհետեւ Իսրայէլի գահաժառանգ մանուկին աստղը տեսած էին: Եհովայի գիտութիւնով լեցուած ու աշխարհի գիտութիւնը արհամարհող

[115] Գ. Թագաւորաց ԺԱ. 40:

տգէտ հեղինակը կը կարծէր՝ թէ աստղերը ո՛րքան ալ երկրին մօտենան նոյն չափը կը մնան, եւ կը վկայէ՝ թէ *«աստղը զոր արեւելքի մէջ տեսեր էին, անոնց առջեւէն գնաց, մինչեւ եկաւ կեցաւ մանուկին եղած տեղին վրայ»*: Ուրեմն Հերովդէս՝ արեւելքէն յատկապէս «Հրէից թագաւորին» ծնկադրելու եկած մոգերը հարցաքննելով՝ *«աստղը երեւնալու ատենը»* ստուգել ետք, մինչեւ երկու տարեկան մանուկները կը ջարդէ: Այսինքն՝ մանուկը մօտաւորապէս երկու տարեկան էր եւ Յովսէփն ու Մարիամը տակաւին Բեթլէհէմի իրենց տան մէջ կ՚ապրէին, որովհետեւ մոգերը *«տունը մտնելով՝ տեսան մանուկը իր մօրը Մարիամի հետ»*:

Եգիպտոս ապաստանած Յովսէփն ու ընտանիքը միայն Հերովդէսի մահէն ետք արտօնութիւն կը ստանան *«Իսրայէլի երկիրը վերադառնալ»*: Յստակ չէ թէ անոնց Եգիպտոս ապաստանելէն քանի՞ տարի ետք մահացած էր Հերովդէս, բայց մանուկը առնուազն երեքէն հինգ տարեկան պէտք է ըլլար: Սակայն Հերովդէս մահացած էր մ.թ.ա. 4 թուականին, ըստ որուն՝ մանուկը ծնած պէտք է ըլլար մ.թ.ա. 9–7 թուականներուն,– Ղուկասու աւետարանի հեղինակին վկայած մանուկի ծնդեան թուականէն 13–15 տարիներու տարբերութեամբ:

Իսկ «կոյսը յղանալու» հարցով՝ մեսիականները շահագործած են կեղծաւոր Եսայի բախտագուշակին վերագրուած ինչ որ «մարգարէութիւն», որ բացի ինքնին խաբեպատիր յօրինուածք մը ըլլալէ, կը վերաբերի այդ ժամանակի առասպելական դէպքի մը, որ իր վախճանին կը յանգի՝ նոյն այդ ժամանակին մէջ: Եւ որքա՛ն ալ փորձենք, ո՛չ մէկ ձեւով կարելի է որեւէ առնչութիւն գտնել այդ դէպքերուն ու Մարիամի կամ քրիստոսական որեւէ հեքիաթի միջեւ.

> **Եսայի Է.** «Յուդայի թագաւոր Աքազի օրերը, Ասորւոց Ռասին թագաւորը ու Իսրայէլի թագաւորը Ռովմելայի որդին Փակէէ Երուսաղէմի վրայ պատերազմելու ելան... [3]Բայց Տէրը Եսայիի ըսաւ... Այս խորհուրդը պիտի չհաստատուի ու չկատարուի: ... [14]Անոր համար ալ Տէրը նշան պիտի տայ ձեզի. Ահա կոյսը պիտի յղանայ ու որդի պիտի ծնանի, եւ անոր անունը Էմանուէլ պիտի կոչէ»:

Եսայի կը յոխորտայ, թէ Եհովան անձամբ իրեն ըսած էր՝ «Ասորւոց եւ Իսրայէլի թագաւորները պիտի չյաջողէին Աքազը ընկճել, ու «մարգարէանալով» կը վկայէ՝ թէ «*կոյսը յղանալու նշանը պիտի փրուի անոնց*»: Յստակ է, թէ խօսքը կը վերաբերի յատկապէս այդ պատերազմի արդիւնքին, եւ ոչ մէկ աղերս ունի Մարիամին հետ: Հակառակ որ Եսայիին վերագրուած եօթանասունէ աւելի էջերու վրայ երկարող գիրքը ոչ մէկ տեղեկութիւն կու տայ այդ պատերազմի արդիւնքին մասին, Բ. Մնացորդացէն ի յայտ կու գայ, թէ Ուղղակի Իսրայէլի տէր Եհովայէն ստացած անոր «մարգարէութիւնը» ի դերեւ ելած, Աքազը չարաչար պարտուած՝ եւ «մեծ հարուածով զարնուած» էր [116]...: Կամ Եսային կը ստէր, կամ անոր «*Այս խորհուրդը պիտի չհաստատուի*» ըսող Եհովան: Այդ խայտառակութենէն ետք, բնական է, որ հեղինակը իր սնոտի «մարգարէութեան» մասին յաւելեալ ո՛չ մէկ տեղեկութիւն տար: Իսկ իր վարկաբեկուած բախտագուշակի արժանապատուութիւնը փրկելու նպատակաւ՝ պիտի փորձէր իր «մարգարէութեան» երկրորդ բաժինը՝ կոյսի մը յղանալը «փաստել», որ աճպարար Եսայիին համար այդքան ալ դժուար գործ մը չէր: Հետեւաբար անմիջապէս յաջորդ գլխուն ներքեւ, նոյն ինքն Եսային կը վկայէ թէ՝

> **Եսայեայ Ը.** [2]ինծի հաւատարիմ վկաներ բռնեցի, Ուրիա քահանան ու Բարաքիայի որդին Զաքարիան: [3]Եւ մերձեցայ մարգարէուհիին, ու անիկա յղացաւ ու որդի ծնաւ, եւ Տէրը ինծի ըսաւ, անոր անունը Մահէր-Շալալ-Հաշ-Պազ դիր:

Ան ոչ թէ անաչառ՝ այլ «*իրեն հաւատարիմ երկու վկաներ կը բռնէ*», որ նաեւ վարձքով բռնելու իմաստը կ'արտայայտէ, եւ կը «*մերձենայ մարգարէուհիին*», որու մասին ոչ մէկ տեղեկութիւն կու տայ, եւ իբրեւ թէ «մարգարէուհին» կը յղանայ եւ որդի մը կը ծնանի: Այդ մարգարէուհի կոչուածը, շատ հաւանաբար Եսայիի պարմանուհի աղախիններէն մէկը ըլլար, որուն հետ պառկելով յղիացուցած էր, որպէս ապացոյց իր յայտարարած՝ «կոյսը յղանալու նշանին»: Բայց զարմանալին այն է, թէ ի՞նչպէս «մարգարէուհիին» յղանալն ու մանուկին ծնունդը տեսած եւ հաստատած էին իր «հաւատարիմ վկաները»: Ժամանակի ու տողերու մխում պիտի ըլլար այս նիւթը աւելի երկարելը, որովհետեւ նպատակը խաբեբայ Եսայիի «մարգա-

---

[116] Երկրորդ Գիրք Մնացորդաց ԻԸ. 5–8:

րէութեան» կամ հեքիաթին յերիւրածոյ ըլլալը փաստել չէ,– այդքանը շատ յստակ է,– այլ ցոյց տալ, թէ այս հեքիաթը ունի իր յստակ շարժառիթը. Յովհաննէս-Յիսուսէն դարեր առաջ, շատ կարճ ժամանակամիջոցի մը մէջ ընթացող դէպքերու զարգացումը եւ վերջապէս վախճանը: «*Կոյսին յղանալու մարգարէութիւնը*» եղած է բացարձակապէս մէ՛կ եւ յստակ նպատակի ու ժամանակի մը համար, եւ նոյն ինքն հեղինակը անձամբ կը հաստատէ, թէ արդէն «կոյսը յղացած», ծնանած ու հարցը փակուած էր: Բայց որովհետեւ այս վիթխարի կեղծիքին շուրջ յօրինուած են «կոյս Մարիամի յղութեան» հեքիաթները, եկեղեցին ամենայն կեղծաւորութեամբ կը շարունակէ աւետարանիչին հրապարակ նետած «կոյսը յղանալու» ձաքռտուքի «էաքանական խսկութիւնը» քրիստոսաքանել... այլապէս «երկրնքի հաստատութիւնը» գլխուն կը փլչի:

Այդպիսով, Յովհաննէս-Յիսուսին ծնունդը գերբնական խորհրդաւորութեամբ մը պճնելէ ետք, նախքան զայն Եգիպտոս ղրկելն ու վերադարձնելը, հեղինակը Հերովդէսի հրամանով մանուկներու սպանդի հեքիաթ մըն ալ յօրինած է, այս անգամ վկայ կանչելով Երեմեա «մարգարէն», որու համաձայն իբրեւ թէ՝ «*Ռամայի մէջ ձայն մը լսուեցաւ, ողբ, լաց ու մեծ կոծ. Ռաքէլ կու լար իր փղոցը համար*» (Երեմեայ ԼԱ. 15): Բայց եթէ Հին Կտակարանի այդ ողբերգութիւնը առնենք իր շրջարկին մէջ, կրկին կը տեսնենք թէ Երեմեայի մը վերագրուած այդ խօսքը պարզապէս կը վերաբերի մ.թ.ա. վեցերորդ դարուն իբրեւ թէ Բաբելոն գերութեան տարուած հրեայ «տղոց»: Իսրայէլի «տղաքը» գերութեան տարուած էին, ուստի բնական էր, որ հրեայ անմխիթար մայրերուն ողբը իր արձագանգը ունենար ազգային այդ դժբախտութիւնը երգող Երեմեայի մը վերագրուած ոտանաւորներուն մէջ, որ կը փորձէր սրտաբեկ մայրերը մխիթարել: Բայց ըստ Մատթէոսի ստախօս հեղինակը՝ առանց խղճելու, այս ողբերգութեան քանի մը տողերը իրենց բնագրի շրջարկէն անջատելով՝ «գերութեան տարուած» տղոց պատմութիւնը կը չարաշահէ որպէս իր յօրինելիք «մանուկներու կոտորածը» գուշակող «մարգարէութիւն»: Այսպիսի զեղծումներով է, որ մեսիականները ոչինչէն կերտած են Քրիստոսի մը ամբողջ կերպարը, վկայելով՝ թէ այդ բոլորը կը կատարուէին, որովհետեւ հրեայ բախտագուշակները այդպէս ըսած էին թէ պիտի ըլլար: Մեսիականները յաճախ տեղի կու տային այնպիսի խայտառակութեանց, որոնց լաւագոյն օրինակներէն մէկը հաւանաբար «իշուն ու աւանակին» դրուագն է, ուր յիմար հեղինակը՝ Զաքարիայի «*Ահա քու թագաւորդ քեզի կու գայ... իշու վրայ հեծած, եւ իշու ձագի, աւանակի վրայ*» (Զաքարեայ Թ. 9) խօսքը բառացիօրէն կը կիրարկէ եւ հետեւեալը կը գրէ: Իբրեւ թէ Յիսուս, որ հալածուած էր հռոմայեցիներուն կողմէ, իր եղբայրները տօնին կը ղրկէ եւ ինք Գալիլեա կը մնայ, որովհետեւ իր «ժամանակը դեռ չէր լրացած»: Սակայն աւետարանական Յիսուսը, որ ստած էր, եղբայրները ճամբու դնելէն ետք՝ «*ինք ալ ելաւ տօնին. ոչ թէ յայտնի՝ հապա գաղտուկ կերպով մը*» (Յովհաննու Է. 8–10): Իսկ զաղտագողի Երուսաղէմ սպրդած Յովհաննէս-Յիսուսը թագաւորավայել փառաւոր շքերթով քաղաք մտցելու համար՝ Մատթէոսի հեղինակը կը կեղծէ՝ թէ Յիսուս

> **Մատթէոսի ԻԱ.** [2]ըսաւ անոնց, գացէք այդ ձեր դիմացի գեղը, եւ շուտ մը պիտի գտնէք կապուած էշ մը ու անոր հետ աւանակ մը. արձակեցէք զանոնք ու ինծի բերէք: ... [7]Ու բերին էշը ու աւանակը, եւ անոնց վրայ իրենց հանդերձները դրին, ու նստաւ անոնց վրայ:

Դժուար է երեւակայել թէ ինչո՞ւ կամ ի՞նչպէս միեւնոյն ժամանակ իշուն եւ աւանակին վրայ նստած կրնար ըլլալ, մանաւանդ որ այդպիսով ո՛չ թէ թագաւորի մը տպաւորութիւնը պիտի ձգէր իրեայ բազմութեան վրայ, այլ ուղղակի ծիծաղի ու հեգնանքի առարկայ պիտի դառնար: Բայց ծիծաղելին այլեւս կ'ըլլայ զզուելի, երբ կը կարդանք Երկուորեակ Յուդայի աւետարանին թիւ 47 ասացուածքը, ըստ որուն՝ «*Յիսուս ըսաւ, անձ մը չի կրնար երկու ձի հեծնել կամ երկու աղեղ ձգել...*»:

Նոյնպէս՝ Ղուկասու աւետարանի հեղինակը կը վկայէ, թէ «հրեշտակը» Զաքարիային ներկայանալով անոր ամուլ կնոջը Յովհաննէսով յղանալու լուրը տալէ ետք, որովհետեւ ըստ «մարգարէին» Եղիան պէտք էր գար նախքան մեսիան, ըսած էր անոր. «*Եւ ինք անոր առջեւէն պիտի գայ Եղիայի հոգիովը ու զօրութիւնովը*»: Այսինքն Եղիա «մարգարէին հոգին» մարմին պիտի ստանար Յովհաննէս մկրտիչով: Հետեւաբար, մեսիական աւետարանիչները մէկէ աւելի առիթներով կը վկայեն, թէ աւետարանական Յիսուսը անձամբ հաստատած էր հրեշտակին խօսքը, թէ Յովհաննէս «մկրտիչը» Եղիան էր[117]: Սակայն ըստ Յովհաննու հեղինակը բացարձակապէս կը մերժէ ընդունիլ այդ յօրինուածքը.

Յովհաննու Ա. [19]Յովհաննէսի վկայութիւնը այս է, երբ հրեաները Երուսաղէմէ քահանաներ ու Ղեւտացիներ ղրկեցին որպէս զի հարցնեն անոր թէ դուն ո՞վ ես: [20]Եւ անիկա խոստովանեցաւ ու չուրացաւ. թէ ես Քրիստոսը չեմ: [21]Ու հարցուցին անոր, հապա ի՞նչ. Եղիա՞ն ես. Պատասխան տուաւ թէ ոչ: ... [33]Եւ ես զանիկա չէի ճանչնար, բայց այն որ զիս ղրկեց ջրով մկրտելու, ինք ըսաւ ինծի, որու վրայ տեսնես հոգին որ...:

Յովհաննէսի՝ Եղիան եւ մանաւանդ քրիստոսը չըլլալու եւ նման բոլոր շլմորիչ վկայութիւնները կը միտին ապստամբ խռովարար Յովհաննէսի տեսարանը աւարտելով՝ տարբեր բնոյթի երկրորդ տեսարան մը բանալ: Հարկ էր Յովհաննէսը անյայտացնել հրապարակէն ու անոր դիակէն արտաթորել մեսիա ըլլալու կոչուած Յիսուս մը, որպէս տարբեր վարդապետութեանց պատկանող երկու տարբեր անձեր. «*օրէնքի ու մարգարէներու*» վայրագութեան դարին պատկանող Յովհաննէս «մկրտիչը» («*Օրէնքը ու մարգարէները մինչեւ Յովհաննէս էին*»), եւ «*Աստուծոյ թագաւորութեան*» մեղկութեան ժամանակներու «քրիստոս Յիսուսը»: Հետեւաբար, մկրտուելով՝ Յովհաննէս-Յիսուսը «*Հոգւով Սրբով պիտի լեցուէր*», եւ երկրորդ տեսարանի անցուղիով մը պիտի երթար Գալիլեա, նոյն իր գործը շարունակելու... բայց այլեւս որպէս քրիստոս Յիսուս:

The Five Gospels աշխատութիւնը կ՚անդրադառնայ պատմական Յիսուսը (Յովհաննէս) քրիստոսէն զանազանելու մասին[118], եւ հակառակ որ Յովհաննէսէն տարբեր անձ մըն է Յիսուս, ըստ աշխա-

---

[117] Մատթէոսի ԺԱ. 13–14, Մատթէոսի ԺԷ.12–13:

[118] "In the course of the modern critical study of the Bible, which was inspired by the Reformation (begun formally, 1517 C.E. but originated with the Enlightenment (about 1690 C.E.), biblical scholars and theologians alike have learned to distinguish the Jesus of history from the Christ of faith. It has been a painful lesson for both the church and scholarship. The distinction between the two figures is the difference between a historical person who lived in a particular time and place and was subject to the limitations of a finite existence, and a figure who has been assigned a mythical role, in which he descends from heaven to rescue human-kind and, of course, eventually returns there... The church appears to smother the historical Jesus by superimposing this heavenly figure on him...." *The Five Gospels, New Translation and Commentary.* Robert W. Funk, Roy W. Hoover, and The Jesus Seminar.

տութեան հեղինակներուն, ոչինչ կը փոխուի անոր սովորական մահկանացու մարդ մը ըլլալու իրականութենէն, որու ուսերուն մեսիականները պիտի բեռցնէին քրիստոսի մը հեղձուցիչ տիպարը, տեղի տալով անհամար սայթաքումներու, հակասութիւններու, եւ այլ ծաքըռտուքներու շղթայի մը:

Այս ծաքռտուքներէն մէկն ալ անոր «*խաչին քով կայնած*» մօրաքրոջ պարազան է, որուն անունը Մարիամ էր. «*Եւ կային առ խաչին Յիսուսի մայրն նորա, եւ քոյր մայր նորա Մարիամ Կղէովպայ, եւ Մարիամ Մագդաղենացի*» (Յովհաննու ԺԹ. 25): Բացարձակապէս ոչ մէկ հաւատացեալի մտքին մէջ կասկածի նշոյլ մը իսկ գոյութիւն ունի, թէ աւետարանական Յիսուսին մօրը անունն ալ Մարիամ էր...: Պիտի չվերադառնամ Մարիամի ամուսիններու եւ որդիներու նիւթին, բայց պէտք է ընդունինք թէ առնուազն անհամերաշխութիւն մը, տարակարծութիւն մը կը պարունակէ վերեւի հաստատումը: Անշուշտ, նման խնդրայարոյց հարցերը հարթելու դարաւոր «հրաշալի» փորձառութիւն ունեցող եկեղեցին, ըստ քրիստոսական աւանդութեան՝ նոր կտակարանի նորագոյն հրատարակութեանց մէջ խնդրոյ առարկայ վկայութիւնն ալ Յովհաննէս-Յիսուսին նման ենթարկած է կերպարանափոխութեան. «*խաչին մօտիկը կեցած էին՝ իր մայրը, մօրաքոյրը, Կղէովպասի կինը՝ Մարիամը, եւ Մարիամ Մագդաղենացին*»: Երկու քոյրեր Մարիամ անուանելու խայտառակութիւնը դիմագրաւելու եկեղեցիին հակազդեցութիւնը, ինչպէս կը տեսնենք, ըստ քրիստոնէական աւանդութեան՝ եղծանումն է. Յովհաննէսին մօրաքոյրը ստորակէտով մը անջատուած է իր Մարիամ անունէն ու ամուսինէն, եւ ներկայացուած է որպէս երկու տարբեր կիներ: Եկեղեցին փորձառաբար գիտէ, թէ ինչպէս բոլոր եղծանումները, այս մէկն ալ աննշմար կ'անցնի միամիտ հաւատացեալներուն նկատողութենէն...: «*Յաւիտենական պատգամը արդի մարդուն մտքին ու սրտին հասցնելու*» առաքելութեան պատրուակով կատարուած նորագոյն եղծանումի փաստերէն մէկն է այս, որ կը ցուցաբերէ Եկեղեցիին գետնաքարշ ստորնութիւնը:

«*Ուղղակի Աստուծմէ ներշնչուած*» աւետարանիչները, բացի զիրար ու իրենք զիրենք հակասելէ, յաճախ աւետարանական Յիսուսին ալ վերագրած են ինքզինք հակասող խօսքեր: Երբ հրեաները անկէ «նշան» մը կը պահանջեն, Մարկոսի հեղինակը կ՚ըսէ. «*Ճշմարիտ կ՚ըսեմ ձեզի, որ այս ազգին նշան պիտի չտրուի* (Մարկոսի Ը. 12)։ Իսկ Յովհաննու հեղինակը զայն հակասելով կը վկայէ, թէ ան «*տաճարը քակել եւ երեք օրուան մէջ վերականգնել*» (Յովհաննու Բ. 19) խոստացած էր որպէս «նշան», զոր Մարկոս ուղղակի «սուտ վկայութիւն» (Մարկոսի ԺԴ. 57–58) կ՚որակէ։ Իսկ Մատթէոսի հեղինակը կը վկայէ, թէ Յովնանի նման՝ «*երկրի սրտին մէջ երեք օր ու երեք գիշեր*» ըլլալու «նշանը» պիտի տար, որ անշուշտ կ՚ակնարկէ անոր դիակը երեք օր ու երեք գիշեր թաղուած մնալուն մասին։ Բոլոր աւետարաններն ալ կը վկայեն թէ ան մեռած էր ուրբաթ՝ իրիկուան ժամը իննին, եւ թաղումը եղած էր գիշերուայ շատ ուշ ժամերուն, աւելի ճիշտ՝ երբ «*շաբաթը պիտի սկսէր* (Յուն. Լուսնար), եւ ինչպէս գիտենք բոլոր աւետարանները նոյնպէս կը վկայեն, թէ *մէկշաբթի օրը* (կիրակի) *տակաւին չլուսցած*՝ արդէն գերեզմանը դատարկ գտնուած էր։ Այսինքն ո՛չ թէ «*երեք օր ու երեք գիշեր*», այլ առաւելագոյնը մէկ օր...։ Նոյնիսկ «քրիստոսաբանական» տարրական հարցերու շուրջ հակասութիւնները ապշեցուցիչ են.

Յովհաննու Գ. [17]Աստուած իր որդին չղրկեց աշխարհ, որպէս զի աշխարհը դատէ, հապա՝ որ աշխարհ անով փրկուի։

Յովհաննու Ե. [22]Քանզի հայրը մէկը չի դատեր, հապա ամեն դատաստանը որդւոյն տուաւ։

Յովհաննու Թ. [39]Եւ Յիսուս ըսաւ, ես դատաստանի համար եկայ այս աշխարհ...։

Յովհաննու ԺԲ. [47]Եւ եթէ մէկը իմ խօսքերս լսէ ու չհաւատայ, ես զանիկա չեմ դատեր, քանզի ես չեկայ որ աշխարհը դատեմ, հապա որպէս զի աշխարհը փրկեմ։ [48]Ան որ զիս կ՚անարգէ եւ իմ խօսքերս չ՚ընդունիր, կայ մէկը որ զանիկա կը դատէ...։

Աւետարանիչներու կամայականութեան ենթակայ, խեղճը այլեւս վստահ չէր փրկէ՞ր՝ թէ դատէր...։ Եթէ ուշադրութեամբ հետեւինք այս հակասական վկայութեանց, յստակ կը տեսնենք, որ հեղինակը կը միտի սարսափի անուղղակի պատգամ մը յօրինել. հակառակ որ «*հայրը ամեն դարպասպանը յանձնած էր որդւոյն*», նոյնիսկ եթէ ան որոշէր «*զինք անարգողներն ու խօսքերը չընդունողները*» չդատել, անխուսափելիօրէն «*կայ մէկը որ զանիկա կը դատէ*», այսինքն Եհովայի դատաստանէն փախուստ չկար...:

Իսկ «յարութեան» առեղծուածը[119] ուղղակի փլատակ բաւիղ մըն է: Բացի «դատարկ գերեզմանի» մը տարաձայնութեննէն եւ անշուշտ աշակերտներուն չհաւատալու հարցէն, աւետարանները ոչինչով կը համակերպին: Մարկոսի աւետարանը կը վկայէ թէ առտուանց շատ կանուխ՝ երեք կիներ գերեզման կը հասնին «*որպէս զի օծեն զանիկա*», քարը գլորած կը գտնեն, եւ «*ճերմակ պարեգօտ հագած երիտասարդ մը*» կ՚ըսէ՝ «*Յիսուս յարութիւն առաւ*», եւ անոնց կը պատուիրէ, որ երթան աշակերտներուն ըսեն, թէ ան Գալիլեա պիտի երթար զիրենք տեսնելու: Բայց կիները «*դողով ու ապշութեամբ բռնուած՝ ելան ու փախան գերեզմանէն, եւ մարդու բան չըսին*»: Իսկ ըստ Յովհաննու աւետարանին «*Յիսուս մէկշաբթի առտուանց յարութիւն առած՝ առաջ Մարիամ Մագդաղենացիին երեւցաւ, անիկա գնաց անոնց պատմեց, իսկ անոնք չհաւատացին. ետքը ուրիշ կերպարանքով երեւցաւ անոնցմէ երկուքին, եւ անոնք գացին ուրիշներուն պատմեցին, ու անոնց ալ չհաւատացին*»: Ուրեմն երբ աշակերտները Գալիլեա չեն երթար, ան ստիպուած՝ «*տասնըմէկին երեւցաւ երբ սեղան նստած էին*», ու իրենց թերահաւատութեանը համար յանդիմանեց զանոնք:

Մատթէոսի աւետարանն ալ կը վկայէ, թէ միայն երկու Մարիամները, ոչ թէ զայն օծելու՝ այլ գերեզմանը տեսնելու գացած էին, եւ միայն անոնց հասնելէն ետք է, որ այս անգամ «*մեծ երկրաշարժ մը եղաւ, վասն զի Տէրոջը հրեշտակը երկինքէն իջնելով, գնաց դռնէն մէկդի գլորեց քարը*»: Ուրեմն Մարկոսին նկարագրած երիտասարդը՝ այստեղ վերածուած է հրեշտակի, որ կիները կը հրաւիրէ մտնելու գերեզման եւ անձամբ տեսնելու թէ Յիսուսը «*յարութիւն առած էր*» (կարծես դատարկ գերեզմանը յարութեան անառարկելի փաստ մը ըլլար): Ուստի կիները «*ելան վախով ու մեծ ուրախութիւնով, եւ կը վազէին աշակերտներուն պատմել, եւ ահա Յիսուս*

---

119 Մատթէոսի ԻԸ. 1–20, Մարկոսի ԺԶ. 1.20, Ղուկասու ԻԴ. 1–53, Յովհաննու Ի. 1–25:

անոնց դէմը ելաւ ու ըսաւ, ողջոյն ձեզ, եւ անոնք մօտենալով անոր ոտքերը բռնեցին, ու երկրպագութիւն ըրին...»:

Իսկ ըստ Ղուկասու աւետարանին, երկու Մարիամներուն հետ «*ուրիշ կիներ ալ կային*», ու երբ գերեզման կը հասնին, քարը գլորուած՝ բայց ո՛չ հրեշտակ ո՛չ ալ երիտասարդ կը տեսնեն, եւ երբ գերեզման կը մտնեն ու «*Յիսուսին մարմինը չեն գտներ*»՝ կը տարակուսին, բայց այս անգամ «*երկու մարդիկ լուսափայլ հանդերձներով կը հասնին անոնց*» ու յարութեան լուրը կու տան, բայց Գալիլեա երթալու մասին տեղեկութիւն չկայ: Կիները «*գերեզմանէն դառնալով՝ այս ամէն բաները պատմեցին տասնըմէկին ու բոլոր ուրիշներուն*», որոնք անշուշտ չեն հաւատար, եւ Պետրոս կ'երթայ անձամբ ստուգելու, «*եւ տեսաւ որ միայն կտաւները կային*»: Իսկ «*անոնցմէ երկուքին երեւնալու*» ակնարկը hոս վերածուած է երեք արարնոց զաւեշտի. այս անգամ անոնց «*աչքերը բռնուած*» ըլլալուն պատճառաւ է, որ չէին ճանչցած զայն, սակայն ընթրիքի ընթացքին անոնց աչքերը կը բացուին, կը ճանչնան «*եւ ինք անոնցմէ աներեւոյթ եղաւ*»: Եւ հազիւ աշակերտներուն կը պատմէին պատահածը՝ «*Յիսուս ինք կայնեցաւ անոնց մէջտեղ*», բայց «*անոնք կը կարծէին թէ ոգի մը կը տեսնեն*»: Ուստի Յիսուս կ'ըսէ անոնց «*շօշափեցէք զիս ու տեսէք, վասն զի ոգին մարմին եւ ոսկորներ չունենար*»: Կտոր մըն ալ «*ձուկ ու մեղրախորիսխ*» ուտելէ ետք, կը պատուիրէ իր անունով «*ապաշխարութիւն ու մեղքերու թողութիւն քարոզել բոլոր ազգերու մէջ՝ Երուսաղէմէ սկսած, եւ հոն սպասել մինչեւ որ վերէն զօրութիւն ստանան*»: Ապա երկինք կը բարձրանայ նոյն այդ միս ու ոսկոր մարմինով, ինչպէս Հայաստանեայց կեղծաւոր եկեղեցին տակաւին եւս կը պնդէ «*թէ մեր Տէրը, Քրիստոս Յիսուս, նոյն մարմինով երկինք համբարձաւ եւ հօրը աջ կողմը նստաւ*»: Մինչդեռ քրիստոնէութեան արարիչ Պօղոսը կը պնդէ՝ թէ «*մարմին ու արիւն Աստուծոյ թագաւորութիւնը չեն կրնար ժառանգել. ոչ ալ ապականութիւնը կը ժառանգէ անապականութիւն*» (Ա. Կորնթացիս ԺԵ. 50):

Ինչպէս աւելի վերը տեսանք, ըստ Յովհաննու աւետարանը կ'եզրափակուէր առաւելագոյնը Յովհաննէսի թաղումով, սակայն ապագային անոր կցուած են յաւելեալ երկու գլուխներ, ուր կը պատմուի, թէ առաւօտուն «չլուսցած», Մարիամ Մագդաղենացին առանձին «*գերեզման կու գայ, ու կը տեսնէ որ քարը գերեզմանին դռնէն վերցուած է*»: Բայց ո՛չ պատգամաբերի կը հանդիպի, ո՛չ ալ ներս կը մտնէ ստուգելու, այլ՝ «*կը վազէ կու գայ Սիմոն Պետրոսի եւ միւս աշակերտին զոր Յիսուս կը սիրէր, եւ կ՛ըսէ անոնց, Տէրը գերեզմանէն վերցուցին*» (Յովհաննու Ի. 2):

Հաւանաբար միամիտ հաւատացեալներու ականջին՝ «*Տէրը գերեզմանէն վերցուցին*» վկայութիւնը անմեղ՝ բայց իսկութեան մէջ շատ արտառոց ու թաքնամիտ կը հնչէ. ընդհանրապէս փնտռուածը իր ակնկալուած տեղը չգտնողին բնական արտայայտութիւնը կ՛ըլլայ «չկայ, չգտայ, հոն չէ եւ այլն»...: Մարիամ գերեզման մտնելով ստուգելու պէտք չունէր. ան տեղեակ էր եղելութենէն, եւ ինքնավստահ կ՛ըսէ՝ «*Տէրը գերեզմանէն վերցուցին*»: Արդ, գերեզմանը հետախուզելու գործով, այս անգամ Պետրոս առանձին չէ, անոր կ՛ընկերանայ «*այն աշակերտը զոր Յիսուս կը սիրէր*» եւ երկուքով կ՛երթան ստուգելու եղելութիւնը: Բայց երիտասարդ կամ հրեշտակ չեն տեսներ: Միայն երկուքին մեկնելէն ետք՝ «*Մարիամ ետին դարձաւ եւ տեսաւ Յիսուսը որ կայներ էր. ու չէր գիտեր թէ Յիսուսն է*»: Եւ երբ Յիսուս զայն իր անունով՝ Մարիամ կը կոչէ՝ «*ան ալ դարձաւ ու անոր ըսաւ, Ռաբբունի...: Յիսուս ըսաւ անոր, ինծի մի դպչիր, վասն զի դեռ հօրս քով ելած չեմ*», մինչդեռ Մատթէոսի աւետարանը կ՛ըսէր, թէ երկու Մարիամները «*անոր ոտքերը բռնեցին ու եր-կըրպագութիւն ըրին*»: Եւ երեւի թէ աշակերտները այցելելու ժամանակ չունենալով՝ Մարիամին հետ պատգամ կը ղրկէ՝ «*ըսէ   անոնց, ես կ՛ելլեմ հօրս քով ու ձեր հօրը քով...*»:

Բնականաբար Մարիամ պատգամը տեղ կը հասցնէ...: Յիսուս հրաժեշտ առած, պատգամն ալ ուղարկած՝ այլեւս վստահ էինք թէ վերջակէտ մը պիտի դնէր հեղինակը: Սակայն ոչ, որովհետեւ՝ «յարութիւն առնելը» ապացուցանող միա՛կ փաստը անոր «յայտնութիւնն» էր: Իսկ մեսիականներուն պէտք էր, ո՛չ թէ իգական սեռի մը պատկանողի վկայութիւնը, այլ առաջին՝ աշակերտներուն նման «վաւերականութիւն ներշնչող յայտնութեան վկաներ»: Երկրորդ՝ այդ աշակերտներուն պէտք էր նաեւ «առաքելութիւն» մը պատգամել: Եւ երրորդ՝ անոր վերագրել «*Երանի՜ անոնց որ տեսած չեն ու կը հաւատան*» խօսքը:

Նոյն օրը, որ ան Մարիամին արգիլած էր իրեն դպչիլ, որովհետեւ տակաւին «հօրը քով ելած չէր», հեղինակը զայն բերած եւ «*անոնց մէջտեղը կայնեցուցած*» էր, որպէսզի մատերնին կողը խոթէին: Բարեբախտաբար Թովմասը բացակայ էր, այլապէս ան պատճառ պիտի չունենար «ութ օրէն ետք» վերադառնալով զայն յանդիմանելու՝ իր թերահաւատութեանը համար եւ ըսէր, «*Երանի՜ անոնց որ տեսած չեն ու կը հաւատան*», եւ անոնց «հոգի սուրբը տալով»՝ տեղի տար քրիստոսաբանական հիմնական սայթաքումի մըն ալ, որովհետեւ միայն «*քրիստոսի բարձրանալէն ետք՝ վերէն պիտի ստանային այդ զօրութիւնը*»[120]: Արդէն այս յաւելուածի հեղինակները՝ Յովհաննու աւետարանի ենթադրեալ հեղինակին մասին երրորդ դէմքով խօսելէ ետք, իրենց կեղծիքը բացայայտելով կ'աւելցնեն. «*Ասիկա այն աշակերտն է՝ որ կը վկայէ այս բաներուն համար, որ գրեց ալ այս բաները. ու գիտենք որ անոր վկայութիւնը ճըշմարիտ է*»... ո՞վ եւ որո՞ւ «*վկայութիւնը ճշմարիտ*» ըլլալու մասին կը վկայէր...:

Բոլոր կանոնական աւետարաններն ալ կը վկայեն, թէ ո՛չ ոք տեսած է անոր «մեռելներէն յարութիւն առնելը»: Ով որ էր այդ «*երիտասարդը*» կամ «*Տէրոջը հրեշտակը*» կոչուած անծանօթ անձը, որուն անձին ու դիտաւորութեան մասին ոչինչ գիտենք, կիներուն դատարկ գերեզման մը ցոյց տալով՝ «*Յիսուսը յարութիւն առաւ*» ըսած էր: Կիներն ալ այդ անծանօթին խօսքը փոխանցած էին իրենք զիրենք «*Քրիստոսի վկայ*» կոչող աշակերտներուն, որոնք իրենց կարգին կը «վկայե՛ն», թէ այլեւս անճանաչելի՝ *տարբեր կերպարանքով*[121] յարութիւն առած ու յայտնուած էր իրենց,– եւ միայն իրենց՝ «ընտրեալներուն»: Այս անապացոյց «մեռելներու յարութեան» տարածայն հեքիաթին որպէս փաստ՝ անոնք պիտի յօրինէին կարգ մը աւելի եւս տարակուսական ու հակասական «մեկնաբանութիւններ».

Ղուկասու Ի. [37]Բայց մեռելներուն յարութիւն առնելը Մովսէս ալ իմացուց մորենիին պատմութեանը մէջ, երբ կը կոչէ Տէրը՝ Աբրահամի, Իսահակի եւ Յակոբի Աստուածը: [38]Ու Աստուած մեռելներուն աստուածը չէ, հապա կենդանիներուն, վասն զի ամենը անոր կենդանի են:

---

[120] Ղուկասու ԻԴ. 49, Գործք Առաքելոց Ա. 5–9:

[121] Յովհաննէս-Յիսուս կերպարանափոխութիւն:

Հեղինակը կը փորձէ հաւատացնել, թէ Մովսէս՝ Իսրայէլի Տէր Եհովան իրեայ նախահայրերուն աստուածը կոչելով՝ մեռելներու յարութեան գաղափարն է, որ կ'արծարծէր, եւ որպէս երաշխիք՝ կ'աւելցնէ, «*վասն զի ամէնը անոր կենդանի են*»։ Եթէ Եհովան իրեայ նախահայրերուն աստուածը կոչելը կը նշանակէ թէ անոնք մեռելներէն յարութիւն առած էին, ապա ուրեմն բոլոր Յուդայա-քրիստոնէութիւն դաւանողները, որոնց նաեւ աստուածն է ան, նոյնպէս յարութիւն առած պիտի ըլլան։ Իսկ այդ առասպելական իրեայ նախահայրերը ո՛չ թէ Եհովային, այլ իրենց՝ ցեղամոլ իրեայ աւետարանիչներուն համար է, որ «կենդանի էին». որովհետեւ Տէրը անոնց «*աստուածը*» կոչելով՝ Հին Կտակարանը պարզապէս Եհովայի ազգային պատկանելիութիւնն է, որ կը շեշտէր։ Այդպիսի կեղծ հետեւութիւն մը ընելով՝ աւետարանական Յիսուսը ինքզինքը չարաչար կը հակասէր.

Յովհաննու Զ. [47]...ան որ ինծի կը հաւատայ, յաւիտենական կեանք ունի։ [48]Ես եմ կենաց հացը։ [49]Ձեր հայրերը անապատին մէջ մանանան կերան ու մեռան։ [50]Այս է հացը որ երկինքէն կ'իջնէ, որպէս զի եթէ մէկը ասկէ ուտէ, չմեռնի։ [51]Ես եմ կենդանի հացը որ երկինքէն իջայ. [52]եթէ մէկը այս հացէն ուտէ, յաւիտեան պիտի ապրի...

Յովհաննու ԺԱ. [25]Յիսուս ըսաւ անոր, ես եմ յարութիւնը ու կեանքը. Ան որ ինծի կը հաւատա, թէեւ մեռնի՝ պիտի ապրի. [26]Եւ ան ամէնը որ կենդանի է ու ինծի կը հաւատայ, յաւիտեան պիտի չմեռնի։

Եթէ «ան որ իրեն կը հաւատայ, յաւիտեան պիտի չմեռնի», ինչ՞ ըսել է՝ «թէեւ մեռնի»։ Եթէ մեռնելու ջնջին հաւանականութիւն մը իսկ կայ, այլեւս «յաւիտեան պիտի չմեռնի» խօսքը ուղղակի ստութիւն կը դառնայ։ Վստահաբար հեղինակը ստիպուած էր մեռնելու հաւանականութեան դուռ մը բաց ձգել, որովհետեւ երբ այդ գիրքը կը գրուէր, բոլոր անոնք՝ որոնց իբրեւ թէ խոստացած էր «մինչեւ իր վերադարձը ողջ մնալ»՝ արդէն վաղուց մեռած էին։ Նոյնպէս իրեայ նախահայրերը, որոնք իբրեւ թէ «ամէնը անոր կենդանի են», Եհովայի մանանան ուտելով հանդերձ «բոլորն ալ մեռած» կը յայտարարէ, որ չի վերաբերիր մարմնայինին, որովհետեւ իր «հացէն» բոլոր ուտողներն ալ բնականաբար մարմնովին պիտի մեռնէին։

Ուրեմն հոս՝ «մեռան» բառը վերջակէտ կը նշանակէ, այսինքն անոնք անվերադարձ՝ առանց «յարութեան» յոյսի «մեռան», որոնց ամենքը *«գող ու աւազակ էին...»* (Յովհաննու Ժ. 8) կ'ըսէ ան: Երեւի Յովհաննու աւետարանի հեղինակը լաւ չէր ըմբռնած, այդ ուղղութեամբ Պօղոս «առաքեալի» յօրինուածքը.

Ա. Կորնթացիս Ժ. Չեմ ուզեր որ չգիտցող ըլլաք, որ մեր հայրերը ամենն ալ ամպին տակ էին, ու ամենն ալ ծովէն անցան, [2]եւ ամենն ալ Մովսէսով մկրտուեցան ամպին ու ծովին մէջ, [3]եւ ամենն ալ նոյն հոգեւոր կերակուրը կերան, [4]ու ամենն ալ նոյն հոգեւոր խմելիքը խմեցին, վասն զի կը խմէին այն հոգեւոր վէմէն որ անոնց հետ կ'երթար. ու այն վէմը Քրիստոս էր: [5]Բայց ոչ թէ անոնցմէ շատերուն հաւնեցաւ Աստուած, վասն զի անապատին մէջ փռուած ինկան:

Նախ՝ չենք կրնար հոս չմատնանշել, թէ այս նամակը ուղղուած էր Կորնթացւոց, որոնք ծունդով հրեաներ չէին, սակայն Պօղոս իր հրեայ նախահայրերը՝ որպէս պարտադրուած օրէնք՝ կը կոչէ նաեւ քրիստոնեաներուս հայրերը: Եւ եթէ ան ճիշտ էր քրիստոսի մասին, առնուազն Քրիստոս կոչուած Յիսուսը ինք պիտի գիտնար՝ թէ ինքն էր անապատին մէջ հրեայ բազմութեանց հետեւող «հոգեւոր վէմը», եւ անոնք իրմէ կ'ուտէին ու կը խմէին: Հետեւաբար, անոնց ամենը մեռած յայտարարելով՝ պիտի հակադրուէր իր նախորդ յայտարարութեան, թէ ինքն էր *«այն հացը որ երկինքէն կ'իջնէ, որպէս զի եթէ մէկը ասկէ ուտէ, չմեռնի»*: Ան չէր ըսած՝ ոմանք, այլ ամենքն ալ անխտիր «կերած ու մեռած էին»: Հետեւաբար՝ կամ հեղինակները, կամ ալ աւետարանական Յիսուսն էր, որ կը ստէր, թէ իր հացը ուտողը «յաւիտեան պիտի չմեռնի»: Բայց ինք եւս պիտի մեռնէր...: Այս ու նման յիմարութիւններով յօրինած իր «մեռնող յառնող Քրիստոսի» մը մեղկացնող եւ հարստահարիչ աւետարանը, միայն աւելի եւս խոշոր յիմարութիւններով կարող էր «փաստարկել» Պօղոս.

Ա. Կորնթացիս ԺԵ. [3]...Քրիստոս մեր մեղքերուն համար մեռաւ, գիրքերուն ըսածին համեմատ, [4]եւ թաղուեցաւ ու յարութիւն առաւ երրորդ օրը, գիրքերուն ըսածին համեմատ: ... [12]Ուրեմն եթէ Քրիստոս կը քարոզուի, որ մեռելներէն յարութիւն առած է, ինչպէս ձեզմէ մէկ քանիները կ'ըսեն թէ մեռելներուն յարութիւն չկայ: [13]Եթէ մեռելներուն յարութիւն չկայ, ուրեմն Քրիստոս ալ յարութիւն առած

> չէ: [14]Եւ եթէ Քրիստոս ալ յարութիւն առած չէ, ուրեմն մեր քարոզու-
> թիւնը պարապ է, ու ձեր հաւատքն ալ պարապ է. [15]եւ մենք ալ Ա-
> տուծոյ սուտ վկաները գտնուած կ՚ըլլանք. որովհետեւ Աստուծոյ հա-
> մար վկայութիւն տուինք, թէ ինք մեռելներէն յարուց Քրիստոսը. որ
> իրաւ չյարուց զանիկա եթէ մեռելները յարութիւն չեն առներ: [16]Քան-
> զի եթէ մեռելները յարութիւն չեն առներ, Քրիստոս ալ յարութիւն
> առած չէ. [17]եւ եթէ Քրիստոս ալ յարութիւն առած չէ, ձեր հաւատքը
> պարապ է, ու տակաւին ձեր մեղքերուն մէջ էք. [18]նոյնպէս Քրիստո-
> սով ննջողներն ալ կորսուած են: [19]Եթէ միայն այս կեանքին համար
> Քրիստոսին յուսացած ենք, մենք բոլոր մարդոցմէն աւելի խղճալի
> ենք: [20]Բայց հիմա Քրիստոս մեռելներէն յարութիւն առած է, նըն-
> ջեցեալներուն առաջին պտուղը: [21]Քանզի որովհետեւ մարդով եղաւ
> մահը, մարդով ալ մեռելներու յարութիւնը: [22]Վասն զի ինչպէս
> Ադամով ամենը կը մեռնին, նոյնպէս ալ Քրիստոսով ամենը կեն-
> դանի պիտի ըլլան. ...[29]Ապա թէ ոչ ի՞նչ պիտի ընեն անոնք որ մեռել-
> ներուն համար կը մկրտուին, եթէ մեռելները բնաւ յարութիւն չառ-
> նեն. Ինչո՞ւ ուրեմն անոնց համար կը մկրտուին ...եթէ մեռելները յա-
> րութիւն չառնեն. Ուտենք ու խմենք, վասն զի վաղը կը մեռնինք:

Ուրեմն, հրեայ ղեկավարութիւնը խռովարար Յովհաննէս-Յիսուսը զոհած էր հրեայ ազգի փրկութեան սիրոյն, սակայն Պօղոսի նոր ուխտի տեսանկիւնէն, ինչպէս տեսանք՝ «անոր մահը առաջին ուխտին ժամանակ գործուած յանցանքներուն քաւութեան համար եղած էր», որպէսզի «Իսրայէլի տան հետ Եհովային ըրած Նոր Ուխտը վաւերականութիւն ունենար, քանզի, ըստ Յուդայութեան օրէնքին, ուր կտակ մը ըլլայ, հարկ է, որ կտակը ընողին մահը մէջ մըտնէ»: Սակայն ահաւասիկ նոյն Պօղոսը, քրիստոսաբանական այդ ամբողջ ձաքոտուքները ուրանալով ու ինքզինքն ալ չարաչար հակասելով կը պնդէ, թէ հրեաները զայն սպաննած էին «*մեր մեղքերուն համար, գիրքերուն ըստծին համեմատ*»: Այսինքն՝ Յուդայութեան գիրքերը, այդ խռովարար հրեային զոհաբերութենէն դարեր առաջ իսկ, մեզ՝ ոչ հրեաներս, որպէս ի ծնէ մեղաւորներ՝ յանցաւոր նկատած էին անոր դէմ նոյնինք հրեաներուն կողմէ գործուած ոճիրին համար, որովհետեւ «*մեր մեղքերուն*» համար պիտի մեռնէր ան: Մինչդեռ մենք՝ ո՛չ կը յուսայինք, ո՛չ իսկ տեղեակ կրնայինք ըլլալ այդպիսի յերիւրածոյ կերպարի մը գոյութենէն...: Յովհաննէս-Յիսուսը Իսրայէլի փրկութեան զոհարանին զոհաբերող հրեայ ղեկավարութիւնը որոշած է միանգամայն այդ խռովարարին արիւնով մեզ ալ ծախու առնել: Հետեւաբար՝ կ՚ըսէ Պօղոս, Եհովային կը պատկանին մեր անձն ու կեանքը, այլեւս *«մեր անձին տէրը չենք. քանզի գնով ծախու առնուեցանք»* (Ա. Կորնթացիս Զ. 19–20):

Այդ քրիստոսեան առեւտրական որոշումներն ու գործընթացը եղած են միակողմանի, մեր կատարեալ անգիտութեամբ. ո՞վ անոնցմէ խնդրած էր խռովարար հրեայի մը «արիւնով ծախու առնել մեր անձը», ո՞վ մեր անունովը ստորագրած է այդպիսի դաշինք կամ համաձայնագիր, որուն պարտաւոր են հնազանդիլ նոյնիսկ սերունդները յաւիտեանս յաւիտենից...: Գիրքերը պատճառաբանելով՝ «երկիրը ժառանգելէ» ետք կարգը հասած էր մտքերն ալ «նուաճելուն»: Նոյնիսկ եթէ այդպիսի գիրքեր գոյութիւն ունենային, ի՞նչ տրամաբանութեամբ է, որ կը յաւակնէին նման ցեղամոլ աշխարհատիրական դաւադրութիւն մը պարտադրել համայն մարդկութեան: Նախ մեռնիլը եզրափակիչ հաստատում մըն է, որ կը նաշանակէ կեանքի վախճան՝ վերջ: Հետեւաբար, եթէ անոնք կը հաւատան, որ այդ խռովարար հրեան յաջորդ օրը «յարութիւն առած» է, ուրեմն չէ մեռած, եւ եղածը նենգ դաւադրութիւն մըն է:

Արդարեւ, այս պարբերութեան 11-րդ համարէն մինչեւ 19-րդը, Պօղոս իրականութիւնը կը խոստովանի, ուր կ՚ըսէ *«եթէ մեռելներու յարութիւն չկայ, ուրեմն Յիսուս ալ յարութիւն առած չէ, հետեւաբար մեր քարոզութիւնն ու հաւատքը պարապ է, մենք Աստուծոյ սուտ վկաներ ենք եւ բոլոր մարդոցմէն աւելի խղճալի»*: Հարիւր տոկոսով համաձայն եմ Պօղոսին. այս տողերը իր մրոտած հարիւրաւոր էջերուն հաւանաբար միակ ճշգրիտ հաստատումը կը հանդիսանան: «*Բայց*», կ՚աւելցնէ ան, «*հիմա Քրիստոս մեռելներէն յարութիւն առած է*». այսինքն իր քարոզած յարութեան յերիւրածոյ գաղափարը, այդ անգոյ թելը, որմէ կախեալ է ամբողջ քրիստոնէութիւնը, կը պարտադրէր որպէս նախապայման, որուն ստիպուած ենք կուրօրէն հաւատալ, պատճառաբանելով՝ թէ *«ի՞նչ պիտի ընեն անոնք որ մեռելներուն համար կը մկրտուին, եթէ մեռելները բնաւ յարութիւն չառնեն»*...: Ա՛յս է «մեռելներու յարութեան» վարկածի քրիստոսաբանական փաստարկումը, թէ այլապէս *«ի՞նչ պիտի ընեն, ի՞նչ յոյս ունին մեռելներուն համար մկրտուող»* դաւանափոխ անմիտները...:

Եթէ նորածին երեխան ակամայ իրեայ մկրտող այդ հպատակները, առասպելական իրեայ նախահայրերուն «համար» իրեայ մկըրտուելով կը յուսան «մեռելներէն յարութիւն առնել», բացարձակապէս ոչ մէկ յոյս ունին...: Ո՛րքան յիմար պէտք է ըլլալ, որ «մեռելներուն համար մկրտուելով» մէկը յուսայ «մեռելներէն յարութիւն առնել»: Իսկ որպէս եզրակացութիւն՝ Պօղոս կ'աւելցնէ. «*եթէ մեռելները յարութիւն չառնեն, ուտենք ու խմենք, վասն զի վաղը կը մեռնինք*», միամիտները համոզելու, թէ կեանքը կ'իմաստաւորուի ո՛չ թէ ինքնագիտակցման ազատ արտայայտութեամբ, այլ միայն «մեռելներու յարութեան» հաւատալով, առանց որուն իբրեւ թէ կեանքը կը դառնայ անքան՝ «ուտելով ու խմելով մահուան սպասումի»: Սակայն այդ անգէտներուն այս կամ այն պատճառով իրեայ մկրտուիլը ի՞նչ «հոգեւոր իմաստութեամբ» կրնայ ապացուցանել «մեռելներու յարութիւն» յօրինուածքը, որ ըստ հեղինակին իսկ՝ լոկ ենթադրութիւն մըն է. «*եթէ բնա՛ւ յարութիւն չառնեն*» խօսքը, լաւագոյն պարագային, ենթադրութեան սահմանը չ'անցնիր:

Հետեւաբար այլ հնարքի փնտռտուքով՝ Պօղոս պիտի երթար մինչեւ Ադամ, ուրկէ իբրեւ թէ մահը սկիզբ առած էր, «*որովհետեւ մարդով եղաւ մահը, մարդով ալ մեռելներու յարութիւնը*»: Այդպիսով՝ նախ եւ առաջ ան կը հաստատէր Քրիստոս կոչուած Յիսուսի մահկանացու մարդ էակ մը ըլլալը, որուն անշուշտ համաձայն չէ Յուդայէն աւելի յուդայական եկեղեցին: Պօղոս կ'ըսէ. «*ինչպէս Ադամով ամէնը կը մեռնին, նոյնպէս ալ Քրիստոսով ամէնը կենդանի պիտի ըլլան*», անշուշտ ըստ իր քարոզած կեղծուպատիր «աւետարանին»: Մեսիականներուն համար, ծնունդով մեղաւոր օտարներս հարկ է, որ մեռնինք (մկրտուինք) եւ քրիստոսով վերածնինք որպէս իրեայ, «*որ Աստուած մեզ արժանի ընէ մեր կոչումին*» (Թեսաղոնիկեցիս Ա. 11), որն է՝ «*Հրէութեան մէջ պատուաստուիլ*» (Հռովմայեցիս ԺԱ. 17), «ըլլալ Իսրայէլի քաղաքակից». այդ էր օտարներուս միակ «յոյսը»:

Սակայն Ադամ երբե՛ք «անմահ» էակ մը չէ եղած, որպէսզի մեղանչելու պարագային այդ յատկութենէն զրկուելով՝ մահը ժառանգ ձգէր նաեւ հետագայ իրեայ սերունդներուն: Այն ծառը որմէ կերած էր[122] ոչ մէկ աղերս ունէր ստախօս Պօղոսի արծարծած «մահ ու կե-

[122] Ծննդոց Գ. 6:

նաց» յօրինուածքին հետ. աշխարհի առաջին ստախօսը՝ Եհովա Սաբաւովթ, պարզապէս խաբած էր Ադամը, որ գիտութեան ծառի պտուղէն չուտէ: Կ՚ըսուի թէ գոյութիւն ունեցած է նաեւ «կենաց ծառ» մը, որմէ չէ կերած Ադամը, բայց ուտողը ո՛չ թէ մեռնելէն ետք յարութիւն կ՚առնէ, այլ Եհովային նման «յաւիտեան կ՚ապրի», այսինքն երբեք չի մեռնիր: Եւ եթէ Քրիստոս կոչուած Յիսուս այդ «կենաց ծառը կամ հացն» էր, ապա ուրեմն անկարելի է, որ «մեռած» ըլլար. եթէ «իրմէ ուտողը յաւիտեան պիտի ապրէր», հապա ինք ինչպէ՞ս կրնար մեռնիլ:

«Յաւիտենական կեանք» կը նշանակէ անմահութիւն՝ յաւիտեան ապրիլ, երբե՛ք չմեռնիլ: Եհովան վախնալով, որ Ադամը կենաց ծառէն ալ ուտելով կրնար իրեն նման *«յաւիտեան ապրիլ... Եդեմի պարտէզին արեւելեան կողմէն քերովբէները ու ամեն կողմ դարձող բոցեղէն սուրը դրաւ, կենաց ծառին ճամբան պահելու համար»*[123]: Եթէ հայր Եհովան որոշած էր այդպիսի խիստ ապահովական միջոցներով «կենաց ծառը» բացարձակապէս արգիլել մարդու հասողութենէն, որովհետեւ կը սարսափէր մահկանացուներու՝ զինք մարդէն զանազանող այդ միակ ու վերջին յատկութեան՝ «յաւիտենական կեանքին» ալ տիրանալու գաղափարէն... թող մեզ չյայտնէ «յաւիտենական կեանք» վաճառող՝ որդի «քրիստոսին» հաւատք չընծայելնուս համար: Իսկ եթէ Եհովան չէր ուզեր, որ մարդիկ յաւիտենական կեանք ունենան, ինչո՞ւ իր որդին ղրկեց, որ ճիշտ այդ բանը կարենային ունենալ:

Այսպիսով՝ քրիստոսաբանութիւնը պարզապէս «մեռելներու յարութեան» խոստումնուքի յոյսն է. ենթադրական «յարութեան» մը թէական խոստումքին յոյսը՝ ինքնախաբէութիւնը, որուն «հաստատութիւնը» նոյն ինքն ոչնչութիւն ապացուցող հաւատքն է: Արդարեւ, *«անիկա զոր կը սերմանես, եթէ չմեռնի՝ չկենդանանար»*[124] վկայող Պօղոսը, եթէ չէր գիտեր թէ մեռնող սերմը պտուղ չի տար, յստակ է թէ գաղափար իսկ չունի իր արծարծած նիւթի մասին: Եւ դեռ ի՞նչ գաղափար կրնար ունենալ «մեռելներու յարութեան» նման յերիւրածոյ անիհեթեթութեան մը մասին. ան ստիպուած էր «մեռելներու

---

[123] Ծննդոց Գ. 22–25:

[124] Ա. Կորնթացիս ԺԵ. 35–50:

յարութիւն» յիմարութիւնը միամիտներուն կլլեցնելու համար ամեն աճպարարութիւն ի գործ դնել, այլապէս «Քրիստոսն ալ, եկեղեցին ալ, հաւատքն ալ պարապ են ու իրենք սուտ վկաներ»: Հետեւաբար, անիմաստ բաղդատութիւններով ու բառախաղերով կը փորձէ միամիտ դաւանափոխ օտարները շլմորելով տպաւորել, եւ պարարտ հող պատրաստել «շնչաւոր ու հոգեւոր մարմիններու» իր մեծ «գիտը» սերմանելու համար: Իսկ այս մէկը այնքան արուեստակեալ ու կեղծ կը հնչէ, որ ինքն ալ անհրաժեշտ նկատած է վկայակոչել աւելի խոշոր կեղծիք մը. թէ «այսպէս գրուած է, առաջին մարդը Ադամ՝ կենդանի շունչ եղաւ, վերջին Ադամը կենդանարար հոգի»: Այս բացարձակապէս գոյութիւն չունեցող խօսքը, զոր Պօղոս կը վկայէ թէ «այսպէս գրուած է», միայն իր նենգաւոր ստախօս մը ըլլալն է, որ կը փաստէ: Եւ այդ բոլորը եզրականացնելու միտումով յօրինած՝ «մարմին ու արիւն Եհովայի թագաւորութիւնը չեն կրնար ժառանգել» ճառքտուքն ալ պիտի հակասէր՝ «ողջերու յարութեան» գաղափարով.

Ա. Թեսաղոնիկեցիս Դ. ... եւ Քրիստոսով մեռածները առաջ յարութիւն պիտի առնեն: [16]Ետքը մենք ալ որ ողջ մնացած ենք՝ անոնցմով մէկտեղ պիտի յափշտակուինք ամպերով Տէրոջը առջեւ ելլելու օդին մէջ, եւ այնպէս յաւիտեան Տէրոջը հետ պիտի ըլլանք: [17]Ուստի մէկզմէկ մխիթարեցէք այս խօսքերով:

Պօղոս, որ կը յաւակնէր ողջ մնալ մինչեւ անոր վերադարձը, կը ճոռոմաբանէ, թէ «*նախ Քրիստոսով մեռածները յարութիւն պիտի առնեն*», որոնցմէ ետք՝ «*մենք ալ որ ողջ մնացած ենք*»...: Բայց չէ՞ որ «յարութիւնը» ինքնին մահ կ՚ենթադրէ... երեւի թէ քրիստոնեան օրէնքներն ալ ունին բացառիկ պարագաներ, ուր տգէտ՝ միամիտ քրիստոնեաները զիրար պիտի մխիթարէին «*Տէրոջը առջեւ օդին մէջ ելլելու*» յոյսին խօսքերովը... Տակաւին շատ երկար պիտի մխիթարուին: Իսկ օդին մէջ պիտի ելլեն, որովհետեւ խաւարամիտ քրիստոսական աւետարանիչները, Հին Կտակարանի «հոգեւոր իմաստութենէն» թելադրուած, երկնքի կապոյտը «*փափարակ երկրի ու երկնքի ջուրերը իրարմէ բաժանող հաստատութիւն մը*» ըլլալուն կը հաւատային.

Ծննդոց Ա. [6]Եւ Եհովա ըսաւ, ջուրերուն մէջտեղը հաստատութիւն ըլլայ, եւ ջուրերը ջուրերէն զատէ: [7]Եւ Եհովայ հաստատութիւնը ըրաւ, ու հաստատութեանը տակ եղած ջուրերը հաստատութեանը վրայ եղած ջուրերէն զատեց. Ու այնպէս եղաւ: [8]Ու Եհովա հաստատութիւնը երկինք կոչեց...

Եսաեայ ԾԵ. [9]որչափ երքինքը երկրէ բարձր է, այնչափ իմ ճամբաներս ձեր ճամբաներէն բարձր են, եւ իմ խորհուրդներս ձեր խորհուրդներէն: [10]Վասն զի ինչպէս անձրեւը ու ձիւնը երկինքէն կ'իջնէ եւ հոն չդառնար...:

«Անձրեւը ու ձիւնը երկինք չդառնալու» վկայութիւն տուող այս խաւարամիտ Եսայի կոչուածը այն աճպարար բախտագուշակն է, որ ինչպէս աւելի վերը տեսանք՝ հերոսն է կոյսը անձամբ յղացնելու զաւեշտին, որ մեսիականները որդեգրած են որպէս «կոյս Մարիամի մը Յիսուսով յղանալու» մարգարէութիւն: Հասկնալի է, թէ ըստ Յուդայա-քրիստոնէական «սուրբերու» ուղղակի Եհովայէն ստացած տեղեկութեանց՝ «ջուրերը բաժնող հաստատութիւն» մը գոյութիւն ունէր, զոր կոչած են երկինք. սակայն այդ հաստատութիւնը ի՞նչ կապ ունէր «դրախտին» հետ, որ մեսիականները իրենց դրախտ ղրկուելիք բոլոր «յարութիւն առած սուրբերը» կ'ուղարկէին դէպի վեր՝ «օդին մէջ»: Ծննդոցը՝ «դրախտի» աշխարհագրական դիրքի մասին բաւական մանրամասն տեղագրութիւն կը հայթայթէ.

Ծննդոց Բ. [8]Եւ Տէր Եհովա արեւելքի կողմը Եդեմի մէջ պարտէզ տնկեց, ու իր շինած մարդը հոն դրաւ: [9]Եւ Տէր Եհովա գետնէն տեսնելու հաճելի եւ ուտելու աղէկ ամեն ծառը, ու պարտէզին մէջտեղը կենաց ծառը, եւ բարին ու չարը գիտնալու ծառն ալ բուսցուց: [10]Եւ պարտէզը ջրելու համար Եդեմէ գետ մը կ'ելլէր, ու անկէ չորս գլուխ կը բաժնուէր: [11]Մէկուն անունը Փիսոն է. ասիկա Եւիլայի բոլոր երկիրը կը պտըտի, ուր ոսկի կայ. [12]եւ այն երկրին ոսկին ազնիւ է. Սուտակ ու եղնգնաքար կայ հոն: [13]Ու երկրորդ գետին անունը Գեհոն է. ասիկա Քուշի բոլոր երկիրը կը պտըտի: [14]Ու երրորդ գետին անունը Տիգրիս է. ասիկա Ասորեստանի արեւելեան կողմը կ'երթայ. եւ չորրորդ գետը Եփրատ է:

Հին Կտակարանը՝ Եդեմի «*կենաց՝ եւ բարին ու չարը գիտնալու ծառերու*» պարտէզը կը տեղադրէ Եփրատ եւ Տիգրիս գետերու ակնաղբիւրներուն շրջանը պարփակող տարածութեան վրայ, որն է Հայկական Բարձրաւանդակը, ուր նաեւ Արարատ Լեռան գագաթին պիտի «հանգչէր տապանը», որովհետեւ հնագոյն տարբերակները՝ սումմերականը, բաբելականը եւ այլն, որոնցմէ այդ աւանդութիւնները ընդօրինակած եւ հրէացուցած է գրագող հեղինակը՝ բոլորն ալ այդ կը հաստատէին: Հին Կտակարանը յօրինուած օրերուն, տակաւին գոյութիւն ունէին Հայկական Լեռնաշխարհը աշխարհով մէկ տարածուած հնագոյն քաղաքակրթութեան հայրենիքը եղած ըլլալու մասին տեղեկութիւններ, զորս հեղինակները եղծանելով՝ հրէացուցած են: Սակայն այդ ոչինչ կը փոխէ այն իրականութենէն, որ նոյնիսկ ըստ հրէացուած տարբերակին, Եփրատ ու Տիգրիս գետերու ակնաղբիւրի տարածաշրջանը պէտք է ըլլայ ճամբայ մը, որ կ'առաջնորդէ դէպի «դրախտ» ու հոն գտնուող պարտէզը, որուն աշխարհագրական դիրքը շատ յստակ է:

Արդարեւ, եթէ «դրախտը» երկրայիններուն համար բացարձակապէս անհասանելի «երկնքի հաստատութեան» մէջ կը գտնուէր, ապա Եհովան ամենեւին պատճառ պիտի չունենար «կենաց ծառը» պահպանելու համար ապահովական այդքան խիստ միջոցներու դիմելու...: Բայց կեղծաւոր մեսիականները, իր գեղեցիկ պարտէզով ու «կենաց ծառով» Եփրատ ու Տիգրիս գետերով այնքան մօտակայ «Դրախտը» պիտի փոխադրէին «*երկինքի հաստատութեան մէջ*», որպէսզի այդ ուղղութեամբ անհետ դրկէին իրենց Քրիստոսը: Անշուշտ Եհովայի «հոգեւոր իմաստութիւնով» զինուած մեսիականները չկրցան գուշակել թէ օր մը իրենց նախատած գիտութիւնը պիտի հասնէր Քրիստոսներու թաքստոց «երկնքի հաստատութեան» բարձունքները, ու անոնց հետքը չգտնէր...: Եւ իբրեւ թէ «Երկրի սրտէն յարութիւն առած» աւետարանական Յիսուսը, որ վերջապէս ձեռք ձգած էր այն «նշանը», զոր իրեն հաւատալու համար կը պահանջէին հրեաները, եւ որ ինք խոստացած էր անոնց տալ, տարօրինակօրէն փոխանակ իրեայ ժողովուրդին երեւնալու, որոնց «փրկութիւնը իր էութեան միակ նպատակն էր», միայն «տասնըմէկին կ'երեւնայ», որպէսզի անո՛նք ժողովուրդին վկայեն, թէ ան «մեռելներէն յարութիւն առած եւ իրենց «յայտնուած» է, սակայն արտորնօք «երկինք համբարձած» է.

Յովհաննու ԺԴ. [22]Ըսաւ անոր Յուդա, (ոչ Իսկարովտացին) Տէր, ինչպէս կ'ըլլայ, որ դուն ինքզինքդ մեզի պիտի յայտնես, եւ ոչ թէ աշխարհի: [23]Յիսուս ըսաւ անոր, եթէ մէկը զիս կը սիրէ, իմ խօսքս պիտի պահէ. Ու իմ Հայրս զանիկա պիտի սիրէ, եւ անոր պիտի գանք ու անոր քով օթեւան պիտի ընենք:

Հեղինակին ակնյայտօրէն կեղծ պատճառաբանութիւնը, թէ ինչո՞ւ պիտի «*յայտնուէր միայն իրենց, եւ ոչ թէ աշխարհին*», եւ միայն իրենց միջոցաւ զինք սիրողներուն «*պիտի գան*», միանգամայն անոր անհետ կորսուիլը արդարացնել կը միտի: Իսկ եթէ ան «քրիստոս» մը ըլլալով հանդերձ, իր բոլոր գերբնական կարողութիւններով, չարաչար ձախողած էր իրեն յաձնուած՝ հրեաները աշակերտելու առաքելութեան մէջ, որքա՞ն տխմար որոշում պիտի ըլլար «*բոլոր ժողովուրդները աշակերտելու*» նման անհամեմատ վիթխարի գործը վստահիլ տասնմէկ տգէտ ձկնորսներու...:

« ՀՐԱՇՔՆԵՐ »

Յուդայութեան մահկանացու մեսիայի մտապատկերը եղծանելով՝ աստուածային էութիւն մը յօրինող մեսիականները, ենթադրելով թէ Քրիստոսի մը կերպարը ամբողջական պիտի չըլլար առանց հրաշքներու, որովհետեւ ան որդին էր միա՛կ հրաշքներ գործող Իսրայէլի տէր Եհովա Սաբաւովթին[125], անոր հասցէին պիտի շռայլէին շատ մը անճարակութեամբ յօրինուած, երբեմն նոյնիսկ զաւեշտային «հրաշքներ»: Ասոնցմէ են մարդոց ներսէն չար դեւեր հանելով՝ ամեն տեսակի հիւանդութիւններ, հաշմանդամներ, պոռնիկներ բժշկելը եւ այլն: Եւ ո՞վքեր պիտի ըլլային անոր լաւագոյն վկաները[126], եթէ ոչ «պիղծ ոգիները», որոնք հազիւ զինք տեսած՝ «Դաւիթի որդի Յիսուս» կամ «Յիսուս Աստուծոյ որդի» պիտի կոչէին զինք: Իսկ Ղուկասու հեղինակը կը վկայէ, թէ ան եղած է դեւերու մեծ մասնագէտ մը, եւ դեւերու վարք ու բարքի մասին դասախօ-

125 «Օրհնեալ ըլլայ Տէր Եհովա, Իսրայէլի Աստուածը. Միայն ինքն է հրաշքներ ընողը» (Սաղմոս ՀԲ. 18):

126 Մարկոսի Գ. 11–12:

տութիւն մըն ալ տուած էր ժողովուրդին[127]: Հրէական խորհրդապաշտութեան (mysticism) այդ ժամանակներուն, երբ Յուդայութիւնն ու կախարդութիւնը գրկախառն կը սիրաբանէին, մարդոց ներսէն դեւեր հանելու նման աճպարարութիւնները ընթացիկ երեւոյթներ էին, միայն մէկ տարբերութեամբ՝ որ մեսիականները իրենց ո՛չ այդքան ալ տպաւորիչ աճպարարութիւնները կը կոչէին «հրաշք», իսկ մնացեալներունը՝ կախարդութիւն, ինչպիսին էր Սամարացի Սիմոնին պարագան[128]: Սիմոն, որ իր գործած «հրաշքներով» աւետարանական Յիսուսէն աւելի մեծ հռչակ ունէր Սամարացւոց մէջ, եւ որու համար մեսիականները կ'ըսէին թէ պարզ կախարդ մըն էր, ամբողջ «*Սամարացւոց ազգը կ'ապշեցնէր*» իր գործերով, ու ժողովուրդը զայն ընդունած էր որպէս «*Աստուծոյ մեծ զօրութիւնը*»: Ուրեմն այդ օրերուն՝ կախարդութիւնը որպէս հրաշք կլլեցնելը միամիտ ժողովուրդին՝ անձին ճարտարութենէն կախեալ էր, որ բաւական կը դիւրացնէր աճպարար մեսիականներուն «առաքելութիւնը», որոնք կը փորձէին Սիմոնի նման «*մեծ գործեր կատարելով՝ Աստուծոյ մեծ զօրութիւնը*» ըլլալ: Այդ ճամբուն վրայ մրցակցութիւնը անէացնելու եւ Սիմոնին նման տաղանդաւորները զինուորագրելու համար՝ ունէին «փառահեղ» համոզիչ միջոցներ[129]:

Հաւանաբար բաւական ժողովրդականութիւն վայելող «հրաշքներէն» մէկն ալ եղած է «հազարները կերակրելու» հեքիաթը:

> **Մարկոսի Զ.** 32Եւ նաւով անապատ տեղ մը գացին առանձին: 33Ու ժողովուրդները տեսան զանոնք որ կ'երթային, եւ շատերը զանիկա ճանչցան, ու ոտքով բոլոր քաղաքներէն հոն կը վազէին, եւ անոնցմէ առաջ հասնելով՝ անոր քով ժողուեցան:

Հակառակ որ «*նաւով, առանձին և անապատ*[130] *տեղ մը*» գացած էին, հետևաբար վայրը յայտնուելու հաւանականութիւնը շատ ճըղճիմ՝ էր, բայց զարմանալիօրէն տարբեր «քաղաքներու ժողովուրդները» արդէն իմացած էին անոնց երթալիք տեղը ու «*ոտքով բոլոր քաղաքներէն հոն կը վազէին*»: Եթէ նոյնիսկ ծովուն վրայ ուրիշ նա-

127 Ղուկասու ԺԱ. 24–26:

128 Գործք Ը.10–11:

129 Գործք ԺԸ 24–27:

130 Այլ թարգմանութեանց մէջ՝ «ամայի»:

ւերու հանդիպելով՝ ձեւով մը ճանչցուած էին, բայց անոնց ուղղութիւնը որքա՜ն ճշտութեամբ եւ որքա՜ն արագ տարածուած կրնար ըլլալ այդ «քաղաքներու ժողովուրդներուն» մէջ, որ ժողովուրդները իրենցմէ առաջ՝ եւ մանաւանդ ոտքով արդէն տեղ հասած ըլլային ու զիրենք սպասէին...: «Երբ դուրս ելաւ» ցամաք, արդէն «շատ ժողովուրդ» հաւաքուած էր այնտեղ,– որ ինքնին «հրաշքի» մը համազօր է,– եւ դէմ հանդիման գտաւ ինքզինք սպասող հոծ բազմութեան մը, զոր պիտի ստիպուէր «հինգ նկանակ ու երկու ձուկով կերակրել»...:

Ըստ սովորականին, ներկաներէն միայն այր մարդոց բազմութեան անդրադառնալով՝ կը վկայեն, թէ «*անոնք որ կերան՝ հինգ հազարի չափ այր մարդիկ էին, կիներէն եւ տղաքներէն զատ*»: Եթէ ամեն մէկ այր մարդուն դէմ միայն մէկ կին ու մէկ երեխայ հաշուենք, ներկաներուն թիւը կը հասնի առնուազն տասնհինգ հազարի: Ամեն քայլին՝ մարգարէներով իրենց սուտերը փաստել փորձող գրագող մեսիականները այս պարագային մոռցած են յիշել, թէ այս մէկն ալ ընդօրինակած են Հին Կտակարանի «Չորրորդ Թագաւորաց» գիրքի չորրորդ գլխուն վերջին պարբերութենէն, ուր «*քսան հաց գարեղէն հաց, ու թարմ հասկերով հարիւր մարդ*» կերակրելու «հրաշք» մը կը պատմուի: Սակայն քսան հացով՝ հարիւր հոգի կերակրելը «Քրիստոսին» վայել «հրաշք» մը չէր: Եւ որովհետեւ դիւրահաւան միամիտ հաւատացեալները կուրօրէն կը հաւատային «Քրիստոսի» մասին որեւէ «գերբնական» հեքիաթի, որ կը հրամցուէր իրենց, ամբարտաւան աւետարանիչները փորձելով առաւելագոյնս չարաշահել անոնց կոյր հաւատքը, տեղի պիտի տային այդպիսի խայտառակութեանց. որովհետեւ խոշոր թիւերը ո՛չ միայն տպաւորիչ, այլ հեղինակին կը հայթայթէին նաեւ խոշոր թիւով վկաներ...:

Յովհաննու հեղինակը միւսները հակասելով՝ կը վկայէ թէ, աշակերտները ուտելիք ոչինչ ունէին. հացն ու ձուկը կը պատկանէին անծանօթ պատանիի մը (Յովհաննու Զ. 9): Իսկ «*հինգ նկանակն ու երկու ձուկը*» ժողովուրդը ուտելէ ու կշտանալէ ետք, երեւի թէ սխալ հաշուի որպէս հետեւանք՝ «*պասուերկու կողով լեցուն՝ կտորուանքներ*» պիտի աւելնար:

Հեղինակը կը վկայէ՝ թէ Յովհաննէս «*շուտ մը իր աշակերտները արտորցուց որ նաւը մտնեն, եւ իրմէ առաջ միւս կողմը Բեթսայի-*

դա անցնին, մինչեւ ինք ժողովուրդը արձակէ»: Ինչո՞ւ զանոնք պիտի *«արտորցնէր որ նաւը առնեն երթան»*, եւ ինչո՞ւ ինք առանձինը պիտի ստանձնէր բազմատասնեակ հազարաւոր բազմութիւնը ճրուելու գործը, մանաւանդ որ աշակերտները աճապարելու պատճառ մը չունէին. անոնք ո՛չ գործ ունէին ո՛չ ալ զիրենք սպասող: Իսկ նաւը *«միւս կողմը»* տանող աշակերտները այնքա՛ն ալ խելք չունէին մտածելու, թէ ան ի՛նչ միջոցով «անդիի կողմը» պիտի հասնէր...:

Ըստ երեւոյթի՝ հեղինակը այդպիսի մանրամասնութիւններով չէր հետաքրքրուած. այդ պահուն անոր միակ մտահոգութիւնը «ջուրի վրայ քալելու հրաշք» մըն ալ յօրինելն էր: Աշակերտները նաւով Բեթսայիդա ուղարկելէ ետք, հոծ բազմութիւնը կը ճրուէ, լեռը կը բարձրանայ, աղօթք կ'ընէ՝ մինչեւ *«իրիկուն եղաւ»*: Հետեւաբար աշակերտները վաղուց «Բեթսայիդա» հասած պիտի ըլլային, բայց Մարկոսի աւետարանիչը կ'ըսէ թէ *«նաւը ծովուն մէջտեղն էր»*, իսկ Յովհաննու աւետարանիչը կ'ըսէ՝ մօտաւորապէս *«քսանըհինգ կամ երեսուն ասպարէզի չափ գացին»*. այսինքն՝ նաւը ցամաքէն մօտաւորապէս երեք կամ չորս մղոն հեռաւորութեան վրայ կը գտնուէր[131]:

Ժամանակը մութ՝ «իրիկուն» էր, բայց եւ այնպէս, Յովհաննէս ցամաքէն ո՛չ միայն նաւը, այլ նոյնիսկ *«տեսաւ զանոնք որ կը տագնապէին հովէն թի քաշելու ատեն»*: Բայց չի փորձեր անմիջապէս «հրաշքով» մը հովը հանդարտեցնել կամ որեւէ ձեւով օգնել անոնց, այլ քանի մը ժամ եւս վատնելէ ետք՝ *«գիշերուան չորրորդ պահուն ատենները ծովուն վրայ քալելով կու գայ անոնց, ու կ'ուզէր անոնցմէ անցնիլ»*, այսինքն օգնելու չէ՛ր, որ կ'երթար, այլ ինքնահաւանութեամբ «անոնցմէ անցնելու». մրցակցութեան ելած էր: Իսկ Ղուկասու հեղինակը կը վկայէ, թէ այդ «անապատ տեղը», ուրկէ նաւը ճամբայ ելած էր դէպի Բեթսաիդա, կը գտնուէր նոյն Բեթսաիդա «քաղաքին քով (Ղուկասու Թ. 10), ուր երթալու համար նաւու պէտք իսկ չունէին. Փաստօրէն «անդիի կողմը անցնելով՝ Գեննեսարէթի երկիրը հասած» էին: Բայց եթէ հեղինակը նպատակ ունէր «ծովուն վրայ քալելու հրաշք» մը յօրինել, ստիպուած էր նաեւ ինքզինք հակասելու գնով՝ նաւուն ուղղութիւնը շեղել դէպի «ծովուն մէջտեղը»,

---

[131] Ծովու մակերեսէն դիտուած՝ հորիզոնը առաւելագոյնը երեք մղոն է:

հաւանաբար ենթադրելով թէ որեւէ յիմարութիւն որպէս «հրաշք» անոր վերագրելը, միայն դրական նպաստ կրնար բերել իրենց յօրինած «Քրիստոսի» կերպարին:

Մէկ ուրիշ անհեթեթութեան կը հանդիպինք երբ դարձեալ բազմութիւնը աւետարանական Յիսուսին եւ իր աշկերտներուն կը հետեւի:

> **Մարկոսի Գ.** [7]Յիսուս իր աշակերտներովը ծովեզերքը գնաց. եւ շատ բազմութիւն անոր ետեւէն գացին Գալիլեայէ ու Հրէաստանէ, [8]եւ Երուսաղէմէ ու Եդովմէ եւ Յորդանանու անդիի կողմէն. ու անոնք որ Տիւրոսի ու Սիդոնի շրջակայ տեղերէն, շատ բազմութիւն, երբ լսեցին ինչ որ կ'ընէր, իրեն եկան: [9]Եւ իր աշակերտներուն ըսաւ որ նաւակ մը պատրաստ կենայ իրեն համար՝ ժողովուրդին բազմութեանը պատճառաւ, որպէս զի զինք չնեղեն:

Եթէ այս պարբերութիւնը անգամ մը եւս կարդանք, եւ այս անգամ Պաղեստինի աշխարհագրական հեռաւորութիւնները, ժամանակի հաղորդակցութեան ու փոխադրական միջոցները ի մտի ունենալով, կ'անդրադառնանք թէ Գալիլիան, Երուսաղէմը, Յորդանանու անդիի կողմն ու միւսները՝ գիւղի մը մէկ թաղամասը չէին, որպէսզի երբ ան ծովեզերք երթար, անմիջապէս լուրը տարածուէր ամեն կողմ՝ եւ ինքնաշարժը քշողը GPS-ով դէպի ծովեզերք՝ ճիշտ անոր երթալու կէտը ուղղուէր: Եւ եթէ նկատի ունենանք այստեղ յիշուած քաղաքներուն միջեւ գոյութիւն ունեցող ոտքով քանի մը օրուայ հեռաւորութիւնը եւ ժամանակի հաղորդակցական միջոցները, եւ այլն, ո՛չ թէ կոյր հաւատք, այլ ուղղակի գրաստամիտ պէտք է ըլլալ այսպիսի անճոռնի կեղծիքի մը հաւատալու համար:

Հեղինակը կը վկայէ՝ թէ Յովհաննէս բազմութենէն նեղանալով՝ «*աշակերտներուն ըսաւ, որ նաւակ մը պատրաստ կենայ իրեն համար՝ ժողովուրդին բազմութեանը պատճառաւ, որպէս զի զինք չնեղեն*»: Եթէ բազմութենէն խուսափող աւետարանական Յիսուսը իսկապէ'ս առօրեայ յաճախակի շփում ունենար հրեայ հանրութեան հետ, պէտք պիտի չունենար աշակերտները հարցափորձելու, թէ ժողովուրդը ի՞նչ կը մտածէ իր մասին. «*իր աշակերտներուն հարցուց ու ըսաւ, մարդիկ ո՞վ կ'ըսեն թէ եմ ես*» (Մատթէոսի ԺԶ. 13): Այս հարցումը նախ եւ առաջ կը ջրէ աւետարանիչներու՝ «Յիսուս գիտէր մարդոց միտքերուն խորհուրդը» ծանակ վկայութիւնը, եւ անշուշտ կը փաստէ, թէ Իսրայէլի Տէր Եհովայի «թագաւորութիւնն» ալ հանրային կարծիքին պատշաճելու ախտէն կը տառապէր...:

Նոյնպիսի խեղկատակութեան կը հանդիպինք «երկդրամեան տուրքը վճարելու»[132] շինծու պատմութեան մէջ: Հեղինակը, նախ իրողութիւնը գլխիվայր շրջելով՝ չարաչար կը ստէր, թէ Zealot կազմակերպութեան առաջնորդ խռովարար Յովհաննէսը, որ մահուան դատապարտուած էր «հրեաները կայսրին հարկ տալէ արգիլելուն» պատճառաւ, տուրքերը հնազանդութեամբ կը վճարէր, նոյնիսկ երբ պարտաւոր չէր, անուղղակիօրէն միամիտ հաւատացեալները տպաւորելով, թէ պէտք է ամեն գնով վճարել իրենց վրայ դրուած հարկերը. այդ իմաստով, հեղինակները աւետարանական Յիսուսին վերագրած են «երկու լումայի», «զայն որ կայսրին... զայն որ Աստուծոյ» եւ այլ հարստահարիչ շատ մը «առակ-ներ»: Իսկ ինք՝ աւետարանական Յիսուսը՝ աշակերտը կ՚ուղարկէր մինչեւ ծով, ձուկ որսալու, որպէսզի ձուկի բերնէն գումար մը գանձելով՝ հազիւ «մէկ սատեր» արժող տուրքը վճարէր: Հեղինակը կ՚ըսէ՝ թագաւորները որդիներէն տուրք չեն առներ, այլ միայն օտարէն, «*ուրեմն որդիները ազատ են*» (Մատթէոսի ԺԷ. 23–25):

Ծաղրուծանակ այս երեւոյթը, իրականութեան մէջ, «*Օտարազգիէն պիտի պահանջես, բայց քու եղբօրմէդ առնելիքդ պիտի թողուս*» (Բ. Օրինաց ԺԵ. 3) յուդայական մտայնութիւնն է: Ուստի, հակառակ որ Յովհաննէսի գործունէութիւնը, գէթ նիւթական իմաստով շատ լաւ կազմակերպուած էր, անոնց առօրեայ ծախսերուն յատկացուած «գանձանակը Յուդան կը պահէր», կար նաեւ «իրենց ստացուածքով՝ անոր ծառայութիւն ընող» կիներու ամբողջ խմբակ մը, Իսրայէլի որդիները կայսրին տուրք տալէ արգիլող Յովհաննէսը, ըստ Միքիայ Դ. բանաձեւի պատգամին, դաւանափոխ օտարներս խորհրդանշող Ձուկը որսալէ ետք, ձուկին բերնէն խլած ստակով պիտի վճարէր իր տուրքերը...: Այս եւ նման «առակներն ու հրաշքները» մեծապէս կը դիւրացնէին միամիտ հաւատացեալներէն ծանրաբեռն հարկեր հաւաքելով՝ զանոնք հարստահարելու

[132] Մատթէոսի ԺԷ. 23–26:

եկեղեցիին «առաքելութիւնը»: Եւ այդ անմիտները երբեք հարց չտուին թէ ինչո՞ւ ձուկին բերնէն գումարներ հաւաքող «հրաշագործ» մեսիան ու իր առաքեալները անդադար դրամական օգնութիւն կը պահանջեն... արդեօ՞ք օր մը պիտի անդրադառնան անոնք՝ թէ Ձուկը իրենք են:

«Հրաշքներու» այս փունջին մէջ ակնառու դիրք կը վայելէ Մարկոսի՝ գաղտնի «մերկ երիտասարդի» պատմութեան նոյն ուրուագըծով ըստ Յովհաննու հեղինակին յօրինած՝ Ղազարոսը յարուցանելու կատակերգութիւնը[133]: Երբ աւետարանական Յիսուս Ղազարոսի հիւանդութեան լուրը կը ստանայ, առանց որեւէ կարեւոր գործ մը կամ պատճառ մը ունենալու, անտարբերութեամբ ամբողջ երկու օր «*եղած տեղը*» կը մնայ, ու ժամանակ վատնելով՝ կը սպասէ, որ Ղազարոսը մեռնի, որպէսզի զայն «*մեռելներէն յարուցանելով*» «*փառաւորուի*»: Արդէն ընթերցողը նախապաշարելու մտադրութեամբ, հեղինակը սկիզբէն կը ծանուցանէ իր յօրինած կեդծիքին փոխանցելիք պատգամը, որպէսզի ընթերցողը այդ պատգամով նախապաշարուած կարդայ եւ ակնկալուածէն տարբեր եզրակացութեան չյանգի: Ան կ'ըսէ, «*Յիսուս երբ լսեց՝ ըսաւ, այս հիւանդութիւնը մահուան համար չէ, հապա Աստուծոյ փառքին համար, որպէս զի Աստուծոյ որդին անով փառաւորուի*». այդ էր հեքիաթին պատգամը...: Ան շնորհակալութիւն կը յայտնէ Եհովային, որ իր աղօթքները լսած՝ եւ այս առիթը ընծայած էր իրեն, որպէսզի հաւատան թէ Եհովան էր զինք ղրկողը:

Այն տպաւորութիւնը կը ստանանք, թէ այդ օրերուն, Պաղեստինի տարածքին մեռելները այնքա՛ն հազուագիւտ էին, որ ան դիտմամբ պիտի սպասէր, որ իր սիրելի պոռնիկ բարեկամուհիներուն Ղազարոս եղբայրը մեռնի, որպէսզի ինք «անով փառաւորուելու» համար՝ ոտքով մօտաւորապէս չորս օրուայ ճամբայ երթար ու զայն «մեռելներէն յարուցանէր»: Մինչդեռ, երբ Յովհաննէս Մկրտիչի սպաննութեան լուրը կը ստանայ, փոխանակ երթալով զայն «մեռելներէն յարուցանելու», զարմանալիօրէն փախուստ կու տայ «*դէպի անապատ տեղ մը առանձին*»: Յովհաննէս Մկրտիչը, որուն համ-

[133] Յովհաննու ԺԱ. 1–44:

բաւը ըստ աւետարաններուն տարածուած էր մինչեւ «*Երուսաղէմ եւ բոլոր Հրէաստան ու Յորդանանու բոլոր կողմերը*», բացի իր ազգականն ու «*ճամբաները պատրաստողը*» ըլլալէ՝ ինք անձամբ կը խոստովանէր, թէ «*կիներէն ծնածներուն մէջ Յովհաննէս Մկրտիչէն մեծ մարգարէ չկայ*» (Ղուկասու Է.)։ Այսինքն՝ իրմէ ալ մեծ, որովհետեւ ինք ալ կինէ մը ծնած էր։ Իսկ Ղազարոսը, որ բացարձակապէս ոչ մէկ այլ տեղ յիշուած է, որքա՜ն կարեւոր անձնաւորութիւն մը կրնար ըլլալ, բացի այն հանգամանքէն՝ որ պոռնիկ Մարիամի[134] ու Մարթայի եղբայրն էր։

Ձերբակալութենէն միայն քանի մը օր առաջ, ան առաջին անգամ ըլլալով էր, որ կ՚երթար Երուսաղէմ, որմէ երկու մղոն հեռու գտնուող Բեթանեայի մէջ, դարձեալ առաջին անգամ ըլլալով՝ պիտի հանդիպէր այդ «մեղաւոր կնկան»։ Երեք համատեսական աւետարաններն ալ կը վկայեն թէ «մեղաւոր կնոջմէն օծուելու» դէպքը պատահած էր ձերբակալութենէն միայն քանի մը օր առաջ։ Անոնք չէին ճանչնար այդ մեղաւոր կինը կամ անոր ընտանեկան պարագաները, եւ զայն կը ներկայացնեն որպէս «կին մը». կարեւորը Յովհաննէսը իւղով օծելու պատմութիւն մը յօրինելն էր, զայն նմանցնելու համար Հին Կտակարանի օծեալ մեսիաներուն։

Օրէնքին նախանձայոյզ Հայաստանեայց եկեղեցին կը մերժէ Գաղկեդոնի խորհրդաժողովի առաջարկած Յիսուսի երկրնութեան գաղափարը, պնդելով թէ ան լման աստուածային էակ մըն էր, եւ գիտէր մարդոց մտքերը, գիտէր ապագան, թէ անոր «զօրութեանը» դէմ կ՚անէանան աշխարհագրական, ժամանակի ու բոլոր պատնէշները։ Ան «իշխանութիւնը» ունէր հարիւրաւոր մղոններ հեռուէն բուժել մահամերձ հիւանդներ, ինչպիսին էր Կափառնայումէն Կանա հեռաւորութեան վրայ ազնուականի մը որդին բժշկելու հեքիաթը[135]։ Կափառնայումը Կանա քաղաքէն մօտաւորապէս քսան մղոն է, եւ այդ հեռաւորութեան վրայ, ըստ հեղինակին, Յովհաննէսի «*գնա, քու որդիդ ողջ է*» խօսքը բաւական էր, որ ազնուականին մահամերձ որդին բժշկուէր։ Իսկ Ղազարոսի հիւանդութեան մասին՝ ան միայն «*քոյրերուն ուղարկած պատգամաւորներէն*» կ՚իմանայ եղելութի-

[134] Ղուկասու Է. 37–39։

[135] Յովհաննու Դ. 46–50։

նը: Սակայն երկու օր ետք, յանկարծ «քրիստոսանալով»՝ կ'ըսէ. «*Ղազարոս մեռաւ... եկէք երթանք անոր*»: Եւ երբ Բեթանիա կը հասնին, կրկին մոռնալով թէ ինք «Քրիստոս» մըն էր՝ կը հարցնէ, «*ո՞ւր դրած էք զանիկա*»: Բայց Ղազարոս արդէն չորս օրուայ թաղուած էր, որմէ կարելի է հետեւցնել, թէ Բեթանիան չորս օրուայ ճամբորդութիւն մըն էր: Չենք կրնար անտեսել նաեւ «*հաց ուտելու ժամանակ իսկ չունեցող*» Յովհաննէսին ու իր աշակերտներուն չափազանց բազմազբաղ ըլլալու հարցը: Արդ՝ աւետարանական Յիսուսը կարող էր ամենայն դիւրութեամբ, հեռուէն՝ մէկ խօսքով բժշկել Ղազարոսը, եւ հարցը կը լուծուէր: Բայց ան կ'որոշէ սպասել՝ որ Ղազարոսը մեռնի, որմէ ետք, բացի քանի մը օրուայ ոտքով ճամբորդութենէն, իր կեանքն ալ լուրջ վտանգի ենթարկելով՝ Բեթանիա երթալ, որպէսզի «*մեռելները յարուցանելով*» «*փառաւորուի*»:

Հեղինակին նպատակը զայն «փառաւորելն» էր, զայն հռչակել «Աստուծոյ որդի Քրիստոսը», եւ այդ նպատակաւ անոր ու Մարթային միջեւ երկխօսութիւն մըն ալ կը շարադրէ, ուր Մարթա կը հաւատայ եւ հրապարակաւ կը փառաբանէ զայն որպէս «*Աստուծոյ որդի ու Քրիստոսը որ աշխարհ գալու էր, եւ ո՛ր կը ստանար ամեն ինչ որ կը խնդրէր իր հայր՝ Իսրայէլի տէր Եհովայէն*», եւ այլն: Ուրեմն ինչո՞ւ հեղինակը, հակառակ բոլոր դժուարութիւններուն եւ մանաւանդ կեանքին սպառնացող լուրջ վտանգին, զայն պիտի ուղարկէր հեռաւոր Բեթանիաները, որպէսզի աննշան՝ անարգ Ղազարոս մը «մեռելներէն յարուցանէ», բայց միտքէն իսկ պիտի չանցնէր «յարուցանել» մօտիկը գտնուող եւ այնքան սիրած ազգականը, «*իր ճամբան շտկողն*» ու «*կիներէն ծնածներուն մէջ մեծագոյն մարգարէն*»՝ «Յովհաննէս Մկրտիչը»...: Որովհետեւ յերիւրածոյ քրիստոսի կերպարը «յարութիւն առած» էր իրօք մեռած՝ անյայտնելի Յովհաննէսի աճիւններէն: Կամ Յովհաննէսը կամ քրիստոսը. գոյակցութիւնը անկարելի էր:

Ուշագրաւ է մանաւանդ այն արտառոց վերաբերմունքը՝ որ հեղինակը կը ցուցաբերէ երբ կը պատմէ, թէ «*Յիսուս յայտնապէս ըսաւ անոնց, Ղազարոս մեռաւ. եւ ես ուրախ եմ ձեզի համար որ հոն չէի, որպէս զի դուք հաւատաք*»: Խաչուելէն երկու օր առաջ, հաւանաբար վերջին «հրաշքն» էր, որ պիտի գործէր, եւ ան չէր մտահոգուած ժողովուրդով: Միամիտ ժողովուրդը հեշտ էր հաւատացնել. հարցը անհաւատներն էին, ինչպիսին էր իր երկրացիներուն պարագան, որոնց անհաւատութեան պատճառաւ «*չէր կրցած հոն մէկ հրաշք ալ ընել...*» (Մարկոսի Զ. 5): Ան կը յուսար, որ գէթ այս անգամ աշակերտներն ալ հաւատան («*որպէս զի դուք հաւատաք*»), որովհետեւ ըստ իրեն, աշակերտները չէին հաւատացած իր գործած նախորդ «հրաշքներուն», եւ քանիցս աղաչած էր, «*հաւատացէք ինծի, թէ ես Հօրը մէջ եմ ու Հայրը իմ մէջս է, ապա թէ ոչ՝ գոնէ գործերուն համար ինծի հաւատացէք*» (Յովհաննու ԺԴ. 11): Աշակերտները չէին հաւատացած նախորդ «հրաշքներուն», որովհետեւ ինք «հոն եղած» էր, այսինքն ձեւով մը՝ ուղղակի կամ անուղղակիօրէն մասնակցած էր այդ «հրաշքներու» պատրաստութեան ու կարգաւորման գործերուն: Ուստի Ղազարոսի պարագային՝ ան հեռու մնացած էր մինչեւ անոր «մեռնիլն ու թաղուիլը», որպէսզի «աշակերտներն ալ հաւատային» թէ եղածը նախապէս պատրաստուած աճպարարութիւն մը չէր: Այլապէս իր հոն ըլլալը կամ չըլլալը ի՞նչ կը փոխէր կացութենէն, եւ ինչո՞ւ ան ակնյայտօրէն պիտի զգուշանար նախքան Ղազարոսին մեռնիլն ու թաղուիլը Բեթանիա երթալէ...:

Եթէ չորս օրուայ մեռած Ղազարոսը «յարուցանելու» պատմութիւնը իսկական եղելութիւն մը ըլլար, անկասկած որ անոր քրիստոնէացման նպաստող կոթողային վկայութիւն մը պիտի ըլլար: Սակայն շշմեցուցիչ իրողութիւնը այն է, որ երեք համատեսական աւետարանններն ալ անտեղեակ են այս հրաշալի հեքիաթէն: Եւ հակառակ որ բոլորն ալ կը պատմեն Յովհաննէսը իւղով օծող պոռնիկին մասին, ո՛չ անոր քոյրը՝ Մարթան կը ճանչնան, ո՛չ եղբայրը՝ Ղազարոսը, ո՛չ իսկ պոռնիկին անունը գիտէին: Եթէ սովորական աճպարարութիւնները արձանագրած աւետարանիչները այսպիսի վիթխարի «հրաշք» մը չեն յիշած, վստահաբար ուրեմն աւելի ուշ ժամանակներու յղացուած ու յաւելուած բաժին մըն է:

Իսկ թզենին անիծելու «հրաշքը», համեմատաբար բաւական կարճ պատմութիւն մը ըլլալով հանդերձ, կը շօշափէ այս նիւթին զանազան երեւոյթները, որուն միայն Մարկոսի ու Մատթէոսի աւետարանիչները անդրադարձած են.

Մարկոսի ԺԱ. [12]Ու հետեւեալ օրը երբ Բեթանիայէ կ'ելլէին, անօթեցաւ. [13]եւ հեռուանց տերեւալից թզենի մը տեսնելով՝ եկաւ որ թերեւս անոր վրայ բան մը գտնէ. ու երբ անոր քով գնաց, տերեւներէն զատ բան մը չգտաւ, վասն զի դեռ թուզի ատեն չէր. [14]եւ պատասխան տուաւ ու ըսաւ անոր, ասկէ ետեւ մէկը քեզմէ պտուղ չուտէ յաւիտեան. եւ իր աշակերտները լսեցին: ... [20]Եւ առտուանց երբ անկէ կ'անցնէին, թզենին տեսան արմատէն չորցած:

Մատթէոսի ԻԱ. [18]Եւ առտուանց երբ քաղաքը կը դառնար, անօթեցաւ. [19]Ու ճամբուն վրայ թզենի մը տեսնելով քովը գնաց, եւ անոր վրայ տերեւներէն զատ բան մը չգտաւ. ու ըսաւ անոր, ասկէ ետեւ քեզմէ պտուղ չըլլայ յաւիտեան. եւ իսկոյն թզենին չորցաւ: [20]Եւ աշակերտները երբ տեսան, զարմացան ու ըսին թէ ինչպէս թզենին շուտ մը չորցաւ:

Կարելի չէ չնկատել այս երկու տարբերակներուն մէջեւ գոյութիւն ունեցող քանի մը հիմնական հակասութիւնները: Մինչ առաջինը կ'ըսէ, «*քաղաքէն կ'ելլէին*», երկրորդը կ'ըսէ՝ «*առտուանց քաղաքը կը դառնար*»: Ըստ առաջինին՝ միայն յաջորդ օրը, «*առտուանց թզենին տեսան արմատէն չորցած*», իսկ երկրորդը կը վկայէ՝ թէ տեղւոյն վրայ «*թզենին շուտ մը չորցաւ*»: Անշուշտ Մատթէոսի հեղինակը այս պատմութիւնը ընդօրինակած է Մարկոսէն, եւ ինչպէս կը տեսնենք՝ որոշ փոփոխութիւններով: Ան ջնջած կամ «բարելաւած» է այն ինչ որ խոցելի կը համարէր «Քրիստոսի» ու քրիստոնէութեան հասցէին. բոլորովին սրբած է «*վասն զի դեռ թուզի ատեն չէր*» նախադասութիւնը, որովհետեւ «Քրիստոսին» չէր վայելէր չգիտնալ թէ «*թուզի ատեն չէր*»: Իսկ թզենիին միայն «*յաջորդ օրը չորնալու*» հարցն ալ շատ քրիստոսական չէր հնչէր. «հրաշքը» աւելի տպաւորիչ ըլլալու համար՝ պէտք էր, որ թզենին անմիջապէս չորնար...:

Հակառակ որ մեսիական ուղղափառ եկեղեցին կը պնդէ, թէ «*Յիսուս ի հարկէ չէր ենթարկուէր բոլոր մարմնական կարիքներու եւ կիրքերու… այլ այդ ամենը կը կրէր ի կամաց*»[136], աւետարանները յաճախ կը վկայեն Յիսուսի ծարաւնալուն, անօթենալուն, թէ յոգնելուն մասին, եւ այդ վկայութեանց մէջ «*ի կամաց*» ենթադրող

[136] Ազգապատում Առաջին հատոր, էջ 520–522:

ոչի՛նչ կարելի է գտնել: Հեղինակները չեն ըսեր, թէ ան ուզեց բան մը ուտել, որովհետեւ անօթի բերանը կը հոտէր, եւ այլն, այլ պարզապէս՝ «*անօթեցաւ*»: Իսկ թուզ չգտնալով զայրանալն ու թզենին անիծելը ինքնին, բացի իր խիստ ջղագրգիռ վիճակը մատնելէն, շատ յըստակ կը պարզէ նաեւ անոր ուղղակի սոված ըլլալը: Եւ նախքան ձերբակալուիլը, երբ լեռը կը բարձրանան, «ի հարկէ՞» թէ «*ի կամաց*» աշակերտներուն կ'ըսէր՝ «*իմ անձս մեռնելու չափ տրտում է ...հոգին յօժար է, բայց մարմինը տկար*»: Իսկ աղօթելու ատեն՝ «*սաստիկ նեղութեան մէջ ըլլալով՝ ...իր քրտինքը արիւնի մեծ կաթիլներու պէս էր...*»: Իսկ երբ խաչուելու կը տարուէր, մարմնով այնքան տկար էր, որ իր խաչն անգամ չէր կրցած շալկել: Եւ վերջապէս, մեռնելէն պահիկ մը առաջ, հոգեվարքի այդ վերջին վարկեանի՞ն ալ որոշած էր յանկարծ «ի կամաց» ծարաւնալ:

Թզենիին դէպքը կը պատահէր անոր կեանքին վերջին օրերուն: Հետեւաբար աշակերտները արդէն ականատես եղած պիտի ըլլային անոր կատարած բազմաթիւ «հրաշքներուն», սակայն թզենիին չորնալը «*Իբրեւ տեսին աշակերտքն՝ զարմացան*»: Յստակ է թէ զարմանքը անակնունելի երեւոյթի մը հետեւանք է. ուստի աշակերտներուն զարմանալը պարզապէս կը նշանակէ, թէ անոնք չէին ակնկալեր, որ Յովհաննէսը թզենի մը չորցնելու «զօրութիւնը» ունենար...: Արդ, ինչպէ՞ս հաւատալ համեմատաբար աննշան թզենիի մը չորցնելէն զարմացած աշակերտներուն սուտ վկայութիւններուն, թէ ականատես եղած են անոր ի ծնէ կոյրեր, անդամալոյծներ, դեւահարներ եւ այլ շատ մը ախտաւորներ բուժելուն եւ մանաւանդ «մեռելներ յարուցանելուն»:

Այդ «հրաշքներուն» գլուխ գործոցը պիտի ըլլար իր իսկ «մեռելներէն յարութիւն առնելու» անրջական հեքիաթը (fairy tale), ուր «*օդին մէջ*» կը ծփայ քրիստոնէութիւնը...: Վերյիշենք այդ հեքիաթի արարիչ Պօղոսի նշանաւոր խօսքը. «*Եթէ Քրիստոս ալ յարութիւն առած չէ, ուրեմն մեր քարոզութիւնը պարապ է, ու ձեր հաւատքն ալ պարապ է. եւ մենք ալ Աստուծոյ սուտ վկաները գտնուած կ'ըլլանք*»: Պօղոսն ալ կը պարծենար, թէ ինք Իսրայէլի տէր Եհովայէն «*իշխանութիւն ստացած էր մարդիկը շինելու կամ քակելու*», եւ իբրեւ թէ հիւանդներ կը բժշկէր, մեռելներ կը յարուցանէր, ու ողջ պիտի մնար մինչեւ «քրիստոսի վերադարձը»...: Մինչդեռ իր ուղեկից հաւատարիմ սպասաւորին առանձնապէս յղուած նամակներէն՝ բոլորովին տարբեր իրականութիւն մը կը պարզուի. «*Երաստոս Կորնթոսի մէջ մնաց. եւ Տրոփիմոսը Մելիտոսի մէջ թողուցի հիւանդացած: Ջանք ըրէ ձմեռէն առաջ գալ*... (Բ. Տիմոթէոս Դ. 20–21): Այս տողերէն կ՚իմանանք, թէ ճամբորդութեան ընթացքին, Պօղոսի սպասաւորներէն Տրոփիմոսը այնքան մը հիւանդացած էր, որ չէր կրցած ճամբան շարունակել: Իսկ Պօղոս՝ որ խիստ պէտք ունէր անոր, որովհետեւ միւս սպասաւորն ալ «*Կորնթոսի մէջ մնացած էր*»՝ Տիմոթէոսէն կը խնդրէր, որ ան «*ջանք ընէ ձմեռէն առաջ գալ*», եւ փոխանակ իր «զօրութիւնով» Տրոփիմոսը բժշկելու, զայն ծանր վիճակի մէջ ետին թողնելով՝ ճանապարհը շարունակած էր: Եթէ Պօղոս իսկապէս «բժշկելու զօրութիւն» ունենար, հաւատալիք բա՞ն է, որ Տրոփիմոսն ու միւսը, որոնց ծառայութեան խիստ պէտքը ունէր, իրենց ճարահատ վիճակին մէջ բրտութեամբ լքած ըլլար, մանաւանդ որ իրեն պէս «մեռելներն անգամ յարուցանող առաքեալի» մը համար հազիւ թէ մէկ աղօթքի կը կարօտէր զանոնք բժշկելը: Այդքա՞նն ալ պիտի զլանար իր սիրելի սպասաւորներուն:

Աւելի եւս արտառոց երեւոյթը կը վերաբերի իր ամենէն մօտիկ եւ սիրելի Տիմոթէոսին, որուն կը պատուիրէր «*Ասկէ ետքեւ լոկ ջուր չխմես, հապա քիչ մըն ալ գինի գործածէ քու ստամոքսիդ ու յաճախ հիւանդութիւններուդ համար*» (Ա. Տիմոթէոս Ե. 23): Յոյն հօրմէ եւ հրեայ մօրմէ Տիմոթէոսը՝ պատանի տարիքէն թլփատելով՝ զայն ծառայութեան առած էր Պօղոս, եւ ըստ իրեն, ան «*ստամոքսի եւ յաճախ հիւանդութիւններէ*» տառապող անձ մը եղած էր: Սակայն մեծ «հրաշագործ» Պօղոսի մտքէն իսկ չէր անցած՝ իր սպասաւոր Տիմոթէոսը երկար ժամանակէ տառապեցնող «*յաճախ հիւանդութիւնները*» բժշկել: Զգուելի կեղծիքը ակնյայտ է, որ աւելի եւս կը շեշտուի երբ որպէս դարման՝ անոր կը պատուիրէ գինի գործածել: Մինչ միամիտ հաւատացեալներուն կը քարոզէին հիւանդութեան պարագային միա՛յն անընդհատ աղօթել[137], կեղծաւոր Պօղոսները, իրենց սեղմ շրջանակին կը պատուիրէին՝ «*գինի խմել ստամոքսի ու բոլոր*

137 Յակոբու Ե. 14:

հիւանդութիւններուն համար»: Ո՞ւր մնացին քրիստոսականներուն «հրաշքները», առանց որոնց՝ Քրիստոս կոչուած Յիսուսը կը դառնայ ո՛չ թէ Եհովայի, այլ Մարիամի ապօրինի որդին՝ բիճը:

Հետեւաբար դարեր շարունակ եկեղեցին մեծ հոգածութեամբ խնամած ու մշակած է հրաշքներու աւանդութիւնը: «Հրաշքները» ամեն տեղ էին ու ամեն ժամանակ, «հրաշք» էր ամեն երեւոյթ, դէպք կամ նոյնիսկ խայտառակութիւն, զորս միամիտ հաւատացեալները եւ նոյն ինքն տգէտ կղերականները յաճախ անկարող էին ըմբռնել: Եւ որովհետեւ իմացական զարգացումն ու «հրաշքները» հակառակ յարաբերական են, քաղաքակրթութեան բարգաւաճ այս դարուն՝ «հրաշքներու» դարը վերջ գտած է: Բայց եկեղեցին աչալուրջ կը հետեւի աշխարհի անցուդարձերուն, եւ երբեմն կը վարձատրուի՝ Մարիամի նկարէն իւղ հոսելու կամ ապակիի մը մէջ անսովոր արտացոլում մը Մարիամին կամ քրիստոսին նմանելու «հրաշքներով»...: Ո՞վ ճանչցած է Մարիամն ու իր որդին, որ կարենայ ապակիին մէջ պսպղուն սալարկին՝ յստակ ձեւ մը իսկ չունեցող ցոլացումը անոնց նմանցնէ: Իսկ քրիստոսները չե՛ն կրնար աւելի գործնական՝ մարդօգուտ «հրաշքներ» ցոյց տալ, երբ երկիւղած քրիստոնեաները եկեղեցիներուն մէջ փակուած՝ ողջ-ողջ կայրուին, մարդկութիւնը անօթութենէ, անիրաւութիւններէ, հարստահարութիւններէ, միջուկային պատերազմներէ, սարսափելի ախտերէ ու համաճարակներէ կը տառապի:

* * *

Քրիստոնեան յիմարութիւնը արարող Պօղոսը պիտի հնարէր նաեւ զայն ստգտանող իմաստութիւնը դիմակալելու «համճարեղ» բանաձեւ մը[138], քրիստոսաբանութեան պողպատեայ լանջապանը՝ ըստ որուն կայ *«այս աշխարհի հոգին»*, կայ նաեւ *«հոգի որ Աստուծմէ է»*: Եւ իբրեւ թէ այս բոլոր յիմարութիւնները իրենց *«տրուած էին Աստուծմէ»*, զորս իրենք ալ կը քարոզէին՝ *«կը խօսէին հոգիին սորվեցուցած իմաստութիւնով»*: Ուրեմն, կ'ըսէ ան, *«հոգեւոր բաները հոգեւորի հետ կը յարմարցնենք»*: Հետեւաբար՝ *«շնչաւոր մարդը*

[138] Ա. Կորնթացիս Բ. 9–15:

Աստուծոյ հոգիին բաները չընդունիր, վասն զի անոնք իրեն յիմարութիւն են, ու չկրնար ալ գիտնալ», որովհետեւ այդ բաները «*հոգեւոր կերպով կը քննուին*»: Այդպիսով՝ մեսիականները կը զրահաւորուէին ամեն քննադատութեան դէմ: Կարեւոր չէ թէ որքան զարգացած ու իմաստուն անձ մըն ես. եթէ քրիստոնէութիւնը կեղծ ու յիմարութիւն կը թուի քեզի, ապա որովհետեւ դատարկ ես «*Աստուծոյ հոգեւոր իմաստութենէն*»: Ու կ'եզրաբակէ. «*ան որ հոգեւոր է՝ ամեն բան կը քննէ, ու ինք մէկէ՛ն չքննուիր*»: Մարդը բացարձակապէս կը զրկէ մտածելու, տրամաբանելու ու խօսքի ազատութենէ, որովհետեւ միայն իրե՛նք՝ «*հոգեւորները*» իրաւունքը ունէին ամեն բան «*քննելու*» եւ «*խօսելու*», եւ ո՛չ ոք իրաւունք ունի «*հոգեւորները քննելու*»: Պարզ խօսքով՝ կամ կուրօրէն կ'ընդունիս եկեղեցիին պարտադրած յիմարութիւնները որպէս սրբութիւններ, կամ ալ «*Աստուծոյ հոգիին*» անհաղորդ ու գիրքերը հասկնալու անընդունակ կը հռչակուիս: Ի զուր չէ, որ եկեղեցին անընդհատ տգիտութիւն սփռած է աշխարհով մէկ. որքան հօտը տգէտ ըլլայ, այնքան կը դիւրանայ եկեղեցիին գործը:

Սակայն ի՞նչ է այդ «հոգի» ըսուածը: Քրիստոսաբանութիւնը հաւատացեալները համոզած է, թէ մարմինէն անկախ՝ կայ ներքնագոյ աննիւթական, աներեւոյթ ու անմահ գոյացութիւն մը, որ կը կոչուի «հոգի», որ ինքնին «յաւիտենական կեանք» կը նշանակէ...: Ալ ինչի՞ կը ծառայէ քրիստոնէութեան վաճառած «յաւիտենական կեանքը», բացի «հոգին» յաւիտեանս յաւիտենից դժոխքի կրակներուն մէջ խորովելու սպառնալիքով՝ միամիտները «*Հրէից թագաւորի*» ոտքերուն պատունադան դնելէ: Ուստի մեզ հաւատացուցած են, թէ մահը Եհովայի կամքով՝ «հոգիին» մարմնէն անջատումն է, «հոգին աւանդելը», քանզի «*հոգին է կենդանի ընողը, մարմինը շահ մը չ'ըներ*» (Յովհաննու Զ. 64) եւ այլն:

Մատթէոսի ԻԷ. [50]Եւ Յիսուս դարձեալ մեծ ձայնով աղաղակեց, ու հոգին աւանդեց:

Մատթէոսի Ժ. [28]Եւ մի վախնաք անոնցմէ՝ որ մարմինը կը սպաննեն, ու չեն կրնար հոգին սպաննել ...

Ղուկասու Ը. ..կանչեց՝ ըսելով, աղջիկ, ելիր: [55]Եւ անոր հոգին դարձաւ, ու իսկոյն ոտքի ելաւ:

Ուրեմն՝ երբ Եհովան որոշէ «հոգիդ քեզմէ պահանջել», որովհետեւ ինքն է «հոգին տուողը», կը մեռնիս: Իսկ երբ հոգիդ վերադարձընէ, կեանքի կը վերադառնաս: Այսինքն՝ կենդանութիւնն ու մահը կախեալ են «հոգիի» գոյութենէն կամ չգոյութենէն, եւ ոչ մէկ առընչութիւն ունին մարնին հետ: Այլ խօսքով, նոյնիսկ փողոտելով կարելի չէ մարմինը մեռցնել, եթէ Եհովան «հոգին չանջատէ» անկէ, որովհետեւ «*կենդանի ընողը հոգին է*», որուն որպէս ապացոյց, անշուշտ zombie քրիստոնեաները ընդունած են «ոչինչ ապացուցանող» հաւատքը: Մակայն ընթացիկ գետեղիք է, զէթ ներկայ ժամանակներուն, թէ մահը բացարձակապէս զուտ մարմնային է. հետեւանքն է մարմնի կենսական գործարաններու գործելէ դադրելուն կամ խանգարումին: Այլ տեսակի մահ գոյութիւն չունի եւ չի կրնար ըլլալ...: Հայկական ասացուածքը կ'ըսէ. «խենթը քար մը գլորեց փոսը, տասը խելացի չկրցան հանել»: Մեսիականներն ալ «հոգի» կոչուած զրաբանութիւն մը գլորած են քրիստոսականութեան անդունդը, եւ համա՛յն քրիստոնեայ ստրուկներու աշխարհը տակաւին եւս կը փորձէ զայն շալկելով՝ Գողգոթա բարձրացնել:

ԱՅԼ ԱԶԳԱՅԻՆ ԱՍՏՈՒԱԾՆԵՐՈՒ ՍՊԱՆԴԸ

Նախքան յուդայա-քրիստոնէութեան նման կազմակերպուած ապազգային կրօններու տիրապետումը, ամեն ժողովուրդ ունէր հազարամեակներու կենցաղավարութեամբ թրծուած՝ ներդաշնակ ամբողջութիւն մը կազմող իր ուրոյն մշակոյթը, հաւատամքն ու գերագոյն Աստուածը, որուն անունովը կը ճանչցուէին երկիրն ու ժողովուրդը (*“La haute antiquité ne faisait pas de différence entre un pays et ses dieux*. Dr. G. Contenau): Այդ ընբռնողութեամբ է, որ Յ. Փլաւիոս մատենագիրը Ծոփքի Ադրազար թագաւորը կոչած է Արայի որդի[139]: Օրինակ՝ կը գրէ, թէ «*Ծոփաց Ադրազար թագաւորին՝ Արայի որդւոյն դէմ քալեց եւ Եփրատի քով պարտերազմելով...*»: Ադրազար թագաւորին հօր անունը Արա չէր, բայց Փլաւիոս՝ ըստ ժամանակի աւանդութեանց, անոր ազգային պատկանելութիւնը շեշտելու նպատակա՛ւ է, որ զայն Արայի որդի կոչած է: Այդպիսով

139 “Turned his victorious arms on Adrazar, the son of Arach [son of Ara], king of Sophene. Sophene (Armenian: Ծոփք, romanized: Tsop'k', Ancient Greek: Σωφηνή, romanized: Sōphēnḗ) was a political entity situated between ancient Armenia and Syria, ruled by the Orontid (Երուանդունի) dynasty.”

էր, որ տարբեր ժողովուրդներ իրարմէ կը զանազանուէին, որովհետեւ ցեղի մը իւրաքանչիւր անդամը՝ սերունդն ու որդին էր իր ազգային գերագոյն Աստուծոյն, որ ընդհանրապէս տուեալ ժողովուրդի իւրայատուկ մշակոյթը, աւանդութիւնները, հաւատամքն ու նկարագիրը ցոլացնող՝ աստուածացած նախահայրն էր: Արի հայերու պարագային, ԱՐ-ԱՐԱ ազգային գերագոյն Աստուածոյն անունո՛վ միայն կը բնորոշուէր անոր Արի սերունդներուն ազգային պատկանելիութիւնը. ինչպէս Մարտիրոս Գաւուքճեան կը փաստարկէ՝ Արմա կամ Արա-մա, այսինքն Ար-Արա Աստուծոյ որդի (Արաբերէն՝ Ար-Մա-նի): Հետեւաբար, Յուդայութեան հեղինակներն ալ, նոյն այդ օրինակով, պիտի կերտէին հայր Աբրահամի կերպարը, ըստ որուն՝ Աբրահամի որդի կը նշանակէր օրինաւոր հրեայ, որ աւետարանական Յիսուսի բերնով բազմիցս շեշտած են աւետարանիչները: Ան իբրեւ թէ շաբաթ օրով հրեայ կին մը բժշկելուն պատճառաւ զինք այպանող հրեաներուն ըսած էր, «հապա ասիկա, որ Աբրահամի աղջիկ էր (Ղուկասու ԺԳ. 16), կամ Զակէոսի պարագան, ուր ըսուած է, «այսօր այս տանը փրկութիւն եղաւ, քանզի ասիկա ալ Աբրահամի որդի է»: Ո՛չ այդ կնոջ, ոչ ալ Զակէոսի հօրը անունը Աբրահամ էր: Աւետարանիչը անոնց օրինաւոր հրեաներ ըլլալը շեշտելու համար է, որ զանոնք Աբրահամի որդի կը կոչէ. «ըսին անոր, մեր հայրը Աբրահամ է...» (Յովհաննու Ը. 39):

Ազգային ուրոյն հաւատամքը, իր հարազատ Աստուածներու հովանիով, ժողովուրդի մը գոյութեան սպառնացող արտաքին վտանգներուն ու այլասերման դէմ ծառացող պողպատեայ զրահը, պատեանն ու բնական դիմադրականութիւնն (immune system) էր, որուն կառչելով ժողովուրդներ ամեն հալածանք ու չարիք կը յաղթահարէին, անոնց ազգային հաւաքական յիշողութիւնը, հպարտութիւնը, արժանապատուութիւնն ու ազատագրական պայքարի ոգին միշտ վառ կը մնային: Այդպիսով էր, որ ազգերը կը յարատեւէին ու կը պայքարէին մինչեւ յաղթանակ: Իսկ մտովին նուաճուածները, ինչպիսին ենք քրիստոնեաներս, անխուսափելիօրէն դատապարտուած պիտի ըլլային վերջնական կորուստի[140], «*վասն զի ինչ բանէ որ մէ-*

---

[140] «Մեր ժողովուրդի փրկութիւնը նրա հոգեկան զարգացման մէջ է, նրա մտագոր վեհութեան եւ մեծութեան, ինչ որ առաջ կարելի է բերել շատ երկար, շատ դժուարին

կը յաղթուի, անոր ծառայ ալ կ՚ըլլայ» (Բ. Պետրոսի Բ. 19)։ Այդ իմաստով, քրիստոսականութեան Միքիայ Դ. բանաձեւի՝ «*աշխարհը ժառանգելու*» դաւադրութեան դարը կը սկսի «*թշնամիները Աստուծոյ ոտքերուն պատուանդան դնելու*» միջնորդ՝ «քրիստոսով».

Բ. Կորնթացիս Ժ. [4]Մեր գիտութեան զէնքերը մարմնաւոր չեն, հապա Աստուծմէ զօրութիւն առած՝ ամրոցներ քակելու. մենք խորհուրդներ կը քակենք, [5]եւ Աստուծոյ գիտութեանը դէմ բոլոր հպարտացած բարձր բաները, ու բոլոր միտքերը Քրիստոսի հնազանդութեանը գերի կ՚ընենք. [7]եւ պատրաստութիւնը ունինք վրէժ առնելու ամեն անհնազանդութենէ...։

Հռովմայեցիս Բ. [26]Ուստի եթէ անթլփատութիւնը օրէնքին իրաւունքները պահէ, չէ՞ որ անոր անթլփատութիւնը թլփատութիւն պիտի սեպուի... [28]վասն զի հրեայ չէ ան որ դրսուանց է, եւ թլփատութիւն չէ այն որ դրսուանց մարմինով է. [29]հապա հրեայ ան է որ ներսուանց է, եւ թլփատութիւն սրտինը հոգիով...։

Կողոսացիս Բ. [11]դուք անձեռագործ թլփատութիւնով թլփատուեցաք մեղաց մարմինը մերկանալով, քրիստոսի թլփատութիւնովը։ [12]Թաղուելով անոր հետ մկրտութիւնով, որով նաեւ անոր հետ յարութիւն առիք։

Փիլիպպեցիս Գ. [3]թլփատութիւնը մենք ենք, որ հոգիով Աստուած կը պաշտենք, ու կը պարծենանք քրիստոս Յիսուսով։

Եփեսացիս Բ. ...ատեն մը մարմինով հեթանոսներ ըլլալով, [12]որ այն ատեն դուք առանց քրիստոսի էիք, ու հեռացած էիք Իսրայէլի քաղաքակցութենէն, եւ օտարացած խոստմունքին ուխտերէն... [13]Բայց հիմա քրիստոս Յիսուսով դուք որ ատեն մը հեռաւոր էիք, մերձաւոր եղաք քրիստոսի արիւնովը... [19]Ուրեմն ա՛լ ասկէ ետեւ դուք օտար ու պանդուխտ չէք, հապա սուրբերուն քաղաքակիցները եւ Աստուծոյ ընտանիքը։

աշխատանքով։ Հայ ժողովուրդը պարտուեց ֆիզիքապէս, ապա հոգեպէս եւ հիմա էլ ոչնչանալու վրայ է մտաւորապէս։ Այն բոլոր ազգերը միայն պիտի կարողանան ապրել, գալիք սարսափելի դէպքերի միջոցին, որոնք ինքնուրոյն եւ ուժեղ մշակոյթ ունեն, որոնք մարդկութեան համար անհրաժեշտ տարր են կազմում, որոնք կարող են իշխել ուրիշների վրայ իրենց մտքի եւ հոգու զօրութեամբ։ Միւսները ճակատագրականօրէն ոտնակոխ պիտի լինեն եւ պիտի անհետանան։ Ու մշակոյթ ըսուած բանը ոչ հանդէսներով է ստեղծւում եւ ոչ էլ փողոցները վազող ֆրանսական աժան մտքի կրկնութիւններ ծամծմելով։ Հայ ազգը պէտք ունի թէ զէնքով կռուող հերոսների եւ թէ մանաւանդ մտաւոր ազնուական դասի։ Այն որ ես անուանում եմ Արարատեան մարդը։ Նոր այդ հայը որ կամ պիտի վերագտնի իր նախաքրիստոնէական, միթրայական առաքինութիւնները կամ պիտի անհետանայ» (Կոստան Զարեան)։

Շատ յստակ ըսուած է. «անթլփատը», այսինքն այն, որ ծնունդով հրեայ չէ, քրիստոնեայ «մկրտուելով՝ իր մեղաւոր մարմինը կը թաղուի քրիստոսի հետ», որպէսզի «քրիստոսի թլփատութիւնովը վերածնի», որպէս «անձեռագործ թլփատութիւն»: Որովհետեւ՝ «*թլփատութիւն չէ այն որ դրսուանց մարմինով է. հապա հրեայ ան է որ ներսուանց է, եւ թլփատութիւն սրտինը հոգիով*»: Մենք, որ «Իսրայէլի քաղաքակցութենէն» անբաժին էինք, «քրիստոսի արիւնովը եղանք Իսրայէլի քաղաքակիցները», ուր կը վերանան ինքնութեան բոլոր տարբերութիւնները, ու «*ամենը մէկ կ՚ըլլան քրիստոսով*», կ՚ըլլան Իսրայէլի տէր Եհովայի ընտանիք... ո՛չ մարմնովին, այլ հոգիով (հաւատքով) թլփատուած հրեաներ, մեսիական լեզուով՝ քրիստոնեաներ: Ուստի, իր ամբողջ էութեամբ ազգի գաղափարը մերժող, հալածող, բռնաբարող ու արմատախիլ ընող քրիստոնէութիւնը՝ միայն մէկ ժողովուրդ կը ճանչնայ, որն է քրիստոսի եկեղեցիով համախմբուած «Եհովայի ընտանիքը», ուր այլեւս միա՛կ ընդունուած տեսակը Աբրահամի սերունդ՝ հրեան է.

> **Կողոսացիս Գ.** ... հին մարդը իր գործերովը ձեր վրայէն հանեցէք. [10]Եւ հագէք այն նորը գիտութիւնով նորոգուած՝ իր Ստեղծողին պատկերին պէս. [11]Ուր Յոյն ու Հրեայ, թլփատութիւն ու անթլփատութիւն, Բարբարոս, Սկիթացի, ծառայ կամ ազատ չկայ. հապա քրիստոս է ամենը՝ եւ ամեն բանի մէջ:

> **Ա. Կորնթացիս ԺԲ.** [13]Վասն զի մենք ամենս մէկ հոգիով մէկ մարմին ըլլալու մկրտուեցանք, թէ՛ հրեաներ, թէ՛ հեթանոսներ, թէ՛ ծառաներ, թէ՛ ազատներ ...:

Ժամանակի քրիստոսականները երբեք չեն ուրացած իրենց ցեղամոլ հրեաներ ըլլալու իրականութիւնը, եւ այդ նոյն ցեղամոլ նկարագրով յօրինած են նաեւ Իսրայէլի սերունդներուն յատուկ Նոր Ուխտն ու աւետարանական Յիսուսի կերպարը, որ եկած էր Յուդայութեան «*Օրէնքն ու մարգարէները կատարելու*», իսկ օտարին՝ իր հարազատ ընտանիքը ատել բայց թշնամին սիրել քարոզելու...: Ան օտարներէս նողկալով[141], մեզ խոզեր, շուներ եւ ողորմութեան անարժան կը յայտարարէր: Հետեւաբար իր ողորմութեանը արժանի նկա-

---

[141] Մատթէոսի ԺԵ. 21–26:

տունելու համար՝ օտարէն կը պահանջէր մանաւանդ «*հոգիով՝ անձեռագործ թլփատութիւնով թլփատուիլ*» ու Իսրայէլի տէր Եհովայի «*ժողովուրդին մէջ հաստատուիլ*», այսինքն՝ ըլլալ հրեայ: Յայտնութիւն Յովհաննու հեղինակէն կը պահանջէր՝ յանդիմանել «*Զմիւռնայի եւ Փիղադեղփիայի եկեղեցիները, անոնց հայհոյութիւնը՝ որ կ՚ըսեն թէ իրենք հրեայ են, ու չեն, հապա Սատանայի ժողովք մը*» (Յայտնութիւն Բ. 9, Գ. 9): Քանզի քրիստոսով հրեայ ըլլալը «խոստովանելով» չէ միայն, այլ իր նման՝ կոյր հաւատքով Օրէնքին ու մարգարէներուն ծառայելով:

Քրիստոնեայ բառը գոյութիւն չունի կանոնական աւետարաններուն մէջ: Այդ անուանումը առաջին անգամ պիտի կատարուէր՝ Պօղոսի Անտիոք ժամանումով. «*եւ ուսուցանել ժողովուրդ բազում, եւ անուանել նախ յԱնտիոք զաշակերտեալսն՝ քրիստոնեայս*» (Գործք ԺԱ. 26), որ Եբրայերէն *meshichim*՝ մեսիականներ անուանման յունարէն թարգմանութիւնն է: Պօղոս Անտիոքի մէջ Եհովայի հաւատքին դարձուցած օտարները՝ «*զաշակերտեալսն*»՝ անուանած էր քրիստոնեաներ, որոնց մաս չէին կազմեր իրենք՝ հրեայ քարոզիչները: Քրիստոնեայ անուանումը յատուկ էր այդ «աշակերտուած» օտարներուն...: Իսկ զանոնք քրիստոնեայ անուանող «առաքեալները» ի՞նչ էին, ի՞նչ անունով կը ճանչցուէին.

Բ. Կորնթացիս ԺԱ. ... ինչ բանով որ մէկը պարծենալու կը համարձակի, ես ալ կը համարձակիմ: [22]Անոնք Եբրայեցի՞ են, ես ալ. Իսրայէլցի՞ են, ես ալ. [23]Աբրահամի՞ սերունդ են, ես ալ. Քրիստոսի՞ պաշտօնեաներ են, ալ աւելի ես...

Փիլիպպեցիս Գ. ... եթէ ուրիշ մէկը կը կարծէ թէ վստահութիւն ունի մարմնի վրայ, ալ աւելի ես. [5]ութ օրուան թլփատուած, Իսրայէլի ազգէն, Բենիամինի ցեղէն, Եբրայեցի՝ Եբրայեցիներէ, Օրէնքին նայելով Փարիսեցի:

Գործք առաքելոց ԺԱ. [18]Եւ հետեւեալ օրը Պօղոս մեզի հետ Յակոբոսի քով գնաց, ու բոլոր երէցներն ալ եկան: [19]Եւ զանոնք բարեւելով մի ըստ միջոցէ կը պատմէր ինչ որ Աստուած հեթանոսներուն մէջ ըրաւ իր ծառայութիւնովը: [20]Անոնք ալ լսելով՝ փառք կու տային Տէրոջը, եւ ըսին իրեն, կը տեսնե՞ս եղբայր, քանի՜ բիւրաւոր հաւատացեալ հրեաներ կան, ու ամենն ալ օրէնքին նախանձաւոր են:

Ուրեմն «*բոլոր երէցները*», Երուսաղէմի եկեղեցիի տիտան՝ Յակոբոսը, քրիստոսեան վարդապետութեան բանահիւս քրիստոս Պօղոսն ու այլոք, որոնք կը պարծենային «*թլփատուած Իսրայէլցիներ ու Աբրահամի սերունդ*» ըլլալնուն, նստած փառք կու տային Պօղոսի «*ծառայութիւնովը Աստուծոյ՝ հեթանոսներուն մէջ ըրած*» հպատակեցման համար: Եւ կը հպարտանային «Երուսաղէմի եկեղեցիին» ճիգերով ալ Պաղեստինի տարածքին պատրաստուած՝ «*օրէնքին նախանձաւոր բիւրաւոր հաւատացեալ հրեաներու*» բանակներով: Անոնք իրենք այդպէս կը ճանչնային զիրար. «օրէնքին նախանձաւոր» ցեղամոլ հրեայ Zealot եղբայրներ. իսկ քրիստոսով հրեայի վերածնած «*հոգիով թլփատուածներս*՝ քրիստոսեան *հեթանոսներ*».

Գաղատացիս Բ. [14]Բայց ես երբ տեսայ որ աւետարանին ճշմարտութեանը մէջ չեն քալեր, ամենուն առջեւ Պետրոսի զրուցեցի, եթէ դուն, որ հրեայ ես, հեթանոսի պէս ու ոչ թէ հրեայի պէս կ'ապրիս, ի՞նչպէս հեթանոսները կը ստիպես հրեայի պէս վարուելու: [15]Մենք որ բուն հրեայ ենք, եւ ոչ թէ հեթանոսներէն մեղաւորներ:

Քրիստոսականութեան ճարտարապետ՝ հիմնադիր Հայր Պօղոսը, Երուսաղէմի Zealot-ներու «եկեղեցիի» սիւներէն Պետրոսը կ'ամբաստանէ՝ «*աւետարանին ճշմարտութեանը մէջ շիտակ չքալելու*» յանցանքով: Խօսքը կը վերաբերի իր յօրինած ու քարոզած «*քրիստոսական աւետարանին*», ըստ որուն հեթանոսներն անգամ ստիպուած էին «*հրեայի պէս ապրելու*», եւ մանաւանդ իրենք՝ որ «*բուն հրեաներ էին, եւ ոչ թէ հեթանոսներէն մեղաւորներ*»: Պօղոս բացայայտօրէն կը յայտարարէ, թէ ինք՝ քրիստոսեան վարդապետութեան միակ հեղինակը՝ ու «Երուսաղէմի եկեղեցի» կոչուած քրիստոսական դաւադրութեան պարագլուխ առաքեալները բուն հրեաներ էին, ի տարբերութիւն քրիստոսով հրէութեան դարձած «*հեթանոսներէն մեղաւորներուն*», զորս «*կը ստիպէին հրեայի պէս վարուիլ*», ըլլալ հրեայ, որպէսզի հրեայ Եհովան «*բարեհաճի զանոնք հաւաքել իր ժողովուրդին մէջ*»...»: Այդ հիմնադիր սերունդի ցեղամոլ հրեայի վերաբերմունքը՝ ոչինչով կը նմանի մերօրեայ հակաազգայնական եկեղեցիի ու կղերականութեան կեղծած «ազգային եկեղեցի» ձաքրոտուքին: Քրիստոնէութիւնը որպէս «ազգային կրօնք» դաւանողները երբեք անդրադարձա՞ծ են, թէ ազգի գաղափարէն զարշող ու բոլոր ճամբաներով դէպի Սիօն տանող Քրիստոսի ու իր եկեղեցիէն ներս՝ ազգային բացարձակապէս ոչինչ գոյութիւն ունի: Կամ անդրադարձա՞ծ են, թէ *«Մովսէսի բարձրացուցած օձին»*՝ Սատանային օրինակով, ցիցի մը հեղուսուած «թագաւոր Հրէից»ը կը պաշտենք ու կը փառաբանենք...: «Վասն զի ինչ բանէ որ մէկը յաղթուի, անոր ծառայ ալ կ՛ըլլայ»: Ժամանակի մեսիականները երբեք չեն ուրացած. ընդհակառակն՝ անոնք շատ յստակ կը հաստատեն, թէ քրիստոս Յիսուսը ընդունիլ կը նշանակէ անոր նման՝ ըլլալ հըրեայ, նուիրուիլ Իսրայէլի տէր Եհովային, օրէնքին ու մարգարէներուն. *«Ուրեմն մենք հաւատքով օրէնքը կը խափանե՞նք. Քաւ լիցի. Հապա օրէնքը կը հաստատենք»* (Հռովմայեցիս Գ. 31).

Հռովմայեցիս Բ. [17]Ահա դուն հրեայ ըսուեր ես, եւ օրէնքին կրթներ ես, ու Աստուծմով կը պարծենաս, [28]եւ անոր կամքը գիտես, ու տարբեր բաները կը զանազանես՝ օրէնքէն խրատուած ըլլալով. [19]եւ քու անձիդ վրայ վստահութիւն ունիս՝ թէ կոյրերուն առաջնորդ ես, խաւարածներուն լոյս, [20]անմիտներուն խրատ տուող, տղայոց վարժապետ, եւ թէ գիտութեան ու ճշմարտութեան կերպարանքը օրէնքէն ունիս:

Հռովմայեցիս Թ. [3]Իմ մարմնի կողմանէ եղբայրներուս ու ազգականներուս համար, [4]որոնք իսրայէլացի են. Որոնցն է որդեգրութիւնը ու փառքը եւ ուխտերը ու օրինադրութիւնը եւ պաշտօնը ու խոստմունքները.. [5]իրենցն են նահապետները, իրենցմէ եկաւ Քրիստոս ալ մարմնի կողմանէ...:

Հռովմայեցիս Ժ. [1]Եղբայրներ, իմ սրտիս փափաքը ու աղօթքը առ Աստուած Իսրայէլի փրկուելուն համար է...:

Հռովմայեցիս ԺԱ. [12]Ուստի եթէ անոնց յանցանքը աշխարհի մեծութիւն եղաւ, ու անոնց նուաստութիւնը՝ հեթանոսներուն մեծութիւն, ալ որչափ անոնց լրութիւնը [17]...դուն որ վայրենի ձիթենի էիր՝ անոնց մէջ պատուաստուեցար, ու ձիթենիին արմատին եւ պարարտութեանը հաղորդ եղար. [25]Վասն զի չեմ ուզեր, եղբայրներ, որ չգիտնաք այս խորհուրդը... [26]այսպէս բոլոր Իսրայէլ պիտի փըրկուի. Ինչպէս գրուած է, Սիօնէ պիտի գայ փրկիչը, ու Յակոբէ ամբարշտութիւնները մէկդի պիտի դարձնէ:

Իսրայէլի փրկութեան միակ իղձով տառապող Ցեղամոլ Պօղոս շատ յստակօրէն կը վկայէ, թէ իր յօրինած քրիստոնեան աւետարանի «ճամբուն համեմատ»՝ պարզապէս իր հայրենի Եհովան, Օրէնքն ու մարգարէներն էր, որ կը պաշտէր, քանզի հրեային *«է որդեգրութիւնը ու փառքը եւ ուխտերը ու օրինադրութիւնը եւ պաշտօնը ու խոստմունքները… իրենցն են նաեւ նահապետները»*, զորս մեր ուեւրուն բեռցնելով՝ կը միտին մեզ ձգել պարտքի տակ, պարտապան Յուդայութեան ու հրեայ նահապետներուն: Ան կը վկայէ, թէ այդ «նահապետներէն եկած էր նաեւ այդ խռովարար քրիստոսը», որոնք «Իսրայէլի փրկութեան համար զոհուած» այդ խռովարարի միջնորդութեամբ՝ մեզ որդեգրած են որպէս Եհովային դարձած՝ խորթ հրեաներ… կարծես ճարահատ որբեր ըլլայինք: Հետեւաբար՝ կ՚ըսէ ան. *«ձեզի համար աղօթք կ՚ընենք որ մեր Աստուածը ձեզ արժանի ընէ ձեր կոչումին»* (Բ. Թեսաղոնիկեցիս Ա. 11): Ուրեմն անոնց աղօթքը լսելով՝ իրենց հրեայ Եհովան որոշած էր մեզ ծախու առնել «քրիստոսով» ու պատուաստել «հրէութեան պարարտ ձիթենիին վրայ», որուն «նուաստութիւնն անգամ մեծութիւն է հեթանոսներուս»…: Անշուշտ այս բոլորի մասին մենք կարծիքի իրաւունք չունէինք, որովհետեւ իրենք մեզմէ աւելի լաւ գիտէին, թէ ո՛րն էր մեզի համար «լաւը, բարենպաստը», զոր բռնի ույժով՝ բռնաբարելով պարտադրեցին: Միքիայ Դ. բանաձեւին թիրախ ընտրուած՝ «տգէտ, յիմար թէ ցածազգի» թշուառ ամբոխները՝ բացարձակապէս ոչինչ կը հասկնային այդ ցեղամոլ տզրուկ մեսիականներուն լեզուէն, անոնց բաղձանքը աւելի լաւ կեանքի մը յոյսն էր, որ մեսիականները կը խոստանային… անշուշտ հետ մահու, եւ յաջորդ սերունդները պիտի ըստ այնմ դաստիարակուէին կուրօրէն, ամենեւին անգէտ այդ ունայն յոյսի աղետալի չարիքէն:

Յայտնութիւն Է. հրեշտակներուն, որոնց իշխանութիւն տրուած էր երկրի ու ծովուն վնասելու, [3]ու ըսաւ, երկրի վնաս մի ընէք, ոչ ծովուն, ոչ ալ ծառերուն, մինչեւ մեր Աստուծոյ ծառաներուն ճակատները կնքենք: [4]Եւ կնքուածներուն համրանքը լսեցի, որ էր հարիւր քառասունչորս հազար՝ Իսրայէլի որդիներուն բոլոր ցեղերէն կնքուած. [5]Յուդայի ցեղէն տասներկու հազար կնքուած, Ռուբէնի ցեղէն տասներկու հազար կնքուած, Գադի ցեղէն տասներկու հազար …:

Յայտնութիւն Թ. [4]Եւ անոնց ըսուեցաւ որ չվնասեն երկրի կանանչեղենի մը, հապա միայն այն մարդոց, որոնք իրենց ճակատին վրայ Աստուծոյ կնիքը չունին: [5]Եւ անոնց հրաման տրուեցաւ որ չսպաննեն զանոնք, հապա չարչարեն...:

Յայտնութիւն ԺԴ. Եւ տեսայ, եւ ահա Գառնուկը կայներ էր Սիօն լեռանը վրայ, ու անոր հետ հարիւր քառասունչորս հազարը, որոնք ունէին [անոր անունը եւ] անոր հօր անունը իրենց ճակատներուն վրայ գրուած:

Յայտնութիւն Ի. [15]Եւ ով որ կենաց գիրքին մէջ գրուած չգտնուեցաւ, կրակի լիճին մէջ ձգուեցաւ:

Յայտնութիւն ԻԱ. ... եւ ցուցուց ինծի սուրբ Երուսաղէմ քաղաքը, որ երկինքէն Աստուծմէ կ'իջնէր. [11]Ու Աստուծոյ փառքը ունէր, եւ անոր լուսաւորութիւնը խիստ պատուական քարի նման էր, ակնվանիի երեւոյթով յասպիսի քարի պէս: [12]Եւ անոր պարիսպը մեծ ու բարձր էր, եւ տասուերկու դռներ ունէր, ու դռներուն վրայ տասուերկու հրեշտակներ կային, եւ դռներուն վրայ անուններ գրուած էին՝ այսինքն Իսրայէլի տասուերկու ցեղերուն անունները: ... [14]Եւ քաղաքին պարիսպը տասուերկու հիմեր ունէր. ու անոնց վրայ Գառնուկին տասուերկու առաքեալներուն անունները գրուած էին... [27]Եւ հոն բնաւ անմաքրութիւն մը պիտի չմտնէ, ոչ ալ պղծութիւն ու ստութիւն գործող մը, հապա միայն անոնք՝ որ Գառնուկին կենաց գիրքին մէջ գրուած են:

Յայտնութիւնը՝ աշխարհը ժառանգելու մեսիական մտատիպարի գաղափարաբանութիւնն է, որուն առանցքը, ինչպէս յստակ է վերեւի վկայութիւններէն, առասպելական «Իսրայէլի տասուերկու ցեղերն» են. իւրաքանչիւր ցեղէն տասուերկու հազար», ընդհանուրը «հարիւր քառասունչորս հազար»՝ իրենց ճակտին Եհովայի կնիքը ունեցող «բուն հրեաներու» ջոլիրն է, որ «քրիստոսին հետ Սիօնի լեռան վրայ» գոհունակութեամբ կը դիտեն «կրակի լիճին մէջ ձգուած»՝ քրիստոսով փրկուելու յոյսը փայփայող անգէտ ստրկամիտները:

Ուղեղները լուացող եւ ծրագրաւորող (programming)՝ տնտեսական ու ընկերա-քաղաքական վիթխարի եւ հետզհետէ կատարելագործուող քարոզչական համացանցի ազդեցութիւնը հասած է այլեւս ոչ այնքան միամիտ եւ ուսեալ կարծուած ամբոխներն անգամ կլանող աղետալի չափերու...: Եւ «*բոլորը կ՚արտորան Իսրայէլի տէր Եհովայի թագաւորութեանը մէջ մտնելու*»: Ինչպէս Իսրայէլեան Միացեալ Նահանգներու նախագահներէն՝ մեսիականութեան երկրպագու ծառայ Reagan-ը պիտի ճառէր, թէ «*Հրէական աւետարանի մարգարէութիւնները ճշգրտութեամբ կը նկարագրեն մեր օրերու եղելութիւնները*», եւ իբրեւ թէ «*Իսրայէլը միակ կայուն ժողովրդավարութիւնն է, որուն կրնանք վստահիլ այս աշխարհամասին մէջ, ուր կրնայ գալ Արմագեդոնը...*»:

Արմագեդոնը մեսիականներուն աշխարհը ժառանգելու ծրագրով՝ «բարիին ու չարին» կամ «լոյսի եւ խավարի որդիներուն» միջեւ վերջին պատերազմն է, «քրիստոսի երկրորդ գալուստը», որ կը պայմանաւորուի Իսրայէլի ամբողջական տիրապետութեան հաստատումով: Այս մտածելակերպը ոչ միայն Reagan-ի ու իր վարչակարգի՝ այլ համայն քրիստոնեայ Արեւմուտքին կիրարկած քաղաքականութեան հիմքը կազմող համոզումը կը ցոլացնէ: Ինչպէս օրինակ «նոր ծնած քրիստոնեայ» անմիտ Bush-ը, զինք շրջապատող սիօնական վարչակարգի սադրանքով՝ Իրաքի մասին կեղծ ամբաստանութիւններով՝ «Չարիքի առանցքին» դէմ պատերազմ պիտի հրչակէր...: Այդ խամաճիկները Իսրայէլի տէր Եհովայի «*գիտութեանը դէմ բոլոր հպարտացած բարձր բաները, ու բոլոր միտքերը Քրիստոսի հնազանդութեանը գերի ընելու*» քաղաքականութեան ստորակամիտ վարձկաններն են, եւ որպէս այդպիսին, փոխան իբրեւ բարբարոս ոճրագործներ դատապարտուելու, մեծերու կարգին պիտի դասուէին:

Նմանապէս, Բրիտանիոյ աշխարհատիրական մեծամտութիւններէն մէկն ալ պիտի ըլլար ուղղակի «Իսրայէլի կորսուած տասը ցեղերէն սերած» ըլլալու վարկածը՝ "British-Israelism"ը[142]: Որովհետեւ Sharon Turner-ի ուսումնասիրութիւնները Anglo-Saxon ցեղերու հայ-

---

[142] "British-Israelism (also called Anglo-Israelism) belief that the people of Great Britain are genetically, racially, and linguistically the direct descendants" of the Ten Lost Tribes of ancient Israel. With roots in the 16th century, British Israelism was inspired by several 19th century English writings such as John Wilson's 1840 Our Israelitish Origin. From the 1870s onward, numerous independent British Israelite organizations were set up throughout the British Empire as well as in the United States; as of the early 21st century, a number of these organizations are still active. In the United States, the idea gave rise to the Christian Identity movement" (Wikipedia).

ըննիքը իրաւացիօրէն կը տեղադրեն Հայկական Լեռնաշխարհի[143], որու քղանցքին՝ ըստ մեխական առասպելին՝ իբրեւ թէ կորսուած էին Իսրայէլի տասը ցեղերը: 19-րդ դարու առաջին կիսուն, John Wilson կոչեցեալ Anglo-Saxon աճպարար մը, իր արծարծած նիւթերու մասին գիտութիւն չունենալով հանդերձ, 1840 թուին պիտի հրատարակէր *Our Israelitish Origin* խորագրով գիրք մը, ուր Saxon-Isaac լեզուական առնչութիւն մը յօրինելով՝ Saxon յորջորջումը պիտի մեկնաբանէր որպէս "son of Isaac," եւ Anglo-Saxon ցեղը՝ Իսրայլի տէր Եհովայի նորագոյն ընտրեալ ժողովուրդը՝ Իսահակի որդի Եբրեմի սերունդները, որ տեղի պիտի տար տակաւին եւս գործունեայ՝ British Israelite կազմակերպութեանց:

Այդ Anglo-Saxon-ները Եղովպեայի քաղցած սեւամորթները կամ Խորհրդային Միութենէն փախչիլ կամեցող պատեհապաշտները չէին: Ռազմական հզօրութեան հասած երկրի մը քաղաքացի Saxon-ները այդպիսի պատճառներ չունէին իրենք զիրենք «Իսրայէլի կորսուած ցեղերը» յայտարարելու: Անոնք արդէն Գանատայէն մինչեւ Ափրիկէ, Հնդկաստան, եւ այլն «ժառանգած» էին...: Բայց այդ բոլորը պիտի մնային լոկ կայսերապաշտական ու բռնատիրական գաղութատիրութիւն, եթէ իրագործուած չըլլային Իսրայէլի տէր Եհովայէն՝ իր «*ընտրեալ ժողովուրդին տրուած աշխարհը ժառանգելու*

143 "It appeared to me to be the most rational derivation which had been mentioned; and the fact that Ptolemy, writing in the second century after Strabo and Pliny, actually notices a Scythian people, who had sprung from the Sakai, by the very name of Saxones, seemed to verify the conjecture, that the appellative Saxones did originate from Saca-sunu, or the sons of the Sakai.

"The Romans spelt the word with a c instead of a k, and we therefore call them Sacae, with the s sound of the c. But this is only our mispronunciation of the Roman c; for we find that Cicero's name is written in the Greek authors who mention him, as Kikeroo.

"The preceding derivation thus leads to the opinion, that the progenitors of our Anglo-Saxon ancestors came from Asia into Europe; and that before they made this emigration, they had dwelt in Armenia and in the regions about the Caspian.

"The Honourable Mr. Keppell, in his late interesting travels, visited this country, and thus notices it. After crossing the river Arras – the Araxes of Plutarch – he says:

" 'Between this river and the Kur – the ancient Cyrus or Cyrnus – is the beautiful province of Karabaugh, formerly the country of the Sacae or Sacassani, a warlike tribe of Scythians, mentioned by Pliny and Strabo, and supposed to be the same people as our ancient ancestors the Saxons.'

"After quitting Karabaugh, Mr. Keppell proceeded to Shirwan, the Albania of the ancients. The beautiful province of Karabaugh, between the Arras and the Kur – the ancient Araxes and Cyrnus – may therefore be considered as one of the Asiatic localisations of our Anglo-Saxon ancestors. The Kur has been the late boundary of the Russian acquisitions in this district" (Sharon Turner: *The Persian Origin of Anglo-Saxon Words*, Dr. Kaveh Farrokh).

խոստմունքով» (Հռովմայեցիս Դ. 13)։ Սակայն հետզհետէ նահանջող կայսրութեան շառագունած «Իսահակի որդի» Saxon-ները, վիրաւորուած մեծամտութեամբ պիտի աւաղէին Յուդայութեան «մարգարէներուն» յանկերգը, թէ՝ «*Դուն զիս թողուցիր, կ՚ըսէ Տէրը, ու ետ գացիր, ես ալ իմ ձեռքս քու վրադ պիտի երկնցնեմ եւ քեզ պիտի կորսնցնեմ*» (Երեմեայ ԺԵ.)... այրած սրտի ք—ոտ մխիթարանք։ Կորուստը կայսրութեան ընկրկման մէջ կը տեսնէին այդ փառատենչ յիմարները. ինչպէ՞ս կրնային կորսնցուցած ըլլալ բան մը, որ երբեք իրենց չէր պատկաներ։ Մինչդեռ՝ իսկական ահռելի կորուստը այդ գաղութատիրական մեծամտութեան որպէս գին վճարուած՝ ամբողջական այլասերումն էր։ Որպէս ժողովուրդ, իր հաւաքական յիշողութենէն մերկացած՝ արմատախիլ եղած՝ հրէացած էր, ինչպէս բոլոր անոնք որոնք զոհը կը դառնան մեսիական դաւադրութեան, «*վասն զի ինչ բանէ որ մէկը յաղթուի, անոր ծառայ ալ կ՚ըլլայ*»։

> One day after I am long gone, you will remember me and say, we should have stopped the nuclear program of Israel, abolished the Federal Reserve and kicked all secret societies, oculists, usurpers and Zionists out of our wonderful country, to keep it that way, but it is never too late, just remember that.
>
> —John F. Kennedy

ՎԱԽԻ ԲՌՆԱՏԻՐՈՒԹԻՒՆԸ

The only thing a government needs to turn people into slaves is fear…

—Hermann Goering, Nuremberg Trial

Հաւաքական վախի զգացումը՝ բացասական ուժականութեան չարարուեստ աղբիւր մըն է, որ կը շահագործուի այլապէս իրենց դաւադիր նպատակներուն հասնելու անկարող՝ չարաշուք բռնատիրական վարչակարգերու կողմէ, ինչպիսին էր պարագան նաեւ քրիստոսական եկեղեցիին: Ամեն խորքէ ու իրականութենէ զուրկ՝ շինծու քրիստոնէութիւնը, միայն կատարեալ տգիտութիւն ու սարսափ սփռելով կարող էր միամիտները հպատակեցնել իր «իշխանութեան»: Հետեւաբար կրակի բոցերու, արեան գետերու, ահռելի չարչարանքներու, հիւանդութեանց, «վերջին դատաստանի» եւ այլ սահմռկեցուցիչ պատկերներով՝ բազմութիւնները յարատեւ մղձաւանջային սարսափի պիտի ենթարկէր.

Երկրորդ Օրինաց ԻԸ. [58]Եթէ դուն այս գիրքին մէջ գրուած այս օրէնքին ամեն խօսքերը զգուշութեամբ չկատարես, եւ այս ՔՈՒ ԵՀՈՎԱ ԱՍՏՈՒԱԾԴ, պատուական ու ահաւոր անունէն չվախնաս, [59]Տէրն ալ անսովոր հարուածներով, մեծ ու երկարատեւ հարուածներով, գէշ ու երկայն հիւանդութիւններով պիտի զարնէ քեզ եւ քու սերունդդ:

Բռնութեամբ պարտադրած իր «*օրէնքը զգուշութեամբ չկատարելու*» պարագային, մինչեւ յաջորդ սերունդները այդպիսի քաքնելի «*հարուածներով զարնելը*»՝ միայն հրէշային էակէ մը, Յուդայի լեզուով՝ սատանայէ մը կարելի է ակնկալել..., որ իր չար պատկերովը «մարդը ստեղծելուն զղջալով» պիտի չվարանէր ամբողջ մարդկութիւնը բնաջնջել: Քստմնելի զահանդանք պատճառող երեւակայութեամբ օժտուած ապիրատ մեսիականներուն յօրինած մանաւանդ «Յայտնութիւն Յովհաննու» կոչուած գիրքը, սարսափի քաղաքականութեան հիւանդագին գլուխ գործոց մըն է: Այս գիրքին մէջ՝ «Քրիստոսի գալուստի» ճանապարհը հարթելու համար, իր արհինարբու հրեշտակները անասելի չարչարանքներով, սպանդով, երկինքէն տեղացող հալած ծծումբով ու կրակի լիճերով, մեր ճակտին Իսրայէլի տէր Եհովայի կնիքը չունեցողներս՝ «*ցորեկ ու գիշեր յաւիտեանս յաւիտենից չարչարելու*» առաքելութեամբ պիտի խուժեն աշխարհ: Ա՛յս է անհամբեր սպասուած «տէրոջը օրը», որ առանց ազդարարութեան՝ «*գիշերուան գողի մը պէս*»[144] պիտի գայ, երբ ոչ ոք զայն կ'ակնկալէ, կարծելով թէ «*խաղաղութիւն ու ապահովութիւն է*», որպէսզի իր ատելութեան մաղձը, անակնունելի դաւադիր մէկ պահին՝ թափէ մարդկութեան գլխուն... «*վասն զի սարսափելի բան է կենդանի Աստուծոյ ձեռքը իյնալը*» (Եբրայեցիս Ժ. 28):

«*Թշնամիդ սիրէ ու չարին դէմ մի կենար*» քարոզող քրիստոսը՝ վերջապէս ցոյց պիտի տար իր ահռելի հրէշային դէմքը, վայրագ ատելութեան ու վրէժխնդրութեան նողկալի սպառնալիքները, եւ «*աշխարհը ժառանգելու*» ելած՝ գազանաբարոյ ցեղամոլ Եհովայի ու իր ահաբեկիչ որդիներու բերնէն այնքան հարազատ հնչող «*բորբոքած կրակով վրէժ պիտի առնեն բոլոր անոնցմէ՝ որ Քրիստոսի աւետարանին չեն հնազանդիր*» վկայութիւնը: Եւ ինչպէ՞ս չսարսափիլ անոնց կատաղութենէն, երբ կենդանի վկաներն ենք «*սէր ու բարեկամութիւն*» քարոզող քրիստոսի ջարդարար բանակներու հուրով ու սուրով, ժողովուրդները բռնաբարելով՝ հպատակեցնելուն, եւ որոնք կրկին կը սպառնան կատաղի բարբարոսութեամբ ոչընչացընել «բոլոր անոնք որոնք կը մերժեն իրենց ոտքերուն պատուանդան

---

[144] Ա. Թեսաղոնիկեցիս Ե. 1–3:

դրուիլ»: Քրիստոսի զաղութատիրական բռնարար քաղաքականութեան այլընտրանքը կրակի հնոցն է, կամ *«կը հնազանդիս քրիստոնէական, կամ ալ կրակի հնոցը կը ձգուիս»*, ինչպէս ըսուած է, *«Ան որ ինծի հետ չէ, ինծի հակառակ է»* (Մատթէոսի ԺԲ. 30):

Որպէս սարսափի գործօն, իրենց պակուցիչ բովանդակութեամբ՝ երկուորեակ «կտակարանները» ո՛չ ոքի, ո՛չ իսկ Հոլիվուտին կը զիջին իրենց զահը, ուր *«վերջին դատաստանի օրուան գողի պէս»* յանկարծակի հայրուածելու զահանդամքը կը հասնի տուայտելի չափերու: Եկեղեցի, դպրոց, ծնողք ու ամբողջ շրջապատը՝ մեխականներու երկու հազարամեայ «քրիստոնեան դատաստանի ու գեհենի բոցերու» զազրելի սպառնալիքը արծազանգելով՝ մարդու մտքի ազատ թռիչքը մանկութենէն կաշկանդած են: Իսկ «վերջին ժամանակին» շուրջ յօրինուած անորոշութիւնը աւելի եւս կը շեշտէ Դամոկլեան սուրի մը նման հաւատացեալներու գլխին վերեւ կախուած սարսափի նրանը:

Իբրեւ թէ Իսրայէլի տէր Եհովան չ՛ուշացներ իր «խոստումնքը», այլ՝ *«երկայնամիտ կ՛ըլլայ, որ ամէնը ապաշխարանքի գան»*: Եթէ այդպէս է, ալ դատաստանի օրը ինչի՞ պիտի ծառայէ... մինչ այդ կեանքը եղած է աւելի վատ քան «տէրոջ դժոխքը»: Բայց կը հաւատանք թէ *«Հիմա մօտ է փրկութիւնը, քան թէ այն ատեն որ հաւատացինք: Գիշերը շատ անցած է, ու ցորեկը մօտեցած»* (Հռովմայեցիս ԺԳ. 11–12): *«Այն ատեն որ հաւատացինք»*[145] ըսելով՝ այսինքն մինչեւ այս «վկայութեան» ժամանակը, որ բնականաբար պիտի ըլլար նախքան Պօղոսի բանտարկութիւնը, մօտաւորապէս մ.թ. 60 թուականը: Եթէ «ժամանակին շատը անցած, ու խոստումնքը մօտեցած էր», կը նշանակէ թէ «վերջին դատաստանի» գալուն առաւելագոյնը քանի մը տարի մնացած էր: Փաստօրէն անոնցմէ շատերը կը հաւատային, որ ողջ պիտի մնան մինչեւ այդ օրը...: Սակայն փոխարէնը՝ մ.թ. 66*ին, սկիզբ պիտի առնէր հրեայ-Հռոմ առաջին պատերազմը, ուր Իսրայէլի փրկութեան սիրոյն՝ զէնք ի ձեռին պիտի զոհուէին «թշնամիդ սիրէ» քարոզող ծայրայեղական ապստամբ Zealot «առաքեալներէն» ու աւետարանիչներէն շատերը:

---

[145] Պօղոսի աւետարանին սկիզբը՝ հաւանաբար մ.թ. 50–ական թուականները:

Գիտենք թէ Հերովդէս, մ.թ. 44 թուին, խոովարարներու պարագլուխ «*Յովհաննէս-Յիսուսի եղբայրը՝ Յակոբոսը սրով սպաննեց*» (Գործք ԺԲ. 2), ահաբեկիչ Պօղոսն ու Պետրոսը Հռոմի մէջ գլխատուելով ու գլխիվայր խաչուելով զոհուեցան Իսրայէլի փրկութեան սեղանին մ.թ. 64–66, եւ այլն...: Իսկ այն միամիտները, որոնց խոստացուած էր «*ողջ մնացած ըլլալ մինչեւ քրիստոսի գալուստը*», զիրենք խրատելով, որ այդ յոյսով «*մէկզմէկ մխիթարեն*»... բոլորը մեռան քրիստոսի ժամանման ունայն յոյսով: Եւ ահաւասիկ, երկու հազարամեակներ ետք իսկ՝ տակաւին ստրկամիտ քրիստոնեաները «*կը մխիթարուին*» այդ յիմարութիւններով, առանց «*սրտմտուկ ընելու*»[146], որպէսզի չըլլայ թէ «*սատակիչէն ջարդուին*».

Սարսափի քաղաքականութեան ընթացակից տգիտութիւնը եւ ստրկամտութիւնը ուղղակի յարաբերական են. որքան տգետ՝ այնքան դիւրահաւան զոհը կ'ըլլանք ստրկացուցիչ քաղաքականութեանց. իրողութիւն մը՝ զոր առաւելագոյնս կը չարաշահուի մանաւանդ կրօնքներու եւ կառավարութեանց կողմէ: Հետեւաբար, մեսիականները, Միքիայ Դ. բանաձեւով աշխարհը ժառանգելու ճանապարհին՝ պիտի խորտակէին ամէն գիտութիւն, իմաստութիւն եւ մանաւանդ՝ խորհուրդ ու ազատ մտածութիւն[147]: Քրիստոսականութեան յառաջացուցած տգիտութեան վիթխարի ալիքը՝ անսանելի հարուածով մը խորտակեց տուեալ ժողովուրդներուն շքեղ անցեալը, ու մթագնեց զանոնք իր խաւարի ստուար շուրջառովը, որուն անարգ ծանրութեան ներքեւ տակաւին եւս կը բռնաբարուին ու կը հարստահարուին ածմծելով դեգերող՝ անգէտ, կոյր հաւատացեալներու անհամար ամբոխները, որոնք յարակարծօրէն (paradoxalement) նոյնիսկ կը հաւատան թէ կամքի եւ խօսքի ազատութիւն ունին: Ամէն իմաստութիւն եւ ազատ մտածութիւն բնաջնջելու քրիստոսականնե-

---

[146] Ա. Կորնթացիս Ժ. 9–10:

[147] "It has been the scheme of the Christian Church, and of all the other invented systems of religion, to hold man in ignorance of his Creator, as it is of Government to hold man in ignorance of his rights....It became necessary to their purpose to cut learning down to a size less dangerous to their project, ...They not only rejected the study of science out of the Christian schools, but they persecuted it, and it is only within about the last two centuries that the study has been revived. ... however unwilling the partisans of the Christian system may be to believe or to acknowledge it, it is nevertheless true that the age of ignorance commenced with the Christian system. There was more knowledge in the world before that period than for many centuries afterwards." (Thomas Paine. *The Age of Reason*).

րուն առաքելութիւնը[148], որպէս ցեղամոլ հրեաներ՝ Եհովայէն ու մարգարէներէն աւանդուած սրբազան պարտականութիւնն էր: Վերջապէս աշխարհը «ժառանգելու» անոնց համաշխարհայնացման Միքիայ Դ. բանաձեւը կը պահանջէր «*խորհուրդներ քակել, եւ Աստուծոյ գիտութեանը դէմ բոլոր հպարտացած բարձր բաները, ու բոլոր միտքերը Քրիստոսի (մեսիայի) հնազանդութեանը գերի ընել*»:

«*Տափարակ երկիրը ջուրերէն եւ ջուրերով հաստատ կեցած*», ուր «*անձրեւը ու ձիւնը երկնքէն կ'իջնէ եւ հոն չդառնար*» եւ նման անհամար խաւարամտութեանց աստուած Եհովայի խաշնարած սերունդները՝ առնուազն կը գիտակցէին թէ իրենց զազրելի քարոզներու տգիտութեամբ անկարելի պիտի ըլլար շրջապատի համեմատաբար շատ աւելի բարձր մշակոյթները նուաճել, որովհետեւ «*շնչաւոր մարդը Աստուծոյ հոգիին բաները չընդունիր, վասն զի անոնք իրեն յիմարութիւն են...*»[149]:

Ա. Կորնթացիս Ա. [25]Աստուծոյ յիմարը մարդոցմէ աւելի իմաստուն է, եւ Աստուծոյ տկարը մարդոցմէ աւելի զօրաւոր է: [26]Արդարեւ դուք ձեր կոչումը կը տեսնէք, եղբայրներ, որ ոչ թէ մարմնի կողմանէ շատ իմաստուններ, եւ ոչ թէ շատ զօրաւորներ, եւ ոչ թէ շատ ազնուականներ կանչուեցան. [27]բայց Աստուած աշխարհիս յիմարները ընտրեց, որպէս զի ամօթով ընէ իմաստունները. ու աշխահիս տկարները ընտրեց Աստուած, որպէս զի ամօթով ընէ զօրաւորները. [28]եւ աշխարհիս ցածազգիները ու անարգները ընտրեց Աստուած, եւ ոչինչները, որպէս զի բան մը եղողները խափանէ. [29]որպէս զի մարմին մը չպարծի Աստուծոյ առջեւ:

Ա. Կորնթացիս Գ. [18]Չըլլայ որ մէկը ինքզինք խաբէ. Եթէ ձեզմէ մէկը զինք իմաստուն կը սեպէ այս աշհարհի մէջ, թող յիմար ըլլայ: [19]Վասն զի աշխարհի իմաստութիւնը Աստուծոյ առջեւ յիմարութիւն է:

Հռովմայեցիս ԺԲ. [3]...զայս կ'ըսեմ ձեր մէջ եղող ամեն մէկուն, որ արժան եղածը մտածելէն աւելի բան չմտածէ... :

Մեսիականները «*ընտրած էին աշխարհիս յիմարները, տկարները, ցածազգիներն ու անարգները*», որպէսզի ո՛չ համարձակութիւնը, ո՛չ մտային թռիչքը ո՛չ ալ արժանապատուութիւնը ունենան

[148] «Անոնց իմաստուններուն իմաստութիւնը պիտի կորսուի, ու հանճարեղներուն հանճարը բնաջինջ պիտի ըլլայ» (Եսայեայ ԻԹ. 14):

«*Աստուծոյ առջեւ պարծելու*»: Այլ խօսքով՝ չյանդգնին խորհիլ, տեսակէտ մտայղանալ ու իրենց տէրերէն՝ մեսիականներէն իրենց պարտադրուած խաւարի շուրջառը հերձատելով՝ տեսնեն լոյսը, իսկական աշխարհը, ուր փուլ կու գայ մեսիական «երկնքի հաստատութիւնը» ու զայրացնեն զանոնք, քանզի «*մարմնաւոր խորհուրդը Աստուծոյ դէմ թշնամութիւն է. վասն զի Աստուծոյ օրէնքին չհնազանդիր...*» (Հռովմայեցիս Ը. 7). իսկ ի՞նչ է Եհովայի օրէնքը, որուն «անարգներս» ստիպուած ենք հնազանդելու.

Ժողովողի ԺԲ. [12]Եհովայէ վախցիր ու անոր պատուիրանքները պահէ, վասն զի մարդուս բոլոր պարտականութիւնը ասիկա է...:

Ա. Տիմոթէոս Ա. ...օտար ուսմունք չսորվեցնել: [4]Եւ չնայիլ առասպելներու ու ազգահամարներու՝ որոնք վերջ չունին, որոնք աւելի վէճեր կը պատճառեն քան թէ Աստուծոյ հաճելի շինութիւնը՝ որ կ՚ըլլայ հաւատքով:

Մատթէոսի ԺԵ. [11]Ոչ թէ ինչ որ բերանը կը մտնէ՝... հապա ինչ որ բերնէն կ՚ելլէ անիկա է որ կը պղծէ մարդը:

Յակոբու Ա. [26]Եթէ մէկը զինք կրօնասէր կը սեպէ ու իր լեզուին սանձ չդներ, հապա իր սիրտը կը խաբէ...:

Յակոբու Գ. ... եթէ մէկը խօսքով յանցանք չընէ՝ անիկա կատարեալ մարդ է, որ կարող է բոլոր մարմինն ալ սանձել: [3]Տես որ ձիերուն բերանը սանձ կը դնենք, որպէս զի անոնք մեզի հնազանդին, ու անոնց բոլոր մարմինը կը կառավարենք. [4]ահա նաւերն ալ ո՜րչափ մեծ բաներ են, բայց ամենափոքր ղեկով մը կը կառավարուին՝ ղեկավարին կամքը ո՛ր կողմ որ ուզէ: [5]Այսպէս ալ լեզուն պզտիկ անդամ մըն է, ու մեծ բաներ կը խօսի. ահա քիչ մը կրակով ո՜րչափ բան բոցի կու տայ... բոլոր մարմինը կ՚ապականէ, եւ բնութեան շրջանը կը բոցկցնէ, ու ինք գեհեանէն կը բոցկի: ...[8]լեզուն մարդոց մէ՛կը չկրնար նուաճել. անիկա անզուսպ չար է, ու մահաբեր թոյնով լեցուն:... [15]Այս իմաստութիւնը վերէն իջած չէ, հապա երկրաւոր, շնչաւոր եւ դիւական է:

Հիմնական անհրաժեշտութիւն էր արգիլել քրիստոնեան խաւարամիտ աւետարանին օտար ամեն ուսմունք, իմաստութիւն, որովհետեւ «*վերէն իջած չէ, հապա երկրաւոր, շնչաւոր եւ դիւական է*», իսկ «*ինչ որ բերնէն կ՚ելլէ մարդը կը պղծէ*»: Հետեւաբար, ան որ ինքզինք «*կրօնաւէր կը սեպէ՝ իր լեզուին սանձ դնէ*», որպէսզի կարենայ «*բոլոր մարմինն ալ սանձել*», ինչպէս «*ձիերուն բերանը սանձ կը դնենք, որպէս զի իրենց հնազանդին, ու բոլոր մարմինը կառավարենք*»: Գաղտնիք մը չէ, որ բռնատիրական կարգերուն սպառնացող մեծագոյն վտանգը՝ ազատ մտածողութիւնը, կամքի ու խօսքի ազատութիւնն է, որմէ կը սարսափի տակաւին եւ այսպէս կոչուած՝ «քաղաքակիրթ աշխարհը»: Սարսափի ու տգիտութեան քաղաքականութեան վրայ հիմնուած՝ մանաւանդ արեւմուտքի կրթական յայտագրի հիմնական «առաքելութիւնը», սերունդներու ազատ մտածութիւնը, դատողութիւնը կաշկանդել, եւ մտային թռիչքը խափանելով՝ հլու հնազանդ անմիտ ստրուկներ կրթելն է[149]...: Եւ ո՛րքան նշանաւոր ըլլան այդ դպրոցները, ա՛յնքան լաւ establishment-ին ծառայելու՝ կրթուած, «հնազանդ» ճորտեր կը պատրաստեն: Իսրայէլի տէր Եհովան ահռելի հիւանդութեանց թէ՛ մահուան սպառնալիքով՝ Աբրամի սերունդներուն կը հրահանգէր՝ իրենց «ժառանգելիք եւ շրջապատի երկիրներուն» մշակոյթը, պատմութիւնը, սրբութիւնները, Աստուածներուն անունները ու ազգային հաւաքական յիշողութիւնը անհետ բնաջնջել եւ սրբատեղիները պէտքարանի վերածել, որմէ ետք այդ մշակոյթներուն մասին խօսիլն անգամ մահացու ոճիր էր[150]: Հարկ էր անգէտ հաւատացեալները մեկուսացնել, անջատել ամէն իմաստութենէ, արտաքին ազդեցութենէ ու պատկանելիութեան յիշողութենէ, որպէսզի հնազանդին անբան երեխայի պարզամտութեամբ. «*Ով որ Աստուծոյ թագաւորութիւնը պզտիկ տղու մը պէս չընդունի, բնաւ պիտի չմտնէ անոր մէջ*» (Ղուկասու ԺԸ. 17):

Կողոսացիս Բ. [8]Զգուշացէք, չըլլայ որ մէկը ձեզ գերի վարէ փիլիսոփայութիւններով ու փուճ խաբէութիւնով, որ մարդոց աւանդու-

---

[149] “At the entrance gate of a university in South Africa, the following message was posted for contemplation: ‘Destroying any nation does not require the use of atomic bombs or the use of long-range missiles… it only requires lowering the quality of education and allowing cheating’…” (https://nilepost.co.ug/opinions/138034/opinion-the-collapse-of-education-is-the-collapse-of-the-nation).

[150] «...ու երբ զանոնք ժառանգես ու անոնց երկրին մէջ բնակիս, [30]Զգոյշ կեցիր չըլլայ որ անոնց քու առջեւէդ բնաջինջ ըլլալէն ետքը անոնց հետեւելով որոգայթի մէջ իյնաս, եւ չըլլայ որ անոնց աստուածներուն վրայով հարցուփորձ ընես...» (Բ. Օրինաց ԺԲ.):

թեան պէս է ու աշխարհի սկզբունքներուն պէս, եւ ոչ թէ Քրիստոսի վարդապետութեանը պէս:

Քրիստոսի վարդապետութիւնը կը հակադրուի «*մարդոց աւանդութեան ու աշխարհի սկզբունքներուն*», եւ կը պատուիրէ վանել ամէն իմաստութիւն, ողջմտութիւն, խօսքի ազատութիւն եւ կեանքի բոլոր այն յարաբերութիւններն ու գործօնները, որոնք քրիստոնեան կեղեքիչ եւ սնոտի «վարդապետութեան» կեղծիքն ու դաւադրութիւնը բացայայտող վտանգ կը համարուին: Հարկ էր անջատուիլ աշխարհէն ու ընտանիքէն, չխորհիլ, չխօսիլ, օրն ի բուն աղօթել եւ «*Աստուծմէ վախնալ ու անոր պատուիրանքները պահել, վասն զի մարդուս բոլոր պարտականութիւնը ասիկա է*»: Բոլորովին անքան, լուացուած ուղեղներով, մարմնային մահուան սպասող կեանք մը... համարատու zombie-ներու կայսրութիւն մըն է, որ կը կազմէին:

Իմաստութիւնը խորտակելը՝ աստուածաշունչին հիմնաքարն է: Իսկ իմաստութեան ցանկութիւնը սկիզբ կ'առնէ Եդեմի կենդանաբանական պարտէզին մէջ զետեղուած երկու zombie-ներուն գիտութեան պտուղը ուտելով, ու խելքի գալով՝ թէ անկախ այդ ցնորական «եդեմէն», կայ իրական ազատ կեանք մը, ուր կը կործանին եդեմները: Սակայն «*աշխարհի իմաստութիւնը*» ատող Եհովան պիտի անիծէր զանոնք ու անոնց սերունդները: Այսօր, երկհազարամեայ քրիստոնեան ստրկական կրթութեան կիրթերասան մեր սերունդն ալ իր կարգին, պիտի ուտէ գիտութեան պտուղը, պիտի դիմագրաւէ ստրկութեան շղթան թօթափելու մարտահրաւէրը: Այլընտրանքի չգոյութեան, կամ երկու չարեաց փոքրագոյնի նման պատճառաբանութիւնները՝ պարզապէս ինքնախաբէութիւն ու ստրկամտութիւն են, ուր իմացական արթնութիւնն ու մտքի ազատ թռիչքը կ'անէանան, տեղի տալով յարակարծական վիճակի մը, ուր կիներու «ազատագրման» այս դարուն իսկ, իգական սէրը կ'անտեսէ կիներու հանդէպ նուաստացուցիչ իրողութիւնը քրիստոսաբանութեան՝ ստեղծելով հակասական գոյավիճակ մը:

> **Եփեսացիս Ե.** [22]Կիները իրենց այրերուն հնազանդ ըլլան՝ որպէս թէ Տէրոջը. [23]վասն զի այրը կնոջ գլուխն է, ինչպէս քրիստոս ալ եկեղեցիին գլուխն է... [24]ուստի ինչպէս եկեղեցին հնազանդ կ'ըլլայ քրիստոսի, նոյնպէս ալ կիները ամէն բանի մէջ իրենց այրերուն:

Բ. Տիմոթէոս Գ. [5]Որոնք Աստուածպաշտութեան կերպարանքը ունին, բայց անոր զօրութիւնը ուրացած են... որ տուներէն ներս կը մտնեն, ու գերի կ՚ընեն մեղքով բեռնաւորուած տկարամիտ կիները զանազան ցանկութիւններէ վարուած, [7]որ միշտ կը սորվին, ու բնաւ ճշմարտութիւնը ճանչնալու չեն կրնար հասնիլ:

Անշուշտ «*կերպարանքը ունին, բայց անոր զօրութիւնը ուրացած են*» խօսքը կը վերաբերի նոյն ինքն մեսիական տգէտ առաքեալներուն, որոնք ոչինչ կը հասկնային Պօղոսի յօրինած Քրիստոնեան աւետարանէն, հակառակ որ «*խորհուրդներ խորրակելով՝ հեթանոսները հպատակեցնելու*» նոյն նպատակին կը ծառայէին: Իսկ «*մեղքով բեռնաւորուած տկարամիտ*» իգական սեռին հանդէպ Պօղոսի տածած աննման ատելութեան սիազնութիւնը, անկախ կնոջ պարզապէս ծննդաբերելու գործիք մը ըլլալու Յուդայութեան ընթացիկ ըմբռնումէն, ակնյայտօրէն կը ցոլացնէ անոր որպէս կրքոտ կնատեացի՝ մտային հիւանդագին վիճակը: Իր հայրենի «*Հրէութեան աւանդութիւններուն խիստ նախանձաւոր*»՝ Sicarii սիաբեկիչ Պօղոսը բնականաբար «*մեղքով բեռնաւորուած տկարամիտ*» պիտի որակէր իգական սեռը, կարծես նոյնը չէ պարագան անխտիր բոլոր ուղեղները լուացուած zombie քրիստոնեաներուն, որովհետեւ Իսրայէլի տէր Եհովան «*անոնց աչքերը կուրցուց, եւ անոնց սիրտերը թմրեցուց, որ չըլլայ թէ իմանան...*»:

Ա. Տիմոթէոս Բ. ...[9]կիները վայելուչ հագուստով, ամօթխածութեամբ եւ պարկեշտութեամբ ինքզինքնին զարդարեն, ոչ թէ հիւսուածքներով կամ ոսկիով կամ մարգարիտներով կամ մեծածախս հանդերձներով, [10]հապա բարի գործերով... [11]կին մարդը թող սորվի լռութեամբ՝ ամենայն հնազանդութիւնով: [12]Բայց կին մարդու հրաման չեմ տար սորվեցնելու, ոչ ալ այր մարդուն իշխելու, հապա լուռ կենալու: [13]Վասն զի առաջ Ադամ ստեղծուեցաւ, ետքը Եւա, [14]եւ Ադամ չխաբուեցաւ, հապա կինը խաբուեցաւ ու յանցանք գործեց:

Ա. Կորնթացիս ԺԱ. [3]Բայց կ՚ուզեմ որ գիտնաք թէ ամեն այր մարդու գլուխը քրիստոս է, ու կնոջ գլուխը՝ այր մարդը, եւ քրիստոսի գլուխը՝ Աստուած:...[6]Վասն զի եթէ կինը չծածկուիր, թող իր մազերն ալ կտրէ. իսկ եթէ ամօթ է կնոջ մը իր մազերը կտրել կամ ածիլուիլ, թող ծածկուի: [7]Այր մարդու պէտք չէ իր գլուխը ծածկել, վասն զի Աստուծոյ պատկերը ու փառքն է. բայց կինը իր էրկանը փառքն է: [8]Քանզի ոչ թէ այր մարդը կնոջմէն է, հապա կինը այր մարդէն:

Ա. Կորնթացիս ԺԴ. [34]Ձեր կիները եկեղեցիներուն մէջ լուռ կենան, վասն զի անոնց հրաման չկայ խօսելու, հապա հնազանդ ըլլալու, ինչպէս օրէնքն ալ կ'ըսէ: [35]Բայց եթէ բան սորվիլ կ'ուզեն, տունը իրենց այրերուն թող հարցնեն. Քանզի կիներուն անվայել է եկեղեցիին մէջ խօսիլ:

Քրիստոնեայ աշխարհի իգական սեռը, իր երկու հազար տարուայ ընկճուածութեան, նուաստացման ու բոլոր անարդարութեանց համար՝ միմիայն եւ բացարձակապէս քրիստոնէութիւնը կրնայ այպանել, որովհետեւ նախաքրիստոնէական մշակոյթներու պատմութեան մէջ (անշուշտ Յուդայութիւնը բացառութիւն կը կազմէ) գոյութիւն չէ ունեցած որոշակի հակա-իգական քաղաքականութիւն: Ընդհակառակն՝ որոշ մշակոյթներու մօտ իգական սեռը կը վայելէր այնպիսի՛ ազատութիւն եւ իրաւունքներ, որոնց դիմաց կրնայ միայն հիանալով ծնկադրել մերօրեայ աժան, զզուելի Feminism-ը: Քրիստոնէութիւնն է, որ մեր ազգային հաւաքական յիշողութիւնը ջնջեց, ուսումը, գիտութիւնն ու իմաստութիւնը խափանեց, «*մեծամախս հանդերձները*» սեւ տարազներով փոխարինեց, ամուսնութիւնը եւ յատկապէս սեռային յարաբերութիւնը ամօթ՝ taboo եւ մեր Բարեբերութեան Դիցուհիները բոզեր հռչակեց, ու պարմանուհիները կուսարաններու մէջ բանտարկեց. «*Վասն զի կոյսը փէրոջը բաները կը հոգայ, որպէս զի ինք սուրբ ըլլայ հոգւով ու մարմնով. իսկ ամուսնացած կինը աշխարհիս բաները կը հոգայ, թէ ինչպէս իր էրկանը հաճելի ըլլայ*» (Ա. Կորնթացիս Է. 34):

ԱՂՔԱՏՈՒԹԵԱՆ ՓԱՌԱԲԱՆՈՒՄԸ

Առանց տնտեսական զօրեղ տարրողութեան՝ կարելի չէ դառնալ քաղաքական ոյժ: Այդ իմաստով Միքիայ Դ. բանաձեւի պատգամը շատ յստակ էր. «իրենց գերեվարները մեղկացնելով գերի առնելէ» եւ մտովին նուաճելէ ետք, պայման էր, որ առաջին հերթին՝ «անոնց վաստակը եւ ստացուածքը» իւրացնելով՝ մեսիականները տիրէին մանաւանդ նիւթականով: Հետեւաբար, Նոր Կտակարանը պատկարելի բաժին մը յատկացուցած է պարզամիտ հաւատացեալները հարստահարելու նպատակին, ուր քրիստոնեան սկզբունքով՝ «*Դիւրին է որ ուղտը ասեղին ծակէն անցնի, քան թէ հարուստը Աստուծոյ թագաւորութիւնը մտնէ*», ինչպիսին էր «*հարուստին եւ անոր սեղանին փշրանքներով սնանող աղքատ անձի*»[151] պարագան: Իր թշուառութեան որպէս քրիստոնեան հատուցում, շան կեանք ապրող աղքատը «դրախտ» փոխադրուած ու «Աբրամի գոգը» նստած էր, իսկ հարուստը «դժոխքին մէջ կը տանջուէր»,

[151] Ղուկասու ԺԶ. 19–31:

պարզ այն պատճառաւ, որ «հարուստ էր եւ ամեն օր փառաւորապէս ուրախութիւն կ'ընէր»: Ուրիշ ոչ մէկ պատճառ տրուած է. ո՛չ աղքատին անմեղ կամ հաւատացեալ ըլլալու մասին խօսք կայ, ո՛չ ալ հարուստին անհաւատ կամ մեղաւոր ըլլալուն մասին: Այս մասին ոչինչ կայ, որովհետեւ բոլոր այդ ճարտուքները կը պայմանաւորուին տնտեսական ազդակով: Փաստօրէն «բոլոր պատուիրանները մանկութենէն ի վեր պահած» իշխանի մը հարցումին, թէ «ի՞նչ գործ գործեմ, որ յաւիտենական կեանքը ժառանգեմ»՝ աւետարանական Քրիստոսը կ'ըսէ, «*բան մըն ալ պակաս է քեզի. քու բոլոր ունեցածդ ծախէ եւ աղքատներուն բաշխէ, ու երկինքը գանձ պիտի ունենաս...*» (Ղուկասու ԺԸ. 18–22): Իսկ Մատթէոսի տարբերակը, հոն ուր ըսուած է «*բան մըն ալ պակաս է*», կ'ըսէ՝ «*եթէ կ'ուզես կատարեալ ըլլալ...*»:

Պարտաւորութիւնը կը զգանք լոկ հարուստ ըլլալու պատճառաւ «դժոխքի կրակներով» մեզի սպառնացող աւետարանական քրիստոսի ուշադրութեան յանձնել՝ Յուդայութեան անիծեալ Օրէնքով իր նախահայր «*Աբրամը, որ շատ հարուստ էր անասուններով, արծաթով ու ոսկիով*»[152] (Ծննդոց ԺԳ.): Աբրամ այդ վիթխարի հարստութիւնը, որմէ ո՛չ հրաժարած, ո՛չ ալ ողորմութիւն տուած էր, դիզած էր սովի ժամանակներուն, կնութեան առած իր «հօրը աղջիկը» պոռնըկութեան մղելով... եւ ահաւասիկ փառաւոր բազմած էր Եհովայի «դրախտին» կեդրոնը: Կեղծաւոր աւետարանիչները «*հեթանոսները Աստուծոյ սրբերուն պատուանդան դնելու*» նպատակաւ, կը պարտադրէին անոնց «*հաւնիլ հաւատքին ու Աստուծոյ որդին ճանչնալուն միաբանութեանը, կատարեալ մարդ ըլլալու...*» (Եփեսացիս Դ. 13), եւ զանոնք մեղկացնելու համար՝ «*թշնամին սիրելով ու չարին դէմ չկենալով՝ կատարեալ ըլլալ*» (Մատթոսի Ե. 43–48), իսկ բերանները լկամելու համար՝ «*եթէ մէկը խօսքով յանցանք չընէ՝ անիկա կատարեալ մարդ է*», իսկ երբ կարգը հասած էր անոնց «*բոլոր ստացուածքը*» խլացնելու՝ «*ձեր մէջէն ամեն մէկը եթէ իր ստացուածքէն ետ չկենայ, չկրնար իմ աշակերտս ըլլալ*» (Ղուկասու ԺԴ. 33): Այդ «*կատարեալ մարդ ըլլալու*» քրիստոնեան դաւադիր պայ-

[152] Երկրորդ Օրինաց ԻԷ. 22:

մանները ըստ պատեհութեան կը փոխուին: Բայց միասին ամբողջութիւն մը կազմելու պարագային, անառարկելիօրէն Միքիայ Դ. բանաձեւին հետ միաձուլուելով՝ զայն կը կիրարկեն բառացիօրէն: Վերյիշենք Միքիայ Դ. բանաձեւը յապաւումներով.

...Որպէս զի մեզի իր ճամբաները սորվեցնէ, (*Եհովային հպատակեցնել*)
Ու անոր շաւիղներուն մէջ քալենք.
... Ու անոնք իրենց սուրերը խոփեր, (*Մեղկացում*)
Եւ իրենց նիզակները յօտոցներ պիտի շինեն.
Ազգ ազգի վրայ սուր պիտի չվերցնէ.
Եւ ալ պատերազմ պիտի չսորվին:
...[12]Բայց անոնք Տէրոջը խորհուրդները չեն գիտեր, (*Տգիտութիւն)*
Ու անոր դիտաւորութիւնը չեն հասկնար.
Քանզի ինք զանոնք կը ժողվէ՝ ինչպէս որաները կալին մէջ կը ժողվուին: (*Սարսափ*)
[13]Ելիր ու կալը ծեծէ, ով Սիօնի աղջիկ,
Քանզի քու եղջիւրդ երկաթէ պիտի ընեմ,
Եւ քու կճղակներդ պղնձէ պիտի ընեմ,
Ու շատ ժողովուրդներ պիտի մանրես.
Ու անոնց վաստակը Եհովայի, (*Հարսթահարում)*
Եւ անոնց ստացուածքը բոլոր երկրին Տէրոջը պիտի նուիրեմ:

Այստեղ՝ «*բոլոր երկրին տէրը*»՝ Աբրամի globalist սերունդներն են, որոնք ժողովուրդները ջարդելով երկրին տիրանալը, աւարելը, բռնաբարելը, ստրկացնելն ու բոլոր գազանաբարոյ վայրագութիւնները՝ Իսրայէլի տէր Եհովայէն իրենց շնորհուած իրաւատուկ իրաւունքը կը համարեն: Իսկ այլոց կը քարոզեն «*թշնամին սիրել եւ պալ առանց փոխարէնը ակնկալելու*», որ աւետարանական քրիստոսին վերագրուած «առակներուն» ու քարոզներուն առանցքը կը հանդիսանայ[153]: Քրիստոս «*Երկնքի թագաւորութիւնը*» ծախու դրած էր, որուն համար միամիտներէն կը պահանջէր իրենց «*բոլոր ունեցածը*».

Մատթէոսի ԺԳ. [44]Երկնքի թագաւորութիւնը արտի մէջ պահուած գանձի նման է, զոր մարդ մը գտնելով՝ կը ծածկէ, եւ ուրախութենէն կ՚երթայ բոլոր ունեցածը կը ծախէ, ու այն արտը կը գնէ... դարձ-

---

[153] Ղուկասու Զ. 35:

եալ վաճառական մարդու մը նման է, որ գեղեցիկ մարգարիտներ կը փնտռէ, [46]եւ պատուական մարգարիտ մը գտնելով, գնաց իր բոլոր ունեցածը ծախեց. ու զանիկա գնեց:

Մարկոսի Ժ. [29]Մէկը չկայ որ թողուց տուն, կամ եղբայր, կամ քոյրեր, կամ հայր, կամ մայր, կամ կին, կամ որդիներ, կամ արտեր՝ ինծի համար ու աւետարանին համար, [30]որ պիտի չառնէ հարիւրապատիկ...:

Մարկոսի ԺԲ. [41]Եւ Յիսուս գանձանակին դիմաց նստած՝ կը նայէր ժողովուրդը գանձանակին մէջ ստակ կը ձգէ. եւ շատ հարուստներ շատ բան ձգեցին: [42]Աղքատ որբեւայրի մըն ալ եկաւ ու երկու լումայ ձգեց... [43]եւ ըսաւ աշակերտներուն, ճշմարիտ կ'ըսեմ ձեզի, որ այս աղքատ որբեւայրին ստակ ձգողներուն ամենէն աւելի ձգեց. [44]վասն զի ամենը իրենց աւելցածէն ձգեցին, բայց ասիկա իր չքաւորութենէն՝ ունեցածին բոլորը ձգեց, իր բոլոր ապրուստը:

Ղուկասու Է. [28]Ինչպէս Ղովտի օրերը եղաւ, կ'ուտէին, կը խմէին, ծախու կ'առնէին, կը ծախէին, կը տնկէին, կը շինէին... [29]բայց այն օրը որ Ղովտը Սոդոմէ ելաւ, երկինքէն կրակ ու ծծումբ տեղաց եւ բոլորն ալ կորսնցուց:

Ղուկասու ԺԹ. [8]Եւ Զաքէոս կայնեցաւ ու ըսաւ տէրոջը, տէր, ահա իմ ունեցուածքիս կէսը աղքատներուն կու տամ, ու եթէ զըրպարտութեամբ մէկուն զրկանք ըրած եմ, չորեքպատիկը հատուցանեմ անոր: [9]Եւ Յիսուս ըսաւ, այսօր այս տանը փրկութիւն եղաւ, քանզի ասիկայ ալ Աբրահամի որդի է:

Ղուկասու ԺԲ. [16]Հարուստ մարդու մը արտերը առատ բերքեր տուին... [17]եւ ինք կը մտածէր ամբարներս քակեմ ու ա՛լ աւելի մեծ շինեմ, եւ հոն ժողվեմ իմ բոլոր բերքերս [19]եւ իմ անձիս ըսեմ, շատ բարիքներ ունիս շատ տարիներու համար. Հանգչէ, կեր, խմէ եւ ուրախ եղիր: [20]Բայց Աստուած ըսաւ անոր, Անմիտ, այս գիշեր հոգիդ քեզմէ պիտի պահանջուի. ուստի այն պատրաստած բաներդ որո՞ւ պիտի ըլլան: [21]Այսպէս է անիկա որ իր անձին համար գանձ կը դիզէ, ու Աստուծոյ չի հարստանար... [29]Ալ դուք մի փնտռէք թէ ի՛նչ պիտի ուտէք եւ ի՛նչ պիտի խմէք, ու մի շփոթիք. [30]վասն զի այդ բոլոր բաները աշխարհիս ազգերը կը փնտռեն... դուք Աստուծոյ թագաւորութիւնը խնդրեցէք եւ այդ բոլոր բաներն ալ ձեզի պիտի տրուին...: [33]Ծախեցէք ձեր ստացուածքը եւ ողորմութիւն տուէք, ու ձեզի չհիննալու քսակներ պատրաստեցէք, ու երկինքը՝ չպակսելու գանձ մը, ուր ոչ գողը կը մօտենայ ոչ ցեցը կ'ապականէ:

Այս յօրինուածքներուն կեղծիքն ու դաւադիր պատգամը շատ յըստակ են. մարդկային տարրական պէտքերու հոգածութիւնն ու մանաւանդ ստացուածքը «Աստուծոյ թագաւորութեան թշնամութեան» եւ «Սողոմի ճակատագրին» արժանի է: Սակայն մաքսապետ Զաքէոսը, որուն նման մեղաւորները ծայրայեղական Յովհաննէս-Յիսուսները անխնայ կը փողոտէին, իր մեղաւորի կեանքէն ոչինչ փոխելով հանդերձ, յաջողած էր պատկառելի գումարով մը իր «տունը փրկել» Եհովայի եւ ընչաքաղց քրիստոսի դաժան զայրոյթէն, որ հաւատափոխ անգէտներուն կը խոստանար ոչ միայն «ստացուածք», այլ նոյնիսկ «*հայր, մայր, կին ու որդիներ հարիւրապատիկ*» հատուցանել «*Աստուծոյ թագաւորութեան մէջ*». կարծես ընտանեկան պարագաները «ստացուածք» ըլլային...: Ստացուածքը ամբողջութեամբ, մինչեւ վերջին լուման չտալու պարագային՝ տեղւոյն վրայ հպատակներուն «հոգին առնելու» սարսափազդու յօրինուածքներով արհինաքամ կը կեղեքէին զանոնք:

Այսպիսին էր Գործք Առաքելոցի հինգերորդ գլխով պատմուած Անանիայի ու իր կնոջ՝ Սափիրայի պարագան. «*ստացուածք մը ծախեց, եւ անոր գինէն խորեց, մինչ կինն ալ գիտէր, ու մէկ բաժինը բերաւ առաքեալներուն ոտքը դրաւ*»: Որովհետեւ գումարը ամբողջութեամբ առաքեալներուն չէր նուիրած, Պետրոս զայն «*Հոգւոյն սըրբոյ ստել խօսելու*» յանցանքով կը յանդիմանէ, եւ իբրեւ թէ այր ու կին «*իսկոյն անոր ոտքերուն քով կ՚իյնան ու հոգի կու տան*»: Այս ու նման սարսափազդու պատկերները խարուած պիտի մնային միամիտ քրիստոնեայի ենթագիտակցութեան մէջ, որպէսզի «*ամէն բան մեզի առատօրէն վայելելու տուող Աստուծոյ վրայ յոյսերնիս դնելով*», առանց փոխարէնը ակնկալելու՝ բոլոր ունեցուածքնիս տայինք «Երուսաղէմի սուրբերուն»...

Յակոբու Ա. [11]... հարուստը իր ճամբաներուն մէջ պիտի թառամի:

Յակոբու Ե. Աղէ հիմա, հարուստներ, լացէք ու ողբացէք այն թշուառութիւններուն համար՝ որոնք ձեր վրայ պիտի գան...[3] ու ձեր մարմինը պիտի ուտէ կրակի պէս. վերջին օրերուն համար գանձ դիզեցիք:

Ա. Տիմոթէոս. Զ. [17]...հարուստներուն պատուէր տուր որ չհպարտանան, եւ անստոյգ հարստութեան յոյսերնին չդնեն, հապա կենդանի Աստուծոյ վրայ, որ ամեն բան մեզի առատօրէն կու տայ վայելելու... [18]...եւ ուրիշին պիտոյքներուն հաղորդ ըլլան:

Ա. Պետրոսի Ե. [6]Ուրեմն Աստուծոյ հզօր ձեռքին տակ խոնարհեցէք, որպէս զի ձեզ ժամանակին բարձրացնէ: [7]Ձեր ամեն հոգը անոր ձգեցէք, վասն զի անիկա ձեզի համար կը հոգայ:

Երբ ամբողջ ստացուացքը տալ «*առանց մտածելու թէ վաղը ինչ պիտի ուտենք կամ խմենք*» կը քարոզեն, որովհետեւ լոկ «*Աստուծոյ թագաւորութիւնը խնդրելով այդ բոլոր բաները պիտի տրուին*», իսկ քարոզողները հարկատու հպատակներու անսահման կայսրութիւն մը կը հիմնեն, յստակ է թէ այդ արհինարբու, կեղեքիչ աւետաբանիչները իրենց քարոզած անհեթեթութեանց ճիշտ հակառակը կը դաւանին, ինչպիսին էր նաեւ Երուսաղէմի «սուրբերուն» պարագան.

Ա. Կորնթացիս ԺԶ. Բայց սուրբերուն համար ողորմութիւն ժողվելու վրայով, ինչպէս պատուէր տուի Գաղատացւոց եկեղեցիներուն, դուք ալ այնպէս ըրէք: [2]Ամեն մէկշաբթի օրերը ձեզմէ ամեն մէկը իր քով թող դիզէ ինչ որ կը յաջողի, [3]...ձեր պարգեւները Երուսաղէմ տանելու:

Եթէ Եհովան «*ամեն բան մեզի համար կը հոգայ ու առատօրէն կու տայ*», կասկած չկայ թէ Երուսաղէմի «սուրբերը», որպէս «ընտրեալ ժողովուրդ»՝ «ստացողներուն առաջինները պիտի ըլլային»: Սակայն ստիպուած ենք հետեւցնել, թէ անոնք օտարին ստացուածքը աւելի սննդարար կը գնահատէին, քան իրենց հայր Եհովայի «տալիք հոգեւոր բաները», եւ անշուշտ չէին սխալած: Բայց բովանդակ քրիստոնեայ աշխարհէն զանձուած հսկայ գումարները՝ միայն Երուսաղէմի «սուրբերուն» յատկացուած ըլլալու խիստ մտայօյզ իրողութիւնը՝ ըստ Պօղոսին, պայմանաւորուած է հրեային ու օտարին միջեւ «*հոգեւոր-մարմնաւոր*» առեւտրական սկզբունքով.

Հռովմայեցիս ԺԵ. [25]Բայց հիմա Երուսաղէմ կ'երթամ սուրբերուն սպասաւորելու: [26]Վասն զի Մակեդոնացիք եւ Աքայեցիք յօժարեցան որ Երուսաղէմի մէջ եղած աղքատներուն քիչ մը հաղորդութիւն ընեն: [27]Յօժարեցան, քանզի անոնց պարտական ալ են. վասն զի եթէ անոնց հոգեւոր բաներուն հաղորդ եղան հեթանոսները, կը պարտաւորին որ հաղորդութիւն ընեն անոնց՝ մարմնաւոր բաներու մէջ ալ... [29]...ձեզի գալու ատենս ... լեցուն օրհնութիւնով պիտի գամ:

Պօղոս քրիստոսաբանելով կը վկայէ, թէ «*հեթանոսները կը պարտաւորին հաղորդութիւն ընել մարմնաւոր բաներու մէջ*» իր իրեայ եղբայրներուն, որոնց Եհովան տուած էր ամեն «*օրհնութիւն, ուխտեր, փառք ու պատիւ եւ նոյնիսկ Քրիստոս*», բայց անկարող էր անոնց տալ ամենէն կարեւորը՝ օրապահիկը: Եւ որովհետեւ մենք՝ «*վայրենի ձիթենիներս, անոնց մէջ պատուաստուելով արմատին հոգեւոր բաներուն պարարտութեանը հաղորդ եղած էինք*», զանոնք կերակրելու պարտաւորութիւնը մեր՝ ստրուկ օտարներուս ճտին պարտք դրած էր Եհովան: Մենք ալ երբեք առողջամտութիւնը թէ համարձակութիւնը չունեցանք հարց տալու, թէ արդեօք Երուսաղէմի «սուրբերը», որոնք զանձերով զեղուն մեր պարկերը դատարկելէ ետք, «*լեցուն օրհնութիւնով*» կը վերադառնէին, եւ իրենց «*ամեն օրուան ողորմութեան մատակարարուելուն*» (Գործք Զ.) որպէս երախտագիտութիւն՝ յիմարութիւններով հարուստ «հոգեւոր» բաներ կը թխէին մեր ուղեղներուն մէջ, տեղեակ չէի՞ն թէ իրենց օրապահիկը Եհովայէ՞ն խնդրելու էին, եւ ո՛չ թէ մեզմէ: Չհամարձակեցանք յիշեցնելու անոնց իրենց պատկանող՝ միայն առնող ու չտուող «*Յիսուսի խօսքը՝ զոր ինք ըսաւ, Աւելի երանելի է տալը քան թէ առնելը*» (Գործք Ի. 35)...:

> **Բ. Կորնթացից Ը.** Արդ, եղբայրներ, ձեզի կը ծանուցանենք Աս-
> տուծոյ շնորհքը, որ Մակեդոնացւոց եկեղեցիներուն տրուած է. 2որ
> նեղութեան մեծ փորձին մէջ իրենց ուրախութեանը առաւելութիւ-
> նը երեւցաւ, եւ իրենց ծանր աղքատութիւնը աւելի մեծ առատաձեռ-
> նութիւն եղաւ: 3Վասն զի ես կը վկայեմ որ իրենց կարողութեան
> չափովը՝ ու աւելին յօժարակամ ըլլալով, 4շատ աղաչանքով կ'աղա-
> չէին որ տուրքերը ու սուրբերուն համար եղած պաշտօնին մաս-
> նակցութիւնը ընդունինք: 5Եւ ոչ թէ որչափ մենք կը յուսայինք, հա-
> պա անձերնին ալ տուին առաջ Տէրոջը ու ետքը մեզի՝ Աստուծոյ
> կամքովը. 6Որ Տիտոսի աղաչեցինք թէ ինչպէս անիկա առաջուընէ
> սկսեց, նոյնպէս ալ ձեր մէջ կատարէ այդ շնորհքն ալ: 7Բայց ինչպէս
> ամեն բանով առատացած էք դուք, (հաւատքով ու խօսքով ու գի-
> տութիւնով եւ ամեն ջանքով ու ձեզմէ մեր վրայ եղած սիրովը) նա-
> յեցէք որ այդ շնորհքով ալ առատանաք. 8Ոչ թէ հրամայելով մը կը
> գրուցեմ, հապա ուրիշներուն ջանքին պատճառաւ, եւ որպէս զի
> փորձեմ ձեր սիրոյն հարազատութիւնը: 9Քանզի դուք գիտէք Տէր
> Յիսուս Քրիստոսի շնորհքը, թէ ինք ձեզի համար աղքատ եղաւ՝

ան որ հարուստ էր, որպէս զի դուք անոր աղքատութիւնովը հարըստանաք...: [13]Վասն զի ոչ թէ ես ուրիշներուն հանգստութիւն կ՚ուզեմ ու ձեզի նեղութիւն. [14]հապա հաւասարութիւնով՝ հիմակուան ատենը ձեր աւելին անոնց պակասութիւնը լեցնէ, որպէս զի անոնց աւելին ալ օր մը օգնութիւն ըլլայ ձեր պակասութեանը, որպէս զի հաւասարութիւն ըլլայ...:

Բ. Կորնթացից Թ. Քանզի սուրբերուն ըլլալու պաշտօնին վրայով ինծի աւելորդ է ձեզի գրելը: [2]Վասն զի գիտեմ ես ձեր յօժարամտութիւնը, որուն վրայով կը պարծենամ ձեզի համար Մակեդոնացւոց մէջ, թէ Աքայեցիք անցած տարուընէ հետէ պատրաստ են, ու ձեր բարի նախանձը շատերը գրգռեց: [3]Եւ ահա եղբայրները ղրկեցի, որպէս զի մեր ձեզի համար պարծենալը այդ մասին մէջ պարապ չելլէ, հապա պատրաստ գտնուիք, ինչպէս ըսեր եմ. [4]որ չըլլայ թէ երբ Մակեդոնացիք ինծի հետ գան ու ձեզ անպատրաստ գտնեն, ալ մենք (որ չըսենք թէ դուք) ամօթով մնանք այս պարծանքին վըստահութեանը մէջ: [5]Ուստի հարկաւոր սեպեցի եղբայրներուն աղաչել, որ առաջուընէ ձեզի գան, ու առաջուընէ կարգի դնեն այն ձեր առաջուընէ ծանուցուած ընծան, որպէս զի պատրաստ ըլլայ, այնպէս որ ընծայի պէս ըլլայ, ու ոչ թէ ագահութեան պէս: [6]Բայց ասիկա կը ծանուցանեմ թէ ան որ խնայելով կը սերմանէ՝ խնայելով պիտի հնձէ, ու ան որ առատութիւնով կը սերմանէ առատութիւնով պիտի հնձէ: [7]Ամեն մէկը ինչպէս իր սրտովը կը յօժարի՝ թող այնպէս տայ, ոչ թէ տրտմութեամբ կամ ստիպմամբ. Վասն զի Աստուած յօժարակամ տուողը կը սիրէ: [8]Բայց կարող է Աստուած բոլոր շնորհքները ձեզի առատօրէն տալ, որպէս զի ամեն բանի մէջ ամեն ատեն բոլոր ձեզի պէտք եղածը ունենալով՝ ամեն բարի գործերով առատանաք. [9]ինչպէս գրուած է, տարածեց ու աղքատներուն տուաւ. Անոր արդարութիւնը յաւիտեան կը մնայ: [10]Եւ անիկա որ սերմ ցանողին սերմ կը պարգեւէ, եւ կերակուրի համար հաց, ձեր սերմանիքը պարգեւէ եւ աւելցնէ, ու ձեր արդարութեան պտուղները շատցնէ...:

Վերեւ տրուած այս երկու յաջորդական գլուխները բաւական հարազատութեամբ կը ցոլացնեն «*ծանր աղքատութեան*» վիճակի հպատակներէն անգամ հսկայ գումարներ շրթելու Պօղոսի յըղկուած ու կատարելագործուած ոճը: Եհովային դարձած պարզամիտները հմայելու անոր բնածիր «շնորհքը» նախանձը պիտի գըրգռէր նոյնիսկ մերօրեայ ամենէն հռչակաւոր կեղեքիչ աւետարանիչներուն: Պօղոս նախ մեծապէս գովելով կը դրուատէ մակեդոնացիք, որոնք հակառակ «*իրենց ծանր աղքատութեան ու նեղութեան փորձին, շատ աղաչանքով կ՚աղաչէին*», որ ան ընդունէր ոչ միայն արդէն հաստատուած, իրենց կարողութենէն աւելի ծանր, «*եկեղեցական տուրքերը*», այլ նաեւ Երուսաղէմի ծրիակեր, ապստամբ Zealot-ներու բանակները սպառազինելու՝ պարենաւորելու ընծաները, զորս ան աճպարար ճարտարութեամբ կը կոչէ «*սուրբերուն համար եղած պաշտօնին մասնակցութիւն*»: Եւ իբրեւ թէ իրենց վերջին լուման իսկ տուած մակեդոնացւոց շնորհալի արարքէն ոգեւորուած, Պօղոս «*աղաչած էր Քրիստոսի փառքը համարուող ու տուրքերը հաւաքելու գործին համար ընտրուած եղբօր մը եւ իր գործակից Տիտոսին, որ նոյն շնորհքը կատարեն Կորնթացւոց մէջ*», որոնք «*Ասպուծոյ գոհութիւնովը՝ շատ յօժարամտութեամբ*» ընդունած էին երթալ, ինչպէս միւսներուն, Կորնթացւոց ալ բոլոր ստացուածքը կողոպտելով՝ «*շնորհք ընեն*» նաեւ անոնց:

Ուստի աղքատ կորնթացիները կը համոզէ, թէ «*ամէն բանով առատացած էին (հաւատքով ու խօսքով ու գիտութիւնով եւ ամէն ջանքով ու իր վրայ եղած սիրովը)...*»: Հաւատքը, խօսքը եւ գինք սիրելն անգամ անոնց համար հարստութիւն կը համարէր, որոնց կը մնար նաեւ առատօրէն տալով՝ «*շնորհքով ալ առատանալ*», վկայելով թէ «*ինք ձեզի համար աղքատ եղաւ ան՝ որ հարուստ էր, որպէս զի դուք անոր աղքատութիւնովը հարստանաք*»: Խօսքը անշուշտ կը վերաբերի «հոգւով աղքատութեան», որովհետեւ ըստ իրենց՝ ծրիակեր, բոպիկ ու «*գլուխը դնելու տեղ մը չունեցող*» աւետարանական Յիսուսը՝ նիւթական ոչինչ ունէր: Հետեւաբար Պօղոս կը յոխորտար, թէ «հոգւով հարուստ քրիստոսը» նախընտրած էր անոնց նման «*հոգւով աղքատանալ, որպէս զի անոնք ալ անոր աղքատանալովը հարստանային*», որ կը նշանակէ թէ կացութենէն ոչինչ փոխուած էր: Այդ Եհովային դարձած հաւատափոխ ստրկաքարոյ հպատակները կը մնային նոյն «հոգւով աղքատները». միայն աւետարանական քրիստոսի անոնց «հոգեկան աղքատութեան աստիճանին իջնելուն» պատճառաւ էր, որ անոնք համեմատաբար «հոգւով հարուստ» կը թուէին ըլլալ: Իսկ այդ հսկայ գումարները կը պահանջէր «*ոչ թէ հրամայելով, այլ ուրիշներուն ջանքին պատճառաւ, որպէս զի փորձէ անոնց սիրոյն հարազատութիւնը, քրիստոսի փառքին համար*»: Եւ ամենայն կեղծաւորութեամբ կ՚ըսէ, «*ոչ թէ ես ուրիշներուն հանգստութիւն կ՚ուզեմ ու ձեզի նեղութիւն*», մինչդեռ այդ կազմակերպուած կողոպուտին հիմնական նպատակն ու միտ բանին ճիշտ այդ էր, շրջակայ ժողովուրդներու հարստութիւնը Երուսաղէմ փոխադրել, շողոմելով՝ թէ «*ձեր աւելին անոնց պակասութիւնը լեցնէ… որպէս զի հաւասարութիւն ըլլայ*»:

Կորնթացւոց ուղղուած առաջին նամակով՝ ան կը պատուիրէր «*ամեն մէկշաբթի օրերը ամեն մէկը իր քով թող դիզէ ինչ որ կը յաջողի...*», ու ժամանակը հասած էր բերքը «հնձելու»: Եւ վստահ ըլլալու համար թէ անոնք «*առատաձեռնութեամբ*» ամեն ստացուածքնին կու տան, կը պատուիրէ «*չտրտմութեամբ կամ ստիպմամբ*», այլ «*յօժարակամ, վասն զի Աստուած յօժարակամ տուողը կը սիրէ*», միաժամանակ ազդարարելով՝ թէ «*ան որ խնայելով տայ, Աստուած ալ զայն խնայելով պիտի վարձատրէ*»: Առաւել՝ տարբեր եկեղեցիներու «*նախանձը գրգռելով*»՝ զանոնք կը մղէր բուռն մրցակցութեան: Մէկ կողմէ կորնթացիները կը վստահեցնէր թէ «*Մակեդոնացւոց մէջ կը պարծենար իրենց առատաձեռնութեամբ*», ու կը պահանջէր «*զինքը ամօթով չձգել*» անոնց ներկայութեան, միւս կողմէն մակեդոնացիները կը տանէր ամչցնելու՝ կորնթացւոց «դիզած ընծաները» ցոյց տալով: Եւ որպէսզի այդ բոլորը ոչ թէ «*ագահութեան*» եւ կողոպուտի՝ այլ «ընծայի» տպաւորութիւն ձգեն, «*հարկ նկատած էր, որ եղբայրները առաջուընէ երթան ու կարգի դնեն ծանուցուած ընծան*»:

Իբրեւ թէ այս բոլորը կ՚ընէր անոնց «*օգտին համար*», խոստանալով թէ Եհովան «*ամեն բանի մէջ ամեն ատեն բոլոր իրենց պէտք եղածը պիտի տայ… սերմ ցանողին սերմ պարգեւէ, կերակուրի համար հաց...*»...: Այդ խարդախ խոստումները միայն մեզ՝ «ցածազգիներուս» համար էին, իր տզրուկ «ընտրեալ ժողովուրդը» ոչ թէ այդպիսի կեղեքիչ խոստումներով, այլ մեր արիւնով է, որ պիտի սնանէր: Սակայն ոմանք սկսած էին երկմտիլ՝ դժգմնիլ.

Ա. Կորնթացիս Թ. [3]Իմ պատասխանս անոնց որ զիս կը քննեն, այս է. [4]Միթէ մենք իշխանութիւն չունի՞նք ուտելու եւ խմելու: [5]Միթէ մենք իշխանութիւն չունի՞նք Քրիստոնով քոյր եղող կին մը մեզի հետ պտտցնելու, ինչպէս ուրիշ առաքեալները ու Տէրոջը եղբայրները ու Կեփաս կ'ընեն...[7]ո՞վ իր ապրուստով զինուորութիւն կ'ընէ, ո՞վ այգի կը տնկէ ու անոր պտուղէն չ'ուտէր. կամ ո՞վ ոչխարներ կ'արածէ ու կաթէն չ'ուտեր... [9]Մովսէսի օրէնքին մէջ ալ գրուած է, կալի մէջ աշխատող եզին դունչը չկապես: [11]Եթէ մենք ձեզի հոգեւոր բաներ սերմանեցինք, մեծ բան մըն է՝ եթէ ձեզմէ մարմնաւոր բաներ հնձենք. [12]եթէ ուրիշները ձեր վրայ այս իշխանութիւնը ունին, չէ՞ որ ալ աւելի մենք:

Բ. Կորնթացիս ԺԱ. [7]Միթէ յանցանք գործած եղայ որ Աստուծոյ աւետարանը ձեզի ձրի քարոզելով իմ անձս խոնարհեցուցի, որպէս զի դուք բարձրանաք, [8]ուրիշ եկեղեցիները կողոպտեցի, անոնցմէ թոշակ առնելով ձեզի ծառայելու համար...

Հռովմայեցիս ԺԳ. Ամեն մարդ իր վրայ եղած իշխանութիւններուն թող հնազանդի, վասն զի չկայ իշխանութիւն մը որ Աստուծմէ չըլլայ...[2]ուրեմն ով որ իշխանութեան դէմ կը կենայ, Աստուծոյ հրամանին դէմ կը կենայ եւ անոնք որ դէմ կը կենան անձերնուն դատապարտութիւն կ'ընդունին... [5]Ասոր համար պէտք է հնազանդ ըլլալ, ոչ թէ միայն բարկութեանը համար, հապա խղճմտանքի համար ալ: [6]Այս պատճառաւ է որ տուրք ալ կու տաք, վասն զի Աստուծոյ սպասաւորներն են այն նոյն բանին հոգ տանելու: [7] Ուստի հատուցէք պէտք եղածը ամենուն. Որու որ տուրք տրուելու է՝ տուրքը, որու որ մաքս՝ մաքսը, որու որ վախ՝ վախնալը. որու որ պատիւ՝ պատիւը:

Եկեղեցիները կողոպտող[154] Պօղոսը մէ՛կն էր միայն «Երուսաղէմի եկեղեցի» կոչուած ցեղամոլ մեսիական ձրիակեր Zealot-ներու հսկայ բանակի անդամներէն[155], որոնց *«աւետարանէն սնանիլը»* Յուդայութեան օրէնքով (որ իբրեւ թէ խափանուած էր իր քարոզած քրիստոսով) իրենց կտակուած իրաւունքն էր: Որովհետեւ կ'ըսէ ան, *«Մովսէսի օրէնքին մէջ ալ գրուած է, կալի մէջ աշխատող եզին դունչը չկապես»*: Եւ եթէ բուն իրեաները ծունդով մեղաւոր օտարներուն *«հոգեւոր բաներ սերմանած»* էին, հապա ի՞նչ *«մեծ բան էր անոնցմէ մարմնաւոր բաներ հնձելը»*: Իսկ անոնց՝ որոնք *«ուրիշ առաքեալներուն ու Տէրոջը Եղբայրներուն նման, Քրիստոսով քոյր եղող*

[154] Բ. Կորնթացիս ԺԱ. 8:

[155] «...բիւրաւոր հաւատացեալ իրեաներ կան, ու ամենն ալ օրէնքին նախանձաւոր են» (Գործք ԻԱ. 20):

կին մը իր հետ պտտցնելը», կամ «*Քրիստոսի իրմով խօսելուն ապացոյցը կը փնտռէին*», եւ կասկածի կ'ենթարկէին ու զինք ընդհանուր առմամբ «*կը քննէին*»՝ անոնց կը սպառնայ «*չինայել ու սուգ ընել*», այլ խօսքով՝ «*հոգինին առնել*»: Կը պահանջէ, որ «*Ամէն մարդ իր վրայ եղած իշխանութիւններուն հնազանդի, վասն զի չկայ իշխանութիւն մը, որ Աստուծմէ չըլլայ... Ուստի հատուցել որու որ տուրք տրուելու է՝ տուրքը, որու որ մաքս՝ մաքսը, որու որ վախ՝ վախնալը...*», որովհետեւ իրենք ալ Եհովայէ հաստատուած՝ «իշխանութիւններուն բարձրագոյնն» էին: Ստրկատիրական Միքիայ Դ. բանաձեւի կեղեքիչ այս ազդարարութիւնը՝ անհնազանդներուն սպասող անասելի չարիքներով կը սպառնայ, թէ աւելի քան երբեք մօտեցած էր «վեջին դատաստանի» դաժան օրը, ուր հաշիւ պիտի տային Եհովա Սաբաւովթին: Հետեւաբար չըլլայ որ այդ օր՝ առանց «իշխանութեանց» բաժին ճշտուած վախը, պատիւն ու տուրքը վճարած ըլլալու դատաստան ներկայանային. «*Վասն զի դատաստանը անողորմ պիտի ըլլայ անոր որ ողորմութիւն չըներ*» (Յակոբու Բ. 13):

ՍԱՏԱՆԱՅԱՊԱՇՏՈՒԹԻՒՆ

Ինչպէս Hewy Pierce Long պիտի ըսէր՝ “*Fascism will come to America but under another name, perhaps Anti-Fascism*”[156]: Աիաւասիկ առաջին դարուն՝ մոլորիչն ալ եկած էր փրկարարի անուան տակ, եւ ինչպէս մեսիական «սուտ մարգարէները» պիտի ըսէին՝ «շատ սուտ մարգարէներ պիտի ելլեն ու շատերը պիտի մոլորեցընեն»:

Եթէ կը կարծենք, թէ մոլորակը փրկելու դաւադիր պատճառաբանութեամբ, եւ Իսրայէլի տէր Եհովայի անէծքին օրինակով՝ «*անսովոր հարուածներով, գէշ ու երկայն հիւանդութիւններով*» բնակչութեան 80–90 տոկոսը բնաջնջելէ ետք, հլու հնազանդ ստրուկներու գլխուն բացարձակ բռնատիրական թագաւորութիւն մը հիմնելու աշխարհատիրական քաղաքականութիւնը նորատեսակ յղացում[157] մըն է՝ չարաչար կը սխալինք: Մեսիականութեան ակունքէն

[156] Louisiana-ի Isolationist կառավարիչ (1928) եւ U.S. Senator (1930) Hewy Pierce Long, որ նաեւ wealth redistribution-ի կը հաւատար, ակնյայտ պատճառներով՝ 42 տարեկանին սպաննուած է:

[157] Agenda 21; SDG; Agenda 2030; WEF.

սնանող ու «Յովհաննու Յայտնութիւնով» եզրափակուող «*աշխարհը ժառանգելու*» սատանայական ռազմավարութիւնն է, որ կը շարունակուի, ինչպէս ըսուած է՝

> **Բ. Թեսաղոնիկեցիս Ա.** [8]Բորբոքած կրակով վրէժ առնելու անոնցմէ՝ որ զԱստուած չեն ճանչնար, եւ որ մեր Տէր Յիսուս Քրիստոսի աւետարանին չեն հնազանդիր. [9]որոնք պիտի պատժուին յաւիտենական սատակումով…:

Այլեւս տնտէսա-ռազմա-քաղաքական բացարձակ ույժ դարձած Սատանայապաշտ Messianic-Masonic Globalist-ները, առանց նախնիներու շողոմանքին, ուղղակիօրէն՝ ամենայն լրբութեամբ՝ կը յայտարարեն իրենց բռնատիրական հրէշային ախորժակներն ու աշխարհի գլխուն թափելիք ամեն չարիքն ու մաղձը: Եւ զարմանալի չէ, որ մեսիականութեան «Միքիայ Դ.» բանաձեւով ծրագրաւորուած (Programmed) ստրկամիտ ամբոխները տակաւին եւս անմտութեամբ փառք կու տան «*անոր, որ չեն ճանչնար*»:

Երբ կը խօսինք Սատանայապաշտութեան մասին, հակառակ մանաւանդ Աբրահամեան կրօնքներու ստայօղ Սատանայի[158] կերպարին, կարեւոր է նախ խելամտիլ, որ այդպիսի էութիւն մը կամ դժոխք մը գոյութիւն չունի: Հաւատալու պարագային է միայն, որ այդ ունայնութիւնները մարդու մտքին մէջ կը կազմաւորուին, կը բնակալեն ու կը գերեվարեն, ինչպիսին է նաեւ քրիստոսի պարագան: Եհովայի նման՝ Սատանան ալ երեւակայելի թէ աներեւակայելի բոլոր քասքնելի չարիքներու ամբողջութիւնը պարուրող գաղափարաբանութիւնն է, որ սատանայապաշտ կազմակերութեանց մօտ կը խորհրդանշուի՝ զանազան սարսափազդու մտացածին պատկերներով:

Սատանայապաշտ ընտրանին, հաւատանք թէ ոչ, մեր աշխարհի վրայ տիրող իրականութիւն է, զոր ուրանալով՝ անոր սատանայական ծրագիրներուն ուղին է, որ կը հարթենք: Այդպէս եղած է փաստօրէն քրիստոնէութեան պարագային. աննկատ մնացած է մեսիականներու սատանայական գործունէութեան ընդմէջէն՝ ուղղակի թէ անուղղակիօրէն յաճախ ցցուող անոնց սատանայի կոտոշ-

[158] Սատանա, մոնչող առիւծի պէս կը պտըտի, ու կը փնտռէ թէ զո՛վ կլլէ:

ները՝ պատգամը, թէ յատկապէս օտարներուս համար յօրինուած Եհովայի ու որդի քրիստոսի կերպարները կը ծառայեն իրենց սատանայական գաղափարաբանութեան: Ինչպէս Յոբի պարագային, երբ «*օր մըն ալ Աստուծոյ որդիները գացին պէրոջը առջեւ կայնելու, ու Սատանան ալ գնաց անոնց մէջ Տէրոջը առջեւ կայնեցաւ*» (Գիրք Յոբայ Բ. 1–6): Սատանան ինքզինք պարտադրած էր այդ ժողովին, եւ ոչ ոք ընդդիմացած էր: Իսկ Եհովան գէթ երկու անգամ կը համաձայնի Յոբը անոր «ձեռքը տալ», աւետարանական Յիսուսի պարագային նման, որպէսզի հարստահարելով ու տարապեցնելով՝ փորձէ զայն: Թախանձագին խնդրելով՝ «*Տէրը ըսաւ Սատանային, Ահա զանիկա քու ձեռքդ կու տամ, միայն թէ անոր կեանքը պահէ*» (Գիրք Յոբայ Բ. 6):

Արդարեւ, քրիստոսեան գիրքերը յստակօրէն կը շեշտեն Սատանային գերակայ դիրքը, որուն կը հնազանդէր նոյնիսկ քրիստոս Պօղոս. «*մէկ երկու անգամ ուզեցի ձեզի գալ, բայց Սատանան մեզ արգիլեց*» (Ա. Թեսաղոնիկեցիս Բ. 18), եւ որուն պիտի ձգտէր նոյնիսկ աւետարանական Յիսուսը. «*Ես Դաւիթի արմատը ու ցեղն եմ, ու առաւօտեան պայծառ աստղը*» (Յայտնութիւն ԻԲ. 16): Յստակ է թէ ինչու Դաւիթի ցեղը ըլլալով պիտի պարծենար ան... սակայն «*առաւօտեան պայծառ աստղը*» նոյն ինքն Սատանան է, որ Յիսուսի «*ցուցուց աշխարհի բոլոր թագաւորութիւնները ու անոնց փառքը, ու ըսաւ անոր, ատոնք ամենը քեզի կու տամ, եթէ իյնաս ինծի երկրպագութիւն ընես*» (Մատթէոսի Դ. 8–9): Ըստ քրիստոսաբանութեան՝ Սատանան է աշխարհի Տէրն ու տիրականը, այս աշխարհի Իշխանը, որմէ կը սարսափէր աւետարանական Յիսուսը. «*Ալ ձեզի հետ շատ պիտի չխօսիմ, վասն զի այս աշխարհին իշխանը կու գայ, եւ իմ վրաս բան մը չունի*» (Յովհաննու ԺԴ. 30): Այս խօսքը տեղադրուած է անոր ձերբակալութենէն անմիջապէս առաջ, երբ վստահ գիտէր թէ մահուան պիտի դատապարտուէր, բայց միտքը հանգիստ էր, որ «*այս աշխարհին իշխանը*»՝ Հրէից թագաւոր կոչուած Սատանան՝ «*կու գար եւ իր վրա բան մը չունի*», որովհետեւ, կ՚ըսէ ան, «*ինչպէս Հայրը ինծի պատուիրեց, այնպէս կ՚ընեմ*», քանզի «*Հայրս ինձմէ մեծ է*»...:

> **Ա. Կորնթացիս ԺԵ.** [24]Անկէ ետեւ կու գայ վախճանը, երբ թագաւորութիւնը պիտի տայ Աստուծոյ ու Հօրը ձեռքը, երբ խափանէ ամէն իշխանութիւնը եւ ամէն պետութիւնը ու զօրութիւնը, [25]վասն զի անոր պէտք է թագաւորութիւն ընել՝ մինչեւ բոլոր թշնամիները իր ոտքերուն տակ դնէ: ...[28] ու երբ ամէնը անոր հնազանդ ըլլան, այն ատեն որդին ինք ալ պիտի հնազանդի անոր՝ որ իրեն հնազանդեցուց ամէնը, որպէս զի Աստուած ըլլայ ամէնը ամէն բանի մէջ:

Պէտք է ուշադրութեամբ զննել քրիստոնեան վարդապետութեան որմնադիր Պօղոսի «քրիստոսաբանական» այս առեղծուածային հիւսուածքը, որ կը վկայէ թէ որդին, որ քրիստոնեան վարդապետութիւնն է՝ «*երբ խափանէ ամէն իշխանութիւնը եւ ամէն պետութիւնը ու զօրութիւնը*», այլ խօսքով՝ աշխարհը նուաճէ ու ստրկացնելով՝ «*բոլոր թշնամիները իր ոտքերուն տակ դնէ*», իրեն վստահուած գործը լմնցուցած համարելով՝ (Յովհաննու ԺԷ. 4) «*ինք ալ պիտի հնազանդի անոր, ու թագաւորութիւնը պիտի տայ Աստուծոյ ու Հօրը ձեռքը, որպէս զի Աստուած ըլլայ ամէնը ամէն բանի մէջ*»: Երբե՛ք չտարուինք այն խաբուսիկ մեկնաբանութիւններով, թէ այստեղ յիշուած Հայրը[159]՝ նոյն ինքն Եհովան է. ո՛չ, Եհովան դրկուած է «Հօրմէն», ըլլալու «*ամէնը ամէն բանի մէջ*»՝ բացարձակ իշխանութիւն.

---

[159] "Later redactors of Old Testament texts were uncomfortable with the polytheistic nature of earlier Hebrew texts. Deuteronomy 32:8–9 is a text which emphasizes the idea that a council of divine beings existed, with tiers or rankings of these divine beings. As [Mark] Smith [in *The Origins of Biblical Monotheism*] asserts:

"The traditional Hebrew text (Masoretic Text, or MT) perhaps reflects a discomfort with this polytheistic theology of Israel, for it shows not "divine sons" (bene elohim), as in the Greek and the *Dead Sea Scrolls*, but "sons of Israel" (bene yisrael). Emanuel Tov labels the MT text here an "anti-polytheistic alteration." The texts of the Septuagint and the *Dead Sea Scrolls* show Israelite polytheism which focuses on the central importance of Yahweh for Israel within the larger scheme of the world; yet this larger scheme provides a place for the other gods of the other nations in the world.

"Moreover, even if this text is mute about the god who presides over the divine assembly, it does maintain a place for such a god who is not Yahweh. Of course, later tradition could identify the figure of Elyon with Yahweh, just as many scholars have done. However, the title of Elyon ("Most High") seems to denote the figure of El, presider par excellence not only at Ugarit but also in Psalm 82.

"The author of Psalm 82 deposes the older theology, as Israel's deity is called to assume a new role as judge of all the world. Yet at the same time, Psalm 82, like Deuteronomy 32:8–9, preserves the outlines of the older theology it is rejecting. From the perspective of this older theology, Yahweh did not belong to the top tier of the pantheon. Instead, in early Israel the god of Israel apparently belonged to the second tier of the pantheon; he was not a presider god, but one of his sons" (Mike Day, LDS scripture teachings).

Dead Sea Scrolls: When Elyon gave the nations as an inheritance, when he separated the sons of man, he set the boundaries of the peoples according to the number of the sons of God (bene elohim). For Yahweh's portion was his people; Jacob was the lot of his inheritance.

Septuagint (LXX): When the Most High divided the nations, when he separated the sons of Adam, he set the boundaries of the nations according to the number of the angels of God (aggelón theou). And his people Jacob became the portion of the Lord, Israel was the line of his inheritance.

Masoretic Text (MT): When Elyon gave the nations their inheritance, when he divided all the sons of man, he set the boundaries of the peoples according to the number of the sons of Israel (bene yisrael). For Yahweh's portion was his people, Jacob was the lot of his inheritance.

— Mark Smith, in *The Origins of Biblical Monotheism*

Իրականութիւնը պէտք է ըսուի, եւ եթէ ըսուածը զզուանք կը պատճառէ երկիւղած հաւատացեալներուն, իրականութենէն ոչինչ կը փոխուի: Տարբեր ի՞նչ կ'ակնկալէին ուղեղները լուացուած՝ անգէտ քրիստոնեաները, անհամար անմեղ ժողովուրդներ, կիներ, երեխաներ ու փառաւոր ամբողջ մշակոյթներ բնաջնջող արիւնռուշտ Psychopath Եհովայէն ու որդի Յիսուսէն, որ Սատանային վկայութիւն կ'ընէր. «*Աշխարհ ձեզ չի կրնար ատել, բայց զիս կ'ատէ, վասն զի ես անոր վրայով կը վկայեմ թէ իր գործերը չար են*» (Յովհաննու Է. 7): Փաստօրէն՝ մկրտուելէն անմիջապէս ետք, «*Յիսուս անապատը տարուեցաւ Սուրբ Հոգիէն, որպէս զի Սատանայէն փորձուի*»: Ստրկաբարոյ հաւատացեալները, որոնց պարզամտութիւնը խորը գոհունակութեամբ կ'ողողուի պարզապէս իմանալով, թէ «քրիստոսի փորձութիւնը աւարտած էր մեծ յաջողութեամբ», բնականաբար յետին արթնամտութիւնն անգամ չունին անդրադառնալու՝ թէ ի՞նչ ահռելի դաւադրութիւն կայ թաքնուած այս վկայութեան մէջ: Ի վիճակի չեն մտածելու՝ թէ ինչո՞ւ զայն փորձելը[160] որպէս մահացու մեղք հաստատուած է, երբ իրենց ամենակարող «աստուածը»՝ «տարուած», ասինքն յանձնուած էր «*Սատանային, փորձուելու*»...: Արդ, հարց տանք, թէ ո՞րն է ստորադասը, փորձուո՞ղը թէ փորձողը...: Ինքն է ըսողը, թէ «*աշակերտը իր վարդապետէն աւելի չէ, եւ ոչ ծա-*

160 Ա. Կորնթացիս Ժ. 9–10:

ուան իր սէրոջմէն» (Մատթէոսի Ժ. 24): Այո. չարին աշակերտ «քրիստոսը» չէր կրնար աւելի մեծ ըլլալ քան չարի մարմնացում՝ իր վարժապետ Սատանան:

Քրիստոնեան դաւադրութիւնը, *«մեղքի օրէնքին գերի»* ու *«բարին ի գործ դնել չգիտցող»* Պօղոսները՝ յօրինած են, ըստ սատանայատուր Օրէնքին, յատկապէս հրեայի քամահանքին ենթակայ «ցածազգիներուս» համար, որպէսզի պաշտեն ու հպատակին՝ իրենց Սատանայի գաղափարաբանութեան ճամբան պատրաստող՝ մանկլաւիկ Եհովա Սաբաովթին ու «որդի քրիստոսին»...: Ինչպէս որ *«պատառը Յուդայի բերանը դնելով, սատանա անոր ներսը մտաւ»* (Յովհաննու ԺԳ. 26): Եւ՝

> **Բ. Կորնթացիս ԺԱ.** [13]Վասնզի այնպիսիները սուտ առաքեալներուն կերպարանքը իրենց վրայ կ'առնեն: ...եւ [14]զարմանք մը չէ, վասն զի ինք Սատանա ալ լուսաւոր հրեշտակի կերպարանք կ'առնէ. [15]Ալ մեծ բան մը չէ, որ անոր պաշտօնեաներն ալ արդարութեան պաշտօնեաներու նման կերպարանք առնեն:

Խօսքը կը վերաբերի իրենց անձին՝ մեսիական քարոզիչներուն, որոնք *«արդարութեան պաշտօնեաներու կերպարանք առնող Սատանայի պաշտօնեաներ»* էին: Իրենք՝ ընդդէմ բոլոր ազգերուն, պիտի աշակերտէին իրենց Սատանա աստուծոյ անունով, որուն միայն իրենք կը հաւատային ու կը ծառայէին: Ինչպէս Harold Wallace Rosenthal պիտի ըսէր. "*Most Jews do not like to admit it, but our god is Lucifer... and we are his chosen people*"[161]: Արդարեւ՝ *«մէկ քանիները... նաւակործութիւն կրեցին հաւատքին կողմանէ... զորոնք ես Սատանայի մատնեցի...»* (Ա. Տիմոթէոս Ա. 19–20) կ'ըսէ յաճախ *«Սատանայէն արգիլուած»* Պօղոսը: Մեղապարտները տէրութեանց է, որ կը մատնեն, որոնք իշխանութիւնը ունին զանոնք դատելու եւ դատապար-

---

[161] Harold Wallace Rosenthal (November 2, 1947 – August 11, 1976) was a senior aide to Senator Jacob K. Javits (R-NY). Rosenthal was murdered in a terrorist attack in Istanbul, Turkey. Rosenthal graduated from Cambridge University and Harvard University graduate school, both on scholarships. After working for Congressman (later Governor) Hugh Carey (D-NY), he moved to the office of Senator Walter Mondale (D-MN), where he directed the senator's legislative agenda. After a stint at the Rockefeller Brothers Fund, Rosenthal returned to the Senate to work as a senior aide to Jacob K. Javits of New York. He was murdered 30 days after this explosive interview revealing how Jews have highjacked the key power centers of American Society.

տելու: Հետեւաբար, Պօղոս «*հաւատքի նաւակոծութիւն կրող*» քրիստոնեաները կը «մատնէ» Սատանային, որ «իր քարոզած աւետարանին» համաձայն՝ Իսրայէլի Տէրութիւնը կը ներկայացնէր, ուր անոնք, որ «*քրիստոսը կը փորձեն*», անոր պահապան Տէրոջմէն՝ «օձերէն ու սատակիչէն կը ջարդուին»: Յուդայա-քրիստոնեան հաւատքով՝ խորամանկ օձը, անկախ հնագոյն մշակոյթներէն իր հետ բերած ապաքինող յատկութենէն, Սատանան խորհրդանշող՝ չարիքի մարմնացումն է, որ որպէս կուռք՝ ձողի մը վրայ բարձրացուցած էր Մովսէս[162], եւ որուն օրինակով՝ հեղինակը պիտի ըսէր, «*ինչպէս Մովսէս անապատին մէջ օձը բարձրացուց, այնպէս պէտք է որ որդին մարդոյ բարձրանայ. որպէս զի ամեն ով որ անոր հաւատայ՝ չկորսուի*» (Յովհաննու Գ. 4–5): Այսքանէն ետք դժուար չէ հասկնալ, թէ ինչո՞ւ «հոգին սուրբը» օձի «*բաժնուած լեզուի*» ու դժոխային կրակի կերպանաք ունէր.

> **Գործք Բ.** [3]Եւ բաժնուած լեզուներ երեւցան իրենց որպէս թէ կրակէ, ու ամեն մէկուն վրայ նստաւ. [4]եւ ամենն ալ Հոգւով Սրբով լեցուեցան... :

Աշխարհիկ իրականութեան խորապէս ու հիմնովին հակադրուող քրիստոնէութիւնը դժբախտաբար առօրեայ կեանքի իրականութեան վրայ խորը ազդեցութիւն գործող մտային վիճակ մըն է: Ան հաւատքն է՝ ցնորային, կաղապարուած ունայն գաղափարներու: Եթէ գիրքերն իսկ կը վկայեն, թէ «*Հաւատքը յուսացուած ու չերեւցած բաներուն ապացոյցն է*», եւ թէ «*...ինչ բանէ որ մէկը յաղթուի, անոր ծառայ ալ կ'ըլլայ*», ապա ուրեմն հաւատացեալներս կեղծուպատիր կեանքի մը թափառայած բեռնակիրներն ենք, դաստիարակուած՝ ազատ կեանքի մը գոյութենէն անգիտակ, ընտանի անասուններու նման: Կ'ուրանանք անառարկելի փաստերով հաստատուած իրականութիւնները, հաւատալու համար բաներու՝ զորս չենք ճանչնար, ոչ ալ փաստը ունինք: «*Դուք անոր երկրպագութիւն կ'ընէք զոր չէք ճանչնար. մենք անոր երկրպագութիւն կ'ընենք զոր կը ճանչնանք, վասն զի փրկութիւնը հրեաներէն է*» (Յովհաննու Դ. 22): Հակառակ մոլորամիտ քրիստոնեային, ցեղամոլ հրեայ քրիս-

[162] Թուոց ԻԱ. 8–9:

տոները լաւ կը ճանչնան Սատանան, «*որուն երկրպագութիւն կ'ընեն*»:

Աստուածաշունչը, իր զոյգ «ուխտերով», կը հաստատէ սատանայատուր «Օրէնքին» գերակայութիւնը, որուն կը ծառայեն անխտիր Ադամէն սկսեալ մինչեւ «*օրէնքին ու մարգարէներուն ծառայելու եկած*» աւետարանական Յիսուսը, ըստ որուն «*փրկութիւնը հրեաներէն է*», այսինքն Օրէնքէն: Ինչպէս կը վկայէ քրիստոնէութեան սահմանադրութեան ու քրիստոսաբանութեան ճարտարապետ հիմնադիր հայրը՝ Պօղոս, «...*ոչ թէ օրէնքը լսողները Աստուծոյ առջեւ արդար են, հապա օրէնքը կատարողները*...» (Հռովմայեցիս Բ. 13): Վկայելէ ետք, թէ «*արդարութիւնը օրէնքէն է*», դաւանափոխ յիմարներս հեգնելով կը գոռայ. «*վասն զի եթէ արդարութիւնը օրէնքէն էր, ուրեմն Քրիստոս պարապ տեղը մեռաւ*» (Գաղատացիս Բ. 21), «*հետեւաբար մեր քարոզութիւնն ու հաւատքը պարապ է, եւ մենք ալ Աստուծոյ սուտ վկաները գտնուած կ'ըլլանք*» եւ «... *բոլոր մարդոցմէն աւելի խղճալի ենք*» (Ա. Կորնթացիս ԺԵ. 14-19):

ՆԱԽԱՍԱՐԴԵԱՆ ԱՂՕԹՔ ԱՌ ԴԻՑՈՒՀԻՆ ԱՆԱՀԻՏ

Միամանթօ (Ատոմ Եարճանեան)

Ո՜վ Դիցուհի, ես մեղկութեան կրօններէն ահա իմ խիղճս լուացի
Ու պերճօրէն դէպի զՔեզ կը քալեմ: Հողաթափներս դեռ սուրբ են:
Բա՜ց մարմար դուռը մեհեանիդ, անոր դիմաց ես ճակատդ թող արիւնեմ…
Բա՜ց բազինըդ եւ տուր ինծի շէկ զօրութիւնը Արտաշիսեան նախնիքներուս…:
…
Կը պաղատիմ ես Քեզի, ո՛վ զօրութեանց Դուն աներկրորդ Գեղեցկութիւն…
Դուն Քու մարմինդ արեգակին ընծայելով՝ բեղմնաւորուէ անոր Տարրէն
Եւ անյաղթելի ահեղ Աստուած մը պարգեւէ դուն Հայութեան…
Քու աղամանդեայ արգանդէդ, ո՛վ Դիցուհի, ահեղ Աստուած մը ծնանէ՛ մեզ…:

ԲԱՌԵՐ

աղլել – յորդորել
աճմճել – խարխափել
անակնունելի – անակնկալ
անձանձիր – անխոնջ, տքնաջան
անուր – շղթայի օղակ
ապիրատ – անիրաւ
արիւնռուշտ – արիւն ծծող
բնակալել – բնակութիւն հաստատել
բնաձիր – բնատուր, բնութենէ տրուած
բռնադատել – բռնի ստիպել
դատափետել – անիրաւ դատաստանի ենթարկել
դերբուկ – խորտուբորտ, քարքարուտ
դերեւում – պարապութիւն, անգործութիւն
դժմնիլ – դժգոհիլ
զահանդանք – զարհուրանք
թալաթոսել – գործ մը աճապարանքով՝ թերի ընել
ժեռուտ – ժայռոտ
ժպիրհ – անպատկառ
լկամել – սանձահարել, զսպել
խարել – տաքցուած երկաթով այրել, տաղել
խելամտիլ – ըմբռնել
կիրթերասան – սանձի վարժուած, ընտանի
համակել – ծածկել, լեցնել
հերձատել – պատառ պատառ ընել, բզքտել
մաճ – արօրի կոթ՝ բռնատեղի
մարդելոյզ – մարդ խափող
յարասել – լաւապէս մեկնաբանել
նենգաժէտ – նենգամիտ
նրան – թուր, դաշոյն
շնթանք – շողոքորթութիւն
շողոմանք – շողոքորթութիւն
որոգայթ- թակարդ, ծուղակ
ջոլիր – բազմութիւն, խումբ
պակուցիչ – սարսափելի, ահարկու
սադրել – գէշ բանի թելադրել
սալարկ – սենեակի կամ փողոցի յատակ
ստայօդ – շինծու, յերիւրածոյ
ստգտանել – մեղադրել
տարաժամ – կանխահաս
փանաքի – չնչին, անարժէք, նսեմ
փողոտել – մորթել
փքուռոցութիւն – դատարկաբանութիւն
քաքնելի – քստմնելի

www.ingramcontent.com/pod-product-compliance
Lightning Source LLC
Chambersburg PA
CBHW041304110526
44590CB00028B/4243
* 9 7 8 1 8 9 4 0 0 2 1 1 0 *